DICTIONNAIRE
HISTORIQUE
ET ARCHÉOLOGIQUE

 156

DÉPARTEMENT DU PAS-DE-CALAIS

PUBLIÉ PAR LA

Commission départementale des Monuments historiques.

Arrondissement de Montreuil.

ARRAS
SUEUR-CHARRUEY, LIBRAIRE-EDITEUR,
31, PETITE-PLACE, 31.
1875

Hommage au Comité des Sociétés Savantes.

Abbé C. Vandrival
Président de la Commission

Arras le 30 août 1875.

DICTIONNAIRE

DU

PAS-DE-CALAIS

DICTIONNAIRE
HISTORIQUE

ET ARCHÉOLOGIQUE

DU

DÉPARTEMENT DU PAS-DE-CALAIS

PUBLIÉ PAR LA

Commission départementale des Monuments historiques.

Arrondissement de Montreuil.

ARRAS
SUEUR-CHARRUEY, LIBRAIRE-EDITEUR,
31, PETITE-PLACE, 31.
1875

PRÉFACE.

L'œuvre importante du *Dictionnaire Historique et Archéologique du Pas-de-Calais,* entreprise par la Commission des Monuments historiques et des Antiquités départementales, il y a plusieurs années, n'a jamais cessé d'être conduite avec sollicitude vers le but qu'elle devait atteindre. Aujourd'hui elle vient offrir un nouveau volume à l'attention des amis de leur pays, c'est dire à l'attention de tous les habitants de ce beau département.

Ce volume est le troisième de la Collection (par ordre de publication : car chaque arrondissement forme un tout complet). Il comprend l'Histoire et l'Archéologie de toutes les communes de l'arrondissement de Montreuil. Comme presque toutes les parties de cet arrondissement se trouvaient autrefois dans une province assez différente sous plusieurs rapports, notamment sous le rapport administratif, de celle qui formait la plus grande partie du Pas-de-Calais actuel, on a laissé à chaque commune les indications administratives anciennes, et il n'y aura pas, pour ce volume, de tableau d'ensemble. La chose eût été par trop compliquée et peu utile.

Ce volume est l'œuvre à peu près intégrale d'un seul auteur, M. le baron de Calonne, l'un de nos collégues les plus zélés, qui s'est dévoué avec une ardeur aujourd'hui assez rare, et a pris la lourde tâche de suppléer ses collégues qui avaient entrepris une partie de cette œuvre et ont été empêchés de la mener à bonne fin. A l'exception du canton de Fruges, qui était dès l'abord confié à M. le Chanoine Robitaille et qui a été traité par lui, tous les cantons de l'arrondissement de Montreuil sont l'œuvre de M. de Calonne. Peu de travaux avaient été publiés sur cette contrée, et c'est avec plaisir qu'on verra les détails pleins d'intérêt qui se rencontrent dans les pages qui vont suivre, soit pour les noms des localités aux diverses époques, soit pour les faits historiques, soit pour les familles, soit pour les institutions et les monuments. Beaucoup de [maisons religieuses ont aussi leur histoire esquissée, beaucoup de faits d'armes sont consignés ; l'ensemble contribuera assurément à faire connaître l'histoire de cette division de l'ancienne Picardie, qui nous est aujourd'hui si intimément alliée depuis près d'un siècle.

Un nouveau volume du *Dictionnaire* va suivre celui-ci à

quelques semaines d'intervalle, et tout nous fait espérer que les autres le suivront aussi de près.

Malheureusement nous devons compter avec la mort, qui bien souvent vient frapper les Membres de notre Société et qui nous enleva récemment M. Delmotte qui s'était, lui aussi, chargé presque seul de tout un volume important. Nous osons espérer en la parole du Poète :

Primo avulso non deficit alter

et nous marcherons sans découragement jusqu'au terme assigné à nos travaux.

L'abbé E. VAN DRIVAL.

Arras, le 1er Juillet 1875.

CANTON

DE

CAMPAGNE-les-HESDIN

AIX-EN-ISSART.

1042. — Ascia, *Gallia X^na, t. X, col. 284.*
1143. — Ays, *Cart. de Saint-Sauve, f° 5.*
1475. — Ays-en-Ihart, *Cueill. Hôtel-Dieu de Montreuil, f° 159.*
1507. — Ays-en-Lihart, *Bouthors, Coutumes locales, t. II, f° 608.*
1605. — Eyezenissart, *Th. géographique.*
1634. — Eyczenissart, *Atlas Tavernier.*
1650. — Aizwart, *Jansson, Théâtre du monde.*

Les deux mots *Aquæ* et *Sartum* rappellent l'origine de ce village, qui s'établit sur l'emplacement d'un bois défriché ou essarté près de la petite rivière du Bras de Brone. L'abbaye de Sainte-Austreberte de Montreuil y exerçait des droits importants. Le marquis de Mailly, époux de Jeanne de Monchy-Montcavrel, seigneur d'un fief situé à Aix, étant mort en 1680, sa veuve prétendit faire sonner les cloches pendant un mois; mais l'abbesse, Madeleine de Gouffier, s'opposa, par acte signifié au curé, à la sonnerie prolongée du trépas qui constituait l'une des prérogatives des supérieures de son monastère. (*Arch. de l'abbaye.*)

Aix-en-Issart est la patrie de Jacques Vainet, qui fut abbé de Saint-André-au-Bois de 1581 à 1606, et de Jean de Beaurain, célèbre géographe, élève de Pierre Moullart Sanson, mort à Paris en 1671. Faut-il attribuer à Aix-en-Issart ce seigneur d'Aix,

François de Resty, qui fut chargé de négocier la capitulation de la ville de Boulogne en 1544, et cet autre : *Helenus de Aquis de communiâ Hisdinii*, qui s'associa à la fortune de Renaud, comte de Boulogne, contre Philippe Auguste ? (*Dom Bouquet*, *XVII. f° 101.*)

HAMEAUX ET LIEUX-DITS. — *Hurtebise.* — *Rue des Juifs.* — Les *Routis*, fief de vingt-huit journaux à *Ays-en-Ihart*, appartenaient à l'Hôtel-Dieu de Montreuil en 1475, par suite de la donation de noble dame Jehanne de Sains, veuve du sire de Fromessent. — Ce fief relevait de messire de Courtebonne, seigneur de Quatrevaulx. (*Cueilloir Hôtel-Dieu, f° 159.*)

ARCHÉOLOGIE. — L'église, patron saint Pierre, bâtie dans le cours du dernier siècle, n'offre rien de remarquable. Le clocher porte la date de 1741.

BEAURAINVILLE.

1054. — Belrem, *tapisserie de Bayeux*.
1131. — Belrinium, *Turpin, hist. comitum Tervanensium, f° 59.*
1138. — Belraim, *P^t C. de Dommartin, f° 7-9-23.*
1140. — Belramum, *C. de Valloires, f° 67.*
1185. — Belram, *Arch. du Pas-de-Calais, Titres de Saint-André-au-Bois.*
1201. — Bellum ramum, *C. de Valloires, f° 64-142.*
1203. — Biaurain, *C. de Selincourt, f° 32.*
1224. — Biaurein, *C. de Valloires, f° 110-143.*
1234. — Bellumramum villa. } *Arch. municip. de Beaurainville.*
        Bellumramum castrum.}
1244. — Bellum ramum, *Arch. du Pas-de-Calais, loc. cit.*
1311. — Biaurain, *Aveu Maintenay.*
1346. — Biauraing, *Froissart.*
1369. — Biaurrain, *L. R. t. 1, f° 70 v°.*
1507. — Beaurain Chastel, } *Bouthors, coutumes du bailliage d'Amiens, II,*
        Beaurain le Vile. }   *602.*
1614. — Borrainville, *Arch. de l'auteur.*

L'établissement de la forteresse de Beaurain se perd dans la nuit des temps ; cette forteresse « du passé estoit bastie de pierre « blanche, sur un rocher joignant le bois ceint de murs et de « fossés profonds. » Elle est connue, dès le onzième siècle, par la captivité d'Harold, comte de Kent. Chargé d'une mission importante auprès du duc de Normandie, ce grand seigneur de la cour du roi Edouard-le-Confesseur s'était embarqué à Bosham, mais, poussé par les vents contraires, il aborda sur la côte de Ponthieu soumise au droit de *Lagan* ou de *Bris*. Le Lagan attribuait au suzerain du rivage les navires que le hasard des tempêtes y faisait échouer, ce qui permit au comte Guy de s'emparer d'Harold et de le retenir longtemps prisonnier à « Belrem ».

> GUY GARDA HÉROLT PAR GRAND CURE
> MOULT EN CREUT MÉSAVENTURE
> A BELREM LE FIST ENVOYER
> POUR FAIRE LE DUC ESLOIGNER.

Ce *Belrem* est incontestablement *Beaurain-sur-Canche ;* Lancelot, (*Mém. de l'académie des inscriptions et belles lettres, VIII, f° 608*) et tous les historiens de Picardie le reconnaissent.

La tour de Beaurain devint le centre d'une châtellenie démembrée du comté de Saint-Pol ; elle s'étendait de Dourier à Anconnay, et de l'Authie à la Canche et comprenait dans sa mouvance les seigneuries de Berck, Bureuilles, Campagne, Ecquemicourt, Ecuires, Gouy, Hesmon, Merlimont, Offin, Verton etc.

Les Tyrel, sires de Poix, ont exercé les droits de châtelain de Beaurain, en même temps que Guillaume II de Saint-Omer, mais leur possession ne fut pas de longue durée. Nicolas Lédé raconte que Guillaume 1er, châtelain de Saint-Omer, hérita de son père Oston, la terre de Beaurain, terre fort noble et très-ancienne qu'il transmit à ses descendants. L'un d'eux, Guillaume IV, donna en janvier 1234, à ses vassaux de Beaurainville et de Beaurainchâteau, tous les marais situés entre les limites de Lépinoy et de Contes (inter Spinetum et Contes), moyennant la redevance annuelle de six livres de cire ; sa femme, Béatrix de Loos, et lui, stipulèrent que de cette cire on ferait un cierge allumé à perpétuité, le 8 septembre, jour de la nativité, devant l'autel de la Sainte-Vierge, en l'église de Beaurainville.

La révolution a respecté la volonté du châtelain, car de nos jours la commune inscrit encore au budget une somme de vingt francs pour l'accomplissement de sa pieuse fondation, et la charte, monument de sa générosité, encore revêtue du sceau de cire verte, est conservée dans les archives.

Guillaume IV eut un frère mort comme lui sans enfants. L'une de ses sœurs, Alix, dame de Beaurain, épousa Baudouin de Créqui; leur fils, Philippe de Créqui, céda la châtellenie de Beaurain au comte de Saint-Pol (1257). (*Arch. municip. de Beaurainville et P. Anselme, t. VI, f° 779.*)

Raoul I, comte d'Eu et de Guines, devient ensuite châtelain de Beaurain, par son mariage avec Béatrix de Saint-Pol. Raoul II, accusé de trahison, ayant été décapité sans forme de procès, le roi distribue les biens de la victime à des courtisans. Beaurain change alors sept fois de maître en moins de cinquante ans et appartient successivement, leur vie durant, à messires :

Robert de Lorris, chambellan de Jean-le-Bon.

Jehan de Lorris, vicomte de Montreuil, 1358.

Emont de la Motte, écuyer du roi, 1360-1362.

Jehan de Danville, frère de Gérard, évêque d'Arras, puis de Thérouanne et de Cambrai, 1368.

Oudart de Renti, 1371.

Enguerran de Coucy, seigneur de Marles, 1384.

Ce dernier, « chevallier esprouvé qui toute sa vie n'avoit finé « d'armes suivre et moult estoit de grande vertu, » marcha au secours de Sigismond, roi de Hongrie, sous les ordres du comte de Nevers et fut pris à Nicopolis, où les chrétiens se virent écrasés par les Sarrasins « qui plus de vingt estoient contre ung (1396). Coucy mourut en captivité et Beaurain fit encore retour à la couronne.

Charles VI affectionnait beaucoup son chambellan Jehan de Croy, seigneur de Renty, de Séninghem, etc., qui venait d'expier, dans les prisons du château de Blois, le dévouement qu'il apportait à la faction Bourguignonne. Il le récompensa de toutes manières, se plaisant à le combler de faveurs et lui octroya, non plus à viage, mais pour lui et pour ses descendants, le château de Beaurain avec les dépendances. (Janvier 1412.) (*Arch. nationales, JJ. 84, f° 326. — J. 82, n° 85. — J. 81, n° 798. — J. 361, n° 3. — P. Anselme, t. VIII, f° 565.*)

Durant près de quatre siècles, les Croy, Châtelains puis barons et comtes de Beaurain, se transmirent cet héritage. Un seul, Adrien, comte de Rœulx dût se montrer cruel à l'égard des habitants de la contrée, afin de venger sa mère Lamberte de Brimeu des mauvais traitements que lui infligèrent, en 1537, les soldats de la garnison de Montreuil ; les troupes Espagnoles firent alors cruellement expier à d'innocentes populations le libertinage de quelques vilains « et infâmes ribauds qui avaient « osé violer les damoiselles de ladite dame, à Beaurain, en sa « présence, sans respect de Dieu ny des hommes ! » (*Chron. de Saint-André.*)

Le siège de Montreuil, le massacre des habitants et l'incendie d'une partie de la ville apprirent à respecter la mère du tout-puissant général des armées impériales.

A l'époque de la mort de Ferry de Croy, (1521) le revenu de la châtellenie valait 3115 livres parisis, 9 sols, 6 deniers ; ce revenu était presque doublé, lorsqu'Henri III prétendit, au siècle suivant, déposséder les comtes de Rœulx, en vertu d'une clause de la donation qui autorisait le retrait de Beaurain, au profit de la couronne, moyennant cinq cents chaises d'or. (Monnaie du temps de Charles VI valant 16 fr. 20 c. soit 8100 francs.)

Philippe II prit le parti du comte de Rœulx ; la garnison de Montreuil vint occuper la forteresse de Beaurain, mais les ambassadeurs de France et d'Espagne craignant avant tout de troubler la paix entre les deux royaumes, firent preuve de beaucoup de modération et résolurent de s'en remettre à la décision d'arbitres de leur choix. S. M. Catholique nomma Pierre Greuet, seigneur de Fermont, Pierre Payen, seigneur de Bellacourt, et le sieur de Belvalet, seigneur de Pomera ; Henri III délégua un président de la chambre des Comptes, un président du Parlement et un troisième personnage de qualité.

Les six commissaires se réunirent à Saint-André-au-Bois, le 5 décembre 1579. Les pourparlers durèrent dix-huit jours et aboutirent à la reconnaissance des droits de messire Claude de Croy, comte de Rœulx, dont la postérité a joui, sans conteste, du titre et des prérogatives de seigneur châtelain de Beaurain. La marquise de Leyde, née Croy, vivant en 1789, fut la dernière. (Cf: *Notre histoire des abbayes de Dommartin et de Saint-André-au-Bois, ordre de Prémontré, au diocèse d'Amiens, et de leurs fondateurs, les châtelains de Beaurain*. La présente notice est le résumé très succinct de la 3me partie de cet ouvrage).

II.

LE CHATEAU DES LIANNE.

Non loin de la route d'Hesdin à Montreuil, à cent mètres de la rivière, apparaissent deux larges pans de muraille, débris de la forteresse de Lianne, Léaulne ou Léaune. Ancienne résidence des *Colet*, elle a conservé le nom de ses possesseurs au XIVme siècle.

Les Colet ont vécu ignorés jusqu'au jour où le comte de Saint-Pol, Hugues Campdavaine, se ligua, pour les attaquer, avec le comte de Ponthieu et les sires d'Auxy et de Beauval; ils se retirèrent à l'abri des murailles de Saint-Riquier. Campdavaine vint les assiéger et ordonna de lancer dans la place des projectiles enflammés, ou feux Grégeois, qui allumèrent l'incendie, produisirent un désordre tel que les assiégeants purent se glisser dans la ville embrasée. Ils firent un carnage si épouvantable des hommes et des femmes, que les chroniqueurs estiment à 2,700 le nombre des victimes de cette fatale journée du 28 juillet 1131. L'abbaye ne fut point épargnée et disparut en partie dans les flammes. Les auteurs qui racontent ce désastre nomment indifféremment les Colet : les *Caletois*, les *Coletois*, les *Colleton*. On a même prétendu qu'ils descendaient de la tribu Celtique des Calètes (*Labourt, la Bête Canteraine*).

Malbrancq leur consacre un chapitre spécial intitulé : « *Colletonum familia præsertim è Belriensibus...* » Il les qualifie de nobles et puissants, « *viri nobilitate ac potentia insignes, divitiis pariter ac possessionibus opulenti* » et, pour donner une idée de leurs vastes possessions, il ajoute qu'ils étaient seigneurs de Beaurain et de la Caloterie, « *domini de Belloramo* et de *Calothria.* » Meyer parle des Calotois, aussi bien que Dom Cothron, l'un des continuateurs d'Hariulfe. Pour Jean de la Chapelle, les Calletois sont des feudataires très-nobles, très-riches, « *domini temporales de Biaurain et totius Caletariæ.* » Les Calotins, d'après Devérité appartenaient à une nombreuse famille dont l'inportance inquiétait les comtes de Saint-Pol. Les Bénédictins, racontant la fondation de l'abbaye de Cercamp, l'attribuent à l'expiation devenue nécessaire à la suite des rigueurs exercées contre « *Calaterienses Toparchas.* » Les Cartulaires des abbayes de Dommartin, de Saint-André-au-Bois et de Valloires les désignent simplement sous les noms de *Coleth, Colet, Coles, Colez, Cholet.*

Ceux des Colet ou de leurs parents, qui échappèrent au massacre de Saint-Riquier, se reprochant d'avoir été la cause d'une si grande catastrophe, cherchaient à étouffer les remords de la conscience, par la distribution d'aumônes abondantes. Tandis qu'Enguérran Colet, fils de Hugues, et Eustache Ier enrichissaient l'abbaye de Saint-Josse-au-Bois, Robert et Guy, leurs cousins germains, seigneurs d'Argoules, donnaient aux Bernardins de Valloires, plus de quinze cents mesures de terres labourables, de prairies et de marais.

Eustache ou Tassette Colet, arrière petite-fille de Eustache Ier et la dernière de la famille, épousa messire Enguerran de Lianne, l'un des douze barons du Boulonnais. Il donna son nom à la tour de *Lianne* habitée par ses descendants, jusqu'à la fin du quatorzième siècle. Dame Yolande de Lianne la porta dans la maison de Bournonville, en s'alliant à Hugues de Bournonville. Anne de Bournonville, dame et vicomtesse de Lianne-en-Beaurain, mariée à Philippe de Lameth, seigneur d'Hénencourt, eut une fille, Marie de Lameth; la seigneurie de Lianne composa sa dot, lors de son union avec Jean de Maulde, baron de Colembert, le 26 Juillet 1566. Les de Maulde possédaient encore la tour de Lianne au siècle dernier, et Jacques Adrien Wartel d'Haffreingue, premier conseiller pensionnaire de l'état des châtellenies de la Flandre

Wallonne, s'en rendit acquéreur en 1771. (cf. l'*Histoire précitée*. Coutume particulière rédigée le 27 septembre 1507 ; Bouthors — *Coutumes locales du bailliage d'Amiens*. T. II, f° 602 et seq.)

III.

LES SIRES DE BEAURAIN SURNOMMÉS PÉCHOT.

Outre les châtelains de Beaurain et les Colet, il existait au XII° siècle une illustre famille de Beaurain, surnommée *Péchot*, *Péchol* ou *Pocoz* ; ses possessions s'étendaient de la Canche à l'Authie et les seigneurs d'Argoules en sont issus. A cette famille appartenait Enguerran Ier, fils de Sobrand, chevalier, fondateur de l'abbaye de Saint-André, dans les prairies de l'Aulnoy, à Maresquel, (*apud Alnetum in maraculo*), (1135). Hugues, son fils, permit aux religieux Prémontrés de quitter cette résidence pour s'établir dans la forêt de Grémécourt, à l'emplacement actuel de Saint-André-au-Bois. (1153). Il fut inhumé dans la chapelle du monastère avec cette épitaphe :

> POR ACQUÉRIR LE SALUT D'IMMORTALITÉ
> DURANT TOUT EN PAIX ET EN TRANQUILLITÉ
> JAY PRIÉ POUR LES LOUANGES DE DIEU CHANTER
> LE COUVENT DES AULNOYES EN CE LIEU HABITER.

Une charte de l'année 1224, rapportée au cartulaire de Valloires f° 142, établit la filiation de Messire Raoul de Beaurain, second fils d'Enguerran 1er. Il fut le père de Guillaume, qualifié seigneur de Huppy et l'aïeul d'Aléaume dont la fille unique Elisabeth de Beaurain, dame de Huppy, s'est alliée à Jehan, chevalier, sire de Brimeu.

IV.

LE PRIEURÉ.

Le prieuré de Saint-Martin-de-Beaurainville dépendait de l'abbaye royale de Marmoutiers-les-Tours à laquelle il a été réuni au X° siècle. Jusque là et depuis la donation de Rigobert en 720, il avait appartenu à celle de Saint-Bertin. En 1140, Guingomar, prieur de Beaurain, eut l'honneur de recevoir chez lui le père abbé de Marmoutiers, frère Garnier, qui visitait les maisons de son ordre (*C. de Valloires, f° 67*). Plus tard les biens de ce prieuré ont été annexés à celui de Notre-Dame-de-Biencourt.

Prieurs de Beaurain :
1140. — Guingomar.
1152. — Vaultier.
1175. — Jehan de Fresnoye.
1665. — Grégoire de Muret.
1692. — Antoine Enlart.

V.

L'HOPITAL DU COCQUEMPOT.

A l'exemple des plus grands seigneurs, ceux de Beaurain fondèrent une maladrerie destinée à recevoir les lépreux de leur domaine ; le savant Monsieur Henneguier pensait que cette maladrerie occupait l'emplacement du *Tir des Archers* ; le but de leur jeu étant d'ordinaire un oiseau de bois, le plus souvent un coq, placé sur un *pal* ou *pau*, longue pièce de bois taillée en pointe, on le désignait sous le nom du *cocq en pot*, altération des mots *cocq en paul* ou *cocq empallé*.

Au XVII° siècle, l'ordre de Saint-Lazare et le commandeur de Saint-Jean-de-Jérusalem, de Loison, jouissaient des revenus de la maladrerie de Beaurain ; Louis XIV réforma cet abus et une ordonnance, du mois de décembre 1696, rétablit l'hôpital de Beaurain, en y ajoutant les biens des anciennes léproseries de Jumel et de Cavron. — (*Arch. du Pas-de-Calais, titres originaux*). Revenu du bureau de bienfaisance en 1870 : 6,671 francs.

VI.

LA FABRIQUE.

La filature de lin, installée, en 1830, sur l'emplacement d'un ancien moulin à farine, occupe aujourd'hui 250 ouvriers ; elle a successivement été exploitée par messieurs Claustre, Bordier, Lavezzari et Traill.

VII.

Principaux lieux-dits et hameaux.

Beaurain-Château. — Section de la commune de Beaurainville, dont elle est séparée par la Canche. L'existence du château lui donnait autrefois une importance considérable, car c'est à Beaurain-Château que s'est déroulée l'histoire dont nous venons d'esquisser à grands traits les principales phases.

Beaurepaire.

Jumel. — Se trouve ainsi orthographié dans les titres du XIII° siècle que nous avons consultés :

Judæimansum (habitation du juif.) — *Gyemez.* — *Gyammetz.* — *Gyummes.*

Jumetz. — *Jumes.*

Le fief noble de *Jumel* a appartenu à une famille de ce nom : Eustache, fils d'Adam *de Gyemez* est bienfaiteur de Saint-André-au-Bois en 1263 ; le 18 juillet 1413, Pierre de Sains, dit le Galois, est seigneur de *Jumetz* ; le 7 novembre 1675, messire Georges de Monchy, seigneur d'Hocquincourt, gouverneur de Péronne, vend son fief de *Jumetz* à l'abbaye de Saint-André, moyennant 16,170 livres. (*Arch. du Pas-de-Calais, titres de Saint-André.*)

Les *Lianne.* — Le *Fonds des Lianne.* — Le *Pâtis des Lianne*, en souvenir de la famille de ce nom qui posséda un domaine important à Beaurain et aux environs, de 1283 à la fin du XIV° siècle.

Le bois Machy. — *Le fort Mahon.* — *Les terres au pain.*

Rumilly ou *Remilly*, fief donné le 5 mars 1544 à l'église Saint-Nicolas-de-Beaurain-Château par dame Lamberte de Brimeu, épouse de messire Ferry de Croy, châtelain de Beaurain, à condition de chanter à perpétuité un obit solennel avec Salve, de Profundis et Miserere, dans l'octave du Saint-Sacrement (*Arch. du Pas-de-Calais, fabrique de Beaurain*).

La côte Thérouanne.

Campucelle, fief noble, aux terroirs de Beaurainville et de Beaurain-Château vendu, le 11 juillet 1305, par dame Marie d'Averdoingt, à Ernoul, dit *Puchelle*, qui lui a donné son nom.

Puchelle le revendit à Gilles Nazard, en 1311. Le 23 mars 1456, Jehanne de la Chapelle le donna à son fils Colart de Gouy. Plus tard, le fief de Campucelle a passé à la famille Legrand et, le 29 juillet 1713, François Legrand l'a donné aux religieuses de Sainte-Austreberte, de Montreuil, comme l'équivalent de la dot de sa fille, novice dans ce couvent. (*Arch. du Pas-de-Calais*).

ARCHÉOLOGIE. — L'Eglise, nouvellement restaurée, est sous le vocable de Saint-Martin. Le chœur date du XVIe siècle et fut bâti par les châtelains de Beaurain ; leur blason, qui ornait la clef de voute de la chapelle de droite, a été brisé pendant les travaux de réparation, on y voyait :

L'Ecu de Croy : d'argent à 3 faces de gueules, écartelé de Renty : d'argent à 3 doloirs de gueules et sur le tout, écartelé :

Au 1er, d'or à la bande de gueules chargée de 3 alérions d'argent, qui est de Lorraine.

Au 2e, d'azur à 3 fleurs de lys d'or à la bordure de gueules chargée de besans d'argent, qui est d'Alençon.

Au 3e, et 4e, d'argent à 2 faces d'or, qui est de Harcourt.

L'écusson ainsi écartelé a été porté par trois générations de Croy, de 1475 à 1553. en souvenir de l'alliance d'Antoine de Croy avec Marguerite de Lorraine. L'église de Beaurainville a donc été construite durant cette période de temps.

Le 21 septembre 1656, l'abbé Nicolas Ledé transféra en grande pompe dans l'église de Beaurainville, les reliques des SS. Bon, Boniface, Fidèle et Théophile, qu'un ermite, nommé Dries, né à Beaurain, avait rapportées de Rome.

— L'église de *Beaurain-château*, dédiée à Saint-Nicolas, porte les millésimes de 1678 et de 1786. Elle fut en partie brûlée, au commencement de ce siècle.

— *Château de Beaurain.* — Les ruines du château, démoli au XVIe siècle, ont subsisté jusqu'en 1822 ; elles ont été alors rasées et les matériaux furent employés à la construction de l'écluse du moulin. L'emplacement des constructions est appelé le *grand parcage* ; c'est une butte longue de près de 100 mètres sur 30 ; trois ouvrages avancés, bâtis sur la falaise, en défendaient l'accès. A l'extrémité, vers le bois, s'élevait le donjon, tour en pierres blanches, bâtie sur une éminence de terre de 10 mètres carrés et entourée de fossés profonds ; au centre se trouve le puits *Langeron*.

— *Château des Lianne.* — Deux larges pans de muraille en pierres avec soubassements en grès et en cailloux, que l'action du temps ne tardera pas à faire disparaître, rappellent aux voyageurs qui parcourent la route de Montreuil à Hesdin, ce que fut la tour des Colet et des Lianne.

BOISJEAN.

1207. — Nemus Johannis, *C. de Montreuil, fº 71 vº*.
1311. — Les Bois Jehan, *Aveu Maintenay*.
1451. — Bos Jehan, *C. de Montreuil, fº 86 vº*.
1763. — Bosjean, *Expilly*.

Le village de Boisjean occupe l'emplacement d'un bois appartenant à l'abbaye de Longvilliers ; il doit son origine à la ferme que les moines y établirent pour faire valoir leurs terres après le défrichement. Un prêtre de la Maladrerie de Lépine desservit la chapelle du Boisjean jusqu'en 1633 ; à cette époque l'évêque d'Amiens institua un vicaire chargé d'administrer une paroisse composée du Boisjean, de l'Aiguille, de Romont et de la Houssoye. En 1407, Gaultier de Montreuil-Maintenay et son frère Renaud de Fromessent enrichissent la léproserie du Val de cent quatre-vingt journaux du Bois-Jehan *(novem viginti jugera de nemore Johannis). (C. de Montreuil fº 71)*. Ce sont les bois de l'hospice.

HAMEAUX. — *Bloville.*

1156. — Blooldivilla, *L. R. de Saint-André, t. I, f° 58, v°.*
1174. — Bloolvilla, *Ibid., t. I, f° 427.*
1182. — Bloodivilla, *C. de Saint-Sauve, f° 295.*
1201. — Blœvilla, *C. Salé, hist. de Saint-André, f° 34.*
1239. — Bloville, *C. imp. d'Auchy, f° 155.*
1248. — Blovilla, *C. de Saint-Sauve, f° 192.*
1259. — Bloovilla, *L. R. de Saint-André, t. I, f° 214 v°.*
1260. — Blœville, *Ibid., f° 53 v°.*
1311. — Bloueville, *Aveu Maintenay.*
1553. — Bloville et Blauville, *Lédé, Chron.*

Landric, chevalier, seigneur de Bloville, y établit au profit de l'abbaye de Saint-André, la demeure d'un religieux prêtre, qui devait célébrer la messe pour le repos de son âme, (1156). Vaultier, son fils, à la veille d'entreprendre la croisade (1189), et Robert de Bloville augmentèrent la cense de Bloville, qui a souvent été pillée et brûlée par les garnisons de Montreuil ou d'Hesdin et notamment en 1551-1601-1635. Elle était affermée en 1577 à Thomas Normand, moyennant 140 livres argent, 13 muids de blé, 13 muids d'avoine, 120 livres de beurre, 25 livres de cire, 10 fromages, 10 aulnes de nappe de lin, 10 aulnes de surnappe de lin, 5 veaux de lait et un paté de « 30 sols au jour des Innocents pour la récréation des religieux ». — En 1736, le fermage était de 2500 livres pour 488 mesures de terres labourables, 5 mesures de manoir et 80 mesures de bruyères au lieu dit le Prestreux. (*Cf. notre histoire de l'abbaye de Saint-André-au-Bois*).

Laiguille. — Ce hameau fut doté, en 1860, d'une jolie chapelle par Mme Dacquin-Dhérambault, qui a affecté une rente de 1000 francs pour le traitement du prêtre chargé de la desservir.

Guy de Maisnil accorda, en 1226, à l'abbaye de Saint-André ses droits de dîme sur vingt-six journaux de terre situés à Bloville et au *Mont de l'Aiguille.*

Le Val. — Guillaume de Montreuil-Maintenay, chevalier, fonda, en 1173, la maladrerie du Val de Montreuil ; les principaux bienfaiteurs de cet établissement charitable, furent après lui :

    Arnould du Pen, 1202.
    Pierre, seigneur de Wailly, 1206.
    Gaultier de Montreuil-Maintenay, chevalier, 1207.
    Guillaume, comte de Ponthieu, 1215.
    Eustache, boutillier de Selles, 1215.
    Guillaume de Montcavrel, chevalier, 1232.
    Béatrix, chatelaine de Saint-Omer, 1252.
    Baudouin de Fiennes, chevalier, 1260.
    Martin de Merlimont, 1278, etc., etc.

Les papes Grégoire IX et Honorius III ont confirmé les priviléges et possessions « des lépreux du Val ».

Peu à peu la lèpre disparut et les mayeur et échevins de Montreuil trouvèrent fort agréable d'employer à l'administration de leur bonne ville les revenus, désormais sans emploi, de la maladrerie du Val. Un édit de Louis XIV, auquel ils firent vainement opposition, réunit à l'ordre de Saint-Lazare les biens des hôpitaux du Val, de Beaurain et de Cavron, qui formèrent une commanderie dont messire Louis de Cadrieu prit possession en 1674. C'était visiblement détourner de leur destination primitive des biens affectés à perpétuité au service des pauvres, aussi le roi, cédant aux scrupules de Mme de Maintenon, décida-t-il, par arrêt du conseil du 13 juillet 1695, confirmé en janvier 1696, que les possessions du Val seraient pour toujours annexées à l'hospice de Montreuil. (*Henneguier, notice sur l'Hôtel-Dieu de Montreuil. Annuaire du Pas-de-Calais de 1855.*)

BOUBERS-LES-HESMOND.

1476. — Boubers-lez-Hermont, *Arch. nationales, J. 807.*
1592. — Baubert, *Théâtre géographique.*

Boubers-les-Hesmond, qu'il faut se garder de confondre avec Boubers-sur-Canche, ancienne dépendance à l'abbaye d'Auchy-les-Hesdin, appartenait au diocèse de Boulogne, doyenné de Fauquembergue.

L'abbaye de Sainte-Austreberte y exerçait certains droits de dîme. Dom Grenier l'a trouvé mentionné, dès 1170, parmi les dépendances du chapitre de Thérouanne.

BRIMEUX.

1042. — Brivermacum, *C. de Saint-Sauve, f° 1.*
1153. — Brimeaus, *Le Carpentier, hist. du Cambraisis, III, 325.*
1154. — Brimodium, *Ibid.*
1250. — Brimeu, *L. R., t. I, p. 199.*
1275. — Brimeu, *Douet d'Arcq, inventaire des sceaux, t. I. n° 1575.*
1311. — Brimeu, *Aveu Maintenay.*
1415. — Brimeul, *Monstrelet.*
1763. — Brimeux, *Expilly.*

On trouve fréquemment à Brimeux des monnaies, des tuiles, des poteries et d'autres vestiges de l'occupation romaine, surtout à l'endroit connu sous le nom de *fort*. C'est le point où la chaussée Brunehaut traverse la Canche. Des auteurs, et les plus sérieux, Cluvier et Sanson, par exemple, ont désigné Brimeux comme étant le Lutomagus de la table Théodosienne, station militaire sur la voie romaine d'Amiens à Boulogne. Le village de Brimeux est le berceau d'une illustre famille qui remplit la Picardie de l'éclat de sa renommée et porta sur les murs de Jérusalem sa bannière d'argent à 3 aiglettes de gueules. On reconnaît les traces de leur château dans une éminence de terrain dont la culture a presque fait justice, sans pouvoir toutefois préciser les limites de l'enceinte primitive. Il concourait, avec les forteresses de Beaurain et de Contes, à la défense de la vallée entre Montreuil et Hesdin.

Raoul, chevalier, sire de Brimeux, accorde, en 1160, aux moines de Saint-André-au-Bois les vastes domaines devenus la prévôté de Brunehautpré. Son fils Enguerran, sur le point d'entreprendre la lointaine expédition de Palestine, ajoute encore à ces libéralités ; sa femme Elizabeth, ses fils Eustache, Hugues et Pierre les confirment, en même temps que Hugues de Bailleul, leur suzerain, 1173. (*L. R. t. I, f° 84*). Les archives de Dommartin mentionnent, vers le même temps, Asson ou Alson, seigneur de Brimeux ; est-ce le même Asson, qui, possédé du démon et miraculeusement délivré du malin esprit par l'attouchement du précieux rochet de saint Thomas de Cantorbéry, vint, en personne, affirmer cette faveur devant l'évêque d'Amiens? (1239) (*F. du Candas, hist. de saint Thomas de Cantorbéry et des miracles..., f° 227 et seq.*)

Hugues de Brimeux, successeur d'Enguerran, voulant interdire aux habitants de Montreuil l'usage des marais situés entre cette ville et la chaussée de Brimeux, consentit à reconnaître l'arbitrage de l'abbé de Saint-Sauve et du prêtre Guy de Compiègne. Ils ouvrirent une enquête au mois d'avril 1239 et déclarèrent sa prétention mal fondée, jugeant que le paturage de ces marais serait désormais commun et stipulant une amende de 300 marcs d'argent pour celles des parties qui ne se soumettrait pas à leur décision.

Les abbés de Saint-Josse-sur-Mer, de Saint-André-au-Bois et de Longvilliers assistaient à l'enquête ; ils l'approuvèrent et le seigneur de Brimeux se vit contraint de donner « son benin consentement ». (*Cart. de la commune de Montreuil*, f° 40).

Son fils Jehan épousa Elisabeth de Beaurain, fille d'Aléaume de Beaurain, seigneur de Huppy. Ils renoncèrent ensemble à certaines redevances sur les moulins de Tigny, au profit de l'abbaye de Dommartin, (décembre 1248). (*Cart. de Dommartin*, f° 425). Eustache, leur héritier trop jeune encore pour approuver cette aliénation, la ratifia vingt-trois ans plus tard.

Les intérêts du châtelain de Brimeux et de la ville de Montreuil étaient trop intimement liés pour qu'il ne s'en suivît pas de fréquentes contestations. Ces contestations se terminaient presque toujours au profit du mayeur et des échevins, dont l'importance allait grandissant : ainsi ils obtiennent, en 1292, le droit de circuler en franchise dans toute l'étendue des domaines de messire Eustache, et la pêcherie du fossé dit de sainte Lune. La même année intervient un accord réglant l'exploitation à frais communs des tourbières du franc-marais et des prairies situées entre la banlieue et la chaussée de Brimeux. On vécut dès lors en parfaite harmonie. Mais l'héritière de la seigneurie, Isabelle aussi nommée Marguerite, ayant épousé David Tyrel seigneur de Poix, celui-ci prétendit annuler les concessions de ses ancêtres. Il entreprit de rétablir le travers aboli en 1292. Ce droit consistait à lever sur les passants, sur leur bétail et leurs marchandises, une taxe en argent ou en nature ; il avait été octroyé aux seigneurs pour l'entretien des chemins, des ponts et des chaussées. Eustache l'avait abandonné David dut y renoncer aussi, après une nouvelle tentative. Des lettres du 30 juillet 1372 nous révèlent les curieuses doléances des bourgeois de Montreuil, victimes de mille tracasseries, et réclamant que justice soit faite contre le châtelain, dont les gens avaient exigé ou pris le travers :

« De Gilles Phare quy estoit subjet de la ville et qui traversa Brimeu portant une faulx avec laquelle il venait de faulcher à Marant ;

« *Item*, des poullains de Jacques du Pen qui allaient en pasture « et passaient par la chaussée de Brimeu ;

« *Item*, du maistre de l'hospital de Beaumerie pour une queute (?) « qu'il portoit parmy les pont et vile de Brimeu ;

« *Item*, de Willes Flour pour deux colliers qu'il portoit par la « vile et pont de Brimeu ;

« *Item*, de Willes Darras, charpentier pour ce qu'il portoit sa coignée parmi Brimeu ;

« *Item*, de Taffin Harelle, pour ung floyel qu'il portoit et parce « qu'il portoit une pièche de thoile sur ses espaules ;

« *Item*, de Pierre Caveron, de ce qu'il fesait porter des pommes « à Beaumerie, pour son usaige..., etc., etc. »

Les loups, autrefois communs dans les forêts de l'Artois et de la Picardie, trouvaient un repaire sur les côtes escarpées qui avoisinent le village de Brimeux ; le cadastre conserve leur souvenir dans ces dénominations du territoire : le Bois des loups — le Buisson des loups. — Les seigneurs prenaient plaisir à les chasser. Les ordonnances royales leur imposaient d'ailleurs la destruction des animaux nuisibles et le droit des veneurs heureux était de prendre :

« Ung mouton ou blanche teste tantost et incontinent la prinse du loup, pour la curée de leurs chiens. »

Un jour, David de Poix parvient à tuer un loup et, peu soucieux des usages, il exige des habitants d'Écuires quatre brebis, comme prime de sa chasse.

« Nonobstant que paravant on eut pris ung mouton à Binauprey, ung à Buires et ung à Campaigne, à cause de ladite prinse dudit loup. »

Écuires était banlieue de Montreuil, le mayeur protesta et justice lui fut rendue. (*C. de Montreuil*, f° 44.)

Le roi Charles VII paya 400 livres d'or pour la rançon de David Tyrel et de son fils prisonniers chez les Anglais. Louis Tyrel de Poix, plus connu sous le nom de Brimeux, succomba à la funeste journée d'Azincourt, laissant une seule fille, Jeanne, alliée à Jean de Lannoy, chevalier de la Toison d'Or, ambassadeur en Angleterre, puis gouverneur de Hollande qui mourut en 1497. (*P. Anselme*, VII, f° 74.)

L'héritière de Brimeux, Jeanne de Lannoy, épousa Philippe de Hornes, seigneur de Guasbecke, dont encore une fille unique, Jeanne de Hornes, dame de Brimeux, qui porta cette terre dans la maison de Melun, par son mariage avec Hugues, vicomte de Gand, gouverneur d'Arras et le bras droit de l'archiduc Maximilien. Les Melun, princes d'Épinoy, marquis de Roubaix, se la transmirent de génération en génération, jusqu'à la fin du dernier siècle. Nous n'entreprendrons pas leur généalogie ; le Père Anselme la donne au cinquième volume des grands officiers de la couronne, pages 225 et suivantes. Nous préférons rappeler les souvenirs qu'ils ont laissés dans le pays, en commençant par Hugues de Melun et Jeanne de Hornes, les fondateurs de l'église que l'on admire encore à Brimeux. Ils la construisirent entièrement de leurs deniers, dans les premières années du XVIe siècle. Un grand nombre de blasons ornaient les voûtes, le chœur et les chapelles de l'édifice ; trois seulement ont été épargnés par le marteau révolutionnaire :

Le 1er de Melun — *d'azur à 7 besans d'or, en pale 2, 3, 2, au chef d'or.*

Le 2e parti de Melun et de Hornes.

Le 3e Ecartelé : Au 1 et 4 ; *d'or à 3 cors de gueules,* qui est de Hornes.

Au 2 : — *De sable au lion d'argent,* qui est de Guasbecke.

Au 3 : — *D'hermine à la bande de gueules chargée de 3 coquilles d'or,* qui est de Hondschotte.

Hugues de Melun et Jeanne affectionnaient beaucoup le séjour de Brimeux, ils venaient y chercher le calme et se dérobaient volontiers aux honneurs qui les accueillaient à la cour de l'empereur Charles-Quint. A la mort de son mari, arrivée le 27 novembre 1524, la dame de Brimeux continua d'habiter le château, d'où elle data son testament le 14 janvier 1554.

Nous devons un souvenir au vaillant marquis de Roubaix, Robert de Melun, qui fut tué au siège d'Anvers : Il était, rapporte Ledé, fort ami de l'abbaye de Saint-André « et fust un dommage « qu'il mourust sy subitement sans avoir auparavant ordonné ses « dernières volontés, car il avoit desseing d'y faire quelque belle « fondation, voulant en cela suivre la vertu de ses prédé- « cesseurs, seigneurs de Brimeu, pourquoy il avoit promis donner « et quicter à ladite maison les 52 couples de grains qu'il perce- « voit chaque année sur la cense de Bignaupré.

La belle architecture de l'église de Brimeux prouve la munificence des Melun, le savant abbé Ledé nous la révèle dans ses mémoires et l'airain de la cloche brisée en 1861 en fournissait encore le témoignage :

LAN MIL VICLXXII JE ESTE BENITE PAR MESSIRE PHILIPPE DE

LANGAICNE, PRÊTRE CVRE DE BRIMEVT, ASSISTÉ DE MESSIRE GVILLAVME DE BELLOY CHAPELAIN DE LA CHAPELLE CHASTERALE DE St LOVIS — JAI ESTE NOMMEE PAR TRES HAUT ET TRES PVISSANT SEIGNEVR MESSIRE GUILLAUME AMBROISE DE MELVN PRINCE DESPINOY, CHER DV SAINT ESPRIT, BARON DE FLANDRE, SENECHAL DE HAINAVLT, PREVOST DE DOVAY, CHATELAIN DE BAPAVME, MARQVIS DE ROVBAIX, BARON D'ANTOING, CISOING, COMTE DE MELVN ET SEIGNEVR DES PARTS DVDICT BRIMEVT ET TRES HAVTE ET TRES PVISSANTE DAME MADAME PELAGIE DE CHABOT DE ROHAN, PRINCESSE DESPINOY, PARAIN ET MARRAINE — LOVIS DE MELVN SEIGNEUR DV QVINT, VICOMTE DE BRIMEV, SEIGNEUR D'AMBRICOVRT — PHILIPPE BLOQVEL, BOVRGEOIS DE MONTREVIL, RECEVEVR DE BRIMEVX ET CHARLOTTE DE BEVVEMONT SA FEMME, BIENFAITEVRS A CESTE CLOCHE, ROBERT DE SVRNES ET FRANÇOIS DE SVRNES VIVANT ET MOVRANT POR LE FIEF DE LEGLISE : — FRANÇOIS HOUARY GREFFIER, JACQUES BVLOT.

Les cloches de Brimeux répandaient au loin de joyeuses volées ; un vieux dicton leur accordait même la supériorité sur la sonnerie de Dominois, la plus remarquable de la vallée d'Authie, que les paysans se plaisaient à défier en disant :

Sonne sonne Dominois,
Jamais Brimeu ne vaudrois.

LIEUX-DITS : *Alleux (les)*. — *Buisson des loups (le)*. — *Franc marais (le)*. — *Justice (la)*.

Le Ménage, ferme située dans la plaine vers Bloville, faisait autrefois partie du domaine de Brimeux. Les armoiries de Melun avec la croix de Malte se voient encore sur le pigeonnier.

Prestreux (les). Le bois des Prestreux appartenait à l'abbaye de Saint-André, qui l'avait obtenu des seigneurs de Brimeux au XIIIe siècle.

Quesnoy (le).

Les fermes de Bloville et de Brunehautpré, propriété des moines de Saint-André, dépendaient avant 1789, de la commune de Brimeux ; elles étaient donc enclaves d'Artois. Cela résulte de l'ordonnance royale, du 12 septembre 1752, qui termina les contestations soulevées, à ce propos, par les fermiers généraux qui prétendaient les assujettir aux taxes perçues en Picardie. Or, ce changement de province était très-important : Brunehautpré et Bloville, soumis à la Picardie, auraient payé 1900 livres d'impôt environ, tandis qu'étant déclarées dépendances de Brimeux en Artois, leur imposition ne dépassait pas 690 livres, compris les droits des bêtes vives et des boissons. (*I. Crépin, Chron. de Saint-André*).

ARCHÉOLOGIE. — De l'église bâtie par les seigneurs de Brimeux, il reste le chœur et la tour qui surmontait la chapelle castrale. Celle-ci, dédiée à saint Louis, avait une sortie indépendante décorée des blasons de Melun et de Hornes.

Le chœur, éclairé de 9 fenêtres nouvellement restaurées et ornées de vitraux, présente tous les caractères de la riche architecture du XVIe siècle. La piscine est remarquable ; on y voit encore l'écusson des fondateurs. La nef a été reconstruite par les soins de M. le curé Laurent (1861-1864).

La cloche refondue en 1861 rappelle le parrain et la marraine de l'ancienne. Elle a été nommée *Louise Herminie* par M. Louis Riquier, maire de Brimeux et par Mme Herminie Armand, épouse de M. Emile Delhomel, maire de Montreuil, membre du conseil général du Pas-de-Calais.

BUIRES-LE-SEC

1042. — Buyræ, *C. de Saint-Sauve*, fo *1*.
1125. — Buiriæ, *Gallia Xna*, t. X, col. *304*.
1162. — Buriæ, *C. de Valloires*, fo *128*.
1197. — Buiriæ, *Arch. du Pas-de-Calais. Titres du prieuré de Maintenay*
1203. — Buires, *C. de Selincourt*, fo *32 vo*.
1239. — Buires, *Lédé, notes manuscrites.*

1250. — Buire-les-Sekes, *polyptique de Dommartin, p. 16.*
1311. — Buire, *Aveu Maintenay.*
1377. — Buire, *Arch. d'Abbeville, s. J. J, n° 88.*
1407. — Buyres-les-Secques, *Dom Grenier, aveu de Ph. d'Harcourt.*
1608. — Bures-les-Secques, *Quadum, Fasciculus geographicus.*
1626. — Bures, *Pouillé des Abbayes de France, f° 208.*
1689. — Buires, *Pouillé Feydeau. Biblioth. ville d'Amiens.*
1763. — Buire, *Expilly.*

Colmieu, archidiacre de Thérouanne, écrivant à la fin du XI° siècle, la vie de saint Jean, évêque de cette ville, accompagne de détails intéressants la description du château de Merchem, où le saint Prélat reçut l'hospitalité durant une de ses tournées pastorales :

« C'est l'usage de nos jours, pour les hommes les plus riches et les plus nobles, de se procurer avant tout une retraite où ils puissent se mettre à l'abri des attaques de leurs ennemis et combattre leurs égaux avec avantage. Ils élèvent aussi haut que possible un monticule de terre transportée, ils l'entourent de fossés d'une largeur considérable et d'une effrayante profondeur ; sur le bord intérieur du fossé, ils plantent une palissade de pièces de bois équarries, fortement unies entre elles, qui équivaut à un mur ; au milieu de ce monticule, ils bâtissent une maison ou plutôt une forteresse. » (*Dom Bouquet*, XIV, *p.* 229.)

Tel fut à son origine le « donjon » de Buires ; telles furent les *mottes* que l'on rencontre fréquemment dans la plupart de nos communes.

Deux enceintes environnées de fossés larges et profonds, étaient reliées entr'elles par un môle de terre ; la première, moins élevée mais plus spacieuse que la seconde, servait de cour basse ; la seconde était surmontée d'une fortification en pierre dont les fondations subsistent encore. L'état de conservation de cet ouvrage militaire, l'un des plus curieux du département, permet de supposer qu'il a été souvent utilisé pour la défense du pays.

En 1644 et les années suivantes, alors que l'on opposait de nombreux travaux de retranchement aux Impériaux, le donjon de Buires dût être mis à profit et il est possible que cette importante position soit devenue l'occasion du désastre dont un contemporain a laissé le souvenir dans ces lignes gravées au chevet de l'église :

EN 1657, 14
DE FEBVRIER LE VILLAGE DE BUIRES
A ÉTÉ BRULLÉ DE BOURGUINONS A ÉTÉ
FAITE PAR MOI, PIERRE PRIEZ,

et plus loin :

EN 1657 LE 14 DE FÉVRIERS LE
VILLAGE A ÉTÉ BRULLÉ DE BOURGUINONS
N'Y A RESTÉ QUE 17 MAISONS ENTIER
TOUTE A ESTÉ BRULLÉ.
PIERRE PRIEZ.

Le prieur de Maintenay, curé primitif de Buires, ayant contesté aux religieux de Saint-André les dîmes d'une partie des Colroy qu'ils devaient à la générosité d'Eustache Colet, l'évêque d'Amiens, Geoffroy, les leur attribua en février 1233. Vainement, un siècle plus tard, le prieuré essaya-t-il d'oublier cet arrêt, source de fréquentes discordes, les grands et petits Colroy, déclarés dépendances de Brunehautpré, lui échappèrent à jamais. (Sentence de 1356, ratifiée encore par le parlement en 1673.) (*Lédé et Boubert, chron. de Saint-André*).

Les droits de l'abbaye de Dommartin, à Buires, sont mieux définis : 43 journaux de terre acquittaient le terrage ; la dîme rapportait 9 muids de blé, 9 muids d'avoine, 9 muids de baillard. Les redevances produisaient : 1 sept. de blé, 9 sept. d'avoine, 1 mine et 2 boisseaux d'avoine, 3 sols parisis, dont le détail se lisait aux folios 14 et 15 du curieux polyptique ou terrier, rédigé en 1250, par les soins de l'abbé Jehan. La disparition de ces feuillets du manuscrit, nous prive de documents intéressants, sur la population et les dépendances du village au XIII° siècle.

Vers le même temps apparaît Jehan, chevalier, seigneur de

Buires, bienfaiteur du prieuré de Maintenay, en 1248. *(Arch. du Pas-de-Calais, titres du prieuré de Maintenay.*

Le 6 mars 1377, Baudouin de Lianne, écuyer, héritier de demoiselle Jehanne de Lianne, servit au roi l'aveu d'un fief noble, tenu de lui par 60 sols parisis de relief, s'étendant ès environs de Buires et à Waben. Il le vendit, le 23 juin 1378, à Blanche de Ponthieu, dame de Maintenay, comtesse d'Aumale, veuve de Jehan V d'Harcourt. L'Histoire de Buires devient dès lors celle de l'importante châtellenie de Maintenay. (*Voir art. Maintenay*).

HAMEAUX. — LIEUX DITS.

ROMONT s'est écrit: Roumont (1207). — Ruhumont (1230). — Romermont (1250). — Reumont (1377). (*Titres des abbayes de Dommartin et de Saint-André*).

Ce n'est pas le Rebellismons de la chronique d'Hariulfe, possession de l'abbaye de Saint-Riquier, qu'il est plus naturel de rechercher dans les environs de Saint Riquier, à Réalmont, par exemple.

La seigneurie de Romont, tenue de Maintenay, passa successivement, par alliance ou acquisition, aux familles de Harchies. — Wlart ou Wulart d'Estrée (1580-1770). — Le Noir, vicomtes de Montreuil (1770-1830. — De Forceville, vicomtes de Merlimont (1830-1861). — Vicomtes de Calonne d'Avesne, 1861.

Dès le XVIIe siècle, l'église de Romont, desservie par le religieux de l'abbaye de Longvilliers résidant au Bois-Jean, était le centre d'une paroisse composée de l'Aiguille, la Houssoye et Romont.

Les Caurroyes ou *les Colroy*, l'abbaye de Saint-André y levait la dîme depuis la donation de Hugues Colet, en 1196.

Le Couporel, ainsi désigné dans les titres du XVIIe siècle : la *Grande Corporeille* (Bois-Colpart), la *Petite Corporeille* (Bois-Baizieux).

Les Essarts (les Echards), dépendance du prieuré de Maintenay.

La Haie-Colette, dont le nom rappelle les anciens seigneurs de **Beaurain**.

La Houssoye, fief noble, réuni au domaine de Romont, par le mariage de Marguerite de Joigny, dame de la Houssoye, avec Messire François Wlart d'Estrée, seigneur de Romont. Marguerite de Joigny mourut en 1663 et repose dans l'église de Buires, où son épitaphe se lisait encore en 1863.

Le Houssel.

Longeville, fief noble tenu de Buires, consistant en droits de champart, dans l'étendue de la paroisse. Le 20 octobre 1676, il appartenait à messire Adrien Boucher, seigneur de Longeville, dont les héritiers sont MM. Siriez de Longeville.

Rougeville.

Le chemin des anglais, suivi par les vainqueurs de Crécy, en 1346.

ARCHÉOLOGIE. — Le chœur de l'église, patron saint Maurice, monument du XVe siècle, a été bâti par les châtelains de Beaurain, de la maison de Croy, dont l'écusson se voit au côté de l'Evangile. Il subit une restauration importante en 1617, aux frais du seigneur de Maintenay, Charles de Montmorency, comme le témoigne l'écusson d'or à la croix de gueules cantonnée de 16 alérions d'azur, qui est sculpté à la voute.

Le clocher surmonte l'abside ; il s'écroula en 1765, les habitants se refusèrent à le reconstruire et la dépense s'élevant à 912 livres 7 sols, leur fut imposée d'office, par ordonnance de l'intendant de Picardie et d'Artois. (21 août 1766.)

Godefroy Nicolas Monsigny en fit la répartition entre tous les propriétaires de Buires, au prorata de leurs revenus. M. de Maintenay dut payer pour la terre de Buires, lui rapportant 300 livres : 14 livres 8 deniers; M. de Romont, pour la terre de Romont rapportant 800 livres : 38 sols 8 deniers; M. de Bardes, pour la terre de Frémécourt rapportant 700 livres : 33 sols, 12 deniers; l'abbé de Longvilliers, pour ses fiefs rapportant 900 livres : 43 sols, 4 deniers ; l'abbé de Saint-André, pour ses fiefs rapportant 600 livres : 23 sols 16 deniers etc. (*Archives du Pas-de-Calais.* — *Fond de l'intendance.*)

Epitaphe relevée en 1866 sur le mur extérieur de la chapelle de la Sainte Vierge :

> LA BEAUTÉ NY LA GRACE, AUSSY MON DOUX PARLER
> NONT POINT PEU DE LA MORT LA FUREUR APPAISER
> CAR HÉLAS IL CONVIENT, EN LA FLEUR DE MON AGE,
> LE MONDE ABANDONNER ET TROUSSER MON BAGAGE.
> VOUS QUI VIVEZ, CHRÉTIENS, COMME UNE TERRE EN FRICHE
> LE PLUS SOUVENT ROULÉS ET CROUPANS DANS LE VICE,
> N'ATTENDEZ, N'ATTENDEZ, ENCORE QUE BIEN SAINS,
> A FAIRE PÉNITENCE N'ATTENDEZ A DEMAIN;
> MAIS POSEZ DE BONNE HEURE POSEZ VOUS AU VISAGE
> DE LA MORT CERTAINE LA FIGURE ET L'IMAGE,
> AFFIN QU'AYANT AU CŒUR CESTE MÉMOIRE GRAVÉE,
> VOUS NE PARTIEZ DICY SINON BIEN PRÉPARÉS.
> ICY, SOUS CE TOMBEAU, L'HONNEUR ET LE MODÈLE
> GIST AUSSY LE FLAMBEAU DE TOUTES LES PUCELLES,
> PUCELLES ENSEMBLEMENT. PRIEZ QUE POUR GUERDON
> DIEU VEUILLE DONNER LE CIEL A MARTINE PION !

Dans le cimetière et dans la chapelle qui y a été construite en 1842, se trouve la sépulture des comtes de Riencourt; des Le Noir, vicomtes de Montreuil; des Forceville, vicomtes et barons de Merlimont, anciens propriétaires du château de Romont.

CAMPAGNE-LES-HESDIN.

1160. — Campaigne, *L. R.*, t. I, f° 38, v°
1202. — Campaignes, *ibid.*, f° 278.
1225. — Campagnez, *Arch. du Pas-de-Calais, Titres de St André.*
1244. — Campagnes, *ibid.*
1477. — Campaigne, *Cueilloir H. Dieu Montreuil*, f° 102, v°
1495. — Campaignes, *Terrier de la comm. de Loison*, f° 102, r°

1650. — Campaigne, *Jansson, loc. cit.*
1700. — Campagne-les-Saint-André, *Arch. du Pas-de-Calais, loc. cit.*

L'origine de l'église de Campagne, sous le vocable de saint Martin, demeure incertaine ; elle s'éleva, primitivement, au centre de quelques métairies bâties sur l'emplacement de la vaste forêt qui recouvrait la contrée ; toutefois, le savant historien de Saint-Riquier, M. le chanoine Hénocque, ne veut pas y reconnaître, avec M. Harbaville, les possessions données par le roi Dagobert à cette abbaye : « *territorium quoddam in pago Pontivi quod dicitur Campanias.* » Campagne a longtemps été annexe de la paroisse, aujourd'hui démembrée, de Ricquebourg vers le milieu du dernier siècle, les habitants demandèrent à en être séparés, mais ils rencontrèrent une vive opposition de la part du curé de Ricquebourg, M. Viollette, et surtout de la part du prieur de Beaurain, qui voyait dans cette prétention une grave atteinte à ses droits de patron et de collateur. Il y eut échange de factums et de mémoires fort curieux ; l'abbé de Saint-André-au-Bois ne resta point étranger aux débats du procès qui suivit, non plus que messire Testart, écuyer, seigneur de Campagne. Enfin le 15 mai 1777, intervint, en faveur de Campagne, la décision de l'évêché d'Amiens, décision confirmée, au mois de mars 1778, par lettres-patentes du roi enregistrées le 21 février 1780. Les motifs du décret portent que, le village se composant de 700 communiants, il est impossible au curé de Ricquebourg de leur prodiguer les secours spirituels, à cause de l'éloignement et de la difficulté des communications. (*Arch. du Pas-de-Calais.*)

La nouvelle paroisse grandit et prospéra, tandis que, par un contraste bizarre, l'ancienne disparaissait complètement. Lors de l'organisation de la France en départements, Campagne dut à sa position centrale entre les vallées de la Canche et de l'Authie, d'être désigné comme chef-lieu de l'un des cantons du district de Montreuil (22 décembre 1789). Ce canton comprit d'abord quinze, puis vingt-quatre communes.

L'abbaye de Saint-André avait de vastes domaines dans les limites actuelles de Campagne : le *Fay*, donation de Vaultier

Tyrel et d'Enguerran de Mortlay, (1167); le *Robertburth*, donation d'Eustache Colet, (1165); le *Talonville*, donation de Robert d'Argoules, (1163); le *Valivon* et *Brunehautpré*. Elle jouissait en outre de certains droits : le *moutonnage*, lui attribuait la dîme des bêtes à laine; le *travers*, se percevait sur les voyageurs et les marchandises qui traversaient le village.

Les pauvres de Campagne ne pouvaient donc pas être oubliés dans les abondantes aumônes que distribuaient les moines et la chronique de Crépin nous apprend qu'ils recevaient, chaque semaine, trente-quatre pains de trois livres et demi.

Campagne a été plusieurs incendié et pillé par les Français ou par les Espagnols; en 1696, notamment, les Croates de la garnison d'Hesdin y commettent mille horreurs.

A l'époque de la révolution, MM. Pruvot et Cornu remplissant les fonctions de curé et de vicaire à Campagne, prêtèrent le serment constitutionnel, mais, ayant eu honte de leur faiblesse, ils se rétractèrent publiquement. Obligés de s'éloigner pour échapper à la persécution, ils se retirèrent à Bruxelles, tandis que le citoyen Debove, ancien marchand de vaches, ordonné prêtre par l'évêque intrus de Saint-Omer, exerçait en leur place un ministère impie. L'église fut transformée en temple de la Déesse Raison ; chaque soir les patriotes venaient y chanter les hymnes révolutionnaires, en dansant autour du maître-autel placé sous l'abside et surmonté d'une statue de sainte représentant la Liberté ! Cependant, aux plus mauvais jours de la terreur, deux ex-moines de Saint-André, [les pères Lebrun et Detève, demeurèrent cachés dans le village, continuant à catéchiser les enfants et célébrant la sainte Messe dans les granges. (*Registre de paroisse.*)

Lieux-dits et Hameaux. — *Brunehautpré*.

1173. — Burnelpré, *L. R., t. I, p. 243.*
1226. — Brunelpin, *C. de St-Josse-sur-Mer, f° 192, v°.*
1248. — Burnelpré, *L. R., t. 1 f° 88, v°.*
1250. — Burneaupré, *ibid. f° 199.*
1250. — Brunlpré, *Polyptique de Dommartin.*
1255. — Burneaupré, *Salé, Loc. cit. f° 49.*

1275. — Burniaupré, *L. R., t. I, f° 94, v°.*
1313. — Burgnaupré, *ibid., f° 259.*
1361. — Brunelpratum, *ibid., f° 90.*
1362. — Burniaupré, *ibid., f° 73, r°.*
1372. — Bineauprey, *C. de Montreuil, f° 45.*
1477. — Buignaulpré, *Cueilloir, H. Dieu de Montreuil, f° 103.*
1553. — Bignaupré, *Chron. Lédé, f° 112, v°.*
1698. — Buignaupré, *Etat de la province d'Artois par Bignon.*

L'orthographe de *Brunehautpré* devrait être ainsi modifiée : *Burneaupré ou Burnelpré*, ou bien encore : *Brunelpré*. Dans aucun titre ancien il ne se trouve écrit Brunehautpré; le voisinage de la chaussée, dite Brunehaut, lui a fait attribuer à tort l'origine d'une dénomination dont on n'avait jamais tenu compte jusqu'à nos jours. La prononciation picarde en fit au XVe siècle *Buignaulpré*, et maintenant encore le paysan l'appelle *Bignopré*. Les chevaliers Raoul (1163), Enguerran, (1193) et Eustache (1203), sires de Brimeu, abandonnèrent aux moines de Saint-André-au-Bois les terres et les bois qui formèrent la prévôté ou la cense de Burneaupré. La chapelle d'abord fondée à Bloville y fut transférée en 1227. Jusqu'en 1314, un maître religieux ou prévôt, assisté de frères convers, faisait valoir les terres pour le compte de la communauté; à cette époque, Burneaupré ayant été affermé, un religieux continua d'y résider en qualité de prévôt. Les bâtiments d'exploitation devinrent la proie des flammes le jour de la Pentecôte 1621; ils avaient été pillés et incendiés par les Espagnols, en 1511 et 1563.

Les prévots de Brunehautpré sont :

1516, Antoine de Courteville; 1561, Jean de Fontaines; 1593, Augustin Rogier; 1572. Jean Vasseur; 1587, Antoine de la Ruelle; 1605, Philibert de Larse; 1626, Antoine d'Ostrel; 1630, Nicolas Lemesre; 1642, Claude Salé; 1651, Norbert Sarrazin; 1682, Arnould Barbier; 1737, Norbert Peuvrel; 1741, Gilbert Danel; 1749, Emmanuel Lamotte. *(Hist. de l'Abbaye de Saint-André-au-Bois.)*

Le Fay, (*Fagus*), lieu planté de hêtres, dépendance de Saint-André-au-Bois.

L'Hôpital, dépendance de la commanderie de Loison, dont la ferme, située au nord du chemin de Campagne à Buires, se composait du *Bois de l'hôpital* et de 120 journaux de terre. La chapelle, sous le vocable de l'Assomption, était desservie, au dernier siècle, par les Capucins de Montreuil. Elle s'écroula vers 1750 et le commandeur de Beuzeville de la Luzerne la fit reconstruire, mais elle ne fut jamais livrée au culte. Cette chapelle, (de 15 pieds de long sur 12 de large), était en pierres blanches et couverte de chaume.

Dans la cour de la ferme se trouvait la *Grange des terrages*, où les habitants de Campagne venaient rendre compte des droits de terrage qu'ils devaient; suivant un accord passé en 1480, ces droits se partageaient entre le Commandeur de Loison, pour les trois huitièmes et le seigneur de Lianne, les religieux de Saint-André, les seigneurs de Buire et de Campagne, pour les cinq autres huitièmes.

REVENU DE L'HOPITAL DE CAMPAGNE :

En 1373, 200 livres.
En 1499, 300 livres.
En 1583, 800 livres.
En 1757, 1500 livres.
En 1783, 1700 livres.

(*Les commanderies du Gr. Prieuré de France par Mannier, p. 663 et Arch. nationales J. 5279-5280.*)

Neuvilette ou la *Neuville*. Fief noble qui donna son nom à la famille des Testart de la Neuville, anciens seigneurs de Campagne.

Ramecourt. Fief noble tenu de Beaurain, appartenant aussi en 1782, à Messire Charles-François Testart de la Neuville.

Talonville, dépendance de l'abbaye de Saint-André-au-Bois.

Le Valivon.

1200. — Vallis Hivonis, *Arch. du Pas-de-Calais. Orig. fond. Saint-André*.
1244. — Vallis Yvonis, *ibid*.

Le Valivon, dépendance de l'abbaye de Saint-André-au-Bois qui l'avait reçu, en 1185, de Messire Guillaume de Saint-Omer, châtelain de Beaurain. Les moines y avaient bâti une chapelle dédiée à saint Éloy; elle était l'objet d'un pèlerinage très-fréquenté par les laboureurs de la contrée; ruinée et démolie en 1595, cette chapelle fut rétablie et solennellement bénite le 28 novembre 1664.

A côté de la ferme des religieux s'élevait, au XVII° siècle, le château des Postel, seigneurs du Valivon. Françoise Postel, dame du Valivon, épousa le 14 Novembre 1683 Jean Testart, écuyer, seigneur du Rossinoy et de Saint-Éloy, dont les descendants ont longtemps possédé la terre du Valivon, actuellement habitée par M. Moleux, président du tribunal de Montreuil.

ARCHÉOLOGIE.—Dans l'ancienne église, construction du XV° siècle, on remarquait un fragment de corniche en bois sculpté, orné de deux écussons: l'un gironné de douze pièces; l'autre à la face accompagnée de 3 coqs, 2 et 1.

Monseigneur Lequette, évêque d'Arras, a consacré le 22 octobre 1872 la nouvelle église bâtie dans le style du XIII° siècle, sur les plans de M. Clovis Normand. Elle comprend trois nefs divisées en six travées par deux rangs de colonnes cylindriques de granit. Le clocher en pierre fait avant-corps sur la nef principale. L'église mesure 36 mètres de longueur, 13 mètres 35 de largeur, 7 mètres 40 de hauteur aux bas-côtés, et 14 mètres à la grande nef.

Les habitants de Campagne rivalisèrent de zèle pour contribuer à la décoration: les vitraux, les autels et tout le mobilier s'harmonisent on ne saurait mieux avec les proportions de ce remarquable édifice, construit sous l'administration municipale de M. Hilaire Moitier, M. Delval étant curé doyen. (*Voir la description donnée par M. Robitaille, Annuaire de 1867.*)

Inscription de la cloche:

L'AN 1787, JE FVS NOMMÉE MARIE, PAR MESSIRE CHARLES-FRANÇOIS TESTART, ESCVIER, SEIGNEUR DE CAMPAGNE LA NEVVILLE, ET PAR DAME ANNE-FRANÇOISE-JOSEPH D'ARTOIS, SON ÉPOUSE, FONDATEUR DE CETTE ÉGLISE. — FONDEVR GORLIER.

Armoiries des Testart : *écartelé au 1 et 4 d'hermine; au 2 et 3 vairé d'argent et d'azur*.

Armoiries des d'Artois : *de sable semé de fleurs de lys d'or*.

DOURIER-

Duroicoregum, *Table Théodosienne*.
1171. — Dourehier, *C. de Valloires, f° 53*.
1206. — Donrehier, *Ibidem, f° 112*.
1217. — Duarier, *Arch. du Pas-de-Calais. Titres du prieuré de Maintenay*.
1239. — Dourrihiers, *C. imp. d'Auchy, f° 155*.
1244. — Durier, *Dévérité, hist. du Ponthieu, T. I, f° 164*.
1244. — Dourihier, *Arch. du Pas-de-Calais, loc. cit.*
1311. — Dourier, *Aveu de Maintenay*.
1421. — Douvrier, *Monstrelet IV, f° 123*.
1505. — Dourierensis pagus, *Ferry de Locre, Chron. Belgicum, f° 575*.
1554. — Dourrietz, *Expilly*.
1592. — Dauveter pour Dourrier, *Th. géographique*.
1608. — Dourier, *Quadum, loc. cit.*
1652. — Dourier, *Jansson, loc. cit.*

Suivant une vieille tradition, saint Riquier aurait séjourné sur les bords de l'Authie à l'endroit où fut bâti le village de Dourier, dont le nom viendrait de *Domus Richarii*. Danville place à Dourier le *Duroicoregum* de la table Théodosienne, que d'autres auteurs ont cherché à Donqueur, à Doullens et même à Rue. Dès le XII° siècle la seigneurie appartenait à une famille illustre issue de Jacques Kiéret, vaillant champion du tournois d'Anchin en 1096, dont le petit-fils, Adam Kiéret, bienfaiteur de l'abbaye de Saint-Josse-au-Bois, contribua aussi de tout son pouvoir à l'établissement de l'abbaye de Valloires. (*C. de Dommartin*, f° 60. *C. de Valloires*, f° 147.)

Le P. Anselme donne une généalogie des Kiéret, complétée par M. Réné de Belleval dans la brochure intitulée : *Gauvain Kiéret et sa famille*. Ils avaient leur sépulture à Dommartin, où l'on trouva, en 1869, sous les décombres de l'église, le tombeau de Henri III Kiéret seigneur de Fransu, et de Catherine de Monstrelet, orné de la représentation des défunts, avec l'écu à *trois fleurs de lys au pied nourri.*. L'histoire raconte le miracle éclatant qui fut accordé aux prières de la châtelaine de Dourier, Eguelinc ou Aquiline, épouse de Hugues I Kiéret : Ayant mis au monde un petit monstre à peine viable, elle recourut, dans son désespoir, à l'intercession de saint Thomas de Cantorbéry, honoré, comme on le sait, d'un culte particulier à Dommartin. Une de ses suivantes et la nourrice portèrent le malheureux enfant à l'autel du martyr et, tandis qu'elles étaient prosternées en oraison, il commença à prendre forme humaine et « veinst tost après parfait de tous ses membres. » L'héritière de la seigneurie de Dourier au XIII° siècle, Milessende Kiéret, mariée d'abord à Arnould de Cayeu, sire de Longvilliers, ensuite à Baudouin de Fiennes, leur conféra successivement les prérogatives de châtelain de Dourier (*C. de Valloires*, f°s 51, 95, 151, 152, 159).

Isabeau de Fiennes épousa, en 1349, messire Robert de Wawrin. Leur fils servit aveu de ses fiefs, le 7 juillet 1360. Iolande de Mortagne était dame de Dourier en 1382 ; à quel titre ? Alliée à Mre Gossuin du Quesnoy, seigneur d'Audenarde, elle en eut une fille, Marie du Quesnoy, femme de Jehan Blondel, seigneur de Dourier. (*Archives nationales de France*, JJ., t. 172, f° 40, et *Monstrelet*, t. IV, f° 323).

Blondel mourut prisonnier des Anglais.

Ceux-ci s'étant emparés de la forteresse de Dourier « *assise et située en très fort lieu* », Jacques d'Harcourt, gouverneur du Crotoy, survient à l'improviste certain jour de juillet 1421, sous les murs du château dont Lancelot et Pierre Blondel avaient la garde en l'absence de leur maître. La population s'y était réfugiée, mais les armes manquaient et on ne pouvait songer à la résistance ; d'Harcourt le savait et après avoir pillé et incendié la majeure partie du village, il s'approche des remparts et somme le capitaine de les lui livrer sur le champ ; il lui fera, sinon, « trancher la teste et à tous autres qui la estoient avant qu'il fut vespres. » Ces menaces produisirent le résultat attendu : « les bonnes gens du château parlèrent ensemble » et dans l'impossibilité de se défendre, ils résolurent d'envoyer Lancelot et Blondel par devers Jacques d'Harcourt pour solliciter une capitulation honorable. Le gouverneur du Crotoy les déclare ses prisonniers et exige plus impérieusement encore une soumission immédiate; Pierre Loys, receveur de la seigneurie, se rend alors auprès de d'Harcourt et, n'étant pas mieux accueilli, il est contraint de livrer les clefs de la forteresse. (*Arch. Nationales,* II, t. 172, f° 40.)

Repris, à quelques temps de là, par les Anglais, Dourier fut définitivement rendu à la France par le brave Poton de Xaintrailles.

Oudart Blondel vendit son domaine à Raoulquin de Créqui, seigneur de Villers-au-Bocage (1437). Son neveu, François de Créqui lui succéda; il jouissait d'une énorme fortune et son mariage avec Marguerite Blondel, dame de Longvilliers, l'augmenta encore. Les églises de Huby-Saint-Leu, de Recques, de Dourier, de Longvilliers, attestent leur munificence. Après eux la terre de Dourier demeura longtemps dans la maison de Créqui. Charlotte, fille du baron de Frohem, la porta en dot à messire Louis Aymar, marquis de Sailly, vivant en 1709. Le marquis de Souvré l'ayant héritée de sa femme, dame Félicité de Sailly, la vendit le 17 mars 1764, moyennant 193,000 livres, à messire Hippolyte-Joseph-Ignace de Liot qui l'aliéna lui-même, le 14 octobre 1766, au profit de la comtesse de Lameth, née de Broglie. (*Archives de l'auteur, registre des fiefs mouvant du roy.*)

Le puissant patronage sous lequel vécurent les habitants de Dourier ne leur épargna malheureusement pas les horreurs de la guerre. Aux désastres du XVᵉ siècle succédèrent, à l'époque de François Iᵉʳ et de Charles-Quint, de nouvelles ruines et en septembre 1554, les impériaux y allumèrent un incendie qui dévora une grande partie du village.

Plus tard encore, l'animosité entre Français et Espagnols allant toujours croissant, le marquis de Saint-Bris et Jean de Rambures, lieutenants du roi Louis XIII, vinrent déloger l'ennemi qui occupait Dourier; les maisons furent pillées et brûlées; la magnifique collégiale s'abîma dans les flammes et la terreur fut si grande que les habitants s'enfuirent et n'osèrent rentrer dans leurs foyers

que quatre années après : le 5 février 1640, ils commencèrent à revenir et, « ne trouvant aucun lieu habitable pour se cacher des
« injures de l'air, on s'est retiré, lisons-nous en tête du registre
« de paroisse, dans un coin de l'église et n'y ayant aucun lieu
« purifié pour dire la sainte messe, ny aucun prestre résidant,
« est on allé festes et dimanches en le messe à l'abbaye de Dom-
« martin, jusques au retour de maistre François Tiret, qui fust le
« jœudy saint enssuivant, le cinquième apvril, lequel purifia la
« chapelle de Saint-François et dict la messe le jour de Pâques
« qui fust la première après la destruction de l'église. »

La terre de Dourier était tenu en cinq fiefs : le premier, relevant du châtelain de Labroye, comprenait le château, le donjon, les moulins, etc.; le second relevait du roi, à cause du château d'Hesdin; le troisième, du roi, à cause du comté de Ponthieu; le quatrième, de la seigneurie de Maintenay; et le cinquième, de la seigneurie de Ponches.

Du second fief dépendaient les arrière-fiefs :
    de la chapelle en Querrieu,
    de Blacourt,
    de Canteraine,
    du Quint,
    des Champs,
    d'Hébecourt. (*Arch. de M. de l'Etoile, mans. Godart de Beaulieu*, p. 96.)

CHAPITRE DE DOURIER.

Au mois de janvier 1505, Messire François de Créqui, seigneur de Dourier et dame Marguerite Blondel, son épouse, fondèrent le chapître pour six chanoines, un doyen, 5 clercs et 6 enfants de chœur ; la dotation primitive comprenait les fiefs de la Chapelle, de Carnoye et de Querrieu, et l'intention des fondateurs fut de s'assurer à perpétuité le secours de prières récitées dans l'église où ils avaient choisi le lieu de leur sépulture. L'abbé de Saint-Josse-sur-Mer exerçait de temps immémorial les prérogatives de patron de Dourier. Le 15 mai 1509, il consentit à les céder au doyen du chapitre et obtint en échange de ses droits la collation d'un canonicat. Monseigneur de Halluin, évêque d'Amiens, approuva les statuts, à la requête de messire Charles de Créqui, héritier et exécuteur testamentaire des fondateurs. *Archives du Pas-de-Calais titres du chapitre de Dourier.*

LIEUX DITS. — *Le bois du Chapitre. — Le bois Saint-Josse. — La chapelle de Saint-Riquier. — Le marais du Haut-Pont. — Le pré Mal-Acquis. — La vallée Bosquillon. — La vallée Renaut.*

ARCHÉOLOGIE. — Description de l'église et du cloître de Dourier au XVI° siècle, écrite par un contemporain de la fondation.

« Pour embellir la fondation qu'ils firent, les sieurs de Créqui ont fait édifier un temple à Dieu, d'une très-belle structure et selon le beau dessin qu'il avaient rapporté d'Angleterre, ayant fait un chœur de douze piliers qui servoient de chassis à douze grandes vitres dépeintes de belles figures ; et aux douze entre deux des vitres, douze niches où estoient placées les figures des douze apôtres en bois doré. La voûte estoit en cul-de-lampe et garnie de plusieurs enroullements de cordons de saint François taillés sur la pierre, représentant la dévotion que François de Créqui avoit à son patron.

« La table d'autel estoit composée de belles figures de la passion de Nostre-Seigneur ; au milieu estoit l'arbre de la croix qui portoit pour fruit de la vie éternelle le saint sacrement suspendu.

« Au côté de l'épître estoit la chapelle du seigneur fondateur, du titre de St-François ; à côté de l'Évangile son sépulchre avec une petite voûte comme celle du chœur, avec son tombeau et celui de son épouse, tous deux en bosse sur un grand marbre noir. Au milieu un trône contenant l'image de Notre-Dame de Boulogne. Aux deux côtés du trône, 32 quartiers d'armoiries des alliances tant de sa part que de son épouse avec sa devise : *Quand sera-ce? Quand Dieu voudra.* Au frontispice, les noms de Créqui, enrichis des ordres de la Toison d'or et de la chevalerie du Saint-Esprit, avec une description de la terre de Créqui abondante en tous biens, par les figures des visiteurs de la terre promise, chargés de grappes de raisin qu'ils portaient avec un chainon et tenant chacun un bout sur l'épaule.

« Au dessus de ce sépulchre, à la troisième pierre de taille, un peu enfoncé, à l'appui qui divise le sanctuaire d'avec les formes (stalles) des chanoines, est une cave où sont les ossements desdits fondateurs et de plusieurs de leurs parents, entr'autres de puissant seigneur et vénérable personne messire Charles de Créqui, protonotaire, bienfaiteur du chapitre par les biens du pays de Viméu. Au-dessous dudit appui, entre le sanctuaire et les formes, du côté de l'épître, est la sacristie sur laquelle estoit la chapelle de Sainte Marguerite, patrone de Madame la fondatrice ; où elle se plaçoit pour entendre la messe par les écoutes, comme une religieuse, affin de ne point entrer ni emblayer au chœur. Au côté de l'épître, l'épitaphe de deffunt seigneur et vénérable homme, messire Charles de Créqui, protonotaire.

« Au-dessous, aux deux côtés, estoient les formes des chanoines, hautes et basses, finissant par haut de dôme et chapiteaux, sculpture de menuiserie, ornés de feuillages et de plusieurs figures.

« Au milieu des formes, un beau lutrin de sculpture, semé de fleurs de lys, avec des beaux placets pour choristes. A la fin du chœur, une balustrade de menuiserie qui en fermoit l'entrée. Au-dessous du chœur un petit dôme de voûte soutenu par quatre piliers ayant à ses deux côtés deux chapelles avec voûtes en écailles.

« Du dôme s'étendoit la nef impérialement relevée au-dessus des deux cavolles jointes à ses côtés, de deux chapelles compagnes du dôme. Sur ce dôme estoit une tour de pierre finissant en galerie, qui portoit une flèche de bois, moitié couverte de plomb, moitié d'ardoises et à la fin du plomb, une galerie de plomb ou d'autre métal.

« Le cloître des chanoines estoit au-dessus de l'église en longueur; chacun ayant son appartement : en bas une salle et une cuisine et un garde-manger ; en haut, une grande chambre avec chambrette sur la cuisine pour les hôtes et cabinet à livre sur le garde-manger. Des greniers sur le tout. Chacun sa cave ; chacun son puits, sa cour et jardin ; le tout fait de briques et couvert de tuiles ; les sept maisons de suite, avec leur porte-cochère et la route pour leur entrée. — » (*Arch. du Pas-de-Calais, loc. cit.*)

Aujourd'hui, l'église de Dourier, victime du vandalisme des gens de guerre en 1638, et dépouillée à la Révolution, est bien déchue de sa splendeur primitive. Un seul toit en tuiles a remplacé ceux qui couronnaient chacune des trois nefs, et à la tour en pierre a succédé un clocher dont les dimensions ne répondent plus à l'importance de l'édifice. Le tombeau des Créqui a été mutilé et privé de ses somptueux ornements ; l'ancienne chapelle Sainte-Marguerite sert de grenier au-dessus de la sacristie ; enfin les boiseries du chœur, don de la marquise de Lameth, ouvrage du dernier siècle, ne sont plus dans le style de l'église. Le seul vitrail qui subsista après le désastre de 1638 a été dessiné dans la généalogie de la famille de Créqui conservée au château de Frohem : on y voit les fondateurs du chapitre dévotement agenouillés, revêtus de riches vêtements armoriés et accompagnés de leur saint patron.

Deux blasons ornaient cette verrière :

Le premier : *écartelé au 1 et 4 ; d'or au créquier de gueules* qui est de Créqui.

au 2 et 3 : contr'écartelé :

au 1 et 4 : semé de France, à la tour d'argent qui est de la Tour.

au 2 et 3 : d'or au gonfanon de gueules, qui est d'Auvergne.

Sur le tout : d'or à trois tourteaux de gueules, qui est de Boulogne.

Le second : *parti : au premier, de gueules à l'aigle éployée d'argent, becquée et membrée d'or,* qui est Blondel. *au second, écartelé comme ci-dessus* qui est Créquy-la-Tour.

Monsieur Paillat, maire de Dourier, dont la famille habite l'ancien château des Créqui, vient d'entreprendre la restauration de l'église, sous la direction de Monsieur Massenot, architecte du diocèse d'Amiens.

ECQUEMICOURT.

1138. Erquemekorth } *P. C. de Dommartin f° 18-20-63.*
Erchemecorth
1202. — Erquemecort, *C. imp. d'Auchy, f° 84.*
1272. — Herkemecort, *Arch. du Pas-de-Calais, titres de Saint-André.*
1282. — Harquemecourt, *Ibid.*

La Canche pénètre dans le canton de Campagne, sur le territoire d'Ecquemicourt ; elle y reçoit également les eaux de la Planquette, petite rivière qui porte le nom du village de Planques où elle prend sa source et que Malbrancq désigne comme étant le *Fluviolus Caprinus*. Les annales monastiques, toujours fécondes en documents historiques, révèlent l'existence d'Ecquemicourt au XII° siècle. La seigneurie appartenait alors au chevalier Oilard, bienfaiteur des religieux de Saint-Josse-au-Bois et de Saint-André : aux uns il donne, en 1138, le huitième de sa terre de Bamières, aux autres la moitié de Grémécourt. Mais Oilard ne persévéra point dans cette voie charitable, il se plût, à la fin de sa vie, à tracasser de mille manières les moines qu'il avait comblés de bienfaits et s'attira leur malédiction car les chroniques le qualifient d'imposteur : « *homo omnium hominum mendacissimus* ». Son fils Guarin chercha à réparer ces injustices et Jeanne d'Ecquemicourt, épouse de Nicolas de Lambersart, les fit oublier par de généreuses offrandes. Elle sollicita de l'abbé de Saint-André la faveur, alors très-enviée, d'être sœur donnée du couvent, ce qui lui permettait de reposer, après sa mort, dans l'église de l'abbaye, revêtue du costume de Prémontré et de participer aux prières de l'ordre.—(1282.) (Salé, *Histoire de Saint-André, p. 77*).

En 1553, le village d'Ecquemicourt et plusieurs des environs furent incendiés par les troupes du sire de Villebon, qui était, rapporte Nicolas Ledé « avec le seigneur de Senerpont un grand « et cruel boutefeuz quy bruslèrent mesme les blés et aultres « grains quy estoient en dizeaulx aux champs » (*Chron. de Saint-André*).

Le 22 décembre 1597, Fr. Ambroise Lefebvre, moine de Saint-André et curé d'Ecquemicourt, étant allé prodiguer des soins aux pestiférés d'Hesdin mourut victime de son dévouement (*Ibid*).

L'année 1820 vit abattre à Ecquemicourt un de ces arbres légendaires si chers aux populations, vieux tilleul, autour duquel un parti de fuyards s'était rallié après la bataille d'Azincourt; le tronc produisit 16 cordes de bois.

GOUY-SAINT-ANDRÉ.

XII° et XIII° siècles. Goy / Goi } *Cartulaires des abbayes de la contrée.*

1476. Gouy-les-Saint-Remy, au bailliage d'Hesdin. } *Arch. nat. J. 807.*
Gouy-les-Saint-Andrieu, au comté de Saint-Pol.

Dès le onzième siècle, l'abbaye de Saint-Josse-sur-Mer percevait à Gouy une dîme qu'elle abandonna plus tard aux moines de Saint-André. Ceux-ci comptent les premiers sires de Gouy au nombre de leurs bienfaiteurs, notamment : Hugues, époux de Sara et Eustache, époux d'Avechin, chevaliers, qui contribuèrent à la fondation de la chapelle de Sainte-Madelaine, affectée dans l'église de Saint-André, à la sépulture de leur famille. Après eux nous trouvons Vaultier de Camberon, chevalier (1255) ; Wistace et Jehan son fils, aussi chevaliers (1304) ; Colais, dit Jeton, fils de Guillaume (1364), tous qualifiés seigneurs de Gouy dans les archives de l'abbaye. Il faut ensuite franchir un siècle et demi pour renouer la chaine interrompue de leurs successeurs et arriver à dame Claude de Gouy, épouse de Jehan de Soyecourt ; après elle le domaine de Gouy appartint aux familles de Licques, de la Houssoye, Carpentier, Delhomel et de Fresnoye, qui le tenaient en fief noble de la châtellenie de Beaurain (Lédé *Chron. de saint André*). Le voisinage de l'abbaye devint une source de prospérité pour les habitants de Gouy ; les premiers, ils recueillirent les bienfaits de la civilisation chrétienne introduite par les enfants de saint Norbert dans ces contrées jadis recouvertes d'épaisses forêts ; les premiers aussi ils profitèrent de leurs exemples de vertu et participèrent à leurs abondantes aumônes, mais il fut des jours malheureux où ce voisinage attira sur la paroisse de Gouy des désastres inouïs et le pillage, l'incendie l'affligèrent à plusieurs reprises pendant les guerres incessantes qui ont désolé l'Artois et la Picardie.

En 1596, les habitants de Gouy, harcelés par la garnison de Montreuil, se retirent, avec femmes et enfants, dans les cloîtres ; ils s'y fortifient, et, sous la direction de deux soldats Espagnols, ils entravent l'action « des coureurs français qui ne pouvoient guère passer vers Hesdin sans estre ou découverts ou achoppé (attaqués) en quelque endroit ». Leur résistance dura plusieurs mois ; le maréchal d'Humières vint alors les attaquer avec 5000 hommes, mais, après un jour et une nuit de siège en règle, la petite armée de braves paysans épuisée et manquant de munitions fut obligée de se rendre et obtint une capitulation honorable : bel exemple d'un courage héroïque trop rare de nos jours ! (*Ibidem.*)

A l'époque de la révolution, l'abbé Foconnier était curé de Gouy ; son prédécesseur, M. Delhomel a laissé une réputation de sainteté qui n'est pas encore effacée dans la paroisse.

ABBAYE DE SAINT-ANDRÉ-AU-BOIS,
ORDRE DE PRÉMONTRÉ.

Les religieux de l'abbaye, qui avait été fondée à Maresquel vers 1130, par Enguerran de Beaurain, obtinrent de Hugues, son fils, le bois de Grémécourt, près de Gouy : là, ils commencèrent, en 1153, les bâtiments d'un monastère qui, empruntant sa dénomination aux bois qui l'environnaient alors, fut appelé Saint-André-au-Bois — *Sanctus Andreas in nemore*. Les principaux bienfaiteurs de cet établissement sont, avec les seigneurs et les châtelains de Beaurain, les sires de Brimeu, de Gouy, de Jumetz, de Maintenay, de Maresquel, de Thiembronne, etc.

Trente-huit abbés le gouvernèrent successivement ; ces abbés, nommés à l'élection, relevaient directement de Rome, mais ils n'obtinrent le droit de porter la mitre qu'en 1665. Le revenu de l'abbaye se composait du produit de la dîme perçue dans plusieurs paroisses et du fermage des censes de Bloville, Brunehautpré, le Valivon, le Valrestaud-les-Thiembronne et Saint-André ; il s'élevait en 1749, à la somme de 13,500 livres, net. Les moines partageaient ces ressources avec les pauvres de la contrée. Lors du rigoureux hiver de 1767, une foule de malheureux se pressaient à la porte du couvent : dès le mois d'octobre, quatre à cinq cents recevaient chaque semaine un pain de trois quarts de livres ; leur nombre augmenta tellement que, le mardi de la Semaine-Sainte, on en compta 1,500 et 3,500 le Jeudi-Saint ! Du mois de février au mois d'août, de mille à quinze cents indigents obtinrent la même aumône tous les mardis ; on distribuait en outre à cinquante-six ménages des villages voisins quatre-vingt pains de trois livres.

La mendicité ayant été interdite en 1769, les moines cessèrent de donner à la porte du couvent et sur le rapport du curé, ils envoyèrent désormais :

A Gouy : 32 pains de 3 livres 1[2, par semaine ; à Campagne 34 pains ; à Aubin et Bouin, 24 ; à Ricquebourg et Maresquel, 20 ; à Contes, 10 ; à Ecquemicourt, 6 ; à Brimeu et Lépinoy, 22 ; à Buires, 10 ; à Beaurain et Jumel, 10. — Total : 166 pains, soit 581 livres de pain par semaine ! Ils soulageaient en outre la misère morale aussi bien que la misère physique avec cette bienveillance, cette sympathie qui doublent le prix de l'aumône.

On lira dans le volume que nous avons consacré à l'histoire de l'abbaye de Saint-André le récit parfois émouvant, toujours intéressant des vicissitudes de cet établissement situé sur la frontière longtemps disputée de la Picardie et de l'Artois. On y lira la confiscation du revenu des moines, leur exil forcé, les lourdes impositions de guerre qu'ils durent acquitter, les pillages, les incendies qui auraient entraîné la ruine de la communauté sans la haute intelligence et l'excessive prudence de ses administrateurs.

Trois abbés de Saint-André ont écrit des chroniques du plus haut intérêt pour l'histoire du pays.

Nicolas Lédé a laissé trois volumes dont un seul est parvenu jusqu'à nous ; il embrasse la période de 1498 à 1632.

Antoine Boubert a raconté les origines de Saint-André et s'arrête à 1733.

Ignace Crépin, le continuateur de Boubert, termine en 1770.

M. Foconnier, de Dommartin, l'heureux possesseur de ces chroniques, les a reçues d'un ex-moine de Saint-André, son parent, M. Bocquet qui mourut curé de Nempont-Saint-Martin ; qu'il me permette de le remercier, en passant, de la bienveillance avec laquelle il me les a communiquées.

Les bâtiments réguliers formaient le carré. Un seul côté subsiste, c'est le quartier abbatial, bâti, en 1690, sous la prélature d'André Thomas ; l'escalier remarquable est l'œuvre de Fr. Adrien de Canlers, architecte habile ; il coûta 2500 livres environ.

La magnifique basse-cour que l'on admire encore aujourd'hui a été construite, de 1752 à 1758, sous la direction de MM. Claude et Charles Brunion, architectes à Hesdin. L'église, démolie à l'époque de la révolution, avait été élevée sur les plans de M. Merville, architecte à Arras, et consacrée le 12 septembre 1762 par les évêques d'Amiens et de Saint-Omer pour remplacer l'ancienne chapelle qui menaçait de s'écrouler. Le chœur de cette chapelle datait du XIIe siècle. La nef remontant à 1534, avait été prolongée en 1695 ; la tour ruinée en 1595, rebâtie en pierres en 1614, renversée par le vent le 25 septembre 1713, réparée, puis foudroyée en 1739 avait été rasée en 1741.

— *Voir notre histoire des abbayes de Dommartin et de Saint-André-au-Bois, ordre de Prémonté, au diocèse d'Amiens. — Ouvrage couronné par la société des antiquaires de Picardie, au concours de 1873, un vol. gr. in-8, Arras, Sueur Charruey, éditeur.* —

CHRONOLOGIE DES ABBÉS.

Anscher en.	1130	Guillaume du Bus	1408
Hugues, élu en.	1168	Enguerran de Fruges	1417
Gosselin.	1179	Isaac Flahaut.	1440
Robert	1199	Jehan le Tieulier.	1460
Guy	1208	Philippe Baillet	1474
Senault	1214	Sohier le Maistre.	1483
Tesson	1217	Denis Daveau.	1498
Jean de Resne.	1232	Jehan Pinte	1521
Hugues de Fruges.	1242	Jacques d'Ostrel.	1558
Eustache	1256	Jacques Vainet	1581
Selles	1270	Claude de Reyswich	1606
Raoul	1283	Jacques de Campagne	1625
Thomas.	1293	Noel Ducandas	1627
Guillaume de Tortefontaine.	1301	Nicolas Lédé.	1636
Jehan d'Embry	1314	Antoine Godart.	1681
Pierre Grenier.	1328	André Thomas	1688
Jehan de Montfélon.	1351	Antoine Boubert.	1731
Jehan de Forestel.	1374	Augustin Lagache	1736
Jehan le Clerc.	1394	Ignace Crépin	1750
		Mathieu Allart	1777

ARMOIRIES DE L'ABBAYE :

De sinople, au sautoir d'or accompagné en chef d'une étoile de même, à dextre d'un cerf, à senestre, d'un sanglier et en pointe, d'un lévrier passant à senestre, ces trois animaux au naturel.

ARCHÉOLOGIE. — Le chœur de l'église de Gouy est éclairé de cinq fenêtres ogivales ; deux sont ornées de vitraux représentant saint Martin, saint Joseph, saint André, saint Josse. Les voûtes de la nef, nouvellement restaurée, portent le blason de l'abbaye de Saint-Josse-sur-Mer et celui de M. le comte de Riencourt, propriétaire de la ferme de Saint-André, bienfaiteur de l'église. — On y voit une statue en grès, dite la Vierge au raisin, travail espagnol provenant de l'abbaye, ainsi que le Christ en bois sculpté, œuvre d'art justement appréciée. — Une pierre tombale rappelle la mémoire de Charles Delhomel, curé de Gouy, mort le 13 novembre 1774 et de son frère Jehan Delhomel, époux de dame Françoise de la Houssoye, dame de Gouy, décédé le 22 décembre 1765.

On trouva en 1861 dans la propriété de M. Déplanque qui a construit, à Gouy, une jolie habitation, une meule romaine, espèce de cône aplati, mosaïque formée de petits galets reliés par du ciment, mesurant un mètre vingt centimètres sur vingt-six de hauteur et percée d'outre en outre par le milieu.

HESMON.

1040. — Hemontis villa. *Gallia X^{na}, t. X, col. 284.*
1112. — Hethemunt, *C. imp. d'Auchy, f° 34.*
1112. — Heemunt, *ibid., f° 27.*
1140. — Hemmont, *C, de Valloires, f° 128.*
1166. — Heiemont, *C. imp. d'Auchy, f° 60.*
1244. — Heemont, *Gallia X^{na}, t. X, col. 324.*
1274. — Heemont, *C. imp. d'Auchy, f° 235.*
1311. — Heemont, *Aveu Maintenay.*
1605. — Hesmon, *Th. géographique.*

La donation de Landric le Large, confirmée par lettres patentes de Henri Ier, vers 1040, est l'origine de la seigneurie que les moines de Saint-Sauve possédèrent à Hesmon jusqu'au XVIe siècle. Se trouvant alors très-endettés, ils obtinrent de l'évêque d'Amiens l'autorisation de l'aliéner au profit de l'abbaye de Saint-André-au-Bois, le 30 mars 1546. Celle-ci jouissait des grosses et menues dîmes de la paroisse, par tiers, avec le chapitre d'Ypres et le prieur de Renty.

Geoffroy et Adam de Hesmon souscrivirent comme témoins une charte de Gaultier Tyrel (1165). (*Arch, du Pas-de-Calais. Titres de Saint-André*)

Jehan, sire de Hesmon et son fils Baudouin vendent à Marguerite de Sanghem, abbesse de Sainte-Austreberte, de Montreuil, le bois de Potier, contenant 25 mesures et quelques verges, moyennant 30 livres parisis 15 sols, (juin 1264.) (*Parenty, hist. de l'Abbaye de Sainte-Austreberte*).

Faut-il rattacher les premiers sires d'Hesmon à la maison de Créqui ? On peut le supposer, puisque, dès 1096, Gérard de Créqui avait à Hesmon un domaine considérable. Toutefois la filiation de leurs successeurs nous échappe jusqu'à Claude de Créqui, époux de Anne de Bourbon-Vendôme, qui eut en partage la terre d'Hesmon et la transmit à son fils Philippe, mort en 1645. (*P. Anselme, VI, f° 778-788*).

Ses descendants, marquis d'Hesmon, ont eu de fréquentes contestations avec les religieux de Saint-André-au-Bois, touchant les limites mal définies de leurs fiefs. Ils firent construire le château actuellement habité par M. de Verbiez, qui en fit l'acquisition vers 1840.

Nous avons vu aux *Archives nationales (section J*, 807), une curieuse enquête du 21 juin 1539, sur les rapines et les exactions d'un nommé Nicolas Mallard, aventurier, qui s'était installé, avec quelques gens de guerre, dans la maison seigneuriale d'Hesmon, et s'était rendu très-redoutable ; on parvint à s'emparer de lui et il subit à Hesdin la peine de ses brigandages.

LIEUX-DITS. — *Capronville.* — *Démilleville.*

Fief de *Canaples*, tenu de Beaurain, possédé par les familles de Vaudricourt, (1496 à 1512) ; le Prévot de Surcamp, (1550 à 1701) ; vendu le 17 mai 1701, par César le Prévot de Surcamp, écuyer, à Remy Alexandre de Créqui. Il consistait en deux bois : celui du Quesnoy et celui du Fay (*Arch. de l'auteur.*)

Fief de *Francleu* ou de *Puisnaye*, tenu de Canaples, possédé par les familles le Prévot de Surcamp, de Laretz, de Hesghes, Le Noir, vicomtes de Montreuil. Il consistait en 25 mesures de terre sur Hesmon et Boubers. (*Arch. de l'auteur.*)

ARCHÉOLOGIE. — Église du XV° siècle.

LEPINOY

1229. — Spinetum, *C. de Valloires, f° 61.*
1234. — Spinetum, *Arch. municip. de Beaurainville.*
1311. — Lespinoy, *Aveu Maintenay.*
1662. — Lespinoy, *Jansson, Loc. cit.*
1763. — Lépinoi-sur-Canche. *Expilly.*

Le nom du village de Lépinoy-sur-Canche rappelle un endroit autrefois planté d'épines ou plutôt l'existence de l'épine servant peut être de limite à la châtellenie de Beaurain. En 1229, Thomas de Gouy, seigneur de Lépinoy, et Gaultier d'Aubin, chevaliers, s'engagent devant l'évêque d'Amiens, à garantir à l'archidiacre de Ponthieu la paisible jouissance d'un fief situé à Argoules. (*C. de Valloires, f° 61*). Quelques années plus tard (janvier 1234), Guillaume de Saint-Omer accorde à ses vassaux de Beaurain, le libre pâturage des marais situés entre Lépinoy et Contes. (*Voir art. Beaurainville*).

Coutume particulière rédigée le 22 août 1507, alors que la seigneurie de Lépinoy appartenait à messire Charles d'Azincourt, seigneur de Wargnies, Crépy, etc., elle est conforme à la coutume de Maintenay, à l'exception de 7 articles. (*Bouthors, loc. cit.*, t. II, p. 612.)

Les religieux de Saint-André-au-Bois percevaient à Lépinoy une dîme confisquée en 1595, au profit du chapitre Notre-Dame de Boulogne. Le commandeur de Loison, Messire de Vienne-Crèvecœur, chassé de chez lui et poursuivi par les Espagnols, se réfugia à Lépinoy ; dénoncé à ses ennemis, il tomba entre leurs mains et fut emprisonné au château d'Hesdin, 1635. (*Arch. du Pas-de-Calais. Titres de Loison*).

Au dernier siècle les Guizelin ont été seigneurs de Lépinoy. Il existe aux *Archives départementales* plusieurs comptes de la fabrique de l'église de 1662 à 1786. Elle était alors et de temps immémorial, l'annexe de Brimeux ; Monseigneur Parisis, évêque d'Arras, l'érigea en paroisse en 1852 ; le hameau de Jumel, détaché de

Beaurainville, y fut annexé et les populations réunies atteignirent le chiffre de 500 âmes.

Lieux-dits.

Le Cocquenpot, au bureau de bienfaisance de Beaurain.
Le Bois du Temple, le Fond du Temple, en souvenir des Templiers de Loison.
Les Côtes du Prieur.
Le Pilori.

Monuments. — L'église, style du XIII° siècle, mesure 30 mètres de long sur 12 de large, la tour a 17 mètres d'élévation et la flèche octogonale qui la couronne est à peu près de même dimension. M. Robitaille, (*Annuaire de 1866*) en donne une description détaillée. Rendons ici un hommage bien mérité au zèle infatigable du curé, M. Merlier, qui, aidé par des âmes charitables, n'a reculé devant aucun obstacle, pour doter la paroisse de Lépinoy, de ce monument remarquable. — Architecte : M. Clovis Normand.

LOISON.

1112. — Loysuns. *C. imp. d'Auchy*, f° 27.
1112. — Loisum, *ibid., f° 34.*
1166. — Loiszuns, *ibid., f° 60.*
1274. — Loysons, *ibid., f° 235.*
1311. — Loisons, *Aveu de Maintenay.*
1495. — Loyson, *Arch. du Pas-de-Calais, terrier de Loison.*
1568. — Loizon, *P. Anselme, t.* vi, *f° 803.*
1605. — Loison, *Th. géographique.*

La ferveur pour les pélerinages en Palestine fut la passion dominante du XII° siècle. Ces pieuses entreprises offrant mille dangers, quelques chevaliers, émus du péril qui menaçait les voyageurs dans ces contrées lointaines et animés du désir de mener une vie plus parfaite, se consacrèrent spécialement à la défense du pélerin, se soumettant à la règle austère des chanoines réguliers de Saint-Augustin. C'est l'origine des Templiers : Hugues de Payen et Geoffroy de Saint-Omer en furent les fondateurs, 1118. Sur les vastes possessions de l'ordre, généreuses offrandes des fidèles, il se forma un grand nombre de maisons, où la noblesse se retirait volontiers et d'où partaient chaque année de nouveaux secours pour les Saints-Lieux.

Ces maisons étaient priorales, conventuelles ou simples commanderies ; celles-ci étaient confiées à quelques frères servants d'armes, avec un aumônier prêtre chargé de les instruire et de leur administrer les sacrements, dans une chapelle indépendante.

La richesse proverbiale des Templiers, leur a fait attribuer beaucoup de domaines qui ne leur ont jamais appartenu. Tout donjon antique, tout clocher du Moyen-Age aurait été construit par eux ; toujours est-il qu'ils possédaient au XIIe siècle, la commanderie de Loison, déjà mentionnée en 1189, sous la grande maîtrise de Gérard de Riderfort. La tradition veut qu'ils aient existé également dès cette époque à Hautavesne, mais des titres parfaitement authentiques prouvent que Hautavesne appartenait alors aux chevaliers de Saint-Jean de Jérusalem.

L'établissement des Templiers sur les bords de la Créquoise, est certainement dû à la générosité des châtelains de Saint-Omer. Guillaume de Saint-Omer, parent de Geoffroy, le digne émule de Hugues de Payen, voulut attirer, dans le voisinage de son château de Beaurain, une colonie des religieux militaires dont l'institution demeurera l'une des gloires de sa famille.

Les archives de Saint-André-au-Bois nous révèlent les noms de deux commandeurs de Loison : Olivier de la Roche en 1225 et Warin en 1278.

L'abbaye d'Auchy percevait la dîme à Loison, en 1112, les nouveaux venus durent acquitter envers elle une redevance de cinq muids de blé et cinq muids d'avoine, qui fut convertie plus tard en une rente de 43 livres parisis, payable à Pâques. (*Cart. d'Auchy*, f° 225 à 237.)

L'ordre des Templiers grandit et s'illustra jusqu'au jour où Philippe VI les fit arrêter dans toute la France, et jeter sous les verroux. Tandis que s'instruisait le procès célèbre terminé par le supplice de leurs chefs (1314), le Concile de Vienne attribua les biens de l'ordre aux chevaliers de Saint-Jean-de-Jérusalem, à condition de payer au roi des sommes si considérables qu'ils n'en retirèrent que bien peu d'avantage.

Le 27 novembre 1356, intervint un arrêt du bailli d'Amiens, maintenant les prérogatives des chevaliers de Saint-Jean, malgré le seigneur de Beaurain, Jean de Lorris, dont les officiers avaient « emprisonné plusieurs personnes cuellant esteuils dans les « champs, terres, fonds et domaines des Hospitaliers avant la « publication des bans du mois d'août, qui devait estre faite par « leur commandement » (*Archives du Pas-de-Calais, titres de la commanderie de Loison*).

Quatre ans après, les frères Jean de Verrigne et Jean de Courchon, chargés de dresser l'état des réparations utiles aux bâtiments et à la chapelle, vinrent à Loison. Un commandeur prêtre, deux frères prêtres, un frère servant d'armes et un frère donné y résidaient.

Au siècle suivant, Emery d'Amboise, titulaire de Loison, et en même temps grand prieur de France, afferma le chef-lieu de son bénéfice moyennant 800 livres tournois, à Jean de Buleux. (Bail du 20 juin 1483, passé devant Prêtre et Liénard, notaires au Châtelet de Paris). Jean de Buleux fit rédiger le cueilloir ou dénombrement des dépendances de la commanderie, manuscrit de 38 feuillets, certifié véritable, le 1ᵉʳ février 1497, par Guillaume d'Ostrel, licencié-ès-lois, bailli des seigneuries de l'hôpital de Loison. (*Archives du Pas-de-Calais loc. cit.*).

Le domaine de Loison a été plusieurs fois ruiné et incendié par les gens de guerre : De 1595 à 1598, les fermiers durent s'expatrier, les terres demeurèrent en friche ; le commandeur Jean du Caurel fut même contraint de quitter sa résidence. Antoine de la Cocquelle, chevalier, colonel d'infanterie Walonne, gouverneur et grand bailli d'Hesdin, atteste publiquement ces faits, ajoutant que « la plupart des maisons des habitants desdits

« lieux ont été saccagées et bruslées ». (*Certificat du 30 décembre 1600, ratifié par les mayeur et eschevins de la ville d'Hesdin, le 2 Janvier 1601, signé : Cocquel et de Launoy.*)

Nouveaux désastres en 1635 : Le commandeur de Vienne-Crèvecœur « sans s'être aucunement ingéré de prendre les armes ni embrasser aucun party » se vit arrêter à Lépinoy, par les troupes espagnoles et emmener prisonnier à Hesdin. F. Joseph de Montigny, agent général des chevaliers de Saint-Jean-de-Jérusalem en Flandre, obtint du cardinal de Tolède sa mise en liberté, avec une sauvegarde spéciale pour les biens et revenus de l'ordre aux Pays-Bas, ces biens ayant été donnés à Dieu et destinés au service commun de la chrétienté. Le roi Louis XIII écrivait de son côté, le 27 juin 1636, au gouverneur d'Etaples, marquis de Montcavrel, de respecter toujours et partout les possessions des Hospitaliers.

Il n'était plus permis, hélas ! de s'abuser sur la valeur de ces sauvegardes trop souvent violées, simple satisfaction accordée aux malheureuses victimes de la guerre. Au lendemain de ces déclarations bienveillantes, les armées de l'Infant d'Espagne se répandaient en Artois, durant les sièges d'Aire et de Béthune, commettant mille dégâts dans les bois et fermes de Loison, n'épargnant pas les églises où les populations épouvantées avaient espéré cacher leurs meubles et leurs provisions, s'oubliant au point de « tuer et emporter les moutons, vaches et autres bestiaux, ainsi que maltraiter et dépouiller les hommes et femmes des villages de la commanderie de leurs vêtements. »

(*Procès-verbal du 9 décembre 1710.*)

Louis XIV ayant ordonné la réquisition de 4,000 fascines dans les bois environnant la ville de Montreuil, pour être employées aux fortifications de cette place, le commandeur de Loison dut en fournir 200 et 5000 piquets, (*état de répartition, par l'intendant de Bernage, mai 1711*).

Le frère Charles Bernardin Davy d'Anfreville, nommé commandeur de Loison, le 1er mai 1764, fit des améliorations considérables qu'il désira « faire apparaître authentiquement par un pro-
« cès-verbal bien détaillé pour s'en aider et prévaloir en ses futures
« promotions » : les frères Jacques Armand de Rogres de Champi-

gnelles, commandeur d'Auxerre et Charles Gabriel Dominique de Cardevac d'Havrincourt, commandeur de Sainte-Vaubourg, délégués de la grande maîtrise, arrivent donc à Montreuil le 1er Juillet 1770, à 7 heures du soir et descendent à l'hôtel de la *Cour de France*. Le lendemain de grand matin, ils se rendent à Loison et visitent la chapelle « qu'ils trouvent, lisons-nous au procès-
« verbal, un peu écartée, hors de l'enclos seigneurial, couverte
« de chaume ; les murailles sont de pierres de taille et cail-
« loux, avec plusieurs piliers de soutènement. Elle est sous le
« vocable de saint Jehan-Baptiste ; aux deux côtés de l'autel
« sont des figures de la Sainte-Vierge et de saint Jean-Baptiste ;
« au dessus, un tableau représentant la naissance de N. S. J.-C.
« Le mobilier est modeste : il comprend 4 chandeliers de bois
« peint, 2 croix et quelques sculptures. On trouve dans la sacristie
« les objets servant autrefois au culte dans les chapelles de
« Campagne et de Waben où la messe ne se disait plus depuis
« longtemps, et ceux à l'usage du desservant de Loison, savoir :
« 3 calices d'argent avec patène. 6 burettes et plats d'étain,
« quelques ornements anciens. Le linge d'Eglise est à peine suffi-
« sant. La nef était convertie en grange. » (*Arch. nationales, ordre de Malte, S. 5058.*)

Cinq terriers étaient alors conservés à Loison, savoir : Celui de 1492, actuellement aux Archives départementales du Pas-de-Calais. — Ceux du 7 janvier 1670, et du 14 mars 1695. — Ceux de 1723, et du 15 juin 1750, qui se trouvent aux Archives nationales.

Le commandeur, écrit l'abbé de Vertot, est comptable au commun trésor de l'ordre et amovible, en cas de malversation ou de mauvaise conduite. Les statuts disent formellement que si un chevalier est soupçonné, il doit être aussitôt dépossédé. Mais aussi par le même esprit de justice, le commandeur qui n'a pas causé de scandale, dont la gestion a été celle d'un bon père de famille, qui a entretenu et réédifié les églises et les bâtiments dépendants de sa commanderie et fait dresser, dans les termes prescrits, le terrier de ses fiefs ; celui enfin qui a eu soin des pauvres est récompensé et peut espérer après cinq années d'une pareille administration, être gratifié d'une commanderie plus importante.

SUITE de Messieurs les chevaliers de Saint-Jean-de-Jérusalem commandeurs de Loison. 1352-1789.

F. Guillaume de Villers.	1352
F. Jean le Villain	1373
F. Nicolas de Bocquillon	1375
F. Renaud de Giresme.	1402
F. Bertrand de Clèves.	1477
F. Emery d'Amboise	1478
F. Adam de Monceaux.	1505
F. Guillaume de Ghistelles	1512
F. Gabriel de Créqui	1519
F. Georges de Courtignon.	1545
F. Philippe de Barville.	1573
F. Jean du Caurel	1580
F. Louis du Sart de Thury.	1594
F. Hector de Vienne Crévecœur.	1618
F. Charles de Brehiers d'Arcqueville.	1639
F. Jean Costard de la Motte.	1646
F. Antoine Desfriche Brasseuse.	1669
F. Michel du Bosc d'Ermival.	1677
F. Jean-Baptiste d'Aligre.	1686
F. Camille de Champelay de Courcelles.	1698
F. Robert Lefebvre de Caumartin.	1700
F. Jean Anne de Foville de Crainville	1709
F. Charles de l'Estendart d'Angerville.	1711
F. François de Gourmont de Courcy	1723
F. Joseph Hyacinthe du Glas d'Arancy	1731
F. Henri Paul de la Luzerne de Beuzeville	1740
F. Louis le Pélerin de Gauville.	1755
F. Charles Bernardin Davy d'Amfreville.	1764
F. Charles de Vyon de Gaillon.	1772
F. Louis Marie de Milano.	1789

Les bâtiments étaient situés au milieu d'un enclos de 10 arpents arrosé par la Créquoise ; une tour assez élevée servait de prison au Moyen-Age. Derrière l'enclos s'étendait une prairie de quarante mesures d'où l'on apercevait les bois de la commanderie : au midi, le Bois Colet ; au levant, le bois de Covenne ; au couchant, le bois du Mont ; vers le nord, le bois des Carrières ; le tout d'une contenance de plus de 150 mesures.

Revenu de la commanderie de Loison et de ses dépendances :

En 1373. — 670 livres, 10 sols, 4 deniers.
En 1483. — 962 livres, 10 sols.
En 1573. — 2000 livres.
En 1613. — 3374 livres.
En 1730. — 10490 livres.
En 1783. — 18760 livres.

(*Les commanderies du grand prieuré de France par E. Magnier, p. 660*).

LIEUX-DITS : *Bois Colet*, en souvenir des seigneurs de Beaurain, de la famille Colet vivant aux XIe et XIIe siècles.

Bois Covenne.

Le Plouy, ferme importante, ancienne propriété de la commanderie.

Le Rougemont.

La Tour. Sur la Créquoise existait une tour, démolie il y a peu d'années, chef-lieu d'un fief dont le dernier propriétaire a été le comte de Sciougeat, seigneur du Grand et du Petit Offin, Ricametz, Ecmicourt, etc. Il le possédait du chef de sa femme, fille de Charles Albert de Valecourt, seigneur de Ricametz et de Thérèse Delarue, héritière elle-même de Louis François Delarue, seigneur de la Tour, qui était aux droits de Helène de Beaumont ; celle-ci le tenait de Antoinette de Mauvoisin.

Archives de la mairie de Loison. Aveu servi à la commanderie.

ARCHÉOLOGIE. — L'église, sous le vocable de Saint-Omer est surmontée d'un campanille. On voit dans le chœur des débris de sculpture accusant le XIIIe siècle. Dans cette église fut célébré, le 17 août 1558, le mariage de demoiselle Marie d'Aboval, fille d'Adrien d'Aboval, seigneur de Beaucamp *et de la Tour* avec messire Antoine de Créqui, neveu du commandeur de Loison, Gabriel de Créqui. (*P. Anselme, t. IV, f° 803.*)

MAINTENAY.

740. — Monte super Altheia, *C. imp. de Saint-Bertin, f° 49.*
1107. — Menteka, *ibid, f° 249.*
1197. — Mentenaium, *C. de Valloires, f° 122.*
1200. — Mentennai, *Arch. du Pas-de-Calais, titres du prieuré.*
1207. — Menteniacum, *ibid.*
1224. — Menteneium, *Arch. nationales de France, J. 231, Amiens n° 4.*
1239. — Mentenai, *C. imp. d'Auchy, f° 155.*
1241. — Mentenaium, *Arch. du Pas-de-Calais, loc. cit.*
1250. — Menthenay, *Polyptique de Dommartin.*
1308. — Montœneum, *Arch. du Pas-de-Calais, loc.cit.*
1311. — Menthenay, *Aveu de Maintenay.*
1346. — Montenay, *Froissart, I, f° 295, édit. Buchon.*
1415. — Menteney, *Chateaubriant, études hist. IV, 99.*
1421. — Montenoy, *Monstrelet, I, ch. 251.*
1626. — Montenoyum, *Pouillé général des Abbayes de France.*
1634. — Mantenay, *Tavernier, loc. cit.*
1650. — Mantenay, *Atlas, Jansson.*
1698. — Mentenay, *Pouillé Feydeau de Brou.*
1763. — Maintenay, *Expilly.*

Lorsque Hugues 1er, fils d'Hilduin, comte de Ponthieu, quitta Montreuil pour s'établir à Abbeville, il laissa à la tête de la noblesse du pays une famille de grands seigneurs, ses parents, qui portaient les armoiries et habitaient le château des anciens comtes ; ils se qualifiaient seigneurs de Maintenay et possédaient un vaste domaine, dépendance de la tour dont les ruines se voyaient naguère sur le bord de la vallée de l'Authie.

Nous avons publié l'histoire des seigneurs de Maintenay, et nous nous bornons à rappeler les plus illustres :

Enguerran Ier de Montreuil-Maintenay fonde le prieuré de Maintenay, vers 1150.

Guillaume Ier donne le moulin de Maintenay aux moines de Valloires, avec réserve de la moitié des droits de mouture. Il s'engage à fournir le bois nécessaire à l'entretien de ce moulin, à sa reconstruction, le cas échéant, à la réparation des écluses et de la chaussée qui mène du *pont Tranchiez* à la terre ferme vers le Ponthieu. Aucun autre moulin ne doit exister dans la seigneurie de Maintenay contre le gré des religieux qui restent libres d'en établir un second si bon leur semble. (*C. de Valloires f° 122*). Gaultier, fils d'Enguerran, est le fondateur de l'Hôtel-Dieu de Montreuil :

TRÈS-NOBLE ET PUISSANT QUE BIEN SCAY
GAULTIER SEIGNEUR DE MENTHENAY
FONDA L'HÔTEL DIEU DE CHIENS (CÉANT)
ENVIRON L'AN MIL ET DEUX CENS.

Guillaume II, successeur de Gaultier, mort vers 1230, avait marié sa fille unique, Clémence, dame de Maintenay, à Guillaume Ier de Maisnière, qui vendit la forteresse de Montreuil au roi Philippe-Auguste. (Juin 1224). Sa veuve fonda un obit solennel, pour le repos de son âme, dans l'église de Valloires où il avait désiré être inhumé, 1249. (*C. de Valloires, f° 134*).

A Guillaume Ier de Maisnière, seigneur de Maintenay, succèdent Aléaume, puis Guillaume II ; celui-ci servit un double aveu de la terre de Maintenay : au roi d'Angleterre, pour la partie qui relevait du Ponthieu. Au roi de France pour celle qu'il tenait directement de la couronne. (1311). Les quatre pairs de Maintenay étaient à cette époque : le sire de la Porte, Willaume de Montewis, le sire de Boufflers et Robert Cointeriaus ou Cointerel. — Il y avait alors « en le ville de Montenay, quatre-vingt masures ou « environ vuastées ou exiliées dont Willaume na rien parce que «, les gens sont morts et aussy vuastées et bruslées par les en- « nemys du royaulme. »

Guillaume II de Maisnière prit une part active aux événements de son temps et son fils, Guillaume III, témoin de la désastreuse journée de Crécy, n'eut qu'une fille qui mourut sans postérité. La seigneurie de Maintenay passa alors à la maison de Harcourt, qui la possédait déjà en 1378.

Jacques d'Harcourt, baron de Montgommery, seigneur de Noyelles-sur-Mer, Buires, Maintenay, Wailly, Waben, gouverneur du Crotoy, se couvrit de gloire dans la guerre contre les Anglais. Henri V se vengea même de lui, en faisant « *ardoir la tour, maison et moulin de Montenoy* » qui appartenaient, au dire de Monstrelet (*I. ch. 251*) à son plus cruel ennemi. Le château détruit par cet incendie ne fut jamais restauré, mais que de souvenirs, que de noms illustres se pressent autour de ses ruines!

D'abord, les d'Harcourt si grands lorsqu'ils défendirent la patrie, si terribles lorsqu'ils appelèrent l'étranger dans son sein. Ensuite les d'Orléans Longueville, cette fière noblesse qui combattit sur tous les champs de bataille, (1488 à 1541). Après eux Jacques Hémart, seigneur de Dénonville, (1541 à 1547). Puis Jean, seigneur d'Estouteville, (1547 à 1559). Puis les premiers barons chrétiens, les Montmorency, (1559 à 1626). Et pour clore cette liste héroïque des possesseurs de Maintenay, les d'Angoulême, (1626 à 1696). Enfin Louis de Bourbon, prince de Conti qui l'aliéna le 27 novembre 1704, au profit de Louis Raoult, écuyer seigneur d'Alinctun, gentilhomme issu d'une famille noble originaire de Thérouanne, moyennant 70,000 livres tournois. — Les descendants de Louis Raoult d'Alinctun se sont appelés Raoult de Maintenay et Raoult de Rudeval.

Voir notre Essai historique sur les seigneurs de Maintenay. (*Mém. de la Soc. des Antiq. de Picardie, T. XX, p. 239 et suivantes.*)

Coutume particulière rédigée en 1507. — *Voir Bouthors, coutumes loc. du bailliage d'Amiens. II, p. 608.*

PRIEURÉ DE SAINTE-MARIE DE MAINTENAY
ORDRE DE SAINT-BENOIT.

Le prieuré, dont les bâtiments existent encore sur la place du village, fut fondé vers 1140 par Enguerran Ier de Montreuil-Maintenay qui donna à des religieux, venus de Marmoutiers-les-Tours, le terrain nécessaire pour construire quelques cellules auprès de son château. « Ad officinas monachorum habitationesque « juxta castellum suum construendas. » (*Arch. du Pas-de-Calais. Titres du prieuré*). Peu d'années après, le prieuré de Maintenay s'accrut par la réunion de ceux de Saint-Remy et de Kerrieu ou Saulchoy. Ses principaux bienfaiteurs ont été avec les seigneurs de Maintenay :

    Hugues Kiérel, sire de Dourier. — 1217.
    Bernard de Moreuil, ch{er}. — 1237.
    Le comte Simon de Ponthieu. — 1243.

Liste des prieurs :
    1140. — Hescelin.
    1191. — Guillaume.
    1207. — Richard.
    1226. — Haymon.
    1356. — Guillaume de Pruny.
    1522. — Pierre Yvonet.
    1531. — Antoine de Halluin.
    1578. — Laurent Gabon.
    1622. — François le Charron.
    1643. — Jean Domart.
    1672. — Claude Vaillant.
    1681. — Guillaume du Hamel.
    1738. — Pierre Gaugenot.
    1767. — Alexandre Tavernier.

Les derniers titulaires touchaient le revenu qui s'éleva en 1728 à 1450 livres, mais ils ne résidaient plus à Maintenay. La chapelle « où l'on ne disait messe depuis soixante ans » fut démolie en 1781, sur le rapport du doyen de chrétienté, Louis Hurtrel, curé de Verton. (*Arch. du Pas-de-Calais. — Titres du prieuré*).

LIEUX DITS ET HAMEAUX :

Bertronval, fief noble, tenu des vicomtes de Merlimont, ayant appartenu en 1350 à Messire Colart d'Eudin ; en 1378 à Jean de Wargnies, écuyer ; en 1539 à François Bersin. Il passa ensuite, par alliances successives, aux familles d'Ostove, de Lengaigne, d'Urre, de Lamiré, le Gaucher du Broutel. Le 18 novembre 1771, Marie Charlotte Loisel le Gaucher du Broutel, dame de Bertronval, épouse Messire François Ghislain baron de France de Vaulx. Leurs descendants habitent encore le château construit en 1660 par le seigneur de Bertronval, Claude d'Urre, chevalier, marquis de Mèzeracque, ambassadeur de France en Pologne.

Colart (le bois), du nom du Colart d'Eudin qui le possédait en 1350.

La Hestroye, lieu planté de hêtres, dépendance du prieuré.

La forêt de Maintenay, plus connu sous le nom de bois de Buires.

Les Maisonnettes.

Monplaisir (le moulin de) qui a servi de point de repaire lors des travaux entrepris pour la carte de l'état-major.

Le Moulin à vent.

Les Mousans, appelé le bois de Mosench au XIII° siècle ; dépendance du prieuré.

Le Vitronval.

ARCHÉOLOGIE. — L'église, patron Saint-Nicolas, fut bâtie à la fin du XII° siècle par Messire Gauthier de Montreuil, seigneur de Maintenay, le même qui fonda l'Hôtel-Dieu de Montreuil. Elle subit une restauration complète de 1866 à 1870, d'après les plans de M. Clovis Normand.

La chapelle absidale de droite est dédiée à Saint-Jean d'Ulphe. Des médaillons, sur lesquels sont sculptés les instruments de la Passion, ornent les points d'intersection de la voûte, et au centre on voit l'écusson des d'Orléans-Longueville : *de France au lambel et à la bande de gueules,* en mémoire de François II, seigneur de Maintenay qui la fit construire vers 1500.

(*Voir, dans l'annuaire Robitaille de 1869, la description de l'église de Maintenay*).

MARANT.

680. — Marenlx, *Malbrancq*.
1291. — Maranch, *C. de Montreuil, f° 42*.
1311. — Maranch et Marant, *Aveu de Maintenay*.
1507. — Maranch, *Bouthors T. II. p. 609*.
1650. — Marang, *Jansson, Loc. cit*.
1763. — Marans, *Expilly*.

La tradition attribue aux libéralités de la famille de sainte Austreberte la dotation primitive du monastère qu'elle fonda à Montreuil; Marant en faisait partie. Selon Malbrancq, les bords de la Canche étaient autrefois couverts par les eaux de la mer qui refluaient abondamment jusqu'à Marconne, d'où les noms de *Marant, Marenla, Marle, Marconne*, dont la première syllabe signifie la mer dans l'idiôme celtique.

Annexe d'Aix-en-Issart.

LIEUX DITS: — *Le bois des Chartreux*. — *Le chemin des Flamands*. — *Le Gibet*. — *Le jardin du Monthulin*.

MARENLA.

1311. — Malenla, *Aveu de Maintenay*.
1507. — Marenla, *Bouthors loc. cit. T. II. p. 608*.
1650. — Marenla, *Jansson, Loc. cit*.

Marenla, mentionné dans le diplôme d'Erkembod, évêque de Thérouanne en 637 (*Harbaville*), appartint ensuite à l'abbaye de Sainte-Austreberte, qui y établit un bailli chargé d'exercer la justice; ces fonctions étaient remplies en 1750 par messire Claude Septier, sieur de la Verdure. Le bailliage comprenait les seigneuries de « Marenth, Maranla, Humbertq, Saint-Deneu, Bouberck, Aiz en

Lihart et Sainte-Austreberte-lez-Hezdin. » Les appels relevaient du bailli d'Amiens, tenant ses assises à Montreuil. (*Procès-verbal de la rédaction des coutumes de Sainte-Austreberte*, 25 septembre 1507, *Bouthors, loc. cit.*)

En 1311, Robert Cointeriaus, tenait de Willaume de Maintenay, le fief « de le Cauchie à Malenla. »

Pendant le séjour du roi Henri II à la Chartreuse de Neuville, le 15 août 1554, les Ecossais de sa garde s'étant imprudemment écartés, furent surpris et maltraités par les Impériaux, aux environs de Marenla. (*Note de M. Henneguier.*)

La ferme de Marenla a été reconstruite, en 1761, sous l'administration de l'abbesse de Sainte-Austreberte, Anne-Marie de Jouanne d'Esgrigny.

La fabrique de papier exploitée par M. Fresnaye a été créée vers 1830 par M. Fruchard.

LIEUX DITS. — *La justice.* — *Les côtes et le bois du Bus* (*voir Marles*). — *Le fief du Gros Fay et le fief de Machy*, tenus de l'abbaye de Sainte-Austreberte et situés à Marenla, appartenaient au siècle dernier au comte de Lascaris Vintimile.

ARCHÉOLOGIE. — Le clocher de l'église fut rebâtie en 1675. La fabrique et l'abbaye de Sainte-Austreberte supportèrent la dépense par moitié : Une statue de sainte Austreberte décore le fronton du rétable de l'autel.

En 1849, le sieur Leroy trouva à Marenla plus de 10,000 pièces d'argent des règnes de Louis XIII et de Louis XIV.

MARESQUEL.

1135. — Maraculum, *C. de Saint-André.*
1156. — Maresquellium, *Turpin hist. comitum tervanensium f° 80.*
1185. — Marescel, *L. R. T. 1. f° 339.*

1187. — Mareschel, *Turpin. loc. cit. f° 84.*
1244. — Mareskel, *Arch. du Pas-de-Calais, titres de Saint-André.*
1250. — Mareskiel, *polyptique de Dommartin.*
1349. — Maresquellum, *C. Salé, loc. cit.*

L'abbaye- de Saint-André, ordre de Prémontré, d'abord fondée à Maresquel, « in maraculo » sur les bords de la Canche, en 1135, prit le nom de *Saint-André-des-Aulnes ou de l'Aulnoye*, « *Sanctus-Andreas-de-Alneto* », à cause de la grande quantité d'aulnes qui croissaient dans cette vallée. Vingt ans après, les moines transportèrent cet établissement à Grémécourt, tout en conservant une prédilection marquée pour le berceau de la communauté, qui devint, sous le titre de *l'Aulnoye*, le centre d'une paroisse administrée par un des leurs. En même temps qu'ils faisaient les réparations nécessaires aux moulins à blé et à fouler le drap, les moines entretenaient avec soin la chapelle qui fut reconstruite en 1755. Deux abbés de Saint-André naquirent à Maresquel : Euguerrand de Fruges (1407) et Siger ou Sohier le Maistre (1483). (*Voir art. Gouy-Saint-André*).

Gualdric seigneur de Maresquel est cité aux cartulaires de Valloires et de Dommartin en 1172.

Guarin, son successeur, vivait en 1125. Vient après Guillaume, chevalier, seigneur de Maresquel, père de Guarin II et aïeul de Baudouin, qui se maria d'abord avec Sara ; puis avec Agnès, la fille du seigneur de Campigneules. Baudouin de Maresquel, chevalier, vendit son domaine à messire Jacquemets de Contes en 1253. Celui-ci le transmit à ses descendants : Catherine de Contes, dame de Maresquel, en hérita à la mort de son père et de ses deux frères tous trois tués à la bataille d'Azincourt, en 1415. Elle s'allia à messire Jehan de Fromessent dont deux fils : Jean et David, décédés sans postérité et une fille mariée à Jean de Crecques ou de Cresecques devenu seigneur de Maresquel. L'héritière de Jean de Cresecques, Jeanne, porta en dot la terre de Maresquel à Jean de Croy, seigneur châtelain de Beaurain qui l'ajouta à ses vastes domaines. Jusque là, elle relevait en pairie du château de Beaurain et ses possesseurs devaient chaque année à leur suzerain, un chapon blanc portant à la patte une sonnette d'argent. (*Titres de l'abbaye de Saint-André-au-Bois.*)

LIEU DITS. — *Buireuilles.* — *Buirœles.* — *Buirœules.* — *Buirœlez.*
Dès le douzième siècle, Bureuilles formait un fief, tenu de Beaurain, qui fut possédé successivement par Gualdric, fils de Baudouin, (1153) et par Guillaume, l'un des témoins du testament de messire Guillaume Colet en 1247. — Charles Louis de Lascaris Vintimille colonel d'infanterie, chevalier de St-Louis, demeurait, en 1748, au château de Bureuilles. Chapelle fort ancienne dédiée à Notre-Dame.

Gossemetz. — *Gossumes.* — *Gossumetz.* — Compris dans la donation faite par messires Enguerrand et Hugues de Beaurain à l'abbaye de Saint-Josse-au-Bois, en 1154.

Riquebourg. — *Richarii Rurgus.* — *Rikebor.* — *Rikebort.* — Siège de l'importante paroisse autrefois établie sous le vocable de Saint-Pierre. Le village de Campagne en dépendit jusqu'en 1777. Il n'y eut jamais d'abbaye à Riquebourg, que certains auteurs ont confondu avec Grémécourt. Il existe aux archives départementales un registre des censives dues à l'église de Riquebourg.

Les deux moulins de Maresquel furent vendus, le 11 mai 1791, à M. Duhamel qui les revendit, le 11 décembre 1812, à M. Duval Boidin ; celui-ci les aliéna, le 22 mars 1816, au profit de M. Violette qui les loua à MM. Baudrant et Laligant. Ils y établirent en 1826 une fabrique de papier à la main. M. Delcambre reprit l'établissement en 1837. M. Laligant l'organisa en 1842 sur une échelle plus considérable. Trois machines fabriquent actuellement de 11 à 1200 kilos de papier par jour. (*Observations pour M. Violette propriétaire de l'usine de Maresquel-sur-Canche, en réponse aux rapports de M. l'ingénieur des ponts et chaussées, des 8 juillet 1841, 5 mai et 7 juin 1842. (Arras, 1843.)*

ARCHÉOLOGIE. — L'architecture du chœur est remarquable ; il appartient à la première moitié du XVI° siècle. Huit écussons ornent les retombées des nervures de la voûte et rappellent le souvenir des sires de Croy, châtelains de Beaurain, seigneurs de Maresquel et de leurs alliances.

1er écusson : Ecartelé : *Au 1 et 4 d'argent à 3 fasces de gueules*, qui est de Croy,

Au 2 et 3 d'argent à 3 doloirs de gueules, qui est de Renty.

Sur le tout, écartelé : *Au 1*, Lorraine.

Au 2, d'Alençon.

Au 3 et 4, d'Harcourt.

(*Voir l'article Beaurainville.*)

2° écusson : *de sinople à 3 macles d'argent*, qui est de Berghes.

3° écusson : *d'or à la croix de gueule chargée de 5 coquilles d'argent*, qui est de Saint-Oudart.

4° écusson : *d'or à 3 chevrons de gueules*, qui est d'Ivry.

5° écusson : *à la croix cantonnée de 4 clés.*

6° écusson : *parti : au 1er à 3 fleurs de lys, au 2 à un aigle et à un lévrier.*

7° écusson : *écartelé : au 1 et 4, à 3 fleurs de lys au pied nourri*, qui est de Wignacourt ?

Au 2 et 3 lozangé, qui est de Palatin ?

Le clocher surmontant le portail date de 1792 ; on voit aux archives du département le pouvoir délivré par le citoyen maire de Maresquel, Bouchez, au citoyen Lens, receveur de la fabrique, l'autorisant à payer « cinquante livres pour descente des cloches, des croix de fer du cimetière et des représentations qui se trouvaient dans l'église » le 10 floréal, an IV.

Une communauté de sœurs de Saint-Basile s'était installée à Maresquel ; elle quitta cette résidence vers 1840 et se fixa à Rue.

MARLES.

1127. — Marla, *C. imp. d'Auchy, f° 48.*
1237. — Marle, *C. de Montreuil, f° 52 v°.*
1650. — Marles, *Atlas Jansson.*

Le village de Marles, traversé par la Brosne, est désigné, au VII° siècle, sous le nom de Malros, dans la donation d'Adroald à Saint-Omer. (*Harbaville*). L'abbaye d'Auchy-les-Hesdin y avait certains droits, par suite de la générosité du comte Enguerran, son fondateur. (*C. d'Auchy, f° 16-20*). A la fin du XII° siècle, messire Geoffroy de Marles, chevalier, abandonne aux moines de Saint-Josse-sur-Mer le personnat de Marles, sans consulter l'archidiacre de Thérouanne, Philippe, qui en possédait le tiers. Il s'en suivit un procès, procès qui se termina, comme il arrivait presque toujours, au plus grand avantage de l'abbaye ; non seulement Philippe consentit à la donation, mais il y ajouta de plein gré les droits sur la chapelle de Saint-Honoré. *(C. de Saint-Josse-sur-Mer, n° 20 et seq.)*. Il nous a été impossible de rétablir la succession des familles qui ont possédé le domaine de Marles ; nous citerons cependant Jean, sire de Rebecques en 1585; Jacques d'Etampes, chevalier, seigneur de Valencay, en 1602; Claude Postel, en 1678 ; Charles-Henri de Cossette, en 1768. (*Arch. de l'auteur.*)

Marles faisait autrefois partie du doyenné d'Alette, au diocèse de Boulogne, et relevait du bailliage d'Hesdin en Artois. Les abbayes de Saint-Josse-sur-Mer et de Sainte-Austreberte se partageaient la dîme.

Lieux-dits : *Le Bois des Chartreux.* — *Le Bus de Marle* et non le *But de Marles*, c'est-à-dire le bois de Marles, fief noble appartenant dès le XVI° siècle à la famille des Gorguette, depuis seigneurs d'Argœuves.

ARCHÉOLOGIE. — Le chœur de l'église est du XVI° siècle; trois écussons décorent les clefs de la voûte, savoir :
Le premier : *au chevron accompagné de 3 aiglettes.*
Le second : *parti au 1er : comme dessus.*
　　　　　　　au 2° : au chevron accompagné de 3 molettes.
Le troisième : *parti au 1er : au chevron accompagné de 3 aiglettes.*
　　　　　　　au 2° : à la croix ancrée.

OFFIN.

1605. — Offin. *Th. géograph.*
1608. — Offin-le-Grand, *atlas Quadum.*

Le village d'Offin, annexe de Loison, dépendait, en 1179, du domaine d'Hesmon et appartenait aux Créqui. *(P. Anselme. VI.)* Le chroniqueur de Saint-André-au-Bois, Nicolas Lédé, naquit à Offin dans les premiers jours de l'année 1600. Nommé, jeune encore, abbé de ce monastère, il en prit possession le 9 mai 1626 et le gouverna avec honneur jusqu'à sa mort qui arriva le 2 novembre 1680. Le comte de Sciougeat, seigneur du grand et du petit Offin, y habitait à l'époque de la révolution. *(Arch. municip.)*

ROUSSENT.

1140. — Rossem, *Cart. de Valloires f° 128.*
1207. — Roussem, *Cart. de Montreuil, f° 71.*
1222. — Rossen, *Cart. de St-Josse-sur-Mer, f° 88.*
1250. — Roussem, *Cart. de Valloires f° 59 et polypt. de Dommartin.*
1254. — Rousem, *Cart. de Valloires f° 57.*
1270. — Roussen, *Cart. de Montreuil, f° 83.*
1311. — Roussem, *Aveu de Maintenay.*

La veille de Noël 1245, Jehan de Roussem, chevalier, déjà cité en 1222 au nombre des pairs du seigneur de Maintenay, (*Cart. de Saint-Josse*, f° 8,) se porte garant de la vente de certains droits à Beaumerie, consentie par son gendre, Pierre du Maisnil, au profit des religieux de Saint-Sauve. (*Cart. de Saint-Sauve*). Ayant manifesté le désir de reposer après sa mort dans la chapelle des Bernardins de Valloires, il leur fit, en novembre 1250, une donation ratifiée par son épouse Marguerite et par Willaume, son fils ainé. (*Cart. de Valloires*, f° 59.) Ce Willaume de Roussent, marié plus tard à Yde sœur de Robert de Saint-Josse, abandonna la moitié des dîmes de Maintenay, dont jouissait son beau-père, Eloi de Saint-Josse. (*Cart. de Valloires*, f° 57.)

Parmi les vassaux de Guillaume de Maisnière, se trouve encore Aléaume de Roussent pour le fief du Montrufflel (le Moufflet), 1311. La seigneurie de Roussent appartint dans la suite à l'abbaye de Sainte-Austreberte ; elle y possédait un domaine avec siége de justice, qui fut augmenté en 1529, sous l'administration de Françoise de Boufflers. Entr'autres redevances, les vassaux offraient annuellement aux « très-nobles et très-vertueuses dames », un verre plein de vin, une quenouille et deux fuseaux. (*Archives du Pas-de-Calais, titres de Sainte-Austreberte.*)

Eglise nouvellement construite par les soins de monsieur l'abbé Dié.

SAINT-DENŒUX.

1476. — Saint de Nœfz, *Arch. nationales. J. 807.*
1495. — Saint Deneuf, *Arch. du Pas-de-Calais — Terrier de Loison.*
1634. — S. Deneu, *Th. géograph.*
1650. — Saint-Denant, *Atlas Jansson.*

On donne une curieuse étymologie au nom de ce village situé

dans la gorge profonde que forme la réunion de plusieurs ravins creusés par les eaux pluviales. L'incendie l'ayant complétement détruit, l'abbaye de Sainte-Austreberte rétablit une ferme nouvelle ou *cense neuve* dont la désignation s'altérant à la longue devint la cense neuf, la cense de neuf et Saint-Denœux. Les commissaires du district de Montagne, pour effacer le souvenir de ce saint vrai ou faux, baptisèrent cette commune : *Deneux-l'Inflexible* ; les actes de l'état-civil portent cette dénomination depuis le 14 ventôse an II jusqu'au 24 brumaire an III.

La plupart des terres et manoirs relevaient de Sainte-Austreberte.

Coutume particulière rédigée en 1507.

Les registres de catholicité remontent à l'année 1699.

Louis-Jean-Baptiste Prévot-Lebas, né à Étaples, le 28 décembre 1758, qui résigna ses fonctions de prêtre pour s'associer au mouvement révolutionnaire et devint administrateur du district de Montreuil, était vicaire de Saint-Denœux, avec promesse d'obtenir la cure de Marenla, lorsqu'il eut la faiblesse de prêter le serment qui l'entraîna dans cette voie fatale.

Saint-Denœux est la patrie de l'abbé de la Porte que l'on peut appeler le restaurateur du culte catholique en Angleterre où il dirigea longtemps la chapelle de l'ambassade française et de MM. Mailly et Tourzel qui ont continué l'œuvre apostolique qu'il a entreprise à Londres.

ARCHÉOLOGIE. — Le chœur de l'église a été bâti, aux frais des dames de Sainte-Austreberte, sous l'administration de Françoise de Boufflers (1520 à 1551). Le blason de Boufflers : *d'argent à neuf croix recroisetées de gueules en pal à trois molettes de même en cœur*, décore la principale clef de voûte.

SAINT-REMY-AU-BOIS.

1143. — Sanctus remigius, *Lédé, notes manuscrites.*
1250. — Apud sanctum remigium, *polypt. de Dommartin.*
1350. — Saint-Remy-au-Bois, *Arch. du Pas-de-Calais, titres du prieuré de Maintenay*
1476. — Saint-Remy-au-Boys, *Arch. nationales,* J. 807.
1638. — Remy, *Atlas Quadum.*
1650. — S. Remy, *Atlas Jansson.*

Le nom de ce village consacre le souvenir de la visite apostolique du grand archevêque de Reims dans le Ponthieu et rappelle les bois qui l'environnaient autrefois. Le prieuré, dépendance de l'abbaye de Marmoutiers, était gouverné, en 1153, par Hévolyn. Il fut réuni à celui de Maintenay, par messire Enguerran de Montreuil, 1158. Le comte d'Eu, seigneur de Beaurain, dût renoncer à la haute justice qu'il y prétendait exercer (1350). Lors des mauvais jours de 93, la commune de Saint-Remy, devint la commune, *l'amie de la vertu.* Du 24 floréal, an II, au 29 frimaire, an III, les registres de l'état-civil contiennent plusieurs exemples de cette dénomination ridicule. — L'église, annexe du Saulchoy, eut un desservant en 1772 ; le pouillé de cette année nomme : Sueur, curé du Saulchoy et Lejeune, curé de Saint-Remy.

Lieux-dits. — *La Bataille.* — La haye *Colette* rappelle le nom des anciens seigneurs de Beaurain aux XII° et XIII° siècle. — *La plaine et la rue de Saint-Josse.*

Archéologie. — Relique de saint Remy dans un buste du saint en bois sculpté.

SAULCHOY.

1217. — Sauciacum, *Archives du Pas-de-Calais, liasse du prieuré Maintenay.*
1226. — Salceium, *ibidem.*
1244. — Salcetum, *Chartrier des comtes d'Artois, n° 174.*
1245. — Salceyum. *1er Cart. d'Artois, registre des chartes, t. I, f° 213.*
1247. — Salchem, *Archives du Pas-de-Calais, liasse du prieuré de Maintenay.*
1311. — Sauchoy, *Aveu Maintenay.*
1377. — Sauchoy, *Archives d'Abbeville, sect. JJ. n° 88.*
1505. — Sauchoy. *Th. géograph.*
1608. — Sauchoy. *Atlas Quadum.*
1626. — Sochoy, *Pouillé général, f° 208.*
1632. — Sauchoy, *Th. géograph.*
1763. — Sauchoy, *Expilly.*
1139. — Quierriu, *Petit cart. de Dommartin, f° 109.*
1142. — Kirreu, *ibid. f° 15 v°.*
1143. — Kierriu, *ibid. f° 17 r° et f° 12.*
1151. — Kieriu. *ibid. f° 32.*
1156. — Kerrin, *Archives du Pas-de-Calais.*
1204. — Kerrin, *ibid.*
1663, — Querrieu, *Archives du Pas-de-Calais, liasse du chapitre.*
1217. — Hubecurt, *Archives du Pas-de-Calais, liasse du prieuré de Maintenay.*
1156. — Helbecorch, *Humetz, chronique.*
1157. — Helbecort, *Petit Cart. de Dommartin, f° 32.*

Le Kerrieu et Helbecourt formaient anciennement le principal noyau du village qui prit, au treizième siècle, le nom du Saulchoy (endroit planté de saules). Evrard de Kerrieu parait de 1139 à 1153 (*Petit. cart. de Dommartin, f° 7-9-15-17-32-12*) dans plusieurs actes relatifs aux domaines de Cugny. Hugues de Hestruz, assisté de Robert Kiéret, Hugues de Goy, Eudes de Dourehier, Robert de Soibermetz et autres seigneurs ses voisins, abandonne ses droits « apud Kerrin et Helbecourt », aux religieux de Saint-Josse-au-Bois, qui les cèdent, quatre ans après, à ceux de Marmoutiers. (*Petit cart. de Dommartin, f° 32*)

Le prieuré de Saint-Martin-en-Kerrieu, dépendance de cette puissante abbaye, remontait à une haute antiquité ; il occupait l'espace compris entre le marais, le rideau aux Quesnes et celui des Trinquettes, le sentier de Dourier à Montreuil et la chaussée Brunehaut et il subsista jusque vers 1150 (*Archives du département, liasse du prieuré Maintenay*). L'abbé de Marmoutiers, cédant alors à l'influence d'Enguerran, seigneur de Maintenay, réunit à la maison fondée par lui, les biens de Kerrin, Dommartin, Alconnay, Mesoutre et Buire. Depuis cette époque, le titulaire de Maintenay jouit des revenus de ce prieuré, sur l'emplacement duquel s'éleva l'église encore existante du Saulchoy. Guidon, l'un des curés, ayant refusé de céder au prieur de Maintenay le terrain nécessaire à l'agrandissement du cimetière, celui-ci s'adressa à l'évêque d'Amiens qui fit droit à ses réclamations, à la condition de payer au curé : 29 septiers de blé et avoine, les dîmes du lin, du chanvre, de la laine et des agneaux dans la paroisse de Saulchoy et le tiers de ces mêmes dîmes dans celle de Saint-Remy. (*Mars 1226*).

ARCHÉOLOGIE. — Vestiges d'architecture du XIII° siècle dans le chœur de l'église.

SEMPY.

818. — Simpiacum, *C. de Saint-Bertin, publié par Guérard*, f° 79.
1311. — Senpi, *Aveu de Maintenay*.
1355. — Sempy, *Darsy, pouillé du diocèse d'Amiens*. II, f° 90.
1415. — Saint Py, *Monstrelet*.
1515. — Saimpi, *Scohier, gén. de Croy*.
1605. — Sampy, *Th. géograph*.
1634. — Sempy, *Th. géograph*.
1650. — Sempe, *Atlas Jansson*.

Sempy est compris dans la donation de Gontbert aux monastères de Steinlandt et de Saint-Bertin en 818. Non loin de l'église, se voient encore les traces du château des anciens sires de Sempy, célèbres dans les annales du Boulonnais ; le plus illustre, Jehan, favori du roi Charles VI, se couvrit de gloire au tournois de Saint-Inglevert, où les sires de Boucicaut, de Roye et lui, tinrent contre tous venants, pendant une année entière. (1390.)

Jehan de Sempy affecta à l'entretien de la chapelle de *Sainte-Luce*, fondée dans son château, le bois du Tronquoy, contenant 80 mesures, situé à Waben ainsi que le Moutonnage ou droit sur les bêtes à laine qu'il y percevait ; Charles VI expédia, le 3 février 1375, des lettres qui ratifient cette pieuse fondation. (*Arch. de l'auteur*). Ce Sempy exerçait également à Waben un droit de vicomté qui l'autorisait à prélever deux poissons sur la pêche de chacun des bâteaux et lui accordait le bénéfice de deux marées par an.

Un Sempy périt à Azincourt ; ce doit être Jehan de Croy, père d'Archambaud, le premier de la famille, qui se qualifia seigneur de Sempy.

Michel de Croy, surnommé la longue barbe, fut condamné, le 20 mars 1511, à payer au commandeur de Loison une rente établie de temps immémorial sur ce domaine. On voyait dans l'église d'Ecaussines le tombeau de « hault et puissant mon-
« seigneur Michel de Croy, sire de Sempy, armez, vestu de sa
« cotte d'armes, la thoison dor au col, portant une lonc barbe
« blanc qui torteille autour de sa cheinture. » (*Epitaphier de Haynaut à M. de Guyencourt, d'Amiens.*)

Antoine de Croy, petit-fils du précédent, gouverneur du Quesnoy, fut inhumé dans l'église paroissiale de cette ville, sous un riche mausolée placé en la chapelle vulgairement appelée la chapelle de Sempy (*Scohier gén. de Croy. p. 64.*)

La baronnie de Sempy fut réunie au marquisat de Montcavrel, après avoir longtemps appartenu aux Croy.

ARCHÉOLOGIE. — L'église paraît n'être qu'une partie d'un édifice beaucoup plus large et plus long dont la tradition attribue la construction aux Templiers. La tour du clocher servait sans doute d'entrée à la seconde nef, qui a disparu sur la gauche. Les colonnes cylindriques qui séparaient les deux nefs étaient ornées de chapiteaux sculptés. L'écusson de *Croy*, écartelé de *Renty*, orne la voûte ogivale du chœur qui fut bâti par les seigneurs de Sempy dans le cours du XV° siècle.

La chapelle castrale de Sainte-Luce existait encore il y a peu d'années.

Lieux dits. — *La rue Blanche.* — *Les Carrières.* — *Les Prés du Château.* — *Les Quilmonts.*

Baron A. de CALONNE

CANTON D'ÉTAPLES

ATTIN.

1042. — Atiniacum, *Dom Bouquet. loc. cit. XI. p. 274.*
1311. — Atin, *Aveu Maintenay.*
1352. — Atin, *C. de Montreuil, f° 93 v°.*
1587. — Authin, *Ortelius, Atlas.*
1600. — Athin, *Tassin, Atlas.*
1608. — Authin, *Quadum, loc. cit.*
1650. — Athin, *Jansson, loc. cit.*

Le village d'Attin est un des plus anciens de l'arrondissement; l'existence du bac remonte à une époque fort reculée ; Malbrancq l'appelle *Mero Attiniensis* et Danville y place l'*Adlullia* de la table théodosienne, station militaire sur la voie romaine de Boulogne à Amiens.

Le roi Thierry III abandonne, en 696, à l'abbé de Sithiu, devenu le grand saint Bertin, les droits que le fisc perçoit à Attin. Les lettres, délivrées à cette occasion au palais de Compiègne, le 6 des calendes de novembre, stipulent une seule réserve pour les ateliers de charronnage qui, par une bizarre exception, demeurent tributaires du domaine. (*C. de Saint-Bertin, 1. p. 27.*)

Le bac d'Attin était le seul endroit où l'on passât la Canche depuis Montreuil jusqu'à la mer ; lors donc que le comte de Boulogne Hernequin s'enfuit au lendemain de la funeste journée de Wimille et du pillage de sa capitale par les Normands, il y traversa la rivière pour réorganiser son armée dans les plaines du

Ponthieu ; un nouveau désastre l'attendait sur les bords de l'Authie, car les barbares, acharnés à sa poursuite, dispersèrent une seconde fois ses troupes et lui-même, grièvement blessé, regagna la Canche accompagné d'un seul écuyer ; ce fut entre le bac et Montreuil qu'il l'atteignit, et, apercevant le détachement Normand qui le cernait de près, il se jeta résolument à la nage et fut se réfugier à l'abbaye de Saint-Wulmer.

L'importance d'Attin s'accrut à mesure que les communications avec le Boulonnais devinrent plus fréquentes. Ainsi voyons-nous figurer, en 1450, parmi les dépenses du duc de Bourgogne « vingt-« quatre sols accordés à plusieurs bateliers qui avaient passé « mondit seigneur, madame la duchesse et leur compagnie à cer-« tain bac, lez la ville de Montreuil, en allant en pélerinage de la « ville de Hesdin à Nostre-Dame de la ville de Boulogne, y com-« pris, il est vrai, l'aumône faite à certains seyeurs d'aiz (de « planches) que mondit seigneur trouva en allant audit péleri-« nage. » Le bac perdit considérablement lorsque les mayeur et échevins de Montreuil obtinrent, en 1599, par suite de traités avec le seigneur de Heuchin, pour la traversée du château de la Porte et avec le seigneur de Landrethun et d'Etréelles pour l'établissement de la chaussée de Neuville, l'autorisation de faire passer la route de Paris par la ville, à la charge toutefois, de supporter les frais de terrassement, d'entretien, de ponts et de chaussées. Cette route se dirigeait auparavant de Wailly vers le bac, par Campigneulles et Sorrus ; elle se raccordait à celle de Boulogne en dessus du Mont des Brosses.

Le bac d'Attin était un bateau plat retenu par une corde fixée à un cable attaché aux deux rives. Le propriétaire percevait donc deux droits bien distincts : les passagers acquittaient le péage ou pontenage et les embarcations dont la mature ne se démontait pas facilement payaient afin que la corde soit « ostée, laschée ou avallée ».

Le tarif était, en 1352, de quatre deniers parisis, aux termes de l'accord intervenu, le 6 mai de cette année, entre les administrateurs de la commune de Montreuil et les seigneurs du bac, messires Ernould d'Attin, écuyer et Robert, sire de Manigauval et de la Folie. — (*C. de Montreuil*, f° 93 v°.)

La perception du péage se faisait très-exactement par des commis spéciaux. Les moines de Saint-Sauve qui avaient, de temps immémorial, le droit de pêcher dans la Canche depuis Attin jusqu'à Brimeux, n'en étaient même pas affranchis :

Un jour, le portier et le cuisinier de l'abbaye passent le bac et se refusent obstinément à payer ; les gens de messires de Lannoy et de Londefort, seigneurs d'Attin, s'emparent du chaperon de l'un, tandis que l'autre est obligé de laisser en gage les clefs de la cuisine. Qu'on juge de l'émoi des bons religieux ! L'affaire n'en resta pas là ; l'abbé intenta un procès et produisit des titres anciens, afin d'affirmer son droit de franchise sur le bac, mais le parlement inflexible le déclara mal fondé en sa demande et le condamna aux frais. — Arrêt du 10 décembre 1394. — (*C. de Saint-Sauve, f° 281, r°.*)

Les truites du bac d'Attin sont renommées, Chevet les étalait, il y a peu d'années, avec cette désignation qui les faisait rechercher des gourmets.

HAMEAUX ET LIEUX-DITS. — *Canteraine* ou *Chanteraine*, la *Culbute*, la *Folie*, le *Moulin d'Attin*, la *Paix faite*.

ARCHÉOLOGIE. — Le chœur de l'église est plus élevé que la nef dont il est séparé par le campanille. Une pierre enclavée dans la voûte porte cette inscription :

JAY ESTE POSE PAR
MONS. GIRARD CHANOINE
ET SECRETAIRE DE MONSEIG.
LEVESQUE DE BOVLOGNE, 1697.
LE CVRE, Mʳ GOSSE.

BERNIEULES.

1311. — Berniule, *Aveu Maintenay.*
1632. — Bernieule, *Th. géographique.*
1650. — Berneuille, *Jansson, loc. cit.*

La véritable illustration de Bernieules, l'une des douze baronnies du Boulonnais, est l'ancienne famille qui en porta le nom et qui habitait, dès les premières années du XIII⁰ siècle, la forteresse bâtie, vers 1040, par le comte Eustache de Boulogne. Robert Iᵉʳ, chevalier, sire de Bernieules, époux de Jehanne de Preures, vivait en 1250 : De lui est issu :

Robert II, chevalier, marié à Alix de Donqueur, dont :
Robert III, chevalier, marié à Jehanne de Fosseux, dont :
Robert IV, chevalier, marié à Mahaut de Wamin, dont :
Jehan, chevalier, marié à Ydes d'Abbeville, dame de Boubers.
— L'absence de documents nous oblige à borner à cette froide nomenclature, l'histoire des seigneurs de Bernieules, dont la Morlière a pu retrouver la filiation dans les titres de la maison de Boubers. Ils occupaient habituellement le château situé sur la route de Beussent. (*Maisons illustres de Picardie, p. 219.*)

Catherine, dame de Bernieules, Bléquin, Caigny, Esquennes, etc., la plus riche héritière de la province, épousa messire Jean de Rubempré, vaillant capitaine au service du duc de Bourgogne qui périt dans la funeste journée de Nancy. Le duc de Lorraine ordonna de lui faire de magnifiques funérailles, la dépouille mortelle du baron de Bernieules reposa sous les voûtes de l'église Saint-Georges « non sans les larmes des habitants dudit
« Nancy desquels il estoit regretté, pour ce qu'il les avoit traité
« fort doulcement, y estant gouverneur pour le Bourguignon. »

Jehan de Créqui et Françoise de Rubempré héritèrent de la baronnie de Bernieules.

La branche des Créqui-Bernieules subsistait encore après deux siècles, en la personne de Charles de Créqui qui termina sa vie dans le cloître, vers 1610.

L'un de ses neveux, Marc-Henri-Alphonse Gouffier, sire de Bonnivet, résidait à Bernieules ; le père Anselme raconte que la nuit de ses noces avec la fille du marquis de Montcavrel, Anne de Monchy, (23 au 24 mars 1645), un violent incendie réduisit en cendres l'antique demeure des barons de Bernieules et faillit couter la vie aux jeunes époux.

Les Gouffier quittèrent le pays et ne relevèrent pas les ruines qui furent vendues avec le domaine à M. du Buisson. Marie-Françoise du Buisson s'allia à Jean de la Verdy, gentilhomme issu d'une maison noble du midi (1762). Leur petite-fille, Marie-Anne-Antoinette de la Verdy, dame de Bernieules, épousa messire Charles-François-Marie de Guizelin dont les descendants ont une propriété importante à Bernieules.

Non loin du château se trouvait un fief noble habité encore aujourd'hui par la famille de Crendalle de Chambreuille, et à l'extrémité du village est la ferme de l'*Enclos*, autre fief possédé, au temps de la ligue, par le fameux Claude de Bécourt, baron de Lianne et gouverneur du Monthulin, et depuis par les du Blaisel et par monsieur Hector de Rosny.

Le couvent des Carmes de Montreuil avait à Bernieules une succursale fondée, au XVIe siècle, par les Créqui. Quatre religieux y résidaient ordinairement ; ils évangélisaient les paroisses environnantes et vivaient surtout du produit de leurs quêtes. La maison était bâtie sur quatre journaux de terre ; la chapelle fut démolie en 1829, peu de temps après la mort du dernier Carme, le frère Ambroise Puchoix, qui revint à Bernieules au retour de l'émigration.

ARCHÉOLOGIE. — L'église, actuellement fort modeste, conserve quelques rares vestiges de la munificence des châtelains de Bernieules ; le tableau du maître-autel qui représente l'institution du saint rosaire est fort remarquable.

Inscription des cloches :

Les anciennes :

JE SVIS NOMMEE MARGVERITE, PAR MARGVERITE DE GVISANCOVRT, VEVVE DE MESSIRE CLAVDE DE CREQVI, SEIGNEVR DE BLEQVIN, MARRAINE ; ET PAR MESSIRE PHILIPPE DE CREQVI, CHEVALIER, SEIGNEVR DE LA BARONNIE DE BERNIEVLES, PARRAIN. LAN 1571.

JAI ÉTÉ NOMMÉE PAR MESSIRE CLÉMENT FRANÇOIS CHARLES ANDRÉ DE LAVERDY, CHEVALIER DE SAINT-LOUIS, SEIGNEUR ET BARON DE BERNIEULES, PARRAIN ET PAR MADAME MARIE-MAGDELEINE BENOITE DES ESSARTS DE MAIGNEULX, ÉPOUSE DE MESSIRE LOUIS-MARIE-GILLES DU BLAISEL, CHEVALIER DE SAINT-LOUIS, SEIGNEUR DE LENCLOS, LA CLOYE, MARRAINE ; L'AN 1756.

Les nouvelles :

J'AI ÉTÉ NOMMÉE AIMÉE PAR MESSIRE HENRI DE CRENDALLE DE CHAMBREUILLE, MAIRE DE BERNIEULES, PARRAIN ET DAME AGATHE MOULART DE TORCY, ÉPOUSE DE MESSIRE CHARLES FRANCOIS DU BLAISEL DU RIEUX, CHEVALIER DE SAINT-LOUIS, ANCIEN COLONEL DE DRAGONS, SEIGNEUR DE LENCLOS RÉSIDANT A BOULOGNE-SUR-MER, MARRAINE, L'AN 1810.

J'AI ÉTÉ NOMMÉE JULIE PAR MONSIEUR ÉTIENNE VASSEUR DE FERNEHEM, MAIRE DE THIEMBRONNE ET DAME JULIE DE VISSERY DE BONVOISIN, DOMICILIÉE AUDIT BERNIEULES, L'AN 1810.

BEUTIN.

1042. — Botinum, *C. de Saint-Sauve, f° 1.*
1259. — Buetin, *C. de Valloires ; f° 200.*
1274. — Boutinium, *C. de Saint-Sauve, f° 113, v°.*
1290. — Bueting, *Arch. du château de Monthuis. Titres de Hodicq.*
1293. — Buetin, *C. de Saint-Sauve, f° 7.*
1311. — Beutin, *Aveu Maintenay.*
1328. — Bœting, *C. de Saint-Sauve, II, f° 37, r°.*

1337. — Beuthin, *Dom Grenier. Rôle des fieffés du Bailliage d'Amiens*.
1458. — Bœuthin, *C. de Saint-Sauve f° 87*.
1475. — Bœutin, *Cueilloir Hôtel-Dieu de Montreuil, f° 148*.
1600. — Buthlin, *Tassin, loc cit*.

Le village de Beutin s'étend le long de la Canche ; un pont très fréquenté a remplacé l'ancien bac. Dès le XI° siècle, l'abbaye de Saint-Sauve y percevait des droits importants confirmés en 1042 par le roi Henri Ier. Aucun souvenir ne se rattache au château-fort de Beutin ; il existait cependant une famille de ce nom très connue dans les annales du pays.

En 1243, Hues de Beutin, s'étant rendu coupable d'un meurtre, est condamné par l'échevinage de Montreuil à accomplir le voyage de terre sainte en expiation de son crime.

Jacques de Beutin, bienfaiteur de la maladrerie du Val, en 1250, habitait à Montreuil une maison située rue du Pen et il la vendit aux religieux de Valloires qui en firent le refuge de leur abbaye. (*C. de Valloires, f° 202*). Eustache de Beutin, chevalier, est choisi comme arbitre, au mois de décembre 1297, entre les mayeur et échevins de la ville et l'abbaye de Saint-Sauve. (*C. de Montreuil, f° 20*).

Enfin la veuve de Thomas de Beutin avait en 1328 cinq francs hommes de la seigneurie de Beutin, savoir : Ernoul de Framezelles, Pierre le Blond, Pierre de Recke, Enguerran le Visu et Bauduin de Noyelles. — (*Arch. du château de Monthuis.*)

L'abbaye de Saint-Josse-sur-Mer avait une branche de dîme à Beutin.

ARCHÉOLOGIE. — Le chœur de l'église est bâti en pierres dans le style du XV° siècle ; la nef est en cailloux et un campanille surmonte le portail.

BREXENT.

1182. – Brescelessen, *C. de St-Sauve, f° 295, r°*
1290. — Brekelessent, *Arch. du château de Monthuis, loc. cit.*
1475. — Bresclessent, *Cueil. Hôtel-Dieu, f° 138.*
1572. — Brequessent, *Arch. du château de Monthuis, loc. cit.*
1587. — Brecqsen, *Ortelius, loc. cit.*
1600. — Brequesen, *Tassin, loc. cit.*
1608. — Brequesen, *Quadum, loc. cit.*
1634. — Brequesen, *Th. géographique.*

Les abbayes de Sainte-Austreberte et de Longvilliers se partageaient la dîme de Brexent. L'Hôtel-Dieu de Montreuil y avait aussi un fief. Au mois d'avril 1431, le duc de Bourgogne investit Aléaume de Rasbecque, écuyer, de la terre de *Brecquelsen* en Boulonnais, que Jean de la Trémouille lui avait vendue. (*Arch. du Nord*). Quelques années après, Catherine de Marles, dame de Brexent, épousa messire Jean de Joigny, dit Blondel (1490.) Leurs descendants habitaient encore Brexent au XVIe siècle; l'un deux, Philippe de Joigny, fut louvetier et grand veneur du Boulonnais en 1575; sa fille, Jeanne, s'allia vers 1600 à messire Charles des Essarts de Maigneulx, le gouverneur de Montreuil, qui devint ainsi seigneur de Brexent.

HAMEAUX. — *Enocq*.

1311. — Anoc, *Aveu Maintenay.*
1475. — Anocq, *Cueilloir Hôtel-Dieu, f° 136.*
1537. — Ennocq, *Arch. du château de Monthuis, loc. cit.*
1634. - Enocqz, *Th. géographique.*

La seigneurie d'Enocq a longtemps appartenu à la famille de Hodicq qui y résidait au XIVe siècle : Charles de Hodicq, seigneur d'Enocq, a écrit en vers français :

« *L'adresse du fourvoyé captif devisant de l'estrif entre amour*
« *et fortune avec une épitre envoyée à une noble dame blasonnant*

« *les métaux et les couleurs de ses armes.* — *Imp. à Paris, par*
« *Jean Longis, 1532.* »

L'auteur avait alors 25 ans; ayant successivement été l'esclave de l'amour et de la fortune et ayant éprouvé les rigueurs de l'une et de l'autre, il était très irrité contre les femmes, témoin le début de ce rondeau :

SY FEMME AVOIT LE POUVOIR ET PUISSANCE
DE FAIRE D'HOMME DU TOUT A SON PLAISIR,
AUTRE LABEUR NE FEROIT QUE CHOISIR
POUR SOY VENGIER DU TOUT A SA PLAISANCE.
(*Bibl. franc. de Goujet, X, 367.*)

Marguerite de Hodicq, l'héritière de la seigneurie d'Enocq, épousa, en 1600, Guy de Thubeauville, seigneur de la Rivière, dont descendait Antoinette de Thubeauville, dame d'Enocq, mariée à Jean de Framery, père de Jacques François de Framery, chevalier de Saint-Louis, vivant en 1767. (*Arch. du château de Monthuis, loc. cit.*)

Les chartreux de Neuville avaient à Enocq une ferme que Marguerite, comtesse de Boulogne, leur donna en 1335.

Enocq est la patrie de Michel-François Dubuisson, né le 4 octobre 1716, qui est l'auteur du manuscrit intitulé : Antiquités du Boulonnais ou mémoires pour servir à l'histoire de la ville et du comté de Boulogne.

Hodicq. — C'est le berceau de la famille de ce nom connue depuis Mathieu de Hodicq, chevalier, témoin d'une charte au cartulaire de Saint-Sauve, en décembre 1245.

De Hodicq porte : *d'or à la croix ancrée de gueules.*
(*Voir Courteville, article Tubersent.*)

Parmi les lieux dits de la commune se trouve le *Saint-Moquant*, saint dont aucune légende ne parle et pour cause, car cet endroit est appelé dans les anciens titres Simonis campus ou Simon camp.

ARCHÉOLOGIE. — Suivant une vieille tradition, le mur qui sert de porche à l'église d'Enocq est le dernier vestige d'un temple consacré à Diane. Dans cette église est la sépulture de messire Guy de Thubeauville, chevalier, décédé le 5 août 1617, à l'âge de 76 ans.

CAMIERS.

XII⁰ siècle. Camier et Camyer. — *C. de St-Josse-sur-Mer, passim.*

Pendant longtemps, la difficulté d'arrêter l'invasion des sables et les débordements incessants de l'étang nuisirent à la prospérité de cette commune à l'aspect triste et sauvage. Une ordonnance de la maîtrise des eaux et forêts, du 9 septembre 1750, remédia aux inondations en forçant les habitants à creuser et à entretenir le fossé qui déversait les eaux de l'étang à la mer, en même temps que la plantation des oyats diminuait les dangers de l'ensablement.

La cure de Camiers, au doyenné de Frencq, était à la présentation de l'abbé de St-Josse-sur-Mer, dont les droits dataient de toute ancienneté; Milon, évêque de Thérouanne, les confirma en 1134. Au mois d'octobre 1226, intervint entre le desservant de cette paroisse et l'abbé Simon d'Asseville un accord réglant la perception des dîmes. Maître Pierre, ainsi s'appelait le curé, aura le sixième de la dîme des grains, des laines, des agneaux ; le surplus revient à l'abbé. Les menues dîmes se partageront également de même que le produit des offrandes aux fêtes de Pâques, de la Pentecôte et à la Saint-Martin d'hiver; de même aussi que les poissons au temps du carême et les agneaux à Pâques; mais le curé conserve la totalité des dons faits à l'occasion des baptêmes et des confessions. Ce maître Pierre jouissait d'une grande considération ; il figure dans les actes importants de l'époque; Sybille, dame de Tingry (1219) et Vaultier de Wailly (1224) le choisissent pour témoin de leurs libéralités. (*C. de Saint-Josse-sur-Mer, passim.*)

L'église primitive était constamment inondée ; l'archidiacre Abot constate, dans la visite qu'il fait en 1715, « qu'elle est tout environnée d'eaux et qu'il n'y a qu'un petit passage pour y entrer. » En 1756, M. du Sommerard, alors desservant de Camiers, écrit : « le cimetière disparaît sous les eaux qui menacent l'église et le presbytère. » Cet état de choses ne pouvait se prolonger ; l'évêque de Boulogne autorisa la construction de l'église actuelle, monument sans architecture où se voient encore deux statues provenant de l'ancien sanctuaire ; l'une représente saint Eloi, patron de la paroisse, l'autre sainte Madeleine, (*Semaine religieuse du diocèse, année 1869.*)

Camiers était un membre de la principauté de Tingry ; le fief des Roharts, situé à Camiers, appartint aux Regnier d'Esquincourt et aux Macquet de Longpré ; ceux-ci le vendirent aux Rocquigny du Fayel qui occupaient déjà le *Four du Roy,* autre fief tenu directement de la couronne. On a trouvé à Camiers des arbres entiers ensevelis sous les sables et plusieurs bois de cerf pétrifiés.

Lors du désastre occasionné à Lisbonne le 1ᵉʳ novembre 1755, par un horrible tremblement de terre, les eaux de l'étang de Camiers que l'on appelait autrefois l'étang de la Mierres furent très agitées et s'élevèrent au-dessus de leur niveau habituel ; le fait est rapporté par Henry dans l'histoire du Boulonnais.

HAMEAUX. — *Beauregard.* — *Florigny.* — Le *Rohart.*

CORMONT.

Corminium, *Malbrancq,* liv. II, ch, 23, f° 159.
1042. — In villa Cormonte, *C. de Saint-Sauve,* f° 1.
1608. — Cormon, *Quadum, loc. cit.*

Les historiens anglais racontent que saint Guduvale, leur compatriote, passa le détroit à la suite d'une persécution et se rendit dans la Morinie, accompagné de cent quatre-vingts disciples. Tandis qu'il errait, cherchant un endroit convenable pour se fixer avec ses frères, on lui indiqua un champ qui appartenait à Mevorus, récemment converti au catholicisme. Il députa quatre religieux qui obtinrent du nouveau chrétien la cession du domaine où l'on jeta les fondements d'un monastère, origine du village de Cormont. Malbrancq a reproduit cette pieuse tradition, mais aucun titre sérieux ne la justifie ; les auteurs qui ont étudié l'histoire ecclésiastique de la Morinie l'ont passée sous silence et nous savons seulement que l'abbaye de Saint-Bertin reçut de Gontbert certaines possessions au terroir de Cormont, (*C. de Saint-Bertin, I, f° 79*) et que celle de Saint-Sauve y prélevait la dîme en 1042.

La seigneurie de Cormont appartint à Oudart Blondel de Joigny, châtelain de Longvilliers. (*Voir art. Longvilliers*). Détachée du domaine de Longvilliers à la fin du XVIe siècle, elle fut alors à Jehan du Moulin. Jehan de Mannay et Marguerite de Fienne, sa femme, fondèrent à cette époque la chapelle de Saint-Vincent. Les du Tertre, seigneurs de Cormont habitaient encore à la Révolution le château de Cormont-Dessus où existait une chapelle castrale qui fut démolie en 1800.

Le 5 mai 1810, un arc de triomphe a été élevé, à l'occasion du passage de l'Empereur et de l'Impératrice, à l'extrémité du territoire de Cormont, limite de l'arrondissement de Montreuil.

Thomas de Cormont et Regnault de Cormont, son fils, architectes célèbres auxquels on doit l'achèvement de la cathédrale d'Amiens au XIIIe siècle, seraient-ils originaires de ce village ?

En terrassant, il y a environ vingt ans, *la rue de la Tombelle* qui va de Cormont à la route de Boulogne, on a découvert, des deux côtés du chemin, des tombes en pierre provenant de sépultures romaines.

HAMEAUX. — La *Basse-Flaque*. — Le *Bout-de-Haut*. — *Fernehem*, fief noble. — La *Cense*.

ARCHÉOLOGIE. — Le chœur de l'église, récemment décoré de peintures murales et orné de jolies statues, date de l'année 1604. Le clocher surmonte l'abside.

Inscription de la cloche :

JEHAN DVMOLIN ESCVIER SEIGNEVR DE CORMONT,
MERIANCOVRT, FONDATEVR DE LEGLISE DVDIT CORMONT.
JEHAN DE MANNAY ESCVIER SIEVR DE CAMPS
ET DAME MARGVERITE DE FIENNE SA FEME.
EN LAN MIL V^c LXXVII.
ME FIT Me AVREL GOVRDIN.

Dans le chœur est la sépulture de :

HAVTE ET PVISSANTE DAME MADAME
ANDREE-FRANÇOISE-MAXIMILIENNE
DE FLECHIN COMTESSE DV SAINT-EMPIRE,
DAME DE DIGNAVCOVRT, DECEDEE
LE 22 JVILLET 1784,
AGEE DE 40 ANS.

ESTRÉE.

857. — Strata, *C. de Saint-Bertin*, f° 79.
XIIe et XIIIe siècles. — Estrées, *Petit C. de Dommartin*.
1311. — Estrées, *Aveu Maintenay*.
1600. — Estrée, *Tassin, loc. cit.*
1650. — Estrée, *Jansson, loc. cit.*

Les légions romaines séjournaient vraisemblablement dans cet endroit lorsqu'elles parcouraient la voie d'Amiens à Boulogne. Ce lieu d'étape militaire est devenu le village d'Estrée dont le nom dérive du latin *Strata*. *Stratella* (Etréelles) en est le diminutif. Estrée est compris dans la donation de Gontbert à l'abbaye de **Saint-Bertin**.

Le château-fort s'élevait au milieu du marais ; il faut toutefois se garder de confondre les premiers seigneurs d'Estrée avec la grande famille, originaire du Santerre en Picardie, dont sont issus les marquis de Cœuvres, les ducs d'Estrée et la trop fameuse Gabrielle.

Ils portaient : *d'argent fretté de sable au chef d'or, chargé de 3 merlettes*. Jean et Antoine d'Estrée, qui ont joué un rôle important dans l'histoire du Boulonnais, au XVIe siècle, n'avaient aucun rapport avec la commune qui nous occupe.

La seigneurie d'Estrée a appartenu aux Blondel de Joigny, puis aux Wlart ou Vulart, par le mariage de Marguerite de Joigny, avec François Wlart, écuyer, seigneur de Romont, 27 avril 1605, enfin aux Hurtrel d'Arboval.

HAMEAUX. — *Hurtevent*, ferme située non loin de *Hurtebise*, deux des points les plus élevés de l'arrondissement.

Monchy. — Les moines de Dommartin ayant reçu des sires de Montcavrel et des comtes de Boulogne une propriété à Monchy, ils y construisirent une maison d'exploitation, dont les manoirs étaient environnés d'eau et de haies vives. L'exercice de la justice leur appartenait ; ils jouissaient de la pêcherie dans la rivière de Monchy et Willaume le Moisne, seigneur de Cours, autorisa le pâturage de leurs bestiaux sur ses possessions de Neuville et d'Estrée (mars 1260).

Guillaume de Montcavrel avait institué à Monchy un chapelain, avec obligation de célébrer à perpétuité des messes pour ses ancêtres, mais l'éloignement de la communauté de Dommartin rendant l'accomplissement de cette fondation très-onéreux et presque impossible, le fils de Guillaume, messire Enguerran, supprima le chapelain à la condition que les prières demandées par son père seraient dites dans une autre église (novembre 1248).

Le revenu de Monchy était, en 1789, de 400 livres. Une charte du mois d'avril 1252 révèle l'existence à Monchy d'un couvent de dames de Citeaux, dont aucun autre titre ne fait mention parce qu'il a été supprimé peu de temps après son établissement. (*C. de Dommartin, f°s 384 r° à 407 v°*.)

ARCHÉOLOGIE. — La vieille église se composait de deux parties construites à des époques différentes ; elle offrait, dans son élévation, un assemblage bizarre de matériaux disposés sans ordre. On y voyait l'épitaphe, avec sonnet, de Jacques de Joigny, écuyer, seigneur d'Estrée, mort le 21 août 1630, des suites d'une blessure reçue près de Carignan.

La nouvelle église bâtie dans le style du XIIIe siècle, est décrite page 175 de l'annuaire Robitaille pour l'année 1872.

ÉSTRÉELLES.

1134. — Estrieles, *C. de Saint-Josse-sur-Mer*, 2me *partie*, n° 4.
1171. — Estraeles, *ibid.* n° 16.
1255. — Estraels, *C. de Dommartin, passim.*
1311. — Estrayeles, *Aveu Maintenay.*
    — Estraieles,   *id.*
    — Estraeles,   *id.*
1337. — Estraieles, *Dom Grenier, loc. cit.*
1475. — Estraiele, *Cueilloir Hôtel-Dieu de Montreuil, f° 151.*
1534. — Estreelles, *Arch. de Monthuis.*
1600. — Etrelle, *Tassin, loc. cit.*
1650. — Estrelle, *Jansson, loc. cit.*

Clarembaut, seigneur d'Estréelles, est cité comme témoin d'une charte de Pharamond de Tingry en 1171. Au mois d'octobre 1227, Gilles, son successeur, en souscrit une autre rapportée, ainsi que la précédente, au cartulaire de Saint-Josse. Après lui vient Jehan, époux d'Ysabeau, qui vend à Ismène, châtelaine de Saint-Omer, certaines redevances que celle-ci transmet sur le champ, à l'abbé de Dommartin, juin 1255. Son fils, également nommé Jehan, tenait la terre d'Estréelles par moitié de messire Baudouin de Renti, à cause de Marie de Waben, et de messire N. de Longvilliers. Il y exerçait haute, moyenne et basse justice et possédait les « communautés d'Estraieles. » Son manoir était bâti sur quatre journaux de terre « adossés au bos d'Estraieles », avec four et moulin bannaux. (*Aveu Maintenay*.)

Jehan de Saint-Martin, dit Nazard, prévôt d'Arras, se qualifie seigneur d'Estréelles le 19 décembre 1433, et y perçoit le quint c'est-à-dire le droit dû pour l'échange et la vente des fiefs. (*C. de Saint-Sauve, f° 95 r°*).

Françoise de Hardenthun, fille de Jehan de Hardenthun, seigneur d'Estréelles, en 1521, épousa Antoine de Louvigny; leurs descendants embrassèrent la religion réformée et lorsque l'article VII de l'édit de Nantes permit l'exercice de ce culte dans les châteaux, chefs-lieu de fiefs haut justiciers, Jean de Louvigny s'empressa d'appeler un pasteur à Estréelles.

Au mois d'octobre 1567, la protection de Morvilliers, gouverneur du Boulonnais, engagea Louvigny à construire un temple. Ce temple situé aux portes de Montreuil annonçait des dispositions hostiles, il s'élevait sur une hauteur dominant l'église ; une muraille crénelée et de larges fossés le mettaient à l'abri d'un coup de main et l'on peut voir encore sur les murs de ce bâtiment, actuellement à usage de grange, la trace des balles que la garnison de Montreuil lançait continuellement aux Huguenots; ceux-ci attaquaient les paysans catholiques qui entraient à l'église, et les malheureux, ayant vu tomber plusieurs de leurs amis, n'osaient plus y paraître, encore moins osaient-ils riposter à ces attaques dirigées par Louvigny lui-même.

On raconte que le premier gardien du couvent des Capucins de Montreuil, homme fort zélé, se rendait souvent à Estréelles et se plaisait à prêcher la controverse aux protestants, mais loin de les convertir, ses discours les irritaient au dernier des points et ils l'auraient massacré, si le comte de Lannoy n'avait eu la précaution de le faire toujours accompagner à distance par quelques gardes bien armés.

Un dimanche d'août 1572, quelques jours avant la saint Barthélemy, les Huguenots d'Estréelles avaient maltraité Janet Bouquedepois, bourgeois de Montreuil, qui s'en plaignit amèrement à l'échevinage et au gouverneur ; lors donc que le bruit du massacre des religionnaires se répandit dans le pays, Bouquedepois ameuta la populace et la conduisit, le 27 août, à l'assaut du temple d'Estréelles. Les Montreuillois soutenus par les paysans se battirent avec acharnement ; ils mirent le feu à la charpente du toit et obligèrent ceux qui s'y étaient réfugiés à capituler ; plusieurs périrent dans la mêlée et les vaincus, ramenés triomphalement à Montreuil furent mis en sureté sous les verroux de la citadelle.

A la suite de l'exploit de Janet, le temple d'Estréelles demeura fermé jusqu'après l'édit de Nantes ; plusieurs membres de la famille de Louvigny y ont reçu la sépulture. (*Notes de M. C. Henneguier.*) En 1634, Marguerite de Louvigny, dame d'Estréelles épousa M. Jean du Blaisel, écuyer, seigneur de Belle-Isle ; leurs descendants ont encore une propriété à Estréelles.

ÉTAPLES.

Il existait jadis, à l'embouchure de la Canche, un port célèbre dans les premiers siècles de la domination franque ; les auteurs anciens le nomment : Cuentawicus — Cuentawic — Quantawic — Quantowicus — Quentawic — Quentawicus — Quintowicus — Quentawich portus — Quentawig portus — Quentawich, ou simplement Wicus. — (Cousin, *Mémoires de la Société des Antiquaires de la Morinie, IX, P. 305*, et Dom Bouquet, *recueil des historiens des Gaules, t, III, p. 580, 600. — T. V, p. 315, 611, 613. — T. IV, p. 414, 572, 649.—T. VII, p. 41, 61, 359, 483, 492, 657.*

C'était la voie la plus directe pour se rendre en Angleterre : Saint Théodore, archevêque de Cantorbéry, s'y trouva longtemps retenu par la maladie, avant d'aller occuper son siége épiscopal, et saint Boniface y débarqua en 718.

L'importance de cette ville où résida même Haymon, duc de la

France maritime (630), ne pouvait échapper à Pépin-le-Bref, encore moins à Charlemagne, toujours préoccupé des invasions normandes qui menaçaient l'empire. Il vint visiter les côtes de la Morinie et prescrivit de grands travaux de défense, car il comprenait que, dans un avenir prochain, les pirates tenteraient de s'emparer de Quentowic, le rendez-vous des marchands de la Grande-Bretagne, à cause du trafic considérable qui faisait la réputation de ses foires.

Un intendant spécial ou procurateur (*præfectus emporii*) présidait aux transactions et percevait les droits du fisc (*vectigalia*).

On battait monnaie à Quentowic sous les premières races de nos rois ; l'édit de Pistes, qui réduisit à dix le nombre des ateliers monétaires, lui confirma cet ancien privilége.

Les pièces attribuées à Quentowic portent le plus souvent un vaisseau, une croix ou la tête d'un souverain avec le nom entier ou abrégé de la ville. (POUEY D'AVANT, *monnaies féodales, III, p. 361.*)

Attirés par l'appât d'un riche butin, les Normands inquiétaient de temps à autre les habitants de la florissante cité ; ils l'envahirent, en grand nombre, certain jour de foire de l'année 844, dispersant la foule, s'emparant des marchandises et ne consentant à épargner les maisons et les édifices publics qu'au prix d'une grosse rançon. C'était le commencement de la ruine complète que les barbares réservaient à Quentowic ! On n'est point d'accord sur l'époque de la destruction ; elle eut lieu à la fin du IX° siècle, en 884, suivant quelques auteurs, et fut si radicale, que l'emplacement de Quentowic est devenu une question des plus controversées.

Tel historien assure que la ville d'Étaples s'élève sur ses ruines ; tel autre croit en retrouver les traces à Saint-Josse ou aux environs ; les deux rives de la Canche réclament ainsi l'honneur d'avoir vu prospérer et disparaître un port justement célèbre. La rive droite (Étaples) invoque le témoignage des princes de la science, de Ducange et de Mabillon, reproduit, avec d'autres considérations par les annalistes du Boulonnais : du Wicquet de Rodelinghem, Bertrand, Henry, Lefebvre, H. de Rosny ; nous citons les plus connus. Monsieur Cousin a engagé une polémique très-savante avec les partisans de la rive gauche (Saint-Josse) ; nous y renvoyons le lecteur ; analyser ses travaux serait diminuer la valeur des arguments sérieux qu'il produit en faveur d'Étaples ; arguments tirés :

1° De la signification analogue de l'expression *Emporium* et du mot *Stapula* qui lui succéda presque immédiatement.

2° Des archives de l'abbaye de Saint-Bertin : une charte mentionnant les propriétés de cette abbaye, au 8 novembre 828, porte : *In Tarvarna mansum in Quintuico similiter*.—Une autre, du 27 mars 857, porte simplement : *in Quintuico*. Enfin, dans la troisième de l'année 867, on lit : *in Quintuico* ; or, le bien que les moines de Saint-Bertin possédaient sur le territoire de Quentowic, nous le retrouvons énoncé dans un autre titre de leur monastère en 1026, comme situé à Étaples : *itemque aliam terram que jacet in villa Stapulas nominata*. Ces chartes indiquent que le territoire d'Étaples est réellement celui de Quentowic.

3° Des dispositions du partage entre les enfants de Louis le Débonnaire.

4° Des résultats obtenus par les fouilles pratiquées à Étaples où se découvrent journellement quantité de monnaies et de fragments des temps anciens.

Nous avons lu et relu les brochures consacrées à l'examen du différend et nous avouons que le talent des champions de l'une et de l'autre opinion nous met dans un cruel embarras, car jamais, peut-être, il n'a été plus à propos de répéter : *adhuc sub judice lis est* !

Si l'on n'est pas d'accord sur l'emplacement de Quentowic, il faut admettre du moins que la ville d'Étaples hérita de son importance ; Quentowic disparaît de la scène du monde à la fin du IX° siècle ; à cette époque commence la cité moderne, plusieurs fois occupée et dévastée au début par les hordes barbares. Le château existait-il alors ? Nous le croyons, et cependant le terrain sur lequel il était situé devint plus tard la propriété des religieux de Saint-Josse-sur-Mer, qui consentirent à le céder au comte de Flandre, Mathieu d'Alsace, moyennant la redevance annuelle de

10,000 harengs, payable à Boulogne ou à Calais. *(Archives nationales, K. 187, f° 10, n° 2.)*

Mathieu d'Alsace rétablit la forteresse d'Étaples (1172). Baudouin II, comte de Guines, l'assiégea en 1190. (Lambert d'Ardres, *chron. édit. Godefroy Ménilglaise, p. 51.*)

Les comtes de Boulogne l'ayant rendue plus redoutable, à l'abri de ses remparts se groupa une nombreuse population maritime également fière du donjon qui lui assurait aide et protection et du beffroi, symbole des franchises communales octroyées au temps de Louis le Gros et confirmées, en 1277, par Guillaume II, comte de Boulogne. (*Dom Grenier.*)

La pêche était, comme maintenant, la principale ressource d'Etaples et on la pratiquait à charge de certaines redevances, mais la guerre interrompait très-souvent l'industrie du paisible matelot.

Au lendemain de la désastreuse journée de Crécy, les Anglais incendient Étaples qui est pillé en 1351, brûlé le 6 décembre 1378, brûlé encore en 1435 (Froissard, *livre Ier, chap. CCXCV.* — Monstrelet, *livre IX, chap. CLXXI*). L'activité des habitants, leur travail assidu triomphant de ces obstacles, Étaples comptait au nombre des principales villes du Boulonnais, lorsque Bertrand II de la Tour l'abandonna, en 1497, à Louis XI. L'acte de cession, daté de Montferrand, en Auvergne, a été signé par le roi au château du Plessis-les-Tours.

Étaples, devenue française, obtint la consécration de ses vieux priviléges ; Louis XI (avril 1477) et Charles VIII (1483) les ratifièrent solennellement ; d'ailleurs les occasions ne manquaient pas et le mayeur dut en obtenir de nouveaux, pendant les conférences préliminaires de la paix du 3 novembre 1492, qui réunirent dans sa ville les plus grands personnages de France et d'Angleterre, chargés de négocier le traité qui rendit la tranquillité aux deux royaumes.

François 1er honora Etaples de sa présence, au retour de l'entrevue du camp du drap d'or. Henri II y vint également (1548) ; il ordonna de relever et d'augmenter les remparts, qui avaient beaucoup souffert durant les hostilités de l'année précédente ; à tel point, rapporte de Thou, que le prince ne put retenir ses larmes, en voyant le déplorable état de la ville et des environs.

Des gouverneurs spéciaux faisaient respecter l'autorité royale dans le château d'Étaples, entretenu en bon état de défense. A Claude de Hodicq, seigneur de Courteville, nommé par Henri II (1550), succéda Michel Patras de Campaigno, qui s'opposa de tout son pouvoir aux progrès de la Ligue et parvint à secourir la ville de Boulogne assiégée par Rambures, l'un des lieutenants du duc d'Aumale. Moins heureux, quelques mois après, abandonné des populations qui se déclaraient ouvertement favorables aux Guise, il eut la douleur de voir tomber entre leurs mains le poste commis à sa garde. Alors s'ouvre, dans la France entière, le scrutin pour les États-Généraux qui étaient convoqués à Blois le 15 septembre 1588. Les délégués des trois ordres, restés fidèles au roi, s'assemblent à Boulogne et nomment leurs représentants ; les ligueurs se réunissent beaucoup plus nombreux à Étaples et en choisissent d'autres, puis les élus des deux partis se rendent à Blois, mais la vérification des pouvoirs consacra le mandat des députés ligueurs, qui siégèrent aux États, comme les seuls représentants du Boulonnais.

Les délibérations de cette assemblée, dominée par les Guise, appartiennent à l'histoire générale ; elles furent accueillies avec enthousiasme à Étaples où l'on alla jusqu'à traîner dans la fange des ruisseaux l'effigie du roi Henri III.

Sur ces entrefaites, du Bernet, le courageux défenseur de Boulogne, habilement secondé par son lieutenant Bertrand de Campaigno et par Jean Caloin, dit le Fort, s'empare de la ville d'Etaples, que la garnison abandonne pour se réfugier dans le château ; Caloin la somme de se rendre, et comme il ne lui est fait aucune réponse, il saisit l'une des chaînes du pont et l'ébranle si fortement qu'il parvient à la rompre. Au même instant un coup de fauconneau le renverse sans vie ; Du Bernet s'élance pour le venger, mais atteint en pleine poitrine, il tombe à côté de lui ; ce double malheur devient le signal de la déroute pour les assiégeants ; sourds à la voix du brave Campaigno, qui s'efforce de les rallier sous le feu ennemi, ils se débandent et s'enfuient en désordre dans la direction de Boulogne. Les ligueurs ne profitèrent pas de ce succès et peu de temps après, le 25 février 1591, le duc d'Epernon reprit Étaples, dont il confia le gouvernement au capitaine la Serre. Le duc d'Aumale écrivit aux mayeur et échevins d'Abbeville pour leur annoncer cet événement :

« Messieurs, à peine étais-je à my chemin de vostre ville, pour
« venir en ce lieu hier au soir, que je receu les nouvelles de la
« reddition d'Estappes faicte aussy mal à propos qu'il se pœult
« dire, et, par le peu d'espérience de celluy qui y commandait,
« navons seullement perdu ceste place, qui importe au bien et au
« salut du pays ; mais une très-belle occasion de faire un exploit
« infaillible et aultant adventageux à nos affaires que le moyen
« de la recouvrer sera difficile et de longue durée. Je verray
« avant que mesloigner s'il se pourra faire quelque chose sur la
« retraite de lennemy ou de lempescher à tout moins dentre-
« prendre nouveau desseing à nostre désavantage, et de tout ce
« qui se présentera je vous feray part, Messieurs, je prie Dieu
« sur ce, vous donner bien heureux et longs jours.

« De Montreuil le XXVIᵉ jour de fébvrier 1591.

« Votre bien affectionné amy. »

CHARLES DE LORRAINE.

(*Archives d'Abbeville, orig.*).

Les successeurs du capitaine la Serre furent :
De Louvigny, seigneur d'Estréelles, 1591 ;
Robert de Rocquigny, seigneur de Palcheul, 1593 ;
Louis de Saveuse, seigneur de Bougainville, 1595 ;
Louis de Carlier, 1601 ;
Pierre de Béringhem, 1605
Ambroise de Rocquigny, seigneur de Harcelaines, par intérim ;
Louis de Belloy, 1612 ;
Jean de Monchy-Montcavrel, 1615.

Monchy a été le dernier gouverneur d'Étaples ; le roi attribua ensuite ces fonctions au gouverneur de Boulogne, qui déléguait un lieutenant.

Quelques années après (1641), les progrès de l'art militaire rendant inutiles les places de second ordre, on décréta la démolition du donjon et du château d'Étaples, à l'exception de la chapelle et du logement du lieutenant. En signant le démantelement des fortifications, Louis XIII traça la dernière ligne des annales militaires d'Étaples. L'histoire se bornera à enregistrer désormais les événements moins importants ; elle consacrera le souvenir de quelques naufrages, et rappellera le débarquement du roi Jacques II fuyant l'Angleterre pour échapper à la haine de son peuple. Nous trouverons également, inscrits à leur date, les plus terribles envahissements des sables ainsi que les arrêtés qui prescrivaient de planter les dunes afin d'opposer une digue au fléau, ou bien encore les démêlés incessants du corps de ville soit avec l'abbé de Saint-Josse-sur-Mer, soit avec les seigneurs du Fayel ou de Fromessent qui percevaient à Étaples des droits considérables et ne manquaient jamais une occasion d'amoindrir l'autorité municipale qui nuisait à leur influence. Les seigneurs du Fayel, de la maison de Rocquigny, héritiers de la famille d'Étaples, exerçaient en cette qualité de grands priviléges sur la moitié de la ville ; ils avaient moulin et four bannaux, prélevaient une partie des offrandes de l'église et certaines rétributions sur la pêche et le pâturage.

Louis XV donna les ruines du château d'Étaples, avec les dépendances, à messire du Tertre d'Ecœuffen, en récompense de ses bons et loyaux services (1734). Ce fut une nouvelle source de procès interminables avec la ville qui plaidait encore, à la veille de la Révolution, sur l'étendue et les limites de son domaine. (*Archives nationales*. — *S. D. Q. 922*).

Le 13 mars 1789, les habitants d'Étaples « réunis en l'auditoire » rédigèrent les cahiers des doléances et des remontrances qu'ils devaient soumettre à l'assemblée du Boulonnais ; nous y lisons les récriminations et les aspirations qui composaient presque partout le grand programme des réformes politiques, accepté d'avance dans les régions du pouvoir. (*Archives de la sénéchaussée du Boulonnais*.) Entrant dans le détail des vœux qui intéressaient plus spécialement le pays, ils « demandent

« la « destruction des troupeaux de lapins qui peuplent les
» garennes et ils supplient le roi de jeter les yeux sur les
« contrées voisines de la mer, d'envisager tous les rivages et
« les pertes qu'y occasionnent les sables et de s'occuper des
« moyens plus propres et plus efficaces pour en arrêter les
« progrès ; le moyen qu'on aperçoit dans ces contrées, ajoutent-
« ils, pour remédier à ces désastres, est la conservation des
« épines et des hoyats. »

La Révolution dépouilla Étaples de ses anciens priviléges. Devenue simple chef-lieu de canton du district de Boulogne, puis de l'arrondissement de Montreuil, le 17 février 1800, la ville, administrée par une municipalité qui obéissait avec empressement aux ordres émanés de Paris ou d'Arras, célébra tour à tour les fêtes imposées à la nation, depuis celle de la fédération, jusqu'aux réjouissances organisées en l'honneur du premier consul, le 2 août 1802. Ces réjouissances furent le prélude de celles qui accueillirent Napoléon lorsqu'il visita Étaples le 29 juin 1803. Reçu et harangué par le maire, Prévost Lebas, il sourit au langage emphatique de ce magistrat qui lui souhaitait « de venger l'Europe indi-
« gnée des crimes d'un gouvernement perfide, en proclamant sur
« les débris de la tour de Londres l'éternelle liberté des mers et
« le repos du monde. »

Une rapide inspection de la baie d'Étaples révèle au génie militaire de Napoléon les avantages qu'il peut en retirer.

Après avoir choisi Boulogne comme centre principal des opérations militaires, il ordonne que cette baie soit mise en état de recevoir quatre cents navires de fond plat, destinés à embarquer l'aile droite des troupes, et qu'un camp de vingt-quatre mille hommes soit établi à Montreuil et aux environs sous les ordres du général Ney.

Six mois après, l'empereur se rendant à Boulogne s'arrêta encore à Étaples et descendit, le 1er janvier 1804, chez Monsieur Souquet-Marteaux ; il allait passer en revue les troupes qui devaient, il le croyait au moins, prochainement attaquer l'Angleterre jusqué dans son propre sein et renouveler la merveilleuse expédition de Guillaume de Normandie.

Le passage de la grande armée donna à Étaples une importance momentanée que l'établissement d'une station sur le chemin de fer de Boulogne à Paris et la prochaine inauguration de la ligne d'Arras lui rendront certainement. On trouvera les divers évènements de l'histoire contemporaine d'Etaples relatés dans les brochures publiées par M. G. Souquet et intitulées :

Histoire militaire et navale d'Etaples depuis 1800 jusqu'en 1806.
Histoire chronologique de Quentowic et d'Etaples.
Histoire des rues d'Etaples.

BAILLIAGE D'ÉTAPLES.

Institué, en 1070, par Eustache II, comte de Boulogne, le bailliage d'Etaples prit une grande importance après la réunion des bailliages de Chocquel et de Bellefontaine vers 1478. — La réformation des coutumes (1550) en fit une juridiction royale exercée par un lieutenant, au choix du roi, avec le titre de bailli dont les appels ressortissaient à la sénéchaussée de Boulogne. Les fonctions de bailli ont été exercées par la famille Baudelicque depuis 1614 jusqu'au 11 septembre 1790. Une justice de paix remplaça alors l'antique organisation du bailliage. (G. Souquet, *notice sur l'échevinage et sur le Bailliage de la ville d'Etaples.*)

HOMMES CÉLÈBRES D'ÉTAPLES.

AVANTAGE (Jean), né à Etaples, entra dans les ordres après avoir exercé la médecine. Nommé évêque d'Amiens au mois d'avril 1437, il mourut le 26 novembre 1456.

CALOIN (Jean), se distingua par son dévouement à la cause royale pendant la ligue. Il seconda toujours le gouverneur de Boulogne, du Bernet, et périt, en même temps que lui, au siège du château d'Etaples, le 31 janvier 1591.

ESTAPPES (Jehan d'), de la famille noble de ce nom, périt au combat de Marcq en 1405 *(Monstrelet).*

Dauphin d'Halinghem (Charles-François), né à Etaples le 22 août 1702, s'éleva à la plus haute magistrature de la province. Il fut nommé le 9 mai 1749, président de la sénéchaussée du Boulonnais, reçut des lettres de noblesse en décembre 1757, et obtint enfin, en sa double qualité de président et de lieutenant-général, des lettres d'honneur, datées du 9 septembre 1761.

Lecomte (Bertin), savant professeur de langue hébraïque, qui obtint, en 1547, la chaire d'hébreu au collége royal fondé par François Ier.

Lecomte (Jean), ministre protestant, né en 1500 à Etaples, mort le 25 juillet 1572, à Granson. Disciple du savant Lefévre d'Etaples, il répandit les doctrines de la réforme dans le diocèse de Meaux ; les poursuites du parlement l'obligèrent à chercher un asile à la cour de Marguerite de Navarre. Après avoir été précepteur du fils de l'amiral Bonnivet, il passa en Suisse (1532) et acquit beaucoup de réputation par ses prédications. Telle était l'ardeur de son zèle religieux qu'un jour, en prêchant à Granson, il interrompit son sermon pour aller renverser l'autel. De 1558 à 1567, il occupa une chaire d'hébreu à l'académie de Lausanne. On a de lui : *Démégories du comte d'Etaples, sur les dimanches, les sacrements, les mariages, les trépassés — 1549.*

(Haag, frères. — *France protestante*. — *Biographie Didot*.)

Lefebvre (Jacques), né à Etaples en 1436, mourut âgé de 101 ans, laissant de nombreux ouvrages qui lui valurent d'être considéré comme le restaurateur des lettres en France. Scévole de Sainte-Marthe a écrit la vie de Jacques Lefebvre, le favori du roi François Ier et de Marguerite de Navarre ; son portrait est reproduit dans les ouvrages de Jean Bullart et de Théodore de Bèze.

Lefebvre (Nicolas). Dom Grenier fait naître à Etaples ce précepteur de Louis XIII, homme d'un profond savoir et d'une probité reconnue. Il est mort âgé de 78 ans, en novembre 1672. Plusieurs savants parlent de lui avec éloge et Fr. Pithou le traite de *vir doctissimus et nunquam satis laudatus*. (*Descript. de Paris par Germain Brice, 6me édit., t. 1, p. 329.*)

Leroux (Gérard). *Gerardus Rufus*, que les écrivains du XVIe

siècle nomment Roussel ou Rousseau, fut pourvu de l'évêché d'Oléron par la reine Marguerite de Navarre, en 1450.

OBERT (Antoine-Marc), né le 2 avril 1774, s'engagea à peine âgé de quinze ans, dans le régiment étranger de Berwick, parcourut rapidement la carrière militaire et devint général de brigade (1813) à la suite de l'affaire de Gotbey où il s'était distingué sous les yeux de l'empereur. Il commanda l'école de Saint-Cyr sous la restauration et fut nommé lieutenant-général pendant la guerre d'Espagne ; il mourut le 9 décembre 1830.

OHIER, (Oudart), mayeur d'Etaples à l'époque des troubles de 1662, alla solliciter du roi le maintien des priviléges du Boulonnais et réussit pleinement dans sa mission.

ROCQUIGNY (Adrien de), vivant au début du XVII° siècle, est l'auteur d'un volume rarissime intitulé : « la muse chréstienne du sieur Adrien de Rocquigny, revue, embellie et augmentée d'une seconde partie par l'auteur, in-4°, 1634. (*Bibliot. Henneguier.*)

SOUQUET (Gustave), né le 27 avril 1805, peut-être surnommé l'historien d'Etaples. Il consacra à l'étude des annales du pays le temps qu'il dérobait aux fonctions publiques dont il s'acquitta toujours avec distinction, et publia une série de brochures, fruit de longues et consciencieuses recherches, concernant l'histoire de sa ville natale.

WIART (Robert), né le 17 avril 1838, entra dans la congrégation des Bénédictins de Saint-Maur et il fut à la hauteur de cet ordre savant. Le nom de Wiart est souvent altéré : c'est tantôt Guiart (*hist. litt. de la congrégat. de Saint-Maur, p. 368*), tantôt Huyart, comme dans le manuscrit de Léperon. Dom Tassin donne la liste de ses ouvrages parmi lesquels nous citerons les histoires des abbayes de Saint-Josse-sur-Mer, de Samer, de Saint-Valery et de Breteuil.

EGLISES D'ETAPLES.

LE SAINT-SACREMENT. Cette église, démolie en 1634, s'élevait sur la place du marché.

NOTRE-DAME-DE-FOI. Aussi nommée Sainte-Marie-du-Kroquet, à

cause de sa situation, au nord de la ville, près de la fortification des Cronquelets. Elle a été réunie à la paroisse Saint-Michel, en 1714, et supprimée à la Révolution.

SAINT-MICHEL. D'après l'inscription latine gravée sur le premier pilier de gauche de la nef, l'église Saint-Michel actuellement la seule paroisse de la ville, aurait été construite, au début du XI° siècle, par des ouvriers anglais. Elle est surmontée d'une tour octogone qui s'élève sur les quatre piliers placés au centre de la nef. Le chœur a été rebâti, en 1701, par les religieux de Saint-Josse-sur-Mer et garni de stalles. Le maître-autel, qui fut également sculpté à leurs frais, est un chef-d'œuvre de l'art corynthien.

Quatre confréries existaient dans l'église Saint-Michel, savoir :
Celle de Saint-Jean-Baptiste.
Celle de Saint Hubert, instituée en 1500.
Celle du Saint-Sacrement, instituée en 1568.
Celle de Saint-Pierre, instituée en 1669.

M. Souquet (*hist. et descript. des églises d'Etaples*) a donné la nomenclature des curés d'Etaples depuis 1575 jusqu'à nos jours.

HAMEAUX. — *Fromessent.*

1207. — Fremehesem, *titres de l'Hôtel-Dieu de Montreuil.*
1243. — Frémessent, *ibid.*
1415. — Frémousent, *Monstrelet.*
1430. — Fremessent, *de Rosny, état du Boulonnais, f° 34 et 109.*
1454. — Fremessent, *ibid.*
1477. — Fromesant, *ibid.*
1491. — Fourmensent, *ibid.*
1499. — Fromoissant, *ibid.*
1501. — Fromessent, *ibid.*
1608. — Formensem, *Quadum, fasciculus geographicus.*
1634. — Formensem, *Th. géographique.*
1650. — Fourmensen, *Jansson, théâtre du monde.*

On voit encore sur la route d'Etaples à Lefaux, les ruines du château de Fromessent, dont l'origine remonte aux temps les plus reculés. Ducange pense que sur l'une des tours de ce château, brûlait, au IX° siècle, un fanal servant à diriger les navires qui abordaient au port d'Etaples. Les sires de Fromessent, vraisemblablement issus des comtes de Ponthieu, sont connus depuis Renaud frère ou beau-frère de Gaultier de Montreuil-Maintenay, bienfaiteur de la maladrerie du Val de Montreuil en 1207. L'un d'eux, Lancelot, périt à Azincourt. Un autre, Etienne, était, au XVe siècle, le chef du parti Bourguignon en Ponthieu. — Leur postérité s'éteignit par le trépas sans enfants de messires Jean et David de Fromessent, dont la sœur, Bonne, dame de ce lieu, épousa Jean de Crésecques. De cette alliance naquit Jeanne de Crésecques, qui porta la terre de Fromessent à son mari Jean de Croy, 1450. (*Gén. de Croy.*)—Leurs descendants, les Croy, comtes de Rœux, la possédaient encore en 1597 ; et comme ils servaient alors dans les armées espagnoles, le roi Henri IV, la confisqua au profit de Bertrand Patras de Campaigno ; mais elle leur fut rendue peu de temps après et Gérard de Croy, la vendit à messire Louis de Guizelin (1630).

Marie-Anne-Charlotte de Guizelin ayant épousé messire Jean-Baptiste de Chinot, chevalier, seigneur de Chailly, leurs descendants ont été seigneurs et vicomtes de Fromessent. Ils jouissaient en cette qualité de priviléges importants : Ils percevaient un écu sur chaque vaisseau entrant dans le port d'Etaples, et le plus beau poisson de chaque pêche leur appartenait ; ils étaient, de plus, hauts justiciers de l'église et avaient droit à une stalle dans le chœur.

Scotté de Velinghem raconte que Louis du Tertre d'Ecœuffen, lieutenant-général de la sénéchaussée du Boulonnais, se retira dans le château de Fromessent après la prise de Boulogne par les Anglais en 1544 et qu'il s'y défendit vigoureusement. Ce château étant devenu la proie des flammes en 1660, beaucoup de titres précieux furent anéantis ; on conserve cependant, au château d'Hourecq, l'aveu servi le 6 septembre 1390 par Jehan de Fromessent au comte de Boulogne, pour la seigneurie de Fromessent qui lui attribuait la vicomté dans la ville d'Etaples et le droit de prendre trois marées chaque année sur les bateaux pêcheurs. 80 tenanciers en relevaient.

Une des divisions de la grande armée campa, en 1804, sur les hauteurs de Fromessent ; elle comprenait le 44°, le 50°, le 63° de ligne ; le 25° régiment d'infanterie légère et une division de gendarmerie.

La Folie.
Hilbert.

1311. — Huislebert, *Aveu Maintenay.*
1650. — Hilbret, *Jansson, loc. cit.*

Fief noble, tenu du roi à cause de son château d'Etaples, possédé par les familles d'Aigneville, de Rocquigny, de Conteval, de Cossette, du Blaisel. La maladrerie d'Etaples se trouvait près d'Hilbert ; les Anglais la détruisirent en 1544 et il ne parait pas qu'elle ait été rétablie ; une ordonnance de 1693 en réunit les biens à l'hôpital de Boulogne (*Note de M. Henneguier*).

Le Puits-d'Amour.

FRENCQ.

Franciliacum, *Malbrancq.*
1226. — French, *C. de St-Josse-sur-Mer, 2° p. n° 11.*
1311. — Frenc, *Aveu Maintenay.*
1587. — Frencq, *Ortelius, loc. cit.*
1634. — Frenecqz, *Th. géographique.*
1650. — Frencqs, *Jansson, loc. cit.*

Les Romains séjournèrent longtemps au village de Frencq ; l'existence d'une voie romaine, conduisant d'Etaples à Boulogne par Frencq, est affirmée par Dom Grenier. Malbrancq mentionne une haute borne que les maîtres du monde avaient établie sur le territoire de cette commune ; Luto parle d'un temple qu'on y éleva avant leur arrivée dans les Gaules ; temple dédié aux divinités païennes, situé au milieu des bois et rendez-vous des populations d'alentour pour la célébration des mystères. Dès le VII° siècle, l'abbaye de Saint-Bertin étendait jusque là ses vastes possessions ; une charte de Clotaire III le prouve.

L'établissement des Templiers contribua à développer l'importance de Frencq, devenu plus tard le chef-lieu de l'un des doyennés du diocèse de Boulogne; dix-sept paroisses en dépendaient, savoir :

Aix en Issart et Marant, Attin et Beutin, Beussent, Bernieules, Brimeux et Lépinoy: Cormont et Hubersent, Etréelles, Etaples, Inxent, Frencq et Halinghem, Longvilliers et Maresville, Marenla et Saint-Denœux, Marles, Neuville et Estrée, Sempy, Tubersent et Brexent.

Il renfermait : le prieuré de Beussent, le personat d'Enocq et les chapelles : 1° de la Madeleine, à Frencq, 2° d'Engoudsent, à Beussent, 3° de Saint-Vincent, à Cormont, 4° de Sainte-Luce, à Sempy, 5° de Notre-Dame, à Aix en Issart, 6° de Saint-Louis à Brimeux, 7° des Carmes, à Bernieules, 8° des Chartreux, à Neuville.

Frencq a donné son nom à la famille noble à laquelle appartenait Jehan de Frencq, écuyer, époux de Blanche de Saint-Ernoul, qui vivait en 1416 ; leur lignée s'éteignit, vers 1540, en la personne de Jacqueline, dame de Monthuis, mariée à Jacques Melchior, seigneur de Batinghem. (*voir canton de Montreuil, art. Caloterie*.)

Le domaine et le château de Frencq étaient au XIII° siècle, la propriété de la maison de Hodicq ; Mahaut de Hodicq, fille de Huon, épousa Wales ou Walon d'Eudin, bailli de Fienne ; ils habitaient au mois de juin 1313 (*Arch. du château de Rosamel*) le château de Frencq; c'est là que naquit le célèbre Enguerran d'Eudin, dont le nom se trouve écrit : d'Œdin, d'Eudin l'Edin, Duedin et qui joua un rôle considérable dans les affaires de son temps. Tour à tour conseiller et chambellan de Charles VI, capitaine et châtelain de Loches, gouverneur du Ponthieu, puis du Dauphiné, il se montra toujours à la hauteur de ces diverses positions ; ses services lui méritèrent l'affection du roi. Sa grande piété lui inspira de nombreuses fondations charitables. Les pauvres malades de l'hôpital de Frencq participèrent à ses bienfaits, et les religieux Célestins d'Amiens le considéraient comme leur fondateur.

On raconte que voyageant un jour aux environs d'Abbeville, comme il était dévoré par la soif, il sollicita quelque rafraîchissement des religieuses de Moreaucourt; celles-ci lui offrent un verre d'eau ; étonné de tant de simplicité, et apprenant que la modicité de leurs ressources ne permet pas d'autre boisson, il leur donne sur le champ l'autorisation de prendre à perpétuité deux cent quarante septiers d'avoine sur la terre d'Ergnies, afin qu'elles puissent dorénavant faire de la bière. (*Manuscrits de Pagès, T. 1., f° 291*),

Enguerran d'Eudin mourut en 1391 et son corps, rapporté au lieu de sa naissance, fut inhumé dans la chapelle de Sainte-Madeleine, sous le riche tombeau, dont les fragments se voient dans l'église de Frencq. Les Célestins d'Amiens réclamèrent l'honneur de posséder son cœur, qu'ils déposèrent devant le maître autel de la chapelle, où il se retrouva encore frais et vermeil deux cent trente-sept années après. La Morlière (*antiq. d'Amiens, f° 97*) et Pagès (*loc. cit.*) d'accord avec le manuscrit de Prévot (*Biblioth. Richelieu, n° 11066, f° 170*), rapportent le fait de la translation de ce cœur dans la nouvelle chapelle des Célestins. Toutefois, nous devons ajouter que l'on découvrit, au mois de janvier 1844, en démolissant un vieil autel de l'église de Frencq, un cœur embaumé, renfermé dans une boîte de plomb, que les archives de la paroisse assurent être celui d'Enguerran d'Eudin.

Jehanne d'Eudin, dame de Frencq, s'allia à messire Louis d'Abbeville, sire de Boubers et de Donvast, qui vivait en 1399. La seigneurie de Frencq, possédée par leur fils, passa ensuite aux Melun, après le mariage de Jean de Melun, sire d'Antoing, avec Jehanne d'Abbeville, dame de Frencq, 1420 ; à François de Saveuse, lieutenant-général du comté de Saint-Pol, 1588 ; à André de Saint-Blimond, baron d'Ardre, à cause de son union avec Marguerite de Saveuse, dame de Frencq, et enfin aux Gouffier qui se qualifiaient comtes de Rosamel.

La nuit du 8 au 9 mars 1708, Jacques III Stuart, héritier présomptif de la couronne d'Angleterre, coucha dans le « chétif village de Frencq » chez Simon Porquet, maître de postes ; le prince allait s'embarquer à Dunkerque ; il laissa au curé deux louis d'or, afin qu'il célébra des messes à son intention. (*Scotté de Velinghem, mss.*)

Le 14 floréal an XII (5 mai 1804), un orage épouvantable submerge la commune ; les militaires du camp sauvent plusieurs habitants qui se noyaient ; la 3me compagnie du 2me bataillon du 25me de ligne est citée à l'ordre du jour pour ce fait.

COMMANDERIE.

Les Templiers existaient à Frencq au XII° siècle. Leurs biens ayant été confisqués au profit de l'ordre de Saint-Jean-de-Jérusalem, en 1314, la commanderie de Frencq, jugée trop modeste pour subsister isolément, fut réunie à celle de Loison, 1479. La tradition attribue aux Templiers la construction de l'ancienne tour de l'église ; la fontaine *du Temple,* la rivière *du Temple* qui ne s'appelle le *Huitrepin* que depuis la révolution, consacrent aussi leur souvenir.

Revenu de la dime de Frencq appartenant à la **commanderie de Loison** :

1495. — 24 livres.
1757. — 700 livres,
1783. — 1100 livres.

(*Arch. nationales, S.-5058.*)

MALADRERIE.

La maladrerie, devenue l'hôpital de Frencq, était située sur l'ancienne route de Montreuil à Boulogne. Fondé au XII° siècle et enrichi par les seigneurs de Frencq, de Leturne, d'Hubersent, de Longvilliers et de Widehem, cet établissement subsista jusqu'au jour où l'ordonnance royale du 14 août 1696, en attribua le revenu à l'hôpital de Boulogne-sur-Mer.

Hameaux. — *Le Marais.* — *Le Moulin de la Motte.* — Le comte Philippe de Boulogne fit donation des droits qu'il percevait sur ce moulin, à un nommé *Arnould de la Motte,* chevalier ; ses descendants les ont transmis aux Rocquigny du Fayel. (*Arch. du chât. de Rosamel.*)

La Mothe.—Fief noble, tenu de Courteville, ayant appartenu à Guillaume de la Motte, fils de Charles et de Jacqueline de la Crœuze qui le vendit le 10 février 1481, à Guilbert d'Ostrel.

Un siècle plus tard, François d'Ostrel, licencié ès-lois, lieutenant particulier au bailliage d'Amiens, l'aliéne au profit de Adrien Flahaut, échevin d'Etaples, obligé qu'il est de se créer des ressources, à cause « des guerres qui ont eu cours en ce païs depuis « douze à quatorze ans et qu'il ne pœult joyr de son bien ny en « faire son proffict et que la plupart a esté mys en ruyne durant « lesdictes guerres. » Jehan de Courteville de Hodicq, usant alors du droit de retrait féodal, rembourse l'acquéreur Flahaut et devient seigneur de la Motte. Ce fief fut ensuite aux du Campe de Rosamel, après le mariage de Louis du Campe écuyer avec demoiselle Catherine de Lespaignerie, fille d'Antoine et de Catherine de Hodicq, dame de la Motte. (*Ibidem.*)

Rosamel. — La terre de Rosamel entra dans la maison de Gouffier, vers 1580, par l'alliance de Charles Maximilien de Gouffier avec Marguerite de Hodicq, dame de Rosamel. En 1700, Joséphine de Gouffier, veuve du marquis d'Ailly, la vendit à Louis du Campe, écuyer, seigneur de Tardinghem. Ses descendants portent le nom de Rosamel ; l'un d'eux Claude Marie du Campe de Rosamel, maréchal de camp, entreprit en 1770, la construction du remarquable château dont Gérard Sannier a été l'architecte. Son fils, Claude-Charles-Marie, né le 25 juin 1774, fut successivement contre-amiral en 1823, préfet maritime de Toulon en 1831, vice-amiral en 1833, puis ministre de la marine et pair de France. Il mourut en 1848, laissant pour héritier M. Louis-Charles-Marie du Campe de Rosamel, qui, sorti le premier de l'école navale en 1822, parcourut rapidement les différents grades de la marine et devint contre-amiral le 31 décembre 1862. (Voir l'*Histoire des Chevaliers de Saint-Louis*, par Mazas. T. I, f° 515 et t. III, f°ˢ 169 et 167, voir aussi l'*Annuaire du Pas-de-Calais* pour 1874).

A l'extrémité du parc de Rosamel se trouve le *Mont-de-Justice* où s'élevait le gibet seigneurial; une des allées porte encore le nom de *Chemin-des-Morts*.

Le Fort-Mahon.

Le Turne. — Fief noble ayant appartenu aux familles de Couvelaire, Regnier d'Esquincourt et de Rocquigny. L'ancien château est la propriété du comte de Lannoy.

Le Val. — *Warne.*

ARCHÉOLOGIE. — L'église de Frencq se compose d'une seule nef, qui date de la construction primitive, et d'un transept, qui fut ajouté à la fin du XIVe siècle ; les caractères de l'architecture romane se retrouvent dans la petite porte latérale actuellement murée ; ils se retrouvaient surtout dans la haute tour de pierres blanches qui fut démolie en 1871 et que l'on rétablit d'après les anciens plans.

Lourde et massive à la base, cette tour, placée sur le côté de la nef et contre le chœur, affectait la forme octogonale à l'étage supérieur ; chacune des façades de cet étage était éclairée par une fenêtre géminée à plein cintre ; l'ornementation très-remarquable de ces fenêtres représentait des figures bizarres, des dents de scie et les autres sculptures en usage au XIIe siècle. Le sommet de la tour était couronné par une corniche que soutenaient des corbeaux et des modillons non moins curieux. Enfin, une flèche de 10 mètres d'élévation dominait ce monument, l'un des plus beaux spécimens de l'art roman dans le Boulonnais.

Des fresques représentant les douze apôtres ornaient le transept ; elles ont été découvertes, il y a peu d'années, sous le badigeon, mais deux seulement ont pu être restaurées, ainsi que la grossière peinture murale rappelant messire Enguerran d'Eudin et son épouse. La chapelle de sainte Madeleine, fondée par Enguerran d'Eudin et qui « du passé estoit une des belles pièces du diocèse, » lisons-nous dans un manuscrit du XVIIe siècle conservé à Frencq, était à demi ruinée à cette époque ; l'évêque de Boulogne permit, le 12 juin 1728 de transférer cette chapelle, au château de Rosamel à la condition d'augmenter de cinq livres, le revenu du chapelain. *(Notes de M. Lefebvre, curé d'Halinghem.)*

HUBERSENT.

1634. — Hubessens, *Th. géographique.*

Au fond de la gorge autrefois boisée, qui fait face à l'église, se trouvait le château d'Hubersent; château bâti, comme tous ceux des environs, sur une éminence de terre environnée de larges fossés et d'après un système uniforme de défense. Ici encore au donjon féodal a succédé, depuis des siècles, une ferme construite en partie des débris du manoir qui fut successivement possédé par les Cayeu-Longvilliers et les La Trémouille (1383); les Crèvecœur; les Melun (1500); les Saveuse (1588); les Audegand (1656); les Patras de Campaigno et les Fresnoye. (*Note de M. E. de Rosny.*)

HAMEAUX.— *Rollet*, qui s'est écrit : *Roller, Raullers* ou *Raulez. Vieilhames.*

ARCHÉOLOGIE. — Deux écussons ornent la voûte du chœur de l'église d'Hubersent :
Le 1er : *d'azur à sept besans d'or 3, 3, 1 au chef d'or*, qui est de Melun.
Le 2e écartelé: au 1 : *losangé.*
     au 2 : *de sable au lion d'argent*, qui est de Guasbecque.
     au 3 : *d'hermine à la bande de gueules chargée de 3 coquilles d'or*, qui est de Hondschotte.
     au 4 : *d'or à 3 cors de gueules*, qui est de Hornes.

Ces écussons se retrouvent exactement semblables dans l'église de Brimeux, au canton de Campagne-les-Hesdin; or l'alliance entre Hugues de Melun et Jeanne de Hornes ayant eu lieu au début du XVIe siècle, c'est la date que l'on peut assigner au chœur de l'église d'Hubersent dont ils étaient seigneurs et patrons.

Le chœur est de pierres blanches et la nef, de construction récente, est en grès.

INXENT.

Ingsent, *Titres antérieurs au XVIII° siècle.*
Inguessen, *ibid.*
Inquessen, *ibid.*
Enxain, *Jansson, loc. cit.*

La seigneurie et le château d'Inxent, sur la Course, appartenaient, en 1350, à Jehan de Montcavrel, du chef de sa femme Jehanne de Brimeux (de Belleval, *Azincourt, p. 229*). Ils entrèrent dans la famille de Monchy, vers 1415, par le mariage de Aimon de Monchy avec Jehanne de Montcavrel, dame d'Inxent, et demeurèrent le partage de la branche aînée de cette maison, jusqu'au XVII° siècle. L'héritière d'Inxent épousa alors son cousin, messire Georges de Monchy, l'auteur des marquis d'Hocquincourt. (La Morlière, *loc. cit., p. 79.*)

De tant d'illustres chevaliers qui ont possédé le domaine d'Inxent, nous citerons seulement Louis de Monchy, le fameux ligueur, qui, servant, en 1588, dans les armées de Rambures, au siége de Boulogne, recourut à la ruse, pour triompher de la résistance des royalistes. Un soldat de la garnison, né à Inxent, communiquait secrètement avec lui; son jeune fils sautait du rempart dans les fossés par le trou d'une meurtrière et il devait livrer une des portes, mais la conspiration fut découverte et le malheureux paya de la vie son dévouement au seigneur d'Inxent; celui-ci a donné la principale cloche de l'église qui porte l'écusson écartelé de Monchy et de Vaudricourt, avec cette inscription :

LOVIS DE MONCHY, SEIGNEVR DINGSENT,
ET NICOLLAS ET CLAVDE DE MONCHY, ENFFANS DE LVY
ET DE FEVE DAME ANNE DE VVAVDRICOVRT, SA
FEME, A DONNE LE NOM A CESTE CLOCHE, EN
LAN MIL V^C QVATRE VINGT ET VI. ET NOVS FONDIT
ANDRIEN MVNIER. — GVILLAVME NOVEL ESTOIT
RECHEVEVR DINGSENT.

LEFAUX.

1311. — Le Fauch, *Aveu Maintenay.*
1617. — Le Fau, *Arch. du château de Rosamel.*
1650. — Le Faux, *Jansson, loc. cit.*

Non loin de Lefaux existait le village de Rombly envahi par les sables en 1646 ; le *Rumbiliaca villa,* cité dans une charte de Saint-Josse-sur-Mer, en 1076, dont l'autel, *altare de Rumbiliaco,* relevait de cette abbaye, en 1134, et dont la dîme lui appartenait également, dès le XIII° siècle, ainsi qu'un fief aliéné, en 1586, au profit d'Adrien de Sarton. (*C. de Saint-Josse-sur-mer, passim.*)

La plupart des habitants de Rombly se fixèrent à Lefaux, simple hameau, où l'on contruisit dès lors une église ; l'ordonnance royale du 4 mars 1668 prescrivit de planter des hoyats dans les dunes ; des Flamands vinrent diriger les travaux.

La seigneurie de Lefaux, tenue de Longvilliers et de Waben, par moitié, en 1311, a appartenu aux de Maulde barons de Colembert, puis aux Willecot qui la vendirent, vers 1680, à Antoine de Rocquigny. Ses descendants l'ont conservée à l'exception d'un démembrement, nommé la *Tour de le Faux,* qui a été cédé à la famille de Fienne de la Planche.

On voit encore dans la garenne une pierre ronde qui servait de base à la croix de Rombly mentionnée le 22 février 1636, comme limite du fief de Robert de Rocquigny. (*Archives de la famille de Rocquigny du Fayel.*)

HAMEAUX. — *Le Bois de Selles,* fief dépendant du Fayel, tenu du roi, à cause du château de Bellefontaine. (*Ibidem.*)

Le Fayel. — Fief noble, tenu de Longvilliers, possédé, de toute ancienneté, par la maison d'Etaples ou d'Estappe qui portait les armoiries des Cayeu-Longvilliers.

Jehan d'Etaples, le dernier de sa race, tué au combat de Marcq en 1405, laissa une fille unique Jehanne, dame du Fayel, épouse, vers 1420, de messire Jehan d'Aigneville, seigneur de Harcelaines, l'un des compagnons d'armes de Jacques d'Harcourt.

Anne d'Aigneville s'allia, en 1574, à messire Robert de Rocquigny, chevalier, seigneur de Palcheul, Imbleval, gentilhomme de la chambre du roi, gouverneur de Neufchatel et d'Etaples, qui devint ainsi seigneur du Fayel.

Les Trembles ou Les Blanquettes. Propriété de la famille de Rocquigny.

LONGVILLIERS.

XIIe et XIIIe siècles. — Longum Villare, *Titres de l'Abbaye.*
1311. — Lonviliers, *Aveu Maintenay.*
Lonvilers, *ibid.*
1475. — Nonvillers, *Cueilloir Hôtel-Dieu, f° 145.*
1632. — Nonviller, *Th. géographique.*
1650. — Longviller, *Jansson, loc. cit.*

Quatre forteresses principales concouraient à la défense du Boulonnais : Belle, Fienne, Longvilliers, Tingry. Les gouverneurs de ces châteaux, primitivement nommés par le comte, dont ils relevaient, rendaient la justice en son nom et devaient entretenir un certain nombre de gens de guerre ; les principaux de la noblesse recherchaient ces fonctions, et s'en tenaient honorés. Dans la suite, les gouverneurs usurpèrent la propriété de leurs châtellenies.

Le premier châtelain de Longvilliers, connu dans l'histoire, est Hugues, cité par la chronique d'Andre, en l'an 1100. Dom Grenier dit que messire Jean, fils puîné d'un comte de Boulogne, fut seigneur de Longvilliers, et qu'il laissa une fille, Jeanne, mariée à Enguerran de Cayeu.

On voit en effet, paraître, à la fin du XIIe siècle, Arnould de Cayeu, fils d'Anseau, sire de Longvilliers, (*dominus de Longo-*

villari) bienfaiteur des abbayes de Saint-Josse-sur-Mer et de Valloires.

Il appartenait à la maison de Cayeu, l'une des plus nobles et des plus puissantes du Ponthieu, par son origine non moins que par son alliance avec la grande famille des Lascaris, princes de Nicée et empereurs de Constantinople. Ses descendants portaient : *parti d'or et d'azur, à la croix ancrée de gueules, sur le tout.* Ils substituèrent le nom de la châtellenie de Longvilliers à celui de leurs ancêtres. Le plus célèbre est Jean, surnommé Lancelot, gouverneur et sénéchal du Boulonnais, en 1376. Selon Sandérus, Jacqueline, dame et héritière de Longvilliers, aurait épousé, vers cette époque, Philippe de Joigny, dit Blondel ; Jacques Blondel, leur fils, prisonnier à la bataille d'Azincourt, obligé d'acquitter une rançon très considérable, vendit à son frère Jean, les domaines de Longvilliers, Recques, Marquise et Cormont. (Décembre 1419.)

Marguerite, fille unique de Jean Blondel, épousa en premières noces messire de Bailleul de Saint-Pol « qui se tua en sortant à « cheval du logis de Longvilliers à Montreuil » et en secondes noces messire François de Créqui, seigneur de Douriez. L'histoire de la maison de Créqui est trop connue, pour que nous pensions devoir lui consacrer un éloge inscrit à chaque page de nos annales. Le nouveau châtelain ajouta encore à tant d'illustrations : Il fut gouverneur et sénéchal du Boulonnais, ambassadeur en Angleterre, conseiller et chambellan du roi, etc., etc... Mais il est surtout célèbre par le généreux emploi que Marguerite et lui faisaient de leur immense fortune. Ils restaurèrent de leurs deniers les églises de Longvilliers et de Recques, où se voit encore l'écusson de Créqui, écartelé de la Tour de Bouillon, en mémoire de l'aïeule de François, Louise de la Tour, issue des anciens comtes de Boulogne et d'Auvergne. (*Voir art. Douriez, canton de Campagne.* — *P. Anselme, loc. cit. et Arch. de l'auteur.*)

Les guerres de la ligue donnèrent une grande importance au château de Longvilliers. Il appartenait, en 1589, à un gentilhomme de la chambre du roi, Charles de Soulhouette du Halde. Son père l'avait reçu de Henri III, en récompense de services signalés et la reconnaissance l'attachait au parti royaliste que des défections nombreuses avaient presque anéanti dans la Picardie.

Deux des lieutenants du duc d'Aumale, Rambures et Maignoulx, le gouverneur de Montreuil, vinrent l'investir avec une armée imposante ; du Halde, informé de leur approche, avait eu le temps d'envoyer à Boulogne sa femme et sa fille, tout récemment veuve de Robert de Halluin, victime de son dévouement au roi.

Cette précaution prise, il disposa tout pour la défense et résista huit jours ; il mit 95 assiégeants hors de combat ; mais ces derniers avaient des forces supérieures. Leur artillerie fit trois brèches aux murs du château, qui fut obligé de se rendre, car les secours amenés par les gouverneurs de Boulogne et de Calais arrivèrent trop tard (*de Rosny, Hist. du Boulonnais*, t. III, f° 458). Cependant, le prestige des ligueurs, un moment irrésistible, ne tarda pas à s'amoindrir. Le duc d'Epernon chargé de ramener le Boulonnais naguère si hostile, le trouva disposé à acclamer l'autorité du roi, 1591. Les ligueurs s'enfuirent à son approche, abandonnant les châteaux d'Etaples, de Courteville, de Longvilliers ; soixante arquebusiers, commandés par Montlezun occupèrent le dernier. Ce poste de confiance revenait de droit au brave du Halde, mais il avait péri dans une des nombreuses rencontres qui ensanglantaient alors le pays, car la terre de Longvilliers appartenait dès 1590 à dame Diane de Soulhouette du Halde, qui épousa plus tard Jacques de la Meschaussée, seigneur de la Coste et de Pompadour ; leur fille et héritière, Diane de la Meschaussée de Pompadour, femme de Charles le Quien, Marquis de Montaignac, la vendit, le 21 mars 1669, en présence de Jean le Noir, vicomte et mayeur de Montreuil, moyennant 180,000 livres tournois, à Antoine de Lumbres, seigneur d'Herbinghem, ancien ambassadeur en Pologne.

La dame de Lumbres, née Marthe de Leurien, la laissa, par testament de 1679, à son neveu Bertrand de Montbeton, dont la sœur, Marthe de Montbeton, recueillit la succession ; Marthe, dame de Longvilliers, épousa François de Bernes de la Comté, chevalier, dont les descendants possèdent encore la tour et une grande partie de la forêt de Longvilliers. (*Archives de M. de Bernes de Long-villiers.*)

Le village de Longvilliers était traversé par la voie romaine d'Amiens à Boulogne. L'abbaye de Saint-Bertin, y possédait au XIe siècle des terres labourables et même des vignes.

Abbaye. — L'abbaye de Longvilliers fut fondée en 1135 par le comte de Boulogne, Etienne, et par Mathilde, son épouse, en faveur des disciples de Saint-Bernard. Les archives n'ayant pas échappé à la ruine complète qui a fait disparaître les constructions du monastère, on sait peu de choses des abbés qui l'ont administrée depuis Falbert jusqu'à Jacques de Buymont, le premier des commandataires. Réné de Mailly, le plus célèbre de ses successeurs, la gouverna l'espace de 52 ans (1566-1618) et releva l'église et les cloîtres démolis pendant les guerres.

Hameaux. — *La Longueroye.* — Ancienne dépendance de l'abbaye. Luto raconte que la grange de cette ferme, incendiée au XVIIe siècle, avait un écho qui répétait 17 fois la voix.

Tateville. — Fief noble à Charles de Poilly, père de Joseph, père de Claude, dame de Tateville, mariée en 1693 à Denis Liégeart, écuyer, d'où provint Florent Liégeart, seigneur de Tateville en 1751, père de Suzanne, mariée à Louis-Marc de Guizelin, écuyer, seigneur de Saint-Maur.

Archéologie. — Le château présentait une enceinte carrée flanquée de 4 grosses tours rondes dont une seule subsiste.

L'église, bâtie en forme de croix latine, date du XIVe siècle.

Le clocher, tour pentagonale en pierre, s'élève à l'intersection des bras de la croix ; l'une des chapelles absidales est dédiée à la sainte Vierge, l'autre à saint Antoine ; celle-ci a été construite par messire François de Créqui, dont le blason se voit à la voûte :

Ecartelé, au 1 et 4 : d'or au créquier de gueules, qui est de Créqui.

au 2 et 3 : contr'écartelé au 1 et 4 : semé de France à la tour d'argent, qui est de la Tour.

au 2 et 3 : *d'or au gonfanon de gueules*, qui est d'Auvergne.

sur le tout: d'or à trois tourteaux de gueules, qui est de Boulogne.

La chapelle du château occupait l'emplacement de la sacristie ; elle avait vue sur l'autel par une ouverture pratiquée dans la muraille et sur le chœur, par une arcade richement sculptée. Un fragment de vitrail, conservé dans la partie supérieure de la fenêtre du chevet de l'église, porte les armoiries de Marguerite Blondel : *de gueules à l'aigle éployée d'argent*. Des neuf pierres tombales encadrées dans le pavage du sanctuaire, cinq seulement ont encore leur inscription :

CY GIST
HAUTE ET PUISSANTE DAME,
DAME DIANE DE SOURHOUETTE DU HALDE,
FEME DE HAUT ET PUISSANT
SEIGNEUR JACQUES DE LA
MESCHAUSSÉE ET DE LA
COSTE, DAME DE LONGVILLIERS,
MARQUISE ET DANNES EN
BOULLENOIS, LAQ. DECEDDA LE
QUATORZIESME JANV. LAN DE
GRACE MIL SIX CENT CINQUANTE.
PRIEZ POUR SON AME.

CI GIST LE CORPS DE DEFFUNT
MESSIR ANTHOINE DE LUMBRES,
CHEVALIER, SEIGNEUR CHATELAIN
DE LONGVILLIERS, MARQUISSE,
HERBINGHEM, DANNES ET
AUTRES LIEUS, CONSEILLIER
DU ROY EN SES CONSEILS DESTATS
ET PRIVÉ ET SON EMBASSADEUR
EN POLONGNE ET EN ALEMAIGNE,

PENDANT LESPASCE DE 16
ANS, LEQUEL EST DECEDÉ,
LE 14 JOR DE MAI 1676,
PRIÉS DIEU POUR SON AME.

CY REPOSE DAME
LOUISE DE MONTBETON,
ÉPOUSE DE MESSIRE
LOUIS MARIE LE ROY,
ESCUIER, SEIGNEUR
DAMBREVILLE, DAME
CHATELAINE DE
LONGVILLIERS,
MARQUISE, DANNE,
ROLEZ, LA CHAPELLE,
LA MOTTE ET AUTRES
LIEUX, LAQUELLE, APRÈS
AVOIR DONNÉ DES
MARQUES DUNE GRANDE
PIÉTÉ, EST DECÉDÉ, LE 15
NOVEMBRE 1726.
PRIEZ DIEU POUR SON AME.

ICY REPOSE MESSIRE FRANCOIS
DE BERNE, CHEVALIER,
SEIGNEUR CHATELAIN DE
LONVILLIERS, LA COMTÉ,
MARQUISE, DANNE, LA
CHAPELLE, LA MOTTE, BREXEN
EN PARTIE ET AUTRES LIEUX,
ANCIEN MAJOR DU RÉGIMENT
DE BRIE, LEQUEL EST DÉCÉDÉ
EN SON CHATEAU DE
LONGVILLIERS, LE 2 AVRIL

1727. SES SERVICES ONT ÉTÉ
GRANS, SA PIÉTÉ
SINGULIÈRE, ET SA
CHARITÉ LIBÉRALE, QUIL
EN RECOIVE LA RÉCOMPENSE
DANS LE CIEL.
AINSY-SOIT—IL.

DAME CATHERINE
DE..... EREUIL DAM. DE GRIGNY,
ÉPOUSE
DE MESSIRE ANTOINE
FRANCOIS-MARIE DE BERNE,
CHEVALIER, SEIGNEUR CHATELAIN
DE LONGVILLIERS,
DANNE, MARQUISE, RAULEZ
ET AUTRES LIEUX,
DECÉDÉ, LE 17 JANVIER 1760,
AGÉ DE 57 ANS,
REQUIESCAT IN PACE.

Dans la chapelle de Saint-Antoine se trouve une pierre tombale du XIV° siècle, portant une croix pattée avec ce fragment d'inscription en lettres gothiques :

..... LI CLERS PRIÉS POR LANEME.

MARESVILLE.

1143. — Sancta Mariavilla, *C. de Saint-Sauve, f° 1 et 2*.
1182. — Sancte Marievilla, *ibid, f° 295 r°*.
1218. — Sainte Maroiville, *ibid, f° 295 v° 296*.
1473. — Sainte Maresville, *ibid, f° 297*.
1587. — Marville, *Ortelius, loc. cit.*
1608. — Marville, *Quadum, loc. cit.*

Non loin des ruines de la célèbre abbaye de Longvilliers, on trouve, en descendant le cours de la Dordonne, la commune de Sainte-Maresville ou simplement Maresville, l'une des moins populeuses du département ; elle a 95 habitants.

Les premières maisons de ce village se groupèrent autour d'une chapelle très-anciennement dédiée à la Mère de Dieu : *Village de Sainte-Marie. — Sancte Marie villa*. Harbaville fait dériver le nom de Maresville de *Mara*, terre basse ou marais ; Monsieur Souquet reproduit son erreur ; mais c'est ne tenir aucun compte des formes primitives, écrites au cartulaire de Saint-Sauve, le meilleur sinon le seul moyen d'obtenir une étymologie plausible.

La chapelle, desservie par les moines de Saint-Sauve au XII° siècle, fut ensuite consacrée par eux au culte de saint Maur, le glorieux disciple de saint Benoît ; ils exerçaient la haute, la moyenne et la basse justice en l'étendue de la paroisse, malgré les prétentions des châtelains et de l'abbé de Longvilliers. Ils y possédaient une ferme vendue, à la fin du XVI° siècle, à François de Poilly, mayeur de Montreuil au temps de la ligue, annobli par Henri IV, en 1594, avec le titre de seigneur de Sainte-Maresville.

Le dernier de ses descendants, le baron de Poilly, ancien chargé d'affaires à Florence et membre du Conseil général de l'Aisne, est mort en 1862.

Lieux dits. — *Les Chartreux*. — Domaine concédé, en 1335, aux pères Chartreux de Neuville, par Marguerite d'Evreux, comtesse de Boulogne.

Le Monteclair. — Altération du nom primitif : *Le Mont des Clercs*.

Archéologie. — Dans l'église se voit un chapiteau sculpté du XII⁰ siècle provenant de l'abbaye de Longvilliers et servant de fonts baptismaux.

MONTCAVREL.

1171. — Montchavrel. — *C. de Saint-Josse-sur-Mer, n° 13.*
1212. — Montecapreolo. — *Ibid., n° 82.*
1218. — Montkavrel. — *Ibid., n° 27,*
1239. — Moncavrel. — *Taillar, actes en langue romane, p.* 101.
1248. — Montecapreoli. — *G. C. de Dommartin. f° 384, r°.*
1254. — Montkavrel. — *C. de Valloires, f° 57.*
1260. — Montecaprino, *Ingerranus de.* — *Ibid., f° 56.*
1415. — Montcheverel. — *Monstrelet.*

Montcavrel (*Mons Caprinus, Mont des Chèvres*), mériterait les honneurs d'une monographie spéciale ; un volume ne suffirait pas au récit des hautes et généreuses actions de ses châtelains, animés du zèle charitable qui portait alors les grandes maisons à se dépouiller pour augmenter les biens du clergé. Leur nom se lit en tête des bienfaiteurs de toutes les abbayes de la contrée : Bénédictins de Saint-Josse-sur-Mer, Bernardins de Longvilliers et de Valloires, Prémontrés de Dommartin et de Saint-André-au-Bois participèrent aux faveurs de ces preux qui s'assuraient ainsi le bénéfice de prières ferventes.

Foulques paraît être le chef de la famille de Montcavrel. Après lui vient Enguerran I⁰ʳ, l'un des grands seigneurs de la cour du comte de Boulogne et le pair de Pharamond de Tingry, 1171 ; puis Hugues qui confirme la donation faite par Thibaut de Vervieille à l'abbaye de Saint-Josse-sur-Mer, 1218.(*C. de Saint-Josse*, p. 15 et 17). Guillaume, chevalier, successeur de Hugues et époux de Lorette, eut un fils, Enguerran II, fondateur de la chapelle de Monchy, en 1248. (*G. C. de Dommartin,* f° 384.)

Enguerran II, marié à Yde, laissa trois fils : Nicolas, Enguerran III et Michel qui, tous trois, reconnurent à l'abbaye de Dommartin, la propriété du bois de Foucaumont près d'Étréelles. (*C. de Valloires*, f° 56 et G. C. *de Dommartin*, f° 397.)

La plupart des Montcavrel seraient demeurés à jamais oubliés sans la plume des moines, plume attentive à enregistrer scrupuleusement le nom des seigneurs qui les honoraient de leur protection ; mais les annales pacifiques du cloître ne redisent pas les exploits militaires de ces mêmes chevaliers qui ont porté leur vaillante épée sur les principaux champs de bataille de l'Orient et de l'Occident. Ils possédaient à Montreuil un hôtel fortifié situé non loin de l'église Saint-Wulphy, sur le terrain occupé ensuite par le couvent des Carmes et maintenant par le tribunal.

A la fin du XIV° siècle, un Montcavrel se trouve mêlé à l'histoire du Boulonnais et périt à la funeste journée de Nicopolis. Rasse de Montcavrel perd la vie en combattant à Azincourt, 1415. (*Monstrelet.*)

Rasse ou Jehan, suivant d'autres, avait épousé Isabeau de Preures dont il eut une fille unique, Jeanne, dame et héritière de Montcavrel, qui porta cette terre dans la maison de Monchy, par son mariage avec messire Aymon de Monchy, fils de Jean et de Jeanne de Cayeu.

Le nouveau châtelain de Montcavrel vint s'y fixer en 1437 et la forteresse ayant été incendiée par les Anglais, il la rétablit plus importante et profita de la position exceptionnelle sur une hauteur escarpée, à l'entrée de deux petites vallées. Ses descendants l'affectionnaient beaucoup ; ils s'intitulèrent souvent marquis de Montcavrel et pendant près de trois siècles, ils remplirent le Boulonnais de l'éclat de leur nom. (La Morlière, *loc. cit. généal. de Monchy.*)

Jeanne de Monchy-Montcavrel épousa, par contrat du 30 mai

1666, Louis Charles de Mailly ; des lettres patentes de 1687, enregistrées le 14 avril 1690, le confirmèrent dans les titres et prérogatives de marquis de Montcavrel. Le dernier marquis de Montcavrel, Louis-Joseph de Mailly-Nesles, comte de Bohain, colonel du régiment royal infanterie et premier écuyer de madame Louise de Savoie, venait rarement à Montcavrel. Louis-Marie Sta de Montéchor était son procureur fondé à l'époque de la révolution qui fit disparaître l'antique manoir qu'avaient habité trois des plus illustres familles de la Picardie :

Montcavrel : *De gueules à 3 quintefeuilles d'or au chef d'argent.*
Monchy : *De gueules à 3 maillets d'or.*
Mailly : *D'or à maillets de sinople.*

On raconte que le château de Montcavrel a été vendu à la révolution le prix d'un cheval étalon et d'un bœuf gras ; l'acquéreur le fit démolir et les précieuses archives qu'il renfermait ont été dispersées.

Après que le maréchal de la Meilleraye se fut emparé d'Aire, le 27 juillet 1641, et que les Espagnols eurent repris cette ville, le 8 août suivant, il vint camper à Montcavrel et y resta huit jours, attendant les ordres du roi. (*Mémoires de Montglat*, I, p. 401.)

L'importance de Montcavrel s'accrut après la destruction du village d'Émy, au temps de la ligue. Émy, mentionné dans les anciens titres et dans l'atlas d'Ortelius, a complètement disparu ; il s'étendait vers la vallée de Fordres et les foires renommées qui s'y tenaient ont été transférées à Hucqueliers.

Montcavrel est bien bâti et traversé par les eaux de la Binoise, affluent de la Course. On y voit deux châteaux : celui de Monsieur Poultier de Montéchor et celui de Monsieur Roubier d'Hérambault, longtemps député de l'arrondissement, mort en 1864, qui l'a légué à Monsieur Lereuil.

HAMEAUX. — LIEUX DITS. — *Les Avenues.* — *Les Etenettes.* — *Le fond de la Commune.* — *Le camp du Carme.* — *Le moulin de Fordres.* — *La Hestroye.* — *Montéchor* appelé Montescor (Mont des Chênes), dans l'aveu de Maintenay, en 1311.

ARCHÉOLOGIE. — L'église, monument remarquable, en forme de croix latine, a beaucoup souffert au temps des guerres et les restaurations qu'elle a subies, en 1586 et 1688, l'ont dépouillée de son caractère primitif. Le clocher et le portail qu'il surmontait ont été détruits. Les sculptures de quelques chapiteaux rappellent la splendeur de cet édifice bâti par les seigneurs de Montcavrel et enrichi par Marguerite de Bourbon dont les armoiries se voient encore.

Marguerite de Bourbon, épouse de Jehan de Monchy donna la cloche qui porte cette inscription :

MARGVERITE DE BOVRBON, ÉPOUSE DE
JEHAN DE MONCHY, CHEVALIER, SEIGNEUR
DE MONTCAVREL, MA DONNÉ POR NOM
MARGVERITE. — 1627.

Cette princesse fut inhumée sous les dalles du chœur, dans un cercueil de plomb qui a été profané, en même temps que les autres sépultures de la famille, par les patriotes de 93. (*Notes de M. Poultier de Montéchor*).

L'église, autrefois dédiée à Saint-Quentin dont elle possède une relique, est maintenant sous le vocable de saint Hubert.

RECQUES.

857. — Reka. — *C. de Saint-Bertin, préc. f° 79*.
1311. — Reke. — *Aveu Maintenay*.
1328. — Recke. — *Arch. du chât. de Monthuis*.
1337. — Rek. — *Dom Grenier, loc. cit.*
1475. — Resque. — *Cueilloir Hôtel-Dieu, f° 152*.

Fridogise gouvernait l'abbaye de Saint-Bertin, lorsque Gontbert lui offrit, en entrant au couvent, toutes les possessions du monastère de Stelandt, possessions considérables dont Recques faisait partie, 857. Un souvenir plus ancien se rattache à ce village : Saint Josse y séjourna et l'on montrait jadis une croix de pierre où il venait fréquemment s'agenouiller et prier durant de longues heures. Malbrancq raconte que l'empreinte des genoux du pieux hermite y resta marquée. Près de ce monument s'éleva l'un des sept oratoires consacrés à son culte.

Jehan de Recke, homme de fief de Jehan d'Estrayelles, vivait en 1311. (*Aveu Maintenay*) Quelques années après, Pierron de Recke, pair de la Seigneurie de Beutin, scellait les actes d'une fleur de lys ; ces deux personnages ont-ils habité le château qu'occupait, vers le même temps, Jehan Blondel, seigneur de Recques, Longvilliers, Dannes, Marquise ? Je ne le pense pas. Dès cette époque Recques et Longvilliers formaient un seul domaine qui fut divisé en 1697 ; Antoine de Montbéton, châtelain de Longvilliers, vendit alors la terre de Recques à messire Oudart de Disquemue ou Dixmude, chevalier, seigneur de Montbrun ; son fils, Jean-Baptiste Oudart, construisit le château actuellement habité par M. le comte de Montbrun, ancien page du roi Louis XVIII.

ARCHÉOLOGIE. — Église bâtie, au XVᵉ siècle, par messire François de Créqui, Seigneur de Longvilliers, époux de Marguerite Blondel, comme le témoigne l'écusson qui orne la voûte du chœur. (*Voir art. Longvilliers*). Sépultures de :

M. Florent de Dixmude, mort le 21 août 1727.

M. Oudart de Dixmude, chevalier, seigneur de Montbrun, mort le 27 février 1753.

M. Jean-Baptiste Oudart de Dixmude, comte de Montbrun, mort le 4 mai 1795.

HAMEAU : *Fordres*.

TUBERSENT.

877. — Thorbodashem. — *C. de Saint-Bertin. passim.*
1093. — Turbodeshem.   *Ibid.*

1097.	— Turbodeshem.	*C. de Saint-Bertin passim*
1107.	— Torbodeshem.	*Ibid.*
1139.	— Id.	*Ibid.*
1144.	— Id.	*Ibid.*
1311.	— Torbeessent.	— *Aveu Maintenay.*
1475.	— Tourbessent.	— *Cueilloir Hôtel-Dieu, f° 138.*
1650.	— Tubessent.	— *Jansson, loc. cit.*

L'orthographe de Tubersent a beaucoup varié : elle affecte au début la forme germanique. L'abbaye de Saint-Bertin possédait à Tubersent un domaine dont la jouissance lui a été confirmée par les papes Urbain II, 23 mars 1093 ; Innocent II, 18 octobre 1097 ; Pascal II, 25 mai 1107 ; Célestin II, 19 janvier 1144. Le cartulaire de Folquin donne la description de ce domaine qui comprenait 154 bonniers de terres, 8 bonniers de bois, 15 bonniers de prairies et de beaux pâturages. Le bonnier est la mesure agraire de l'époque correspondant à l'arpent.

Quinze hommes libres et six hommes de condition serve, *mancipia*, payaient annuellement 2 sols, 8 deniers pour l'entretien du luminaire de l'église.

Plusieurs auteurs ont traduit *mancipia* par *esclaves*. Or, les *mancipia* ou *servi homines* n'étaient pas des esclaves, mais bien des serfs soumis, il est vrai, à certaines obligations et vivant dans une grande dépendance, à cause des terres qu'ils cultivaient ; ils jouissaient, les serfs ecclésiastiques surtout, de priviléges que les esclaves n'ont jamais connus.

Regenger, Alavius, Saxger, Hisegeger, Amalwald, Alfunard le Saxon habitaient Tubersent en 857 ; le dernier nom indiquerait que c'est un des villages où Charlemagne a interné les Saxons après la conquête de leur pays.

M. Antoine Duflos, curé de Tubersent, du 25 novembre 1721 au mois de décembre 1737, adressa à l'évêque de Boulogne un rapport détaillé sur l'état de la paroisse en 1735. Après avoir passé en revue l'église dédiée à Saint Étienne et le mobilier fort modeste qui la garnit, il ajoute : Tubersent compte 12 feux ; Courteville, 22 ; Jclucques, 15 ; en tout 160 communiants qui ont accompli le devoir pascal à l'exception de deux et pour comble d'édification, il est dit que les cabarets sont ouverts pendant les offices, seulement pour les étrangers et qu'il n'y a ni danses, ni jeux. (*M. Haigneré, loc. cit.*).

La dîme était affermée par les religieux de Saint-Bertin, moyennant 900 livres, soit 3,500 francs de notre monnaie.

HAMEAUX. — *Courteville*. — La terre de Courteville, tenue du roi à cause de son château d'Étaples, appartenait, dès le XIII° siècle, aux de Hodicq indifféremment appelés de Hodicq de Courteville ou de Courteville de Hodicq, ces deux seigneuries étant de temps immémorial dans la famille. Ils en avaient distrait 150 journaux au profit de l'abbaye de Longvilliers. Les seigneurs de Courteville jouissaient des droits honorifiques dans l'église de Tubersent, après l'abbé de Saint-Bertin ; ils exerçaient haute, moyenne et basse justice sur la rivière du Temple (le Huitrepin) depuis la place et le moulin de la Motte, jusqu'au point de réunion avec la Canche ; leurs sergents en réglementaient la largeur et la profondeur. Chaque année, lisons-nous dans la copie d'un ancien aveu, chaque année le seigneur de Courteville « pourra se pro-
« mener sur une haquenée blanche avecq une baguette blanche
« à la main tout le long de la rivière ; en arrivant à la Canche, s'il
« y eschoiët un basteau, le touchant avec sa baguette ledit bat-
« teau luy appartient comme eschouée dans sa rivière. » Voilà une singulière prérogative !

Louis du Campe, écuyer, seigneur de Tardinghem le devint de Courteville, en épousant, le 4 avril 1696, Antoinette-Catherine-Carpentier de Lespaignerie, fille d'Antoine, et de Catherine de Courteville de Hodicq.

Lorsque du Bernet vint attaquer Etaples, en 1591, il envoya Édouard d'Isque, seigneur d'Heutricourt, pour s'emparer du château de Courteville occupé par les ligueurs ; mais Heutricourt échoua dans son entreprise et perdit la vie en escaladant les murailles de cette forteresse, tombée peu de temps après au pouvoir du duc d'Epernon, qui la confia au capitaine Lamoureux. (*Hist. du Boulonnais.*)

La Rocque. — Fief noble tenu du bailliage d'Etaples.

Zelucques.

1337. — Jelucque.
1409. — Jelucques.
1579. — Gelucques.
1617. — Gelucques.

Les marais de Jelucques et de Tubersent, traversés par le Huitrepin, ont été concédés, à titre de commune, par les seigneurs de Courteville, avec réserve pour eux ou leur fermier d'y faire paître « douze bêtes chevalines ». En 1706, le marquis de Colembert, leur héritier, se plaignit que le grand nombre d'oies envoyées au marais détruisaient et brûlaient les herbes, et les habitants durent se borner à n'avoir que « trois bouvoirs et un gar, chacun ; le menu peuple pouvait y laisser aller « une paire de oysons pourvu qu'ils ne fassent mal à personne. » (*Arch. du chât. de Rosamel.*

Il y avait à Zelucques un fief noble, tenu de Courteville, dont Jacques Delhomel, bourgeois et échevin de Montreuil servit aveu le 4 juin 1566 ; François Delhomel, le 29 septembre 1599 et Gilles Delhomel, mayeur de Montreuil, le 26 octobre 1652. (*Ibidem.*)

ARCHÉOLOGIE. — L'énorme pierre, longue de 4^m 50, épaisse de 2^m, large de 1^m, qui existe au hameau de la Rocque n'est pas un dolmen, mais tout simplement une roche qui devait être jadis d'un volume prodigieux, car on en a longtemps détaché des matériaux pour bâtir dans les environs. Sur la route de Montreuil à Étaples se trouve la *Motte,* base de l'ancienne forteresse de Tubersent. La tradition raconte encore les guerres sanglantes que se livraient les seigneurs de Courteville et de Tubersent.

L'église possède des fonts baptismaux très-remarquables.

WIDEHEM.

1311. — Widehem, *Aveu Maintenay.*
1600. — Vuidehen, *Tassin, loc. cit.*
1650. — Vuidehen, *Jansson, loc. cit.*

Widehem placé près de la voie romaine qui se dirigeait sur

Frencq semble se cacher derrière les collines du Haut-Boulonnais comme un charmant oasis de verdure; on y a découvert des débris d'armes et des silex taillés; au Moyen-Age, l'abbaye de Samer possédait le patronage de cette paroisse et une portion de dîmes; elle fit construire le chœur de l'église vers le XV° siècle.

Widehem dépendit longtemps de la paroisse de Dannes; le 27 décembre 1810, un décret impérial en fit l'annexe de Halinghem.

La seigneurie de Widehem était peu importante; elle a successivement appartenu aux : du Crocq, 1477; de Wandosne, 1540; de Maulde, 1614; de la Guèze, 1643; de la Wespierre, 1659; d'Isque, 1674; Vidard de Sainte-Clair, 1700; de Disquemue de Hames, 1750-1789. (*Note de M. E. de Rosny.*)

La population de cette commune avait élu à l'époque de la révolution, une municipalité réactionnaire qui se refusa à poursuivre les émigrés et les prêtres; le département la révoqua immédiatement, alléguant certains vices de forme dans l'élection et nomma une commission chargée d'administrer le village. (*Arch. du district de Boulogne.*)

ARCHÉOLOGIE. — Le chœur, nouvellement restauré, date du XV° siècle; Monseigneur Lequette a béni, le 15 mai 1868, la nef élevée dans le même style par les soins de M. Lefebvre, curé d'Halinghem.

Inscription de la Cloche :

J'AI EU POUR PARRAIN LOUIS-FRANÇOIS
ALEXANDRE ROUBIER, SIEUR DE WARLINGUE,
ET POUR MARAINE DEMOISELLE MARIE-
JEANNE-ÉLISABETH-GENEVIÈVE ROBERT
DE WARLINGUE.
LESQUELS MONT DONNÉ LE NOM DE MA MARAINE,
L'AN 1769
BÉNI PAR M. RAPHAEL MUNSON, CURÉ DE
DANNES.

BARON A. DE CALONNE.

CANTON DE FRUGES

AMBRICOURT.

Amalrici Cortis. — Amalricourt. — Ambricourt.

Ce village s'appelait autrefois *Amalrici Cortis* que les chroniqueurs traduisent par Domaine d'Amaury. Amalric a évidemment produit le nom Amaury, et la terminaison *Court* est une de celles dont le sens est le mieux connu. En 1150, il relevait du comté de Saint-Pol et de l'abbaye de Blangy. La dîme appartenait aux Chartreux de Gosnay. (*Reg. aux centièmes.*)

Au XIVe siècle, Ambricourt dépendait de Teneur; la terre de ce village appartenait à la même époque aux familles Lejosne, Boulenk, de Froideval et de Crépieul. Elle relevait en partie de la châtellenie de Lisbourg et en partie d'Érin, l'une des pairies de la terre de Rollencourt; ce qui a permis à M. Harbaville de dire que le seigneur d'Ambricourt était feudataire de Rollencourt.

La famille de Crépieul ayant réuni toute la terre d'Ambricourt, la porta, au commencement du XVIIe siècle, dans la maison de Joigny. Jeanne de Joigny, dame de Brequesent et d'Ambricourt, épousa Charles des Essarts, seigneur de Meigneux, gouverneur des ville et citadelle de Montreuil-sur-Mer, et commandant aux chevau-légers de la reine.

Leurs descendants ont possédé Ambricourt jusqu'à Marie-Catherine-Théodose des Essarts qui, du consentement de Jean-Baptiste-Claude-Nicolas-Balthasar, comte de Calonne, seigneur de Lignières-Chatelain, son mari, vendit cette terre le 14 février 1778 à Mme Marie-Anne de Nédonchel, veuve de messire François-Eugène-Léonard de Tramecourt. (*Archives de Tramecourt.*)

Le hameau de Crépieul dépendait de Teneur au XIVe siècle, comme Ambricourt, et relevait de l'abbaye de Blangy. Il a donné son nom à une très-ancienne famille qui vendit la seigneurie de Crépieul dans la première moitié du XVIe siècle. Hue de Sarton, bourgeois d'Arras, se disait en 1550 seigneur de Crépieul en partie, comme aussi Jean de Bours, seigneur de Gennes et Ivergny.

En 1789, l'église d'Ambricourt était une chapelle qui dépendait de la paroisse d'Azincourt, et faisait partie du diocèse de Boulogne et du doyenné du Vieil-Hesdin. Un vicaire résidait dans le village et y remplissait les fonctions du saint ministère; mais le curé d'Azincourt venait y célébrer la messe tous les dimanches.

Après le concordat de 1801, Ambricourt fut érigé en paroisse, bien qu'il n'ait que 240 habitants. Il fait partie du diocèse d'Arras et du doyenné de Fruges dont il est éloigné de 8 kil.

Il a pour patron sainte Marguerite.

AVONDANCES.

Awondence et *Avondance* en 1200.

Ce petit village qui compte 92 habitants était, au XIIe siècle, annexe de Ruisseauville; plus tard, il fut annexé à Sains-les-Fressin; (Pouillé de Boulogne); après le concordat de 1801 il devint annexe de Coupelle-Neuve, doyenné de Fruges dont il est éloigné de 6 kilom.

Son église qui porte le millésime de 1610, a toujours eu pour patron saint Nicolas. Elle a besoin de grandes restaurations qu'on ne peut faire faute de ressources pécuniaires. On lit cette inscription sur la cloche :

« Messire François-Alexandre-Jean-Baptiste d'Artois, écuyer, seigneur d'Avondances et autres lieux × Je suis nommée Françoise par le sieur Louis-François d'Ambricourt, fermier propriétaire mon parrain × et par dame Élisabeth-Françoise-Joseph Boutilliers, épouse du sieur François-Joseph Declerc lieutenant × d'Avondance M° Liévin Bouvart, curé de Sains et d'Avondance, faite en 1784. »

La terre d'Avondances était un apanage de la maison de Créquy, possédée par la branche des seigneurs de Raimboval, puis par les seigneurs de Torcy de la famille de Noyelle.

Le 12 septembre 1732, Charles-Maximilien-Joseph de Noyelle a vendu la terre d'Avondances à François-Alexandre de Bryas et Anne-Françoise d'Artois sa femme. Jean-Baptiste d'Artois, neveu de cette dernière, fut admis aux États d'Artois le 2 janvier 1753.

Le chanoine Louis le Chevalier y possédait en 1569, une ferme de 173 mesures. (*Reg. aux centièmes.*)

On lit au reg. des vingtièmes 1757 : M. de Bryas, seigneur dudit lieu pour son château et dépendances, au rendage de 1,300 livres. — Censives et droits seigneuriaux, 30 livres.

CANLERS.

Salerciacum en 665.

Ce village, situé dans une belle plaine, touche par sa partie nord à la route départementale de Saint-Pol à Boulogne ; il est percé de larges et belles rues.

En 665 il s'appelait *Salerciacum*, selon M. Harbaville, et dépendait du comté de Saint-Pol dès l'an 1150.

La dîme de Canlers appartenait à l'abbaye de Ruisseauville au XII° siècle, et fut vendue en 1412, par l'abbé Bauduin de Méricourt. (*Reg. de Lannoy, f° 94.*)

La terre appartenait en 1361 à Guillaume de Créquy.

Jean de Héricourt y possédait en 1474 deux fiefs relevant de la seigneurie de Canlers, que ses descendants ont achetée depuis. Joseph-Isabelle d'Héricourt la porta en mariage à Philippe-Albert de Landas qui la vendit vers 1790.

Madame la marquise de Saluces y avait une seigneurie.(*Extrait du répertoire, Archives départementales.*)

On lit dans le second projet du dictionnaire historique et chronologique de Flandre et d'Artois, 1758. — *(Tome Ier, mss., bibliothèque d'Arras)* : Canlers, terre des pays d'Artois qui se trouve au comté de Saint-Pol ; la maison qui en avait pris le nom est tombée en quenouille ; elle a passé dans celle d'Héricourt qui possède encore cette terre.

Le 18 mars 1618 des lettres de chevalerie sont accordées au sieur Antoine de Héricourt, seigneur de Canlers.

Avant 1789, cette paroisse faisait partie du diocèse de Boulogne et du doyenné du Vieil-Hesdin, sa cure était à la nomination de l'abbé de Blangy : elle avait Tramecourt pour annexe. Depuis le concordat de 1801, elle est du diocèse d'Arras et du doyenné de Fruges dont elle est distante de 5 kil. Elle a pour patron Notre-Dame-du-Rosaire. Sa population est de 292 habitants.

L'Église de Canlers renferme plusieurs objets d'art religieux d'une valeur réelle. On y voit un Encensoir du XIVe siècle, publié avec un dessin, par M. le comte A. d'Héricourt, dans le 2e volume du *Bulletin de la Commission départementale du Pas-de-Calais*. Il y avait autrefois un riche mobilier, trois cloches, de belles pierres tumulaires. Il reste une des trois cloches. On peut encore noter un Saint-Ciboire avec couronne, travail curieux du XVIIe siècle, qui porte cette inscription : *Marie de Faudier m'a donné à l'église de Canlers. An 1669.* Il reste aussi, de l'ancien mobilier, le Maître-autel, le Confessionnal et la Chaire de vérité, donnés par Mlle de Landas.

COUPELLE-NEUVE.

Cupella Nova. 1200.

Ce village appelé *Cupella Nova*, expression qui, selon les chroniqueurs, vient, comme diminutif, de *Cupa* ou *Copa*, hôtellerie, dépendait au XII° siècle du château de Saint-Omer et ressortissait de son baillage (1).

Le comte d'Egmont en était seigneur (2).

Avant le concordat de 1801, ce village était une dépendance de l'église de Fruges, dont il est éloigné de deux kilomètres ; un vicaire y résidait habituellement ; il y exerçait les fonctions du saint ministère et faisait l'école aux enfants. A cette époque, Coupelle-Neuve fut érigé en succursale, et eut toujours depuis son curé propre avec Avondances pour annexe.

Son église n'est qu'une simple chapelle de construction récente, assez grande pour contenir la population qui n'est que de 254 habitants.

Le patron de cette paroisse est saint Antoine, abbé.

Sous M. l'abbé Morel, en 1857, on fit construire une sacristie, on remplaça les grosses poutres en bois qui traversaient l'église par des tirants en fer ; on y établit un chemin de croix.

Un presbytère avait été construit du temps de M. Lefebvre, curé de la paroisse en 1831.

COUPELLE-VIEILLE.

Cupella vetus. 863.

M. Harbaville dit que ce village existait en 863 et dépendait du

---

(1) M. Harbaville.
(2) Archives départementales.

château de Saint-Pol, dès le XIIe siècle. Il avait pour seigneur le comte d'Egmont (1), et pour patron saint Thomas de Cantorbéry.

Sa cure était du diocèse de Boulogne et du doyenné de Bomy, à la nomination de l'abbé de Saint-Jean-au-Mont-lez-Thérouanne.

Depuis le Concordat elle fait partie du diocèse d'Arras et du doyenné de Fruges, dont elle est éloignée de quatre kilomètres.

L'église est de la dernière période ogivale, la tour, carrée, est très-élevée. En 1849 et 1850, on détruisit la flèche en pierre qui menaçait ruine, et on la remplaça par une flèche en bois et couverte en ardoises. — La galerie de la tour également en pierre a été remplacée par une galerie en briques.

On y voit une chaire sur les panneaux de laquelle sont représétés en relief Notre-Seigneur Jésus-Christ et saint Augustin.

Une des trois cloches que possédait l'église avant la Révolution a été conservée avec une certaine partie du mobilier.

Coupelle-Vieille avait un ancien château qui fut détruit comme ceux de Fruges, de Créquy, et d'autres localités dans les guerres du XVe et du XVIe siècle. Il y a quelques années on a trouvé dans l'emplacemeet de cette demeure seigneuriale une médalile d'or de Trajan et quelques ossements (2)

Ce village dont la population est de 828 habitants est traversé dans toute sa longueur par la route départementale de Saint-Pol à Boulogne.

On pense qu'une des voies du septemvium de Maninghem à Saint-Pol y passait autrefois.

Il y a dans cette commune une école de filles dirigée par une institutrice laïque.

---

(1) Arhives départementales.
(2) Notes de M. Terninck.

CRÉPY.

Crespiniacum, Crispiacum.

Crépy occupe un vaste plateau traversé par la route départementale de Saint-Pol à Boulogne, à 8 kilomètres de Fruges, il se nommait au Moyen Age Crespiniacum.

L'auteur du *Mémorial historique du Pas-de-Calais*, assure qu'il tire son nom de saint Crépin, qui selon lui, a prêché l'Evangile dans ce pays vers l'an 236. Il ajoute que l'oratoire qu'il éleva dans ce lieu fut le noyau du village.

Il est difficile de prouver cette assertion qui semble ne reposer que sur l'étymologie du mot Crépy. Il y a en France plusieurs localités qui portent le nom de Crépy ou Crespy, et il n'est pas possible de penser qu'elles le doivent toutes à saint Crépin. Rien, du reste, ne fait croire à l'ancienneté de ce village; la tradition affirme au contraire que la rue principale, nommée Pape-Geai, qui contient une bonne partie de la population, n'est habitée que depuis peu de siècles. Il ne reste aucune trace, ni même aucun souvenir d'un oratoire construit à l'époque où vécut saint Crépin.

Crépy est la patrie d'Adrien du Hecquet, docteur en théologie et l'un des poëtes les plus remarquables du XV° siècle.

Il publia plusieurs ouvrages ascétiques maintenant oubliés ; il est aussi l'auteur d'un poëme intitulé *charriot de l'année* divisé en quatre saisons ou livres, et d'une orphéide dans laquelle il dit:

> Humble Crespy, tu m'a produitz au monde,
> Je dis au val qui de larmes abonde ;
> Non loin de toy, de trois surgeons jolis,
> Naissance prend la rivière de Lys ;
> Puis de saint Pol le ruisseau qui descend
> T''orne et te sert d'un arrousoir décent (1).

---

(1) Mémorial historique de Pas-de-Calais.

D'après Malbrancq, un sire Hubald était seigneur de Crépy en 1058. La seigneurie relevait du château du Saint-Pol. Cette terre devait dix livres de rentes à l'abbaye de Saint-Josse en 1214. La dîme appartenait à l'abbaye de Ruisseauville.

François de Gourlay était seigneur d'Azincourt et de Crépy en 1587.

Par lettres d'octobre 1712, Louis XV unit les terres de Crépy et de la Rachie à celle d'Equirres et les érigea en marquisat en faveur de Joseph-François de Partz, seigneur de Pressy. François-Joseph Gaston, évêque de Boulogne, son deuxième fils, fut seigneur de Crépy.

Au XVIII° siècle, l'église de Crépy était une chapelle vicariale dépendante de la paroisse de Tilly-Capelle et Teneur.

Elle fut cédée en 1632 (1) au diocèse de Boulogne par l'évêque d'Ypres dont les prédécesseurs l'avaient reçue du chapitre de Thérouanne, après la destruction de cette ville par Charles-Quint en 1553. Par suite, elle faisait partie de cette fraction de l'Artois qui se trouvait distraite du siége d'Arras et soumise à l'évêché de Boulogne.

En 1771, Mgr l'évêque de Boulogne donna le terrain qui environnait la chapelle pour y construire un chœur et employer le reste à usage de cimetière. Il vint lui-même bénir la première pierre de cette modeste construction, et donner la confirmation aux enfants du village, après avoir béni le nouveau cimetière. Il érigea, de plus, un autel au Sacré-Cœur de Jésus dont il propageait le culte avec un zèle connu de la France entière.

Les Registres de l'état-civil remontent à cette époque.

Le plus ancien porte en titre : « Eglise Saint-Germain du lieu dit Crépy-Crépieul, succursale de Tilly ». Cet état de choses dura jusqu'à la révolution de 1789.

---

(1) Pouillé de Boulogne.

Au XVIIe siècle, Crépy payait la dîme à l'abbaye de Blangy. En retour, les moines devaient contribuer à l'entretien de l'église, fournir une partie du mobilier et payer au vicaire une portion congrue. A l'époque de la construction du chœur en 1771, ils furent les principaux bailleurs de fonds et dirigèrent eux-mêmes les travaux qu'ils firent exécuter par des maçons de Blangy.

La cure de Tilly dont relevait Crépy faisait partie du doyenné de Fillièvres. Le chapitre de Boulogne en était le collateur.

Après le concordat, Crépy devint annexe d'Ambricourt; il ne fut érigé en succursale qu'en 1847 et fit partie du doyenné de Fruges.

Sa population est de 407 habitants ; il a pour patron saint Germain d'Auxerre.

M. Fromentin, curé actuel de la paroisse, y a établi un pèlerinage à sainte Philomène, très-fréquenté par les habitants du lieu et par ceux des villages voisins.

CRÉQUY.

Cresequium. Xe siècle.

Créquy, appelé dans les anciennes Chartes *Cresequium nemorosum*, à cause des grands bois dont il était environné, a donné son nom à cette illustre et puissante famille des Créquy (Kreski, ou Krequi, ou, selon une autre version Kriski) qui a tenu le premier rang dans la noblesse du pays et rempli la France de la renommée de ses belles actions. On lit dans le Pouillé de Boulogne : « Malbrancq tire l'origine du nom et des armes de cette grande famille des petits arbres Créquiers qui croissaient en nombre le long des ruisseaux qui arrosent les villages de Créquy et de Fressin.

Fressin est la souche des seigneurs de Créquy. Ils n'ont pris ce nom qu'au XIIe siècle, d'après les chroniques les plus autorisées (1).

L'histoire et les traditions ne nous donnent rien de certain sur les origines de la terre de Créquy. Le château existait néanmoins avant le XIIe siècle, puisque c'est dans cette demeure seigneuriale que Raoul de Créquy avait donné son cœur et sa main à une noble dame qui, depuis peu d'années partageait son existence, lorsqu'il suivit saint Louis dans sa croisade contre les Sarrazins. C'est le lieu de redire en peu de mots la légende si connue de cet illustre chevalier.

Avant de quitter la demeure de ses pères, il avait brisé, selon l'usage du temps, son anneau nuptial dont chacun des époux conserva une partie comme souvenir et gage du lien qui les unissait. Plusieurs années s'écoulèrent sans qu'on pût recevoir de nouvelles des Croisés. Raoul était retenu captif en Palestine avec son roi. On le crut mort dans la funeste bataille de la Massoure, et le bruit s'en répandit dans le pays.

Sa veuve, longtemps inconsolable, mais persuadée de la mort de celui qu'elle pleurait, pensait à contracter une seconde union avec le sire de Renty. Les noces devaient se célébrer le jour même où Raoul, après des souffrances incroyables, arrivait à Créquy, dans un état de misère et de maigreur qui le rendait méconnaissable.

Il apprend la fatale nouvelle, et sans perdre un instant, il pénètre dans le château et se fait reconnaître au moyen de son anneau brisé. Il retrouva son épouse avec laquelle, selon M. Harbaville, il vécut encore vingt ans.

Tel est dans sa naïveté le récit qui nous a été transmis par les historiens, dit M. de Laplane ; rien n'y dépasse les limites du naturel ni des mœurs en usage au temps de la chevalerie française. Si ce récit n'est pas vrai, il est du moins vraisemblable.

M. de Laplane ajoute que si cette légende est vraie, le fait a dû se passer non à Créquy, mais à Fressin, résidence ordinaire des seigneurs de cette Maison.

---

(1) Voir M. de Laplane, dans sa brochure intitulée Fressin, page 6.

Cette opinion paraît très-contestable, parce que la tradition admet que ces seigneurs résidaient quelquefois au château de Créquy, et qu'on peut le croire d'autant plus de Raoul, que selon M. de Laplane lui-même, il est le premier des seigneurs de Fressin qui ait pris le nom et les armes de Créquy.

Créquy était la troisième pairie du comté de Saint-Pol. Plus de quatre-vingt fiefs en relevaient ; mais par suite de partages successifs, cette pairie était réduite en 1720 aux terres de Créquy, Fressin, Sains-les-Fressin et Wambricourt que Mme Marie-Armande de la Trémouille, héritière de Marguerite dame de Créquy, sa mère, porta dans la maison des ducs de Bouillon, qui la possédaient encore en 1789.

La famille des Créquy a formé plus de quinze branches que plusieurs chroniqueurs croient éteintes ; cependant la revendication du titre de Créquy par la famille des de Contes des Granges de Planques parait appuyée sur des fondements solides.

La terre de Créquy, conjointement avec celle de Fressin et leurs dépendances, a été érigée en duché-pairie en 1663 pour Charles de Créquy, prince de Poix, chevalier des ordres du roi et premier gentilhomme de la chambre, dont la fille unique, Madeleine de Créquy, a épousé en 1675 Charles de la Trémouille, prince de Tarente et de Talmond, duc de Thouars.

Créquy porte d'or au créquier de gueules. On pense généralement que le château de Créquy fut détruit dans les guerres du XVIe siècle, comme tant d'autres forteresses du pays. L'emplacement qu'il occupait est encore très-bien marqué par de larges et profonds fossés qui l'enserrent de toutes parts. L'église actuelle, chétive construction du dernier siècle, est comprise en partie dans cet espace qui mesure au moins trois hectares, au milieu desquels se trouve la belle ferme de M. Dufournil.

En parcourant ces lieux pleins de souvenirs, on rencontre, à des distances assez rapprochées, des fondations épaisses, des pans de murs, au milieu de broussailles, et près desquels jaillit une source abondante qui alimentait le château et pouvait, d'après la tradition, inonder les fossés.

Ce village du doyenné de Fauquembergues, avant 1789, a pour

patron saint Pierre. Il avait de temps immémorial le titre de paroisse et deux vicaires dont l'un résidait à Torcy, annexe de Créquy. Cette cure était à la nomination de l'abbé du monastère de Sainte-Marie-au-bois de Ruisseauville, fondé par les premiers seigneurs de Fressin et de Créquy. Cette abbaye avait la dîme sur tout le territoire de la paroisse, mais à la condition d'entretenir le chœur de l'église et de payer la pension du curé.

On lit dans le Pouillé de Boulogne que Jean de Maubailly, du village d'Azincourt, qui devint abbé du monastère de Sainte Marie-au-bois de Ruisseauville, et s'y fit remarquer par ses vertus et son mérite, avait été curé de Créquy. Ce pieux abbé mourut dans son couvent en 1506.

On cite un fait qui eut un grand retentissement dans le pays, et qui est demeuré dans la mémoire des habitants de la paroisse. Pendant une tournée épiscopale de Mgr de Pressy, évêque de Boulogne, son vicaire général, M. de Montgazin, frappa d'excommunication ceux des paroissiens qui n'avaient pas rempli leur devoir pascal. Le curé que cette mesure sévère et insolite avait profondément contristé, se permit de faire des observations, en présence des fidèles et de l'évêque lui-même. Le prélat péniblement impressionné de cet incident, fit comprendre à M. le curé de Créquy qu'il oubliait ses devoirs de soumission, et qu'il devait réparer publiquement la faute qu'il venait de commettre ; le curé obéit à son évêque.

Le village de Créquy est au fond d'une vallée encore environnée de bois, à 8 kilomètres de Fruges ; il compte 1,300 habitants et possède une école de filles dirigée par une institutrice laïque.

EMBRY.

Inbrago. 655.

Placé à la source d'un des affluents de la Canche, Embry remonte aux premiers siècles du Christianisme. Il fut, d'après Malbrancq, l'objet d'un échange en 655 entre les monastères de Saint-Bertin et de Saint-Mommelin.

Il a pour hameau Saint-Vandrille, ainsi nommé, croit-on, du séjour qu'y fit le saint, avant de devenir abbé du Monastère de Port-au-Pec où il mourut en 671 (1). Ce hameau qui était du domaine de l'abbaye de Ruisseauville fut arrenté par l'abbé Beaudoin de Héricourt en 1430. (Reg. de Lannoy, f° 950.)

La chronique d'Andres rapporte sous l'an 1229, que Baudoin de Guines, chanoine de Thérouanne et administrateur de l'église de Saint-Pierre de Nielles, ayant été tué à Embry, le comte Baudoin III son neveu y mena une armée contre ceux qui étaient complices de ce meurtre, assiégea, prit et détruisit leurs forteresses ; par l'entremise de Marie, comtesse de Ponthieu, il les reçut à grâce, sous condition d'aller en Terre-Sainte et d'y demeurer un certain temps, à l'intention de l'âme du défunt (2).

Jehan d'Embry a été abbé de Dommartin de 1308 à 1324. (*Cart. du monast.*)

Embry fut le partage d'Oudard de Renty, fils puiné d'Oudard, sire de Renty, vivant en 1326. Ses descendants l'ont possédé jusqu'à la fin du XVI° siècle que Marie de Renty l'apporta par mariage dans la maison de Spinola. Depuis, cette terre appartient à M. de Bryas.

On lit dans les *Archives départementales* qu'une foire franche fut établie dans ce village en 1489.

Embry avait un château-fort, situé dans les bois au sud du village, qui fut détruit en 1595 et dont il reste quelques traces.

L'église, du style ogival flamboyant, n'est pas sans intérêt. Elle a trois nefs séparées par de grosses colonnes octogonales ; les fenêtres sont curieuses par leurs arcatures et leurs meneaux très-ornementés.

On remarque aussi le petit portail avec son porche en saillie, ses niches, et son cordon découpé en enroulements et arabesques, avec figures fantastiques.

Les fonts baptismaux accusent le style roman : ils sont formés

---

(1) Vocabulaire hagiographique.
(2) Pouillé de Boulogne.

d'une pierre monolithe avec quatre colonnes aux angles, entourant la cuve. La partie supérieure est un tailloir ou carré sans aucun ornement.

Avant 1789, Embry faisait partie du diocèse de Boulogne et du doyenné de Fauquembergues, ayant comme aujourd'hui saint Martin pour patron. La nomination du curé appartenait à l'évêque. Il portait autrefois le nom de bourg; c'est maintenant un village qui compte 669 habitants, situé à 16 k. de Fruges. Il possède depuis longtemps une école de filles dirigée par les sœurs de la Sainte-Famille d'Amiens.

FRESSIN.

Fressinium, 673.

Ce village est une des localités les plus anciennes et les plus connues de la contrée. Tous les chroniqueurs en ont parlé depuis plusieurs siècles, à cause de ses illustres et puissants seigneurs qui, sous le nom de Créquy, ont élevé bien haut la gloire de leur famille (1).

Le regretté M. Henri de Laplane, secrétaire général de la Société des Antiquaires de la Morinie, a fait imprimer en 1873, quelque temps avant sa mort, une brochure de 30 pages, intitulée : *Fressin, Créquy et leurs seigneurs*. C'est une étude sérieuse qui jette la lumière sur plusieurs points de leur intéressante histoire, et qu'on me permettra de consulter, en écrivant les notices de Fressin et de Créquy.

L'origine de Fressin remonte au VII° siècle au plus tard ; on lit son nom dans un acte de 673, du temps du roi Thierry Ier.

Le 10 juin 788, la XX° année du règne de Charlemagne, Hardrad, abbé de Sithiu, acheta cent sols la terre de Fressin d'une

---

(1) Voir Malbrancq, Aubert-le-Mire, Foppens, Harbaville, Terninck...

noble dame appelée Sigeberte. Dans cet acte Fressin s'écrit *Fressingahem, Fressighem* ou *Fressingheim* (1).

On le retrouve encore dans un diplôme de la XXXII° année du même règne.

On pense généralement que l'antique château-fort de ce village fut bâti par le III° comte de Flandre Arnoul-le-Vieux, le Grand ou le Barbu, dans la première moitié du X° siècle. Mais de temps immémorial la terre de Fressin appartenait à cette noble famille qui plus tard, à la renaissance des noms patronymiques, au XII° siècle, prit le nom de Créquy (Keski ou Kriski) dont la source vient, croit-on, du prunier sauvage, dit *Créquier*, arbre qui croissait en abondance dans les bois de cette localité, *Cresequium nemorosum,* où le long des ruisseaux qui, selon le *Pouillé* de Boulogne arrosaient le village de Créquy et de Fressin.

Cette puissante famille qui, pendant tant de siècles, y fit sa résidence ordinaire, avait de nombreuses terres à clochers dans le pays et dans les contrées environnantes, entre autres Créquy, Sains-les-Créquy, Planques, Coupelle-Neuve, Avondances, Ruisseauville, Blangy, Torcy, Royon, Rimboval, Contes, Hesmond, Cavron, Wacquinghem, Bernieulles, Offin, Bléquin, Cléty, Souverain-Moulin, Langles, Frohans, Bouverelle, Canaples, Pont-Dormy ou Pont-Rémy, etc.

On doit conclure de ce que je viens de dire que Fressin, comme château-fort et comme résidence seigneuriale, a précédé Créquy, de plus d'un siècle, et qu'il a été la souche de ces illustres seigneurs qui, sous le nom de Créquy, ont joué pendant plus de sept cents ans un si grand rôle dans la France entière et jusqu'en Orient.

Le château de Fressin, comme on en peut juger par les ruines imposantes qui existent encore, mais qui disparaissent de jour en jour, avait d'immenses proportions. Quatre énormes tours aux angles, et plusieurs tourelles épaisses dont les murailles étaient flanquées, le défendaient contre les assauts de l'ennemi. Plusieurs de ces tours avaient 50 pieds de diamètre et 120 de hauteur ; la

(1) Cart. Sithiense.

plus spacieuse servait de chapelle. Un cercle de machicoulis établi en encorbellement ceignait leur partie supérieure ; elles étaient surmontées d'une flèche en bois. On voit encore l'emplacement de ces tours dont une est en partie conservée, ainsi que quelques murs d'enceinte. Il y avait un pont-levis très-étroit et de larges et profonds fossés que les eaux de la Planquette, retenues par un barrage, remplissaient à volonté.

Reconstruit en 1450, il fut incendié par le comte de Rœux, lieutenant de Charles-Quint en 1552. Restauré de nouveau par ses anciens maîtres, il fut paisiblement habité par eux pendant un siècle environ, puis enfin démantelé, croit-on, par le capitaine Fargues, qui s'était emparé d'Hesdin, pendant la révolte du prince de Condé.

Plusieurs ont dit qu'un souterrain unissait les châteaux de Fressin et de Créquy ; mais il n'y en a aucune trace.

On sait avec quelle valeur les seigneurs de Créquy combattirent dans les différents siéges qu'ils eurent à soutenir. La gloire dont ils se couvrirent, et plus encore peut-être les bienfaits qu'ils répandirent autour d'eux ne permettent pas de laisser périr les derniers vestiges de leur antique manoir.

Parmi les plus anciens seigneurs de Fressin et de Créquy on peut citer Gérard qui accompagna Godefroy de Bouillon à la première croisade ; Ramelin qui se croisa, de son côté, et fonda, de concert avec la pieuse Alix, son épouse, l'abbaye de Ruisseauville ; Raoul qui partagea la captivité de saint Louis, après la funeste bataille de la Massoure en 1250, et qui vraisemblablement prit le premier le nom et les armes de Créquy, c'est-à-dire *le blason d'or au Créquier de gueules*.

Ce Raoul est, on le sait, le héros de cette fameuse légende embellie par la poésie, élevée par elle aux honneurs de la scène française, et qui dépouillée des créations fantaisistes de l'époque, offre encore un vif intérêt, et conserve, de plus, un véritable caractère historique. (*Voir Créquy.*)

On doit citer encore : Regnault et Philippe son fils qui tombèrent avec l'élite de la noblesse française dans les champs funèbres d'Azincourt en 1415 ;

Deux chevaliers de la Toison d'or en 1431 et 1458 ;

François de Longvillers (Pouillé de Boulogne), qui était gouverneur et sénéchal du Boulonnais en 1495 : Jean, seigneur de Créquy, son frère, fut le père de Philippe de Créquy, baron de Bernieulles, gouverneur de Thérouanne, de qui sont descendus les seigneurs d'Hesmond, marquis de Créquy, chefs des armes, demeurant en Boulonnais ;

Trois princes de l'église, évêques de Thérouanne : Enguerrand en 1291, François en 1530, Antoine en 1552 et 1553, époque de la destruction de cette capitale de la Morinie par l'empereur Charles-Quint.

Cette maison est tombée, dans celle de Blanchefort, famille du Limousin (1), par le mariage de Marie de Créquy, fille unique de Jean VIII° du nom, sire de Créquy et de Canaples, prince de Poix, contracté l'an 1543.

Antoine, leur fils aîné, fut institué héritier des biens de la maison de Créquy par son oncle maternel, Antoine de Créquy, cardinal, évêque d'Amiens, à condition que lui et ses successeurs en porteraient le nom et en prendraient les armes.

La terre de Fressin fut érigée en duché-pairie en 1663, en faveur de Charles de Créquy, prince de Poix, chevalier des ordres du roi.

Elle est restée dans la même famille jusqu'en 1789 ; à cette époque elle passa dans celle de Civrac qui l'a vendue à M. le baron Sellière, grand louvetier, dont les chasses au sanglier sont très-connues dans le pays et ont débarrassé les forêts de Tournehem, d'Eperlecques et de Desvres d'hôtes très-dangereux.

L'église de Fressin, monument de la munificence et de la piété des sires de Créquy, fut construite au XV° siècle dans le style de la dernière période ogivale très-ornementé avec trois belles nefs. Malgré les ravages causés par l'incendie de 1525, et par le vandalisme de 93, ce sanctuaire conserve les traces de son ancienne grandeur. On voit encore à l'intérieur et à l'extérieur des murs les armes des seigneurs qui l'ont fait construire.

---

(1) Elle portait *d'or à deux lions léopardés de gueules.*

M. l'abbé Bonhomme, curé de la paroisse, y a fait depuis plusieurs années d'intelligentes restaurations. A l'exemple des religieux du Moyen-Age, ce pieux ecclésiastique s'est fait tailleur de pierre et sculpteur ; et ses travaux nombreux rendent à cette belle église son cachet primitif et ses richesses artistiques.

Jean IV, sire de Créquy, de Fressin et de Canaples, fit bâtir sur le côté gauche du chœur une chapelle funéraire qui est arrivée jusqu'à nous dans un assez bel état de conservation; c'est un spécimen du style du XVe siècle.

Sur le devant du tombeau se lit l'inscription suivante : Chi gist Jehan sire de Créquy et de Canaples qui trépassa l'an de grâce M.CCCC et XI, la nuict saint Adrien, pénultième jour de novembre, et chi gist Jehane de Roie sa feme, laquelle fist fonder cheste capelle et cheste sépulture l'an mil CCCCXXV et trépassa l'an mil CCCCXXXIV.

Cette chapelle renferme un autel en pierre sans ornements et sans gradins. A cette époque, on ne mettait sur l'autel que le missel, une croix et deux chandeliers. Quand on conservait le Saint-Sacrement, on le suspendait dans un ciboire en forme de colombe ou bien on le renfermait dans un tabernacle à côté de l'autel.

L'église de Fressin était paroissiale avant 1789, comme elle l'est aujourd'hui. Elle faisait partie du doyenné de Vieil-Hesdin, bien qu'elle fût à la nomination de l'abbé de Saint-Jean-au-Mont-lez-Thérouanne. On sait que trois seigneurs de Créquy avaient été évêques de ce siège. La dîme appartenait à l'abbaye de Saint-Jean-au-Mont-lez-Thérouanne en 1383. Plus tard elle appartint au curé.

Fressin avait alors deux vicaires, dont un résidait à Planques annexé de temps immémorial à Fressin ; elle n'en a plus, depuis l'érection en succursale de cette ancienne annexe.

D'après de vieilles traditions, le village de Fressin avait autrefois une population considérable groupée autour du château et de l'église. Cette opinion semble pleinement justifiée par les nombreux débris de constructions que l'on découvre épars çà et là sur la surface de son territoire qui ne compte plus qu'un millier d'habitants.

Cette commune, résidence ordinaire d'un des quatre notaires du canton, est à 9 kilomètres de Fruges ; elle possède une école de filles dirigée par trois sœurs de la Sainte-Famille d'Amiens, et fondée par M. l'abbé Héame, prêtre plein de zèle et de piété, né dans la paroisse, et mort curé de Bonningues-lez-Ardres qui lui doit aussi l'établissement d'une école de filles, confiée à la même congrégation.

On lit dans les archives départementales qu'en 1789 l'église jouissait d'un revenu de 1,500 livres ; qu'autrefois il y avait à Fressin haute justice seigneuriale, un marché, une foire, une raffinerie de sel, avant la destruction du Vieil-Hesdin.

FRUGES.

Frugæ, Frugas.

STATISTIQUE. — Fruges, petite ville et chef-lieu de canton du Pas-de-Calais, à égale distance d'Arras et de Boulogne, est d'un aspect agréable et vraiment pittoresque. La Traxène, rivière qui prend sa source à l'une de ses extrémités, et se jette dans la Lys à Lugy, la traverse de l'Ouest à l'Est, et devient immédiatement assez considérable pour alimenter trois moulins dans son parcours sur le territoire.

Elle est bâtie en amphithéâtre entre deux chaînes de collines autrefois couvertes de bois, qui semblent s'incliner vers l'église construite au fond de la vallée. La voie du Septemvium à Saint-Pol traversait son territoire. Aujourd'hui quatre routes la divisent d'une manière régulière et la mettent en communication facile avec toutes les villes du département. Sa place, trop vaste peut-être, est couronnée par l'Hôtel de Ville et ceinte de maisons qui se renouvellent et s'embellissent chaque jour. Ses rues s'améliorent et rendent les courses moins pénibles que par le passé. Fruges a plusieurs hameaux, Le Marais, Le Fort-Duriez, Le Barleu, Herbecques, Lœillette et Gourgueson.

Les habitants, au nombre d'environ trois mille, (1) vivent la plupart de leur industrie; mais si l'on n'y voit pas de grandes fortunes, on n'y rencontre aussi que très-peu de pauvres, parce que tous aiment le travail et s'ingénient à trouver les ressources nécessaires à la vie avec une merveilleuse activité. Fruges avait autrefois une maladrerie pour les pauvres du Marais. On en réunit les revenus à ceux de l'hôpital de Fauquembergues, à la condition que deux lits seraient destinés aux pauvres du Marais. L'hôpital de Fauquembergues fut à son tour supprimé.

Il y avait à Fruges, il y a soixante ans, un commerce de laine fort prospère; ses serges étaient les plus estimées du pays; il occupait un bon nombre de fileuses dans son enceinte et au-dehors; toutes les rues et même les villages des alentours retentissaient du bruit des métiers à bas, tandis qu'on voyait dans plusieurs maisons des ateliers de peigneurs. Les nouveaux engins ont fait disparaître ces moyens si lents de fabrication, et en même temps le genre d'industrie qui enrichissait la localité.

Fruges avait aussi de nombreux ateliers de chaussures qui jouissaient d'une certaine réputation, et s'ouvraient des débouchés à l'étranger; mais le centre principal de cette autre industrie est aujourd'hui déplacé, bien qu'il en reste de précieux vestiges qui ne sont pas sans importance pour le pays. Il possédait encore plusieurs tanneries qui, pendant bien des années, ont donné d'excellents produits, mais qui sont maintenant presque entièrement abandonnées.

Cette petite ville cependant est toujours très-commerçante: on y trouve une savonnerie, une teinturerie, une manufacture de pipes qui emploie une centaine d'ouvriers, une fabrique d'instruments aratoires qui furent primés dans plusieurs concours, de riches magasins de vins et de liqueurs, de draperies, de rouenneries, de nouveautés, d'épiceries et de ferronneries. Ses deux

---

(1) 2980. Recensement de 1872.

foires sont très-renommées dans le département et les départements voisins pour le nombre et la qualité des bestiaux qu'on y amène. Fruges eut une poste aux lettres à l'origine des établissements de ce genre. Il a, depuis un an, un bureau télégraphique ; il avait eu autrefois une poste aux chevaux.

Au moment de la Révolution française, la population fut saisie d'un mouvement belliqueux ; beaucoup de jeunes gens embrassèrent la carrière militaire et parvinrent à des grades honorables. On vit parmi eux des officiers distingués, des capitaines, des chefs de bataillon et même un général de division, qui mourut sous la Restauration, gouverneur de Lille. C'était le fils du bailly Dufour.

Il y a dans la commune des éléments de succès pour l'instruction primaire. Outre les religieuses de la Providence de Rouen qui dirigent l'école communale des filles et un pensionnat de jeunes demoiselles, une école laïque reçoit également des pensionnaires et des externes. L'école communale des garçons est tenue par quatre ou cinq Frères de Marie, et près d'elle se trouve un établissement présidé par un père de famille recommandable à tous égards.

Origines de Fruges. — Les origines de Fruges (1) comme celles d'une foule de localités plus ou moins importantes, ne reposent sur aucune donnée historique certaine.

Selon Surius, Bollandus et l'intéressant *Pouillé* du diocèse de Boulogne cette ville se nommait autrefois *Frugæ*. M. Harbaville (2) d'après Malbrancq (3) la nomme *Frugæ* ou *Frugas*.

On lit dans le même auteur que Fruges existait en 639 et qu'à cette époque reculée, saint Elerius, Breton, s'y retira dans un ermitage, et y bâtit un oratoire. Surius, dans la vie de sainte Wénéfride, dit que ce saint effrayé de voir une foule de monde

---

(1) Certains amateurs d'étymologies disent que Fruges vient du mot *Fruits*, parce que la contrée était fertile, *terra frugifera*.
(2) Mémorial historique du Pas-de-Calais.
(3) De Morinis, t. II.

assiéger sa solitude, quitta cette retraite pour aller en Angleterre chercher un lieu plus désert.

Si l'on admet cette tradition recueillie par Malbrancq et par Surius, on peut penser que déjà l'Évangile était prêché dans cette contrée et que les habitants, en partie du moins, avaient embrassé le christianisme, puisque non-seulement ils toléraient les prédications, mais permettaient aux prédicateurs eux-mêmes de se fixer au milieu d'eux, et d'y construire un lieu de prières. Cette situation religieuse du pays prouve que Fruges existait depuis longtemps déjà.

Cette conjecture devient plus vraisemblable, lorsqu'on considère que l'apostolat de Saint Bertulphe, à Fruges, est un fait appuyé sur des monuments dignes d'un véritable intérêt.

Bertoul ou Berthoul (Bertulphe) naquit en Allemagne, sous le règne de Sigeberg, roi de France, vers l'an 645, selon le savant hagiographe Surius qui vivait il y a plus de trois siècles, et qui écrivait sur des manuscrits très-anciens qu'il croit contemporains du glorieux apôtre dont il retrace la vie.

Le berceau de Bertulphe fut placé au sein du paganisme; mais poussé par un mouvement intérieur de la grâce, il quitta sa famille et son pays natal et ne s'arrêta qu'à l'extrêmité de la Gaule-Belgique, sur un des points du diocèse de Thérouanne dont saint Omer était alors évêque.

L'Esprit-Saint qui dirigeait ses pas, le conduisit sur le territoire de Renty, où il entra en rapport avec le comte Wambert, homme aussi distingué par sa foi que par ses richesses. Ce seigneur, découvrant bientôt le mérite de cet étranger, lui confia l'administration de ses biens et mit en lui toute sa confianre.

De son côté, Bertulphe, touché des hautes vertus du comte et de l'angélique piété de son auguste épouse, voulut embrasser la religion chrétienne, et reçut le baptême avec un sentiment d'inexprimable bonheur.

Devenu possesseur d'un vaste domaine que le comte Wambert et son épouse lui avaient légué, Bertulphe y fit construire un monastère où il s'enferma avec quelques religieux auxquels il avait inspiré le mépris du monde et le désir de la perfection chrétienne. Saint Omer informé de sa sainteté voulut qu'il fît partie de son clergé et lui conféra la prêtrise. (1)

Notre saint trouva dans cette dignité le moyen d'étendre au-delà des limites du monastère son zèle pour le salut des âmes. Des traditions anciennes aussi bien que l'auteur de sa vie, le signalent comme l'apôtre des localités voisines de Renty et de Fruges en particulier. Cette opinion était celle des enfants de saint Bertulphe qui, dans les temps les plus reculés, vinrent sur les traces de leur bienheureux fondateur, évangéliser ces populations qu'il avait gagnées à Jésus-Christ.

Jusqu'au moment de la Révolution, ces religieux donnaient à la paroisse une mission chaque année. Ils la desservaient même, lorsque la cure était vacante par la mort ou la maladie du titulaire. Ce fait, à l'abri de tout doute, constate les liens qui unissaient Fruges à l'abbaye de Renty.

Aussi cette ville a toujours honoré saint Bertulphe comme son patron et célébré sa fête avec une grande solennité. A cette occasion plusieurs de ses notables habitants, en souvenir de la charité du saint abbé, font une quête dans toutes les maisons de la paroisse et distribuent du pain aux pauvres. Cet usage immémorial s'est conservé jusqu'à nos jours, et c'est peut-être la seule localité où il existe encore, à l'exception de Renty.

On sait que sa mémoire chérie, dit M. de Laplane (2), avait consacré chez les seigneurs du pays l'usage de distribuer chaque année un millier de pains aux pauvres de la paroisse de Saint-Vaast à Renty.

Il existait à Fruges, il y a peu d'années encore, une fontaine qui a toujours porté le nom de saint Bertulphe, parce que d'après une très-ancienne tradition, cet apôtre avait coutume d'y puiser de l'eau, lorsqu'il venait prêcher l'Évangile.

On voit dans Malbrancq (3) qu'un riche et puissant habitant de

---

(1) Voir le propre des Saints du diocèse, V février.
(2) Voir Renty, par M. de Laplane, pag. 8.
(3) T. II de Morinis, anno 680.

la ville fit construire une église en l'honneur et sous le patronage du saint, immédiatement après sa mort, arrivée l'an 705.

Enfin, voici ce qu'on lit dans le Pouillé de Boulogne dont il a été question plus haut : « Saint Berthoult est aussi patron de quelques églises paroissiales de ce diocèse, particulièrement de celle de Fruges, d'où Bollandus dit avoir tiré un fort ancien légendaire de sa vie (1) » Cet ancien manuscrit conservé à Fruges, et dans lequel Bollandus a trouvé les faits relatifs à la vie de saint Bertulphe est un nouveau témoignage en faveur du sentiment qui donne à Fruges une haute antiquité.

HISTOIRE. — Depuis le commencement du VIIIe siècle jusqu'au XIIe, c'est-à-dire pendant une période de 450 ans, le nom de cette ville ne se rencontre dans aucun chroniqueur du pays, ni dans l'histoire générale. Deux ecclésiastiques nés à Fruges figurent dans le grand cart. de Dommartin f° 71-338 et 391. On y lit : Adam de Fruges, chanoine de Dommartin, témoin de Chartes de 1156 à 1170; et Hugues II, neuvième abbé de Dommartin, de 1243 à 1254 naquit à Fruges.

En 1254 Willaume de Fruges, Écuyer, fit partie d'un détachement de l'armée de Marguerite, comtesse de Flandre, qui sous les ordres du sire de Lisque, réduisit en cendre le bourg d'Oisy. Ce détachement, dit M. Harbaville, était composé de 136 hommes d'armes dont 25 chevaliers et 111 écuyers. Le nom de ces guerriers est conservé dans un manuscrit qui appartenait à M. le baron de Hauteclocque et qui en a permis la reproduction dans le *Puits artésien* (tom. II).

Philippe de Valois, en allant au secours de Calais, en 1347, traversa Fruges et signa, dans le château, une ordonnance qui intéresse la commune d'Abbeville. Ce château, situé dans un vaste enclos, le long de la Traxène, fut plusieurs fois détruit dans les guerres qui ont ruiné le pays, et il n'en reste aucun vestige.

---

(1) Acta feb. T. I pag. 677.

L'endroit qu'il occupait porte encore aujourd'hui le nom de jardin du château.

En 1355, les Anglais vinrent camper à Blangy, ils y attendirent dix jours le roi Jean qui n'y vint pas, parce que ses chevaliers n'étaient pas réunis. En se retirant, ils pillèrent et brûlèrent Fruges, puis Fauquembergues, etc., et rentrèrent dans Calais. Le roi Jean vint à Saint-Omer, et fâché d'avoir manqué l'occasion de combattre, il envoya à Calais, Boucicault, Arnoul d'Audinghem et Enguerrand de Parenty provoquer Edouard à combattre où il lui semblerait.

Fruges fut ravagé par l'armée anglaise en 1415, après la funeste bataille d'Azincourt, dont il n'est éloigné que de cinq kilomètres. Cette armée devait le traverser pour regagner la mer.

Le 8 du mois d'août 1554, disent les historiens, au départ de Frévent et de Cercamp, le lieutenant du roi traversa le comté de Saint-Pol, laissant à gauche Hesdin, à droite Thérouanne et vint le lendemain camper à Fruges, d'où le jour même il somma Renty de se rendre. Cette ville eut beaucoup à souffrir pendant le mémorable siége de ce château ; et plus tard, en 1595, elle fut en partie détruite par l'armée française (1).

Un fait rapporté par le P. Ignace, dans ses mémoires, à la date de 1628 mérite d'être signalé. Le vicomte de Fruges, dont il ne dit pas le nom, mais qui, selon lui, était entré dans l'ordre des Capucins, qu'il dut quitter par suite de sa mauvaise conduite, fut enfermé, à la demande de ses parents, dans la forteresse de Calais où se trouvait un jeune homme nommé le Parc, fils du capitaine du port de cette ville.

Le Parc, jeune libertin d'un caractère inquiet et ardent, avait formé le projet de livrer Calais aux Anglais. Croyant avoir rencontré dans le vicomte de Fruges un homme capable de le seconder, il s'ouvrit à lui et lui fit part de son plan. Le vicomte,

---

(1) Voir Mézerai, Garnier, Dom de Vienne, Hennebert, etc.

malgré sa vie de désordres, eut horreur d'une pareille trahison. Non-seulement il refusa d'entrer dans le complot, mais il le découvrit au gouverneur de la ville qui prit les moyens de s'assurer de la vérité de la révélation, et en avertit immédiatement la cour. On envoya à Calais le duc d'Elbeuf qui, après avoir acquis la certitude complète de la culpabilité de le Parc, le fit *rompre vif*. Le chroniqueur ajoute qu'on ne sait pas si le vicomte fut récompensé de sa belle action. On ignore également ce qu'il devint depuis.

Ces quelques faits sont les seuls que l'histoire ait conservés dans le cours des siècles.

ARCHÉOLOGIE. — Il y a quelques années, en creusant les fondations d'une maison située en face de l'église, on découvrit plusieurs tombeaux gallo-romains en pierre blanche du pays qu'on n'a pas conservés. Cette trouvaille s'explique facilement, Fruges étant placé sur la voie romaine de Maninghem à Saint-Pol.

Vers 1830, on signala dans une maison de la rue de Saint-Omer une source d'eau minérale et ferrugineuse dont l'analyse fut confiée d'abord aux médecins et aux pharmaciens de la localité ; puis, on les soumit à l'examen d'hommes spéciaux de Paris ; mais on ne connut jamais les résultats de ces dernières études. Plusieurs personnes prétendent avoir obtenu d'heureux effets de l'usage des eaux de cette source qui continue de couler en certain temps de l'année.

Fruges était du diocèse de Thérouanne qui s'étendait jusqu'au delà de la Canche, selon Malbrancq. Après la destruction de cette ville par Charles-Quint, en 1553, et le rétablissement de l'évêché de Boulogne en 1559, il fit partie de ce dernier jusqu'au concordat de 1801, qui réunit les siéges de Boulogne et de Saint-Omer à celui d'Arras.

La nomination à la cure de Fruges appartenait autrefois aux Dames de l'abbaye d'Etrun qui y possédaient une maison seigneuriale, portant le nom de seigneurie des Dames d'Etrun. Cette maison existe encore, mais elle a subi plusieurs transformations.

Elle avait une ferme, trois mesures de pâtures en enclos, vingt-cinq mesures de terre et un droit de dîme. L'évêque de Boulogne et le chapitre avaient aussi des seigneuries dans ce bourg. (Rôle des 20ᵉ 1757, archives du Pas-de-Calais.)

A ce titre de seigneurie étaient attachés certains priviléges dont les Dames jouissaient par leur bailli qui avait une place d'honneur à l'église. D'un autre côté, ce titre leur imposait des obligations qu'elles remplissaient, assure-t-on, avec un pieux empressement, en se montrant généreuses envers l'église.

Cette cure, comme on le voit dans le Pouillé du diocèse de Boulogne, était du doyenné de Bomy, au moment de la révolution du siècle dernier ; elle avait de temps immémorial deux vicaires dont l'un portait le nom de vicaire de Coupelle-Neuve, petit village à deux kilomètres de Fruges, et l'autre desservait en particulier la chapelle du hameau d'Herbecques. Coupelle-Neuve fut érigé en succursale à la suite du concordat de 1801, et la chapelle d'Herbecques a disparu du sol. Aussi, il n'y a plus qu'un vicaire à Fruges depuis la réouverture des églises.

Il serait difficile de déterminer d'une manière précise l'époque de la construction de l'ancienne église de cette paroisse. Une date formée par les clefs en fer d'une charpente de la tour ne saurait nous renseigner à cet égard, puisqu'elle lui donnait à peine deux cents ans. L'état dans lequel elle se trouvait ne permet pas de la croire d'une origine aussi moderne. Les contreforts et même les murs de la tour et de la nef avaient nécessité des restaurations considérables. Les ornements sculptés en plein bloc au grand et au petit portail, ainsi qu'aux pinacles des contreforts étaient tellement frustes qu'on n'en apercevait plus les dessins. Les pierres des tympans étaient rongées aux côtés sud et sud-ouest du mur de la tour et de la nef ; les moulures avaient en grande partie disparu. On ne peut admettre que de pareils ravages soient l'œuvre de moins de deux cents ans, à moins que la pierre n'ait été de très-mauvaise qualité. On devrait plutôt assigner à cette construction le milieu, si non le commencement du XVIᵉ siècle.

La tour, comme presque toutes celles de cette époque, était établie sur un carré mesurant plus de sept mètres de côté, et surmontée d'une flèche en bois très-élevée. Il n'y avait qu'une seule nef dont les immenses fenêtres ogivales n'avaient pas de parallélisme, ni les mêmes dimensions.

La voûte en planches affectait la forme d'une anse de panier ; le chœur qui avait des fenêtres en plein cintre, était une chétive construction dont les basses murailles et le toit posé sur deux fermes accusaient plutôt une grange qu'une église. Ajoutez au point de jonction de la nef et du chœur deux chapelles, l'une en briques servant de sacristie, l'autre en briques et pierres, dite de la confrérie du Saint-Sacrement, et vous avez l'idée de l'ancienne église de Fruges.

On lit dans un manuscrit de la bibliothèque de M. le marquis d'Havrincourt : « En 1616, à la maîtresse verrière du chœur, était peint un seigneur et une dame, vestu de cotte et manteau d'armes de la maison de Dubois, de Fiennes et de Longueval.

En bas, on voyait les écussons des familles de Fiennes et de Longueval. »

La tradition constate que, dès 1600, il y avait trois cloches dans la tour. Ces trois cloches, par suite de causes que les anciens registres ne mentionnent pas furent refondues en 1691 et en 1730. L'une d'elles était destinée à la chapelle d'Herbecques.

On lit dans ces registres qu'en 1733 eut lieu la bénédiction de la petite cloche de Fruges, et le 23 juillet 1747, la bénédiction de la grosse cloche, à laquelle on donna le nom de Bertulphine-Robertine. On voit dans le choix du nom de la cloche principale la vénération des habitants pour leur patron saint Bertulphe.

Cette cloche est la seule qui reste, les deux autres ayant été brisées en 1791. Elle pèse 2,700 livres et son timbre est à la fois solennel et agréable. Il y a plusieurs années, le battant lui fit une brèche qui nécessita le changement du balancement. Cette opération n'altéra pas sa sonorité.

On trouve dans les archives un fait que M. Evrard, alors curé de Fruges, rapporte en ces termes : « Le 2 avril 1742, jour de Pâques, le tonnerre tomba sur l'église de Fruges pendant la

Sainte Messe, le Saint Sacrement étant exposé ; le peuple eut tant de confiance en Notre-Seigneur, qu'il préserva tout le monde, et que pas un ne fut offensé, quoique la foudre tombât au milieu de la foule, pendant la communion du prêtre. »

En dehors de l'église que nous venons de décrire, il y avait dans la paroisse deux chapelles dans lesquelles on célébrait la Sainte Messe ; celle d'Herbecques qui est détruite et celle du Saint-Esprit qui existe encore. La population a toujours témoigné un vif empressement à aller adorer le Saint-Esprit dans ce petit oratoire. La foule s'y porte pendant la neuvaine de la Pentecôte où la messe y est célébrée chaque jour.

Il y avait à Fruges, avant la révolution, deux presbytères appelés l'un majeur, destiné au curé, l'autre mineur, où résidait le vicaire. La maison vicariale fut reconstruite, il y a deux ans, l'état de dégradation de celle du curé en exige la reconstruction.

M. l'abbé du Tertre, de la noble famille des du Tertre du Boulonnais, en était curé en 1789. Ce digne ecclésiastique, préférant l'exil à l'apostasie, quitta sa cure et la France, le 23 juin 1791, et mourut en pays étranger.

L'un de ses deux vicaires ne suivit pas ce bel exemple ; il fit serment à la constitution civile du clergé, et fut nommé curé de la paroisse le 4 juillet, dix jours après le départ du titulaire. On lui donna pour vicaires deux prêtres assermentés ; mais tous trois disparurent bientôt, sans qu'on ait su ce qu'ils devinrent. L'autre vicaire de M. du Tertre, s'appelait Régnier. Il n'émigra pas ; estimé des habitants qu'il édifiait depuis neuf ans par ses vertus sacerdotales, il voulut demeurer au milieu d'eux pour leur procurer les secours de la religion, au péril même de sa vie. Il rendit sous ce rapport des services signalés dans le pays, conjointement avec MM. Vilain, Défasque et Planchon, curé de Villeman, si connu par ses traits de courage.

Lorsque le curé et les deux vicaires intrus quittèrent la paroisse, l'église fut abandonnée et l'on put en emporter tout ce qu'on voulut ; aussi, le mobilier disparut, à l'exception des tables d'autel et d'un Christ placé au-dessus de l'arcade qui séparait la nef du chœur. On y établit une fabrique de salpêtre ; en même temps elle servit de club, et la chaire de vérité devint une tribune d'où partaient les blasphèmes les plus atroces contre Dieu. Au jour de la fête de la Raison, une jeune fille fut placée sur le maître-autel ; puis montée sur un char de triomphe, elle parcourut les rues de la cité au milieu des applaudissements frénétiques des révolutionnaires.

En 1795, un prêtre assermenté, nommé Jorre, vint prendre possession de la cure. Comme il était agréable aux *patriotes*, parce qu'il avait fait le serment, on rapporta les objets qu'on avait enlevés de l'église, et l'intrus put célébrer les offices auxquels les révolutionnaires seuls assistaient. Cet état de choses dura jusqu'à 1801.

Pour compléter la monographie de Fruges, avant 1789, disons que ce vicomté relevait du château de St-Pol, que cette terre fut longtemps possédée par l'illustre maison de Fiennes, puis par M. le chvaillier de Béthune, maréchal des camps et armées du roi, et par le comte de Sandelin.

En 1780, elle devint la propriété de M. le Sergeant, seigneur de Radinghem, Mencas et Vincly (1).

A la réorganisation des paroisses en 1802, Mgr de la Tour d'Auvergne, évêque d'Arras, forcé par le gouvernement de nommer aux cures de canton un tiers au moins de titulaires assermentés, maintint M. Jorre dans la sienne, après avoir reçu sa rétractation. Sa position devenait par là régulière et canonique ; cependant sa conduite passée n'était pas oubliée de ceux qui avaient le schisme en horreur, et qui, le voyant avec répugnance, ne fréquentaient pas l'église. Une division profonde régnait parmi les habitants, et le mal ne pouvait être réparé que par l'éloignement de celui qui en était la source.

L'administration diocésaine et le gouvernement le comprirent. En février 1805 M. Jorre fut nommé curé d'Etaples, et M. Ballin,

---

(1) Voir **Hennebert**.

ancien vicaire de Boulogne, sous Mgr de Pressy, prêtre d'un grand mérite, alors curé d'Etaples, devint son successeur à Fruges, et fut accueilli avec bonheur par tous les vrais fidèles.

A son arrivée, M. Ballin s'occupa de la restauration de l'intérieur de l'église où le vandalisme révolutionnaire avait laissé des traces de son passage. Quant à l'extérieur, il fallait se contenter de réparer autant que possible les ravages du temps, jusqu'à ce que les circonstances permissent de construire une nouvelle église.

Aujourd'hui l'ancienne église est remplacée par un magnifique sanctuaire de style ogival du XIIIe siècle, œuvre de l'immortel architecte d'Arras, M. Alexandre Grigny, qui mourut après la construction du chœur et du transept, laissant à M. Normand, architecte à Hesdin, le soin d'en continuer les travaux.

La tour n'est pas achevée, on se propose de la terminer l'année prochaine.

Cette église, longue de soixante-trois mètres et large de dix-sept, a trois nefs, un transsept, un déambulatoire et une chapelle de la Vierge au chevet. Le chœur, à lui seul, a 33 mètres de longueur sur 22 mètres de largeur à la croix. La chapelle de la Sainte-Vierge, dont les compartiments s'ouvrent sur le déambulatoire par trois grandes arches séparées par des colonnes de marbres monolithes, forment trois chapelles rayonnantes qu'on aperçoit de tous les points de l'édifice. Le bel agencement des nervures de sa voûte, se reliant avec un art admirable à celles de l'ingénieuse voussure du pourtour et des deux autels collatéraux établis en quinconce, offre un coup d'œil charmant, et prouve avec quelle facilité M. Grigny savait vaincre les difficultés les plus sérieuses.

Cette partie de l'église se fait remarquer par son élévation, son arcature légère, ses colonnes ornées de chapiteaux variés dans leurs formes et d'une riche ciselure, par ses groupes de nervures reposant sur la tête des colonnes ou sur des culs-de-lampe habilement travaillés, par quinze petites rosaces à meneaux gracieux qui les enserrent dans leur partie supérieure avec les deux grandes rosaces placées au tympan des pignons du bras de croix, enfin par sa voûte aussi hardie qu'élégante.

Les trois nefs simples et grandioses à la fois offrent d'harmonieuses proportions, et sont heureusement terminées par la tribune de l'orgue et les deux chapelles qui accompagnent la tour. Toutes les fenêtres sont ornées de verrières à personnages, sauf les rosaces des bas-côtés où l'on voit d'agréables grisailles; ces verrières dont le velouté jette dans toute la construction une teinte mystérieuse qui porte au recueillement, sont assez diaphanes pour tamiser les rayons de la lumière à travers leurs brillantes couleurs, et donnent à l'ensemble du monument son cachet artistique et religieux.

L'ameublement est conforme au style de l'église. Le maître-autel, avec pyramide et rétable, l'autel du chevet, ceux de la Vierge-Mère et de saint Joseph, sont en pierre de Creil et sortent des ateliers de M. Bouchez d'Arras, ainsi que la table de communion qui est vraiment monumentale.

La chaire de vérité et les stalles sont l'œuvre de M. Buisine, de Lille.

Le 2 août 1869, M. le doyen de Fruges bénissait le chœur de cette église, l'une des plus belles du diocèse, et le 4 mai 1874, Mgr Lequette, évêque d'Arras, la consacrait.

Si l'on demande à l'aide de quelles ressources on élève ce beau monument qui vient de provoquer de consolantes démonstrations, on répondra que la ville s'est imposé de grands sacrifices, que l'Etat n'a pas voulu demeurer étranger à cette œuvre d'art et de religion; mais que les cotisations volontaires et les dons inconnus ont fait une partie considérable de la dépense qui déjà sans doute atteint le chiffre de *cent soixante-quinze mille francs.*

HÉZECQUES.

Hésecque, Hézecques. Hiézecques.

Selon M. Harbaville, ce nom vient du vieux mot *Hèze* ou *Hèse* qui signifie clôture ou barrière.

Pompon d'Hiézèques figure comme témoin d'une donation à l'abbaye de Saint-Martin en 1220, son fils Jehân, chevalier, prit part à l'expédition d'Oisy, en 1254.

Cette terre relevait en deux demi-pairies du château de Saint-Pol. Elle est souvent citée dans les archives d'Auchy-les-Moines, et ses seigneurs ont figuré avec distinction dans les guerres du XIV° siècle. Une de leurs branches s'est fixée en Champagne et en Lorraine.

Antoine du Bois de Fiennes, évêque de Béziers, possédait, au XVI° siècle, l'une des deux pairies d'Hézecques.

La terre d'Hézecques fut érigée en comté par lettres-patentes du mois de juillet 1666 par Louis XIV, en faveur de Charles de La Haye, seigneur d'Ecquedecques, de Radinghem et d'Avondances, député général de la noblesse d'Artois.

Isabelle-Marguerite de la Haye sa petite-fille, morte à Arras le 10 mai 1766, porta à Charles-Alexandre de France, marquis de Noyelles, baron de Vaux, son mari, l'immense héritage de sa maison, que vendit son petit-fils connu sous le nom de comte d'Hézecques.

En 1766, nous trouvons des lettres-patentes portant union d'Hézecques à Humerœuil pour former le marquisat de ce dernier village ; et en 1784 une vente de la terre et seigneurie d'Hézecques en faveur des créanciers de la comtesse dudit lieu. (Voir les *Archives départementales et le Pouillé de Boulogne*.)

Avant 1789 cette paroisse était du diocèse de Boulogne et du doyenné de Bomy, et sa cure à la nomination des doyens des églises cathédrales de Boulogne et d'Ypres alternativement. Alors comme aujourd'hui elle avait pour patron saint Martin.

Depuis le Concordat de 1801 elle fait partie du diocèse d'Arras et du doyenné de Fruges, ayant Lugy pour annexe. Sa population est de 255 habitants.

Senlis, autrefois annexe d'Hézecques a été érigé en succursale en 1869. Hézecques est à 4 kilomètres de Fruges.

LE BIEZ.

Le Biez.

Ménage. (*Dictionnaire étymolog.*) dit que le vieux mot biez (*vai aquæ*) signifie le canal qui conduit les eaux sous la roue d'un moulin. Le Biez, en effet, est situé sur un affluent de la Canche.

On lit dans le Pouillé de Boulogne que le Biez a pris son nom des anciens seigneurs du Biez, entre lesquels on doit signaler Oudart, maréchal de France, gouverneur et sénéchal du Boulonnais en 1543.

Cette terre relevait du château d'Hesdin. L'illustre famille du Biez est souvent citée dans le cartulaire d'Auchy-lez-Moines. Sa généalogie a été imprimée au tom. VIII de l'Histoire des Grands Officiers de la Couronne par le P. Anselme (pag. 180) à cause du maréchal du Biez, condamné à mort avec Jacques de Coucy, seigneur de Vervins, son gendre, sous prétexte de trahison dans la reddition de la place de Boulogne ; mais ils furent réhabilités quelque temps après.

Jean du Biez, seigneur du lieu et chevalier de Saint-Jean de Jérusalem, établit dans ce village, en 1570, un couvent de Récollets qui fut institué par une bulle de Sixte IV, et détruit à la révolution de 1793.

Antoine, seigneur du Biez, envoya cinq hommes de pied en 1474 à l'armée de Charles le Téméraire.

Les coutumes du Biez furent rédigées en 1507.

En 1690 le roi fit don des droits seigneuriaux au sieur du Chastelet (*Arch. départ.*)

La terre du Biez appartenait, il y a deux siècles, au duc d'Havré. Elle a passé dans la maison de Croy, branche de Solre, par le mariage de Guillemette de Coucy, fille aînée et héritière de Jacques de Coucy, seigneur de Vervins, petite-fille du maréchal du Biez, avec Philippe de Croy, comte de Solre. Leurs descendants la possédaient encore en 1789.

L'église du Biez a été construite du vivant de Isabelle, dame du Biez, mariée le 7 septembre 1537 à Jacques de Coucy-Vervins, dont on vient de parler.

Les écussons de Coucy et du Biez ornent la voûte du chœur, belle construction de style ogival du XVI° siècle.

Cette paroisse était du diocèse de Boulogne et du doyenné de Fauquembergues ; elle avait pour collateur l'abbé de Saint-Jean-au-Mont-lez-Thérouanne. Elle fait maintenant partie du diocèse d'Arras et du doyenné de Fruges dont elle est distante de 13 kil. Elle a pour patron saint Vaast.

Le Biez n'a que 510 habitants, cependant la République en avait fait un chef-lieu de canton en 1795.

LUGY.

Lugi-Lugy.

Ce village est situé sur la Lys à 3 kilomètres de Fruges. Il dépendait du comté de Saint-Pol en 1150 ; faisait partie du diocèse de Boulogne et du doyenné de Bomy. L'église a pour patron Saint-Pierre ; la cure était à la nomination de l'abbé d'Auchy-les-Moines. On y compte 240 habitants.

Depuis 1801, Lugy fait partie du diocèse d'Arras et du doyenné de Fruges.

Pierre Godefroy était seigneur de Lugy et de la Beuvrière en 1540, et Oudard Godefroy en 1586.

Marie, fille et héritière de ce dernier, épousa par contrat du 25 octobre 1621, Éloi de la Buissière, seigneur de Rougeville, d'où est descendu Lamoral Oudard de la Buissière, créé marquis de Lugy en septembre 1694 par Louis XIV.

La succession du dernier marquis de Lugy fut ouverte vers 1786, entre les familles de Couronnel, de Mailly-Mametz et de Fléchin ; la terre de Lugy fut dévolue à cette dernière. Le comte de Thiennes de Saint-Maur était seigneur de Lugy en 1789.

Mme la comtesse de Thiennes de Saint-Maur, qui habitait à cette époque le château de Lugy, avait offert à l'église un magnifique tableau de la Sainte-Vierge, un ostensoir en argent massif, dont s'emparèrent les terroristes, et un beau Christ, aussi en argent massif, qui fut sauvé par les soins de M. Bodescot et que l'église possède encore.

MATRINGHEM.

Materingahem-Materinghem, et *Materinghen* selon plusieurs anciennes chroniques (1).

Ce village, traversé par la Lys, dépendait de la Régale de Thérouanne. Guillaume de Matringhem, chevalier, vivait en 1207. (*Arch. d'Estrun.*)

Depuis, cette terre appartint à un cadet de la famille de Neuville-Witasse. Claude de Neufville la vendit en 1541 sous clause de reméré qu'il réalisa en 1546. Elle appartint peu après à Jean Le More ; puis à Louise-Denise Le More, sa fille, épouse de Jean d'Aix, seigneur de Tilloy-les-Arras. Elle en fit donation à sa cousine Marie Le Chevalier, en la mariant à un autre Jean d'Aix, dont le fils cadet a fait la branche des seigneurs de Matringhem. Cette donation suscita d'interminables procès. Enfin toute la terre de Matringhem fut réunie par Marie-Adrienne-Alexandrine de La

---

(1) Pour l'explication du sens des noms de lieu en *inghem* voir la savante dissertation de M. le Chanoine Van Drival, dans le troisième volume du Bulletin de la des commission Monuments historiques du Pas-de-Calais.

Buissière, fille de Oudard de La Buissière, seigneur de Lugy, et de Marie-Jeanne d'Aix, puis adjugée par licitation au conseil d'Artois à Mme Marie-Anne-Joséphine de Nédonchel, demoiselle d'Ambricourt, veuve de M. François-Eugène Léonard, seigneur de Tramecourt. (*Arch. de Tramecourt.*) Denise Le More, demoiselle de Matringhem, avait fondé une chapelle de Sainte-Anne dans l'église de cette paroisse. (*Pouillé de Boulogne.*)

Matringhem faisait partie de l'ancien diocèse de Boulogne; sa cure était à la nomination du chapitre de cette ville et du doyenné de Bomy. Il avait Mencas pour annexe.

Depuis le corcordat de 1801, il appartient au diocèse d'Arras et au doyenné de Fruges, dont il est distant de 5 kil.; il a pour patron saint Omer ; on y compte 318 habitants.

On lit dans les Archives départementales qu'autrefois il existait dans ce village un prieuré dépendant de l'abbaye de Ruisseauville. Un religieux de ce monastere y résidait, il avait une belle habitation près de l'église et 20 hectares de terre pour son entretien. Le dernier moine s'appelait messire Jacques Delpierre.

Au rôle des vingtièmes, on voit que Mme la comtesse de Watigny était propriétaire de la moitié de la terre et seigneurie de Matringhem.

Inscriptions trouvées dans la sacristie qui servait de chapelle au prieuré avant 1789 :

Première inscription : « ci gist le corps de noble demoiselle Denise le *More* décédée... agée... de en son vivant fême à Ivan seigneur de Thilloy en partie, demoiselle de Matringhem fondatrice de l'église et en particulier de cette chapelle, laquelle décéda le... jour du mois... l'an 16.... » On ne lit aucune date.

Deuxième inscription : « Denise le More, fondatrice de l'église et particulièrement de cette chapelle a fondé à perpétuité pour être dites en icelle : messe le mardi de Ste Anne, le mercredi pour les trépassés, le vendredi de la Passion, le samedi de la sainte Vierge et le dimanche de la Résurrection, et après vêpres, chaque dimanche, le Stabat sera chanté dans l'église: le tout déchargé par le chapelain, lequel sera tenu de résider audit village et d'entretenir ladite chapelle de réédification et d'ornements sous peine de révocation. »

Dans cette même sacristie servant autrefois de chapelle, on voit incrustées dans un marbre les armes de Denise le More ; *trois merlettes et trois fleurs de lis* dans un écusson.

En 1600, il existait à Matringhem un château-fort dont il reste des pans de murailles épaisses d'un mètre 40 cent. entourées de larges fossés. On pense que cette demeure seigneuriale habitée par Denise le More fut détruite dans le courant du XVIIe siècle.

MENCAS.

Menca, Mencas.

Ce village est situé près de la route départementale de Fruges à Aire. Il était autrefois annexe de Matringhem, faisait partie du diocèse de Boulogne et du doyenné de Bomy, ayant Notre-Dame pour patron.

Il est maintenant annexé à Radinghem, du diocèse d'Arras et du doyenné de Fruges, dont il est éloigné de 9 kilomètres. Sa population est de 126 habitants.

Mencas dépendait autrefois de la Régale de Thérouanne, aussi bien que Matringhem, la paroisse mère.

On lit dans les *Arch. départ.* que par lettres-patentes de 1787 la terre de Mencas a été érigée en marquisat en faveur de M. Charles-Louis de Dion, chevalier, et de ses enfants.

L'ancienne église de Mencas avait été vendue pendant la Révolution, puis démolie en grande partie, par l'acquéreur. Grâce au zèle de M. Théret, curé actuel de Radinghem, et au concours de la famille du maire de la commune, l'église est reconstruite sur un plan plus vaste et mieux conçu, sans offrir néanmoins aucun intérêt artistique.

PLANQUES.

Planques.

Planques, village de 250 habitants, est situé près de la source de la Planquette, petit ruisseau dont il tire son nom, à 8 kilom. de Fruges. Connu dès le XI° siècle, il a fait de tout temps partie des terres à clocher dont les sires de Créquy étaient seigneurs.

Avant la révolution de 1789, et jusque dans ces dernières années, Planques n'était qu'un vicariat dépendant de Fressin. La nomination du vicaire appartenait à l'abbé du monastère de Saint-Jean-au-Mont-lez-Thérouanne, et la dîme au chapître d'Ypres, depuis la destruction de la capitale de la Morinie en 1553.

Planques a été adjugé en janvier 1656 avec Avondance, Rainboval, le bois de Winkenel, Marquais-en-l'eau et Dennebrœucq, comme part d'héritage, à Hugues de Créquy, second fils de Philippe, sire de Créquy. Ses descendants ont formé les branches des sieurs de Tilly, de Rouverel, de Langle, de Villers-Brulins et de Frohen, toutes éteintes.

Le 14 février 1602, Antoinette de Créquy, épouse de Laurent de la Chaussée d'Eu, seigneur d'Arrest en Vimeu, vendit Planques, les Granges, Avondance et Marquais-en-l'Eau à Jacques, seigneur de Bryas, d'où elles passèrent à Henri de Bryas, son deuxième fils. Jacqueline-Marguerite de Bryas, fille de ce dernier, épousa messire César-Antoine-Théodore N... marquis de Florennes et de Courcelles-les-Lens, seigneur de Noyelles-Godault.

Planques appartenait en 1789 à la famille des de Contes, barons des Granges, qui par son nom et ses armes semble devoir être de la maison de Créquy.

Le seigneur de Planques dont parle M. Harbaville était seigneur de Planques-lez-Douai, et issu d'un cadet de la maison des sieurs de Beaumetz en Cambrésis, châtelains de Bapaume.

On lit dans les *Arch. départem.* « 1762, lettres patentes du roi portant union de la terre de Planques à celle des Granges et érection des dites terres en baronnie sous la dénomination de Contes des Granges, en faveur de Marie-François-Antoine-Joseph de Contes, seigneur des Granges, et de ses descendants.

« M. des Granges possède la seigneurie dudit lieu consistant en une ferme, 15 mesures de manoir, 102 mesures 1/2 de terre. (*Ext. du rôle des 20ᵉ de 1757.*)

On trouve sur le territoire de cette localité la baronnie des Granges dont la ferme existe encore, et, près d'elle, les fondations d'un ancien château depuis longtemps détruit, sur lequel les chroniques gardent le silence. Etait-ce la demeure de la famille des barons de Contes des Granges dont la sépulture est creusée sous le chœur de l'église ? On l'ignore.

L'église de cette paroisse a pour patron Notre-Dame et faisait partie du doyenné de Vieil-Hesdin. Le chœur et le porche du petit portail sont du style ogival tertiaire et remontent au XVIᵉ siècle. La nef et le campanille ont une date plus récente.

Le chœur, d'une grande richesse d'ornementation a des traits de ressemblance frappante avec celui de l'église de Fressin : il est aussi comme elle l'œuvre des sires de Créquy ; leurs armoiries conservées sur les murs ne permettent pas d'en douter.

Les inscriptions de sa cloche en sont une nouvelle preuve. On lit dans la partie supérieure : *L'an mil cinq cent cinq me leva M. Jehan de Créquy et Madame Marie d'Amboise, sa femme, dame de Créquy comtesse douairière de Braine et de Roussy.* Au dessous sont trois écussons avec les armes de la famille.

Derrière l'autel sont sculptés sur deux culs de lampe : d'un côté, le seigneur, casqué et cuirassé ; de l'autre, sa femme nue-tête. Sur un autre on voit le Père éternel tenant devant lui Jésus-Christ en croix.

Les fonts baptismaux sont de style roman ; ils ont perdu les colonnettes qui ornaient leur base, et n'ont rien de remarquable.

RADINGHEM

Radingahem, Radinghem.

Ce village est situé sur un des affluents de la Lys, et touche par sa partie nord au chemin départemental de Fruges à Aire.

Il dépendait du comté de St-Pol au XII° siècle. Hugues de Radinghem en était seigneur en 1188 (arch. d'Etrun).

Guillaume de Radinghem servait en 1296 en Gascogne, sous le comte d'Artois (La Roque, Traité du Ban et de l'arrière Ban).

Les seigneurs de Senlis étaient au XV° et au XVI° siècle, seigneurs de la terre de Radinghem qui relevait de la châtellenie de Lisbourg. Depuis elle a été possédée par les familles d'Hézecques et le Sergeant de Monecôve.

Cette paroisse était anciennement du diocèse de Boulogne et du doyenné de Bléquin ; elle avait pour collateur l'abbé de St-Jean au Mont-lez-Thérouanne.

Depuis le concordat de 1801, elle fait partie du diocèse d'Arras et du doyenné de Fruges, ayant Mencas pour annexe, et St-Martin pour patron.

Ce village à 6 kil. de Fruges, compte 301 habitants.

L'église de Radinghem est assez ancienne ; on la trouve dans le Pouillé de Thérouanne en 1091. (arch. de St-Omer.) Cette église s'écroula au XV° siècle ; (arch. du château). Rebâtie presque aussitôt après, elle fut de nouveau détruite au commencement du XVII° siècle, en même temps que le château des hauts et puissants seigneurs de la Haie, comtes d'Hézecques, à la suite sans doute des guerres qui eurent lieu dans le pays.

Le château fut reconstruit en 1620, et l'église en 1628, date reproduite à l'abside, au bénitier et au portail.

Le chapitre de Thérouanne retiré à Ipres depuis la destruction de cette ville en 1553, avait la dîme de la cure, à la condition d'en remettre un tiers au curé et d'entretenir le chœur de l'église. Cette dernière clause avait déterminé les habitants à placer le campanille sur les poutres du chœur, de manière à ce que les frais d'entretien fussent à la charge des décimateurs.

En 1634, à la sollicitation de haute et puissante dame, Marguerite de Robles, épouse de Charles-Antoine de la Haie, comte d'Hézecques, Baron de Vincly, seigneur de Radinghem et autres lieux, Jean-François de Calonne, abbé de Blangy, accorda à l'église de Radinghem une relique de Ste-Apolline (os de la mâchoire inférieure). La translation se fit avec une pompe extraordinaire. L'abbé lui-même, accompagné de plusieurs de ses religieux, apporta la précieuse relique ; les habitants du village et des villages voisins allèrent à sa rencontre ; Mgr Jean Dolce, évêque de Boulogne, présida la cérémonie, reconnut la relique et la renferma dans un reliquaire de cuivre argenté et doré qui disparut en 1793.

La relique, sauvée par les soins de dame Françoise Decréquy, épouse Delvallé, fut de nouveau reconnue en 1803 par Mgr de la Tour d'Auvergne, et placée dans un reliquaire en bois doré où elle se trouve encore et reçoit les hommages de nombreux pèlerins, en particulier dans la neuvaine de la fête de Ste-Apolline.

Mgr Parisis bénit le 29 octobre 1860, une riche bannière offerte en l'honneur de la Sainte par M. Gaston de Monnecove.

En 1793 l'église de Radinghem fut vendue au district de Montreuil et rachetée deux cents francs par M. le Sergeant qui en a laissé la propriété à ses héritiers.

M. l'abbé Théret curé actuel, vient d'y faire élever une tour en briques, surmontée d'une flèche en bois couverte en ardoises, et d'y loger la cloche qui jusque-là se trouvait sur le chœur comme on l'a dit plus haut.

RIMBOVAL.

S. Vandregisilus en 646. — Raimbaldivallis au X° siècle. — Raimbauldval.

On croit que saint Vandrille a bâti vers l'an 646 un oratoire dans ce village dont l'existence serait très-ancienne. Son nom cependant vient, dit-on, d'un baron nommé Raimbauld qui vivait dans le X° siècle. Aussi on écrivait autrefois *Raimboval* avec un *a*.

Eustache, comte de Boulogne, accorda à l'abbaye de Saint-Wulmer la terre de deux charrues sur ce territoire.

Eustache, baron d'Auxi, était seigneur de Rimboval en 1230. Le village dépendait du bailliage de Saint-Omer (Voir M. Harbaville.)

Le 14 février 1602, la terre de Rimboval fut vendue par Antoinette de Créquy à Antoinette de Wignacourt, veuve de Louis de Créquy, sieur de Roteleux dont la postérité s'est éteinte vers la fin du XVII° siècle, dans la maison de Bonnière-Souastre.

M. le comte de Guines était seigneur de cette terre en 1757. Il y avait des censives et des droits seigneuriaux estimés 150 livres. (*Ext. du rôle des* 20mes. *Arch. départ.*)

Avant 1739 Rimboval était annexe d'Embry, du diocèse de Boulogne et du doyenné de Fauquembergues. Il y avait un vicaire qui résidait dans la maison qui sert aujourd'hui de presbytère. Érigé depuis en succursale, Rimboval fait partie du diocèse d'Arras et du doyenné de Fruges dont il est distant de 10 kilomètres. Son patron est saint Omer ; il compte 476 habitants.

Il y a dans ce village une école de filles dirigée par les sœur de la Sainte-Famille d'Amiens. Cette école a été fondée le 15 décembre 1838 par Mlle de Saint-Hilaire de Montreuil, qui mourut à Paris en 1848.

La ferme de Philbert, située sur le territoire de Rimboval, avait dans son enclos une chapelle qui dépendait de l'abbé du monastère de Saint-Augustin-les-Thérouanne. Elle a été démolie en 1848. L'église possède un calice en argent, orné de ciselures, provenant de cette chapelle, et une chasuble blanche assez bien conservée.

Le chapitre de Boulogne avait la dîme de Rimboval. A titre de décimateur, il avait fait restaurer le chœur de l'église en 1676 et continua de l'entretenir jusqu'en 1789. Les terres appartenant à cette église étaient d'une contenance de trois hectares trente-six ares ; elles portent encore le nom de biens ou terres de l'église.

Deux reliquaires en bois doré qui ne sont pas sans mérite, ont été conservés avec les reliques qu'ils contiennent par la famille Robats, pendant les mauvais jours. Ils ont 80 cent. de hauteur sur 60 de largeur.

Des travaux considérables ont été faits à l'église, à l'aide d'allocations de la commune, de la fabrique et de dons volontaires, depuis son érection en succursale.

ROYON.

Roïon, Royon.

La terre de ce village a été démembrée de celle de Créquy au milieu du XIIIe siècle par Bauduin de Créquy, fils de Bauduin, Sire de Créquy et de Marguerite de Saint-Omer qui a formé la branche des seigneurs de Torcy et celle des seigneurs de Royon.

Oudart de Royon, tué à la bataille de Montlhéry en 1465, ne laissa qu'une fille Jeanne de Royon, dite de Créquy qui fut mariée deux fois, d'abord à Robert ou Bernard dit Lancelot, Seigneur de Gransart, d'une des plus anciennes familles du Ponthieu, dont vint Collaye de Grandsart, mariée à Denis, Seigneur de Tramecourt, d'où descendent MM. de Tramecourt actuels ; puis à Jacques de Bristel, dit de Bryas, Seigneur desdits lieux, dont le second fils a été la tige des seigneurs de Royon.

Archives de Tramecourt et Cart. des fiefs du comté de Saint-Pol en 1474, à la Chambre des comptes à Lille.

Par lettres-patentes de 1692, Louis-Joseph de Bryas, seigneur de Royon, député général de la noblesse d'Artois, a été créé marquis de Royon.

La terre de Royon dépendait du comté de Saint-Pol, de temp immémorial. Ce village, annexe de Le Biez, était avant 1739, de l'ancien diocèse de Boulogne et du doyenné de Fauquembergues. Depuis le concordat de 1801, il est toujours annexe de Le Biez, mais fait partie du diocèse d'Arras et du doyenné de Fruges, dont il est distant de 12 kil. Il a pour patron saint Germain, et compte 231 habitants.

Les deux inscriptions suivantes rappellent le souvenir de plusieurs nobles familles du pays.

D. O. M.
Icy reposent les corps de très
haut et très puissant seigneur
Charles-Louis-François de Bryas, chevalier
marquis de Rayon, seigneur d'Embry
du bourg Laissel et d'Houdenove, etc.
fils de messire Louis Joseph
de Bryas, chevalier, marquis de
Royon et du bourg Laissel, etc.
Et de dame Alexandrine de
Bernard d'Esquelmes, décédé
Le 9 juin 1770 âgé de 85 ans
Et de très-haute et très-puissante
Dame Marie-Eugénie Bregite, née
Princesse de Croy, fille de très
Haut et très puissant seigneur
Baltazar Joseph, né prince de Croy
Marquis de Molembais et de très
Haute et très-puissante dame
Marie Philippine Anne de Créquy
du Vroland, décédée le 26 may
1758, âgée de 77 ans.
Priez Dieu pour leurs âmes.

Le 19 févriver 1806 est décédé Ferdinand Philippe
Bernard de Bryas, né le 21 janvier 1721,
Veuf de Charlotte Caroline de Claebses d'Hust
Fils de Charles Louis François de Bryas et

de Marie Eugénie Brigitte de Croy.
Le 17 janvier 1808 est décédé
Anne François Eugène de Bryas
Fils de Charles Louis François de Bryas
Et de dame Marie Eugénie Brigitte
De Croy, né le 16 octobre 1723.

Le 9 Janvier 1815 est décédé Charles-Eugène-Bernard de Bryas, marquis de Royon, ancien Colonel d'infanterie, né le 13 Février 1751, des feus Ferdinand-Philippe Bernard de Bryas et Charlotte-Caroline de Claebses d'Hust, épouse de Marie-Louise de Berenger.

Le 4 Décembre 1835, est décédée, agée de 79 ans Marie-Louise-Silvie de Berenger, marquise de Bryas, veuve de Charles-Eugène-Bernard de Bryas, marquis de Royon et ancien colonel d'infanterie.

INSCRIPTION DE LA CLOCHE :

Je suis à la paroisse de Royon pour appeler
les fidelles au service de Dieu nommé Brigitte
Françoise + *par Raymond François Guillaume*
de Bryas, fils ainé de haut et puissant
seigneur, comte de Bryas et + *de haute et*
puissante dame Marie Louise Sylvie de Béranger
et par Marie Brigitte Gillette Sylvie de
+ *Bryas leur fille. Je suis benitte par*
Maitre Robert Danel curé de ce lieu
anno 1784.

RUISSEAUVILLE.

Russelivilla au IX° siècle. *Rivovilla — Rochavilla,* dans les chartes — *Ruisseauville.* Ce village faisait partie du diocèse de Boulogne et du doyenné du Vieil-Hesdin ; le curé du lieu était à la nomination de l'abbé de Sainte-Marie-aux-Bois, *de Sancta Maria in nemore*, et toujours un religieux du monastère. Depuis le concordat cette localité est annexe de Canlers et du doyenné de Fruges. Elle compte à peine 240 habitants, et n'offre de remarquable que son ancienne abbaye.

Cette abbaye, nommée de Sainte-Marie-aux-Bois, parce qu'elle était construite au milieu du bois de Ruisseauville, avait été fondée vers l'an 1127 (1) par Ramelin seigneur de Fressin, et Alix son épouse, dont les descendants prirent le nom de Créquy. Cette opinion est confirmée par l'histoire d'Arrouaise qui, à la page 415, donne les lettres de Jean, évêque des Morins érigeant en 1127 la cella de Ruisseauville an abbaye. Ses principaux bienfaiteurs sont Jean, comte de Saint-Paul, avec Élisabeth sa femme, Arnoult de Renty, Hugues d'Azincourt, Galon de Bergueneuse et Adeline, femme de Gui d'Alembon.

La dotation de l'abbaye de Ruisseauville était primitivement de 1,500 mesures de terre données successivement par les seigneurs dont on a parlé plus haut. Mais cette dotation diminua peu à peu par suite des vicissitudes que cette maison eut à subir. D'après le registre de la Chambre des Comptes, l'enclos du monastère, à la date du 12 juillet 1522, ne contenait plus que 377 mesures en prairies, jardins et terres à labour. Le tout était entouré de murailles, sauf six mesures. (La mesure d'alors était de 35 ares 46 centiares.)

L'abbé prenait place aux États de la Province avec ses collègues de Clairmarais et de Blangy. En 1638, lors du siége de Saint-Omer où l'Assemblée se trouvait réunie, une susceptibilité extrême en fait de prérogatives poussa l'abbé de Ruisseauville à soulever une question de préséance qu'il retira néanmoins en voyant l'émotion qu'elle produisait dans les esptits.

De tous les bâtiments du monastère il ne reste que la ferme et quelques pans de murailles qui portent encore, çà et là l'écu armorié des bienfaiteurs.

Cette propriété vendue par l'État, fut achetée par M. Dautremer

(1) Aubert-le-Mire, Foppens, de la Plane, etc.

de Fruges qui, si l'on en croit la chronique, envoya vers 1799 à l'église de son lieu natal diverses statues qui se trouvaient dans cette abbaye. Ces statues étaient celles du Père Éternel, de la Sainte-Vierge (Assomption), des Apôtres saint Pierre et saint Paul, de saint Augustin, de sainte Monique et de douze anges de différentes grandeurs.

Il est probable que ces statues ne formaient dans l'église des moines qu'un seul groupe qu'on pouvait appeler l'apothéose ou la glorification de Marie. Réunies pour réaliser la conception de l'artiste, elles devaient être d'un excellent effet dans le chœur de l'église des religieux où elles étaient placées. C'était une œuvre du XVI° siècle.

Il y avait dans ce village un cierge fait avec des gouttes de la Sainte-Chandelle d'Arras et une confrérie de Notre-Dame-des-Ardents.

On montre encore une chape dont le chaperon reproduit le fait miraculeux de la Sainte-Chandelle d'Arras.

On voit aussi dans l'église l'ancienne chaire de l'abbaye, beau travail du XVI° siècle et une magnifique statue de marbre blanc, représentant la Vierge-Mère, tenant son fils dans ses bras. C'est l'œuvre de deux habiles artistes italiens. Elle porte cette inscription : *Antonius Tamagninus de Porta et Praxius de Gazino mediolanensis fecerunt*.

Le bénitier porte la date de 1698.

Le propriétaire actuel de l'ancienne abbaye est M. Choisnard de Boulogne qui a fondé dans le village une école de filles, dirigée par trois religieuses de la congrégation des Servantes de Marie, dont la maison-mère est à Bayonne. M. Choisnard s'est aussi montré l'un des plus généreux souscripteurs pour l'église de Fruges.

Pour compléter l'histoire de l'Abbaye de Ruisseauville, nous reproduisons ici la liste des abbés, donnée par M. l'abbé Parenty, Vicaire-général, dans les *Annales Boulonnaises*, tome second. Cette liste contient plusieurs documents importants, qui nous dispensent de traiter plus au long, dans le corps même de la Notice, de l'histoire de l'abbaye.

LISTE DES ABBÉS DE RUISSEAUVILLE.

L'église de Ste.-Marie-au-Bois ayant été donnée aux chanoines d'Arrouaise, Gervais, premier abbé de cette célèbre congrégation, fit élire, parmi ses religieux, Henri, qu'il présenta à Jean, évêque de Térouanne. Le prélat approuva cette élection par un décret daté du 12 juin 1127, à condition néanmoins que ce nouvel abbé et ses successeurs prêteraient serment d'obéissance à son siége. On voit, en effet, qu'en aucun temps la maison de Ruisseauville ne fut exempte de la juridiction diocésaine.

Henri mourut en 1142, et eut pour successeurs Fulbert et Thomas. Ce dernier souscrivit, en 1159, une charte rédigée par Fulcon, abbé d'Hasnon, concernant une concession faite à son collègue de Furnes.

On trouve, après lui, en 1163, dans un cartulaire de Marœuil, Evrard qui, sept ans après, devint général de l'ordre, c'est-à-dire abbé d'Arrouaise.

Le nécrologe cite, après lui, Matthieu de Dommart, homme de pieuse mémoire. Viennent ensuite, Foulques, Gérard, Guillaume Ier, Waltert et Étienne.

Gilles de Froideval, XIIe abbé, fit reconstruire l'église qui avait été incendiée par la foudre. Les fidèles voulurent concourir à l'érection de ce nouveau temple qui fut plus beau que l'ancien (1212). Gilles gouvernait encore en 1227. Depuis lui jusqu'à Oudart, créé par Boniface VIII, 1292, on compte neuf abbés qui sont simplement désignés ; ce sont : Hugues, Robert Ier, Guillaume II, Walter II, Guillebert de bonne mémoire, Lambert, Walbert et Pierre.

F. de Locre et Turpin placent, après Guilbert, Milon qui aurait quitté la direction du monastère pour occuper le siége de Térouanne. Nous suivrons les auteurs *du Gallia christiana* qui le désignent comme simple chanoine de Ste.-Marie-au-Bois, le font ensuite archidiacre sous son oncle Milon Ier, et enfin évêque des Morins, en 1159. On vient de voir qu'à cette époque Thomas était abbé de Ruisseauville.

Robert II, frère de Jacques, évêque de Térouanne, fut le XIII⁰ abbé. Il était né à Boulogne et avait été prévôt de l'église de St.-Martin, d'Ypres. Il acquit du seigneur de Créquy la justice de Ruisseauville et étendit la juridiction des religieux. Robert mourut vers l'an 1302, et fut remplacé par Jehan de Chauny, précédemment chanoine de l'abbaye. Ses collègues l'avaient élu, sans avoir préalablement obtenu le consentement de l'abbé d'Arrouaise. Il répara dans la suite ce défaut, de concert avec ses religieux, par une reconnaissance des droits du général et en lui demandant que l'élection fût validée. Dans les premiers temps, les élections se faisaient dans la maison-mère; ce ne fut que par tolérance qu'on permit dans la suite d'y procéder dans chaque établissement particulier, mais on ne pouvait le faire sans autorisation. Jehan de Chauny mourut en 1359.

L'historien d'Arrouaise cite, page 232, une lettre au général par laquelle les religieux lui annoncent la mort de Guillaume de Haisyval. Il n'est fait mention de lui ni dans F. de Locre, ni dans le *Gallia christiana*. Son successeur Jean Polon fit réparer les cloches du monastère et mourut en 1385.

Bauduin de Héricourt, XXVI⁰ abbé, releva le clocher de l'église ruiné par suite de la guerre; il était proche parent d'Antoine, abbé de Chocques, natif de Canlers. Ce fut lui qui, de concert avec le bailli d'Aire, fit inhumer les dix mille Français qui succombèrent le 25 octobre 1415, dans la funeste bataille d'Azincourt, à une demi-lieue seulement de Ruisseauville. Plusieurs chevaliers de la maison de Créquy, trouvés parmi les morts, furent inhumés dans l'église du monastère. Bauduin mourut lui-même un an après, et fut remplacé par Michel de la Verdure, du comté de Boulogne. L'histoire d'Arrouaise en parle au sujet d'un religieux, Nicolas de Hautpas. Il avait obtenu de son abbé la faculté de suivre à Paris son cours d'études; mais s'étant prévalu de certains priviléges de l'Université, il inquiéta ce supérieur au sujet du trousseau et de quelques autres prétentions. L'affaire s'envenima au point que l'étudiant voulut qu'elle fût vidée en justice et devant un tribunal étranger. L'abbé, dès lors, révoqua la permission qu'il lui avait **donnée et le rappela. Instruit de ce débat, le général cita les** plaignans devant le chapitre. De Hautpas s'y rendit, mais l'abbé refusa de comparaître, déclarant le religieux rebelle et apostat; celui-ci reçut une réprimande sévère, mais il obtint l'absolution des censures et la faculté de vivre dans l'Université jusqu'au prochain chapitre général, à moins qu'il n'aimât mieux se réconcilier avec son abbé.

Déposé par le roi, Michel fit place à Guillaume Gloriant, et mourut en 1460. Son successeur mérita bien de l'abbaye, qu'il administra avec sagesse jusqu'à sa mort (1476).

On trouve après Guillaume, Réginald ou Régnaud Venant, né à Avondances, village d'Artois. On le voit remplacé en 1500 par Jean de Maubailly, prieur-curé de Créquy et natif d'Azincourt. Il décora l'église et répara les bâtimens du monastère; Jean de Maubailly mourut après six ans d'une administration qui le fit regretter de ses religieux.

Hector Selingue, de St.-Omer, XXXIe abbé, était prieur-curé de Lisbourg, lorsqu'il fut choisi par ses collègues pour prendre les rênes de l'administration; il est qualifié d'homme excellent; il donna sa démission et mourut le 1er mai 1515. Son successeur fut Nicolas des Prés, de Béthune et religieux de Choques. Il gouverna seize ans (1531).

L'empereur Charles-Quint nomma peu après à Ruisseauville Philippe de Marchenelle, né à Lille, religieux du Mont St-Éloi et ex-prieur d'Aubigny. Il avait été canoniquement élu abbé du monastère dont il faisait partie, après la mort d'Antoine de Coupigny. Mais l'empereur qui, tout récemment, avait reçu de Léon X un indult qui l'autorisait à nommer aux premières dignités ecclésiastiques des Pays-Bas, regarda comme non avenue l'élection des moines, et usa de son pouvoir en faveur de Jean de Feucy, abbé d'Hénin-Liétard. De Marchenelle se vit donc forcé de céder la crosse à ce concurrent très-accrédité à la cour, et ce fut par lui que, peu après, il obtint l'abbaye de Ruisseauville qu'il gouverna l'espace de 26 ans; on lisait au bas de son portrait les deux vers suivants :

Quum caderet, studui templi reparare ruinam,
Erige plasma tuum, sis mihi vita, Deus.

Adrien de Herlin, né à St.-Pol, prit le gouvernement du monastère après la mort du précédent, et se démit, trente-quatre ans après, en faveur de Philippe de Lannoy (1590); de Herlin vécut encore près de sept ans, et fut enterré à St.-Omer au couvent des Frères prêcheurs.

L'armée du duc d'Alençon avait causé de graves dommages au monastère pendant qu'il l'administrait ; l'église avait été presqu'entièrement démolie; il déploya un grand zèle pour la rétablir.

Philippe de Lannoy, de Béthune, homme recommandable par une haute piété, vécut 88 ans, en passa 72 dans la profession religieuse, 61 dans le sacerdoce. Il était doyen de Watten depuis treize ans lorsqu'il fut appelé à Ruisseauville, qu'il dirigea l'espace de 43 ans. Cette maison fut, de son temps, entièrement détruite par des guerres presque incessantes ; il la fit reconstruire sur de nouvelles fondations. Il mourut dans les sentimens qui ne l'avaient point quitté durant sa longue vie, fit paraître une rare constance et une grande résignation dans sa dernière maladie et rendit à Dieu sa belle âme le 21 octobre 1633. (*Archives départ.*)

Le XXXVIe abbé, Jacques Cousin, de Béthune, était prieur et coadjuteur du monastère depuis plusieurs années, lorsqu'il fut élu en remplacement de Philippe de Lannoy ; il ne lui survécut pas longtemps, mourut à Aire dans la maison de refuge qu'y possédait l'abbaye, le 11 septembre 1638. Il édifia les religieux par ses vertus.

Philippe Le Roux, dont la profession religieuse est datée du 5 septembre 1622, fut élu à la place de Jacques Cousin. Réfugié à Lille, il y mourut le 9 octobre 1641, pendant le siége. Il n'avait que 37 ans ; sa mort prématurée affligea les religieux et tous les gens de bien.

Augustin Des Mons, originaire de Saint-Omer, licencié en théologie, fut nommé par Philippe IV, roi d'Espagne, le 17 février 1642. Il fit venir d'Arrouaise Nicolas, de Lille, pour enseigner et diriger les novices. Ce religieux s'incorpora à la maison par acte du 24 septembre 1669, et y obtint la charge de prieur. Des Mons fut abbé 35 ans. On le trouve remplacé en 1677 par Augustin de Neufville qui, depuis six ans, avait rempli les fonctions de curé à Ruisseauville et à Lisbourg. Louis IV confirma son élection le 1ᵉʳ novembre de cette année. Il n'avait que 34 ans ; la mort l'enleva à 40. Il était né à Gand.

Ambroise Théry, XLᵉ abbé, n'est connu que par la durée de son règne, qui fut de 15 ans. Les uns le font mourir le 18 juin, d'autres le 29 décembre 1698.

Grégoire Campion, natif d'Aire, fut élu immédiatement après ; son élection obtint la sanction royale le 1ᵉʳ janvier 1609. Une question juridictionnelle fut soulevée par l'évêque de Boulogne en 1708, au sujet des ordres conférés, sans lettres dimissoriales, à quatre religieux, par l'archevêque de Cologne, alors à Valenciennes. L'officialité les déclara *suspens par le seul fait* et irréguliers pour avoir célébré la messe après l'ordination. L'évêque de Boulogne, Pierre de Langle, homme plein de fermeté et très-attaché à l'ancienne discipline de l'Église, déclara que le pape seul pouvait lever désormais ces censures. Le souverain pontife fut effectivement consulté ; mais sa réponse ne put rassurer l'évêque de Boulogne et son officialité. On écrivit à l'archevêque de Cologne et on obtint de lui une déclaration, en date du 11 mai 1709, par laquelle il proteste qu'il n'avait ordonné ces religieux sans dimissoires que parce que ces ordinations se faisaient toujours sans contestation en Allemagne, en faveur des religieux, par suite d'un décret de Clément VIII. On reconnut dès lors qu'il y avait eu bonne foi de part et d'autre, attendu que ce décret n'avait pas été publié en France. (*Archives départementales.*)

L'abbé Campion abdiqua en 1725, en faveur d'Etienne-Marie Loiselle, l'un des religieux malencontreusement ordonnés par l'archevêque, et qui n'avait négligé aucune démarche, auprès de l'évêque et de l'officialité de Boulogne, pour sortir de cet embarras. Les actes assez nombreux qui restent de sa longue administration montrent qu'il était doué d'une grande activité dans les affaires. Il fut assez habile pour obtenir du pape Benoit XIII le droit de porter la mitre abbatiale, pour lui et ses successeurs. On ignore l'époque précise de sa mort, mais un acte de 1743 indique qu'il régissait encore alors le monastère. Loiselle était de St-Omer.

L'abbé Campion est auteur d'une histoire de la ville d'Aire, restée manuscrite et déposée aux archives départementales.

Je trouve dans l'acte de bénédiction abbatiale de Louis Février, pourvu de l'abbaye d'Auchy-les-Moines, que Jean-Marie Lonquéty, abbé de Ruisseauville, y assista comme témoin. Cette bénédiction fut faite par Mgr. de Pressy dans la chapelle de son palais, le 1er septembre 1748.

Pierre-Marie Lonquéty, fils d'un bourgeois, échevin à son tour de la ville de St.-Omer, se révèle comme abbé par un titre de 1762. Il était entré au noviciat en 1724, sous l'abbé Campion, comme on le voit par une convention du 21 septembre de cette année, concernant sa dot : elle porte l'engagement, de la part du père, de fournir une somme de 3,000 livres, le trousseau, et d'acquitter quelques autres menus frais, et, de la part de l'abbé, celui de pourvoir à l'instruction du postulant jusqu'à ce qu'il puisse être promu à la prêtrise, ce qui eut lieu trois ans après (20 septembre 1737).

Cet abbé avait été investi du pouvoir de donner à ses religieux la tonsure et de leur conférer les ordres mineurs. Lonquéty mourut en 1781. François-Joseph-Gaston de Partz de Pressy, évêque de Boulogne, rendit une ordonnance le 4 juin de cette année, par laquelle il confia l'administration provisoire du monastère, durant la vacance, au chanoine Hurtevent. Une nomination royale intervint peu après en sa faveur. On procéda à l'élection canonique qui fut présidée par Drain, abbé de Blangy, délégué à cet effet par l'évêque de Boulogne. Elle eut pour Hurtevent d'heureux résultats.

L'évêque institua ce XLIVe et dernier abbé, le 20 septembre 1781. Rien n'indique, dans les actes de l'évêché de Boulogne, que nous avons parcourus, que l'abbé d'Arrouaise ait été consulté pour cette dernière élection. Il est présumable que l'ancienne discipline avait changé sous ce rapport depuis que Charles-Quint, et ensuite les rois de France, avaient été investis du droit de nommer à cette abbaye.

Jean-Dominique-Augustin Hurtevent abandonna le monastère avec les douze chanoines dont il se composait, en 1792; on croit qu'il prêta le serment de liberté et d'égalité, et qu'il évita ainsi, avec deux de ses religieux, la déportation. On n'a pu nous faire connaître l'époque de sa mort.

SAINS-LES-FRESSIN.

Sanctum, Sains.

Si l'on admet une tradition fort ancienne, il existait à Sains un hôpital dit *des curables,* à l'époque des Croisades, et c'est de cette fondation que le village tire son nom. Ce qu'il y a de certain c'est qu'on rencontre çà et là sur le sol des vestiges d'une vaste construction.

Cette terre appartenant au domaine de Créquy, dépendait au VII° siècle de l'abbaye de Sainte-Berthe de Blangy.

Avant 1789, un religieux de Douriez venait plusieurs fois l'année dire la messe dans l'église de Sains-les-Fressin, pour satisfaire, croit-on, à l'une des charges imposées aux religieux du monastère par la famille des Créquy.

A cette époque, Sains avait pour annexe Avondances, il faisait partie du diocèse de Boulogne et du doyenné de Vieil-Hesdin; l'abbé de Saint-Jean-au-Mont-lez-Thérouanne avait la nomination du curé.

Depuis 1801 cette paroisse a pour annexe Torcy; elle est du diocèse d'Arras et du doyenné de Fruges dont elle est distante de 10 kilomètres; elle a 226 habitants; saint Jacques en est le patron.

L'église vendue et rachetée par un habitant du village au moment de la Révolution, fut rendue à la commune. On y a fait successivement des travaux de restauration et d'amélioration; on a reconstruit la sacristie, rendu aux fenêtres leur forme primitive, et consolidé le clocher. On n'a pas non plus négligé l'ornementation intérieure.

SENLIS.

Kemlis, Kemmélé en 961. — *Senlis.*

Cette terre qui relevait de la châtellenie de Lisbourg, avec dépendance du comté de Saint-Pol, a donné son nom à une illustre famille connue dès le XIV° siècle, et alliée aux maisons d'Averont, d'Habarcq et de Renty. Elle a aussi donné un abbé au monastère de Beaulieu et un chevalier de l'ordre du roi.

Ses derniers représentants vendirent la terre de Senlis, le 28 février 1600, à Pierre, seigneur de Tramecourt, dont les descendants la possédaient encore en 1789. (*Arch. de Tramecourt.*)

En 1757, M. le marquis de Tramecourt possédait à Senlis, des droits seigneuriaux estimés 270 livres (rôle des 20mes).

Avant la révolution, Senlis formait un vicariat d'Hézecques ; le vicaire nommé par l'évêque de Boulogne y résidait habituellement. Il était du doyenné de Bomy, et avait pour patron, comm^e aujourd'hui, Notre-Dame.

Après le concordat de 1801, le village devint annexe d'Hézecques, mais il fut érigé en succursale, le 6 janvier 1869, bien qu'il n'ait que 222 habitants. Il fait partie du doyenné de Fruges dont il est à 4 kil.

L'église de Senlis est une des plus remarquables du pays au point de vue de l'art architectural. Son portail et sa voûte font l'admiration des connaisseurs, mais elle a besoin de restauration. Vendue pendant la révolution, elle fut rachetée et rendue au culte par M. Jean-Baptiste Cousin, propriétaire de l'endroit.

TORCY.

Torchi, Torsy, Torcy.

Torcy, est placé sur un des affluents de la Canche, à 10 kilomètres de Fruges.

Torcy était une des pairies de la terre de Créquy dont elle fut démembrée, comme Royon, en 1250, et portée au milieu du XIVᵉ siècle, dans la famille de Biécourt qui la possédait encore en 1474.

Elle passa depuis dans celle de Noyelles. Philippe-François de Noyelles, Anne-Catherine de Roosebeck, son épouse et Charles-Maximilien de Noyelles, son neveu, la vendirent le 26 août 1728 à Charles-Joseph-Barthélemy Moullart, seigneur de Villemarest. Cette terre appartient encore à ses descendants. Elle était estimée 70 livres au rôle des vingtièmes en 1757. (*Archives départementales.*)

En octobre 1738, des lettres-patentes portent confirmation de l'ancienne érection de la terre et seigneurie de Torcy en baronnie en faveur de M. Charles-Joseph Moullart, seigneur de Villemarest-Torcy. (*Dix-huitième rég. des commiss. Arch. dép.*)

Avant 1789, Torcy formait le secours de Créquy, et faisait partie du diocèse de Boulogne et du doyenné de Fauquembergues. Depuis le concordat, ce village est annexe de Sains-lez-Fressin ; il compte 284 habitants et a pour patron saint Éloy.

L'église, dont le portail est du style de la Renaissance, a été restaurée par les curés qui se sont succédé à Sains.

VERCHIN.

Wercinium en 638, *Verokinium* en 920, *Verchin*.

Verchin est situé non loin du point de jonction des deux voies romaines de Thérouanne à *Helenum* (Vieil-Hesdin) et du septemvium (Zoteux) à *Tervanna* (St.-Pol).

La cure était à la nomination de l'abbé de Dommartin de St.-Josse-au-Bois, diocèse d'Amiens, qui la faisait desservir par un de ses religieux auquel on adjoignait un vicaire du clergé séculier. Les droits de patronat appartenaient au comte de St.-Pol. Dès le XVIᵉ siècle la dîme rapportait 1500 livres au curé et le casuel était considérable pour le temps. Le vicaire tenait l'école et vivait pauvrement de la rétribution scolaire et d'une minime part au casuel.

Depuis le rétablissement de l'évêché de Boulogne en 1559, cette paroisse faisait partie de ce diocèse et du doyenné de Bomy. Elle était avant cette époque dans la circonscription de l'évêché de Thérouanne. Après le concordat de 1801, elle appartint au diocèse d'Arras et au doyenné de Fruges. Elle ne compte que cinq cents et quelques habitants, et néanmoins elle possède depuis longtemps deux écoles, l'une de garçons tenue par un instituteur laïque, l'autre de filles placée sous la direction des Sœurs de la Providence de Rouen, dont la fondation est dûe en grande partie à la générosité des Châtelains.

On lit dans Malbrancq qu'une jeune anglaise quitta son pays, au commencement du IXe siècle, pour conserver le vœu de virginité qu'elle avait fait, et vint se réfugier à Verchin où elle se mit au service du Seigneur, appelé transaquaire, parce qu'il habitait au-delà de la rivière.

Frappée de la modicité des revenus du curé, Mérence, c'était le nom de la jeune personne, pria son maître de lui abandonner une portion de terre inculte. Le châtelain lui permit de s'approprier l'espace que deux chevaux pourraient labourer en un jour. Mérence les conduisit si bien, dit la tradition locale, qu'ils labourèrent trois arpents ou mesures qui produisirent de belles moissons qu'on fit entrer dans la grange du curé. Ces trois mesures de terre furent dans la suite des siècles appelées les trois mesures de Ste Mérence et appartinrent à la cure de Verchin jusqu'à la Révolution.

La même tradition nous apprend que la première église construite dans cette localité remonte au VIe siècle, et que le ciel intervint pour en désigner l'endroit ; il n'y a de ces faits aucune preuve historique. Toutefois on a retrouvé dans le village des débris d'église beaucoup plus anciens que l'église actuelle construite en 1605.

Cette église n'a qu'une nef, mais elle est d'une riche architecture ogivale. Les voûtes, les culs-de-lampe, les pinacles ou clochetons, des contreforts sont d'un travail remarquable. Elle est bâtie en pierre blanche du pays et dans un état de parfaite conservation. La tour quadrangulaire élevée en 1630, est soutenue par quatre contreforts, dont les pinacles sont très-ornementés.

Vendue 100 fr. en 1793 à un habitant de Montreuil qui se proposait de la démolir, elle fut rachetée 500 fr. par un propriétaire du village. Le châtelain, M. de Wandonne en fit l'acquisition en 1816, et elle appartient aujourd'hui aux héritiers de cette famille.

On voit dans cette église quelques tableaux sur bois qui ne sont pas sans mérite, et plusieurs statues également en bois d'un assez bon travail, entre autres un Christ au tombeau de grandeur naturelle, et autour du tombeau sept personnages : Joseph d'Arimathie, St-Jean et les saintes femmes qui préparent les parfums pour ensevelir le Sauveur, un *Ecce homo* assez grand, et diverses scènes de la passion sculptées sur chêne en forme de bas-relief encadré.

L'abbaye de Dommartin inféoda en 1319 ses rentes de Werchin à Witasse d'Offay, chevalier, seigneur de Belloy. L'abbé de Ruisseauville, le curé de Verchin et le seigneur étaient décimateurs chacun pour un tiers. L'abbaye d'Auchy avait aussi une dîme et divers biens à Verchin. (*Cartul. d'Auchy*.)

La terre de Verchin, tenue en deux fiefs de la châtellenie de Lisbourg avec haute justice, fut érigée en pairie le 4 mars 1495, par la comtesse de St-Pol. Trente-sept fiefs en relevaient. Elle appartenait aux XIIe et XIIIe siècles, à une branche cadette des châtelains de Lens, et passa successivement dans la maison d'Hézecques, de Magnicourt, du Wez, dit de Guînes.

La maison de Tramecourt posséda cette terre par le mariage de Françoise du Wez, dame de Verchin, Sautricourt, le Bailly avec Jean, seigneur de Tramecourt. Ses descendants ont eu, depuis lors, leur entrée aux États d'Artois par leur terre de Verchin, et en possèdent encore aujourd'hui l'ancien domaine.

M. Warnier de Wailly, héritier de M. de Wandonne de Monthurel, habite aujourd'hui sa propriété qu'il a fait restaurer avec beaucoup de goût.

Le château de Verchin est une construction moderne, placée dans un site délicieux, au milieu de belles prairies, arrosées par des eaux vives qui jaillissent de toutes parts au fond de cette charmante vallée.

VINCLY.

Venchy, Vinchy.

Ce village dépendait de la Régale de Thérouanne, dès le XIVe siècle. La Lys coule au bas de la côte où il est bâti.

Cette terre a été unie à celle d'Allouagne, érigée en marquisat en octobre 1676, en faveur de Jean-Baptiste d'Assigny, marquis d'Allouagne. (Pouillé de Boulogne.)

Avant 1789, Vincly formait une paroisse du diocèse de Boulogne et du doyenné de Bomy, à la nomination du marquis d'Allouagne, à cause de l'*advouerie* de Thérouanne ; (Pouillé de Boulogne), ayant comme aujourd'hui pour patron saint Thomas de Cantorbéry. Elle avait en fonds de terre des revenus qui suffisaient abondamment aux frais du culte.

En 1793 l'église fut vendue ; mais un habitant la racheta et la rendit à la commune. Les vases sacrés et l'ameublement furent sauvés du vandalisme révolutionnaire, à l'exception des deux cloches qu'on conduisit à la fonderie nationale.

En 1801, Vincly devint annexe de Matringhem, fit partie du diocèse d'Arras et du doyenné de Fruges, dont il est distant de 7 kilomètres.

On a fait à l'église de grandes restaurations, et l'on a bâti une sacristie. Ces travaux furent payés à l'aide des allocations de la commune et des dons des particuliers.

Au plus fort de la Révolution, sept prêtres demeurèrent cachés dans une maison de ce petit village, qui compte maintenant 268 habitants.

Il y a, au hameau d'Escoufflans, une petite chapelle de la Sainte-Vierge qui, de temps immémorial a été l'objet d'un culte particulier. On y vient en pèlerinage des villages voisins, surtout pendant la neuvaine de la fête de la Nativité où la messe y est dite tous les jours.

ADDITIONS ET RECTIFICATIONS A LA NOTICE SUR MATRINGHEM.

Inscriptions existant dans la sacristie qui était autrefois la chapelle Sainte-Anne et servit de sépulture à la fondatrice.

1re inscription : Scy gist le corps de noble demoiselle Denise le Mor eagé de   ans, en son vivant femme à Jean d'Aix escuier, seigneur de Tilloy en partie, D^{lle} de Matringhem fondatrice de l'église et particuliérement de cest chapelle laquelle décéda le   jour du mois   l'an mil six cent
Priez Dieu pour son âme.

En tête est gravé un écusson en forme de losange, parti au premier de trois merlettes (qui sont d'Aix) et au second d'une tête de More surmontée d'une fleur de lys au pied coupé.

2° inscription gravée sur pierre bleue scellée dans le mur. (Voir le texte, page 165.)

INSCRIPTION DE LA CLOCHE :

L'AN 1783, J'AI ÉTÉ BÉNITE ET NOMMÉE MARIE LÉONARDE PAR NOBLE SEIGNEUR GEORGES LÉONARD BONAVENTURE DE TRAMECOURT, SEIGNEUR DE TRAMECOURT ET NOBLE DAME MARIE-ANNE-JOSÈPHE DE NÉDONCHEL, DAME DE CE LIEU DE MATRINGHEM, SA MÈRE. JACQUES VAINET, CURÉ DE MATRINGHEM.

Au-dessous se trouve un double écusson aux armes de Tramecourt et de Nédonchel, surmonté d'une couronne de marquis et ayant deux lions pour supports.

L'Abbé ROBITAILLE.

CANTON
D'HESDIN

AUBIN-SAINT-VAAST.

1042. — Albiniacum, *Gallia Xna*, t. X, col. 284.
1123. — Albin, *Cop. du Cart. de Saint-Josse-sur-Mer*, p. 97.
1153. — Albin, *P. C. de Dommartin*, f° 47-48.
1167. — Albin, *Arch. du Pas-de-Calais, Titres de Saint-André-au-Bois*.
1269. — Obin, *C. de Saint-Sauve*, T. I, f° 205.
1271. — Albin, *Invent. de Godefroy*, T. I, n° 425.
1553. — Aubin, *Chron. de Ledé*.
1650. — Obin, Jansson, *loc. cit.*
1656. — Aubin, Sanson, *loc. cit.*
1793. — Aubin-Marat.

On a souvent confondu la paroisse d'Aubin-Saint-Vaast avec celle de Saint-Aubin, annexe d'Airon-Saint-Vaast, au doyenné de Montreuil. La charte du mois de juillet 1123, par laquelle l'évêque d'Amiens confirme les possessions de l'abbaye de Saint-Josse-sur-Mer, les distingue parfaitement : *altaria de Albin et de Sancto Albino.* (*C. de St-Josse-sur-Mer, loc. cit.*)

L'abbé de Saint-Josse nommait à la cure d'Aubin mais la dîme, qui rapportait 390 livres, au début du dernier siècle, se partageait entre les abbés de Saint-Riquier, de Saint-Sauve et la dame de Sailly. (DARCY, *loc. cit.*, t. II, p. 149.)

Le comte Robert d'Artois possédait à Aubin un moulin qu'il céda, au mois de février 1269, aux religieux de Saint-Sauve, en échange de 500 anguilles de redevance annuelle et de quelques rentes. Deux ans après, la transaction intervenue entre ce prince et le comte de Saint-Pol attribuait à celui-ci la haute justice au village d'Aubin. (*C. de Saint-Sauve*, f° 205.)

Le dix-neuvième abbé de Saint-André-au-Bois, Jehan Leclerq,

(1388-1408), était d'Aubin. Les Prémontrés y avaient une dîme et, chaque semaine, ils donnaient 24 pains aux pauvres d'Aubin et de Bouin.

L'église possède une relique de Saint Aubin, évêque d'Angers, dont l'office est fixé au 1er mars dans les anciens bréviaires du diocèse d'Amiens. Cette relique est exposée, chaque année, à la vénération des fidèles qui viennent en pèlerinage pendant la neuvaine. On invoque Saint Aubin pour obtenir la guérison des enfants valétudinaires.

Hameau. — *Saint-Vaast.*

1079. — Dumvethest, *C. imp. d'Auchy*, p. 18.
1120. — Domvethest, *Ibidem*, p. 35.
1231. — Domvest, *Ibidem*, p. 140.
1239. — Saint-Vees, *Ibidem*, p. 157.
1257. — Donveest, *Ibidem*, p. 194.
1587. — Saint-West, *Ortelius, loc. cit.*
1608. — West, *Quadum, loc. cit.*

En 1420, Charles le Bon, comte de Flandre, confirme aux religieux d'Auchy les donations que leur a faites Enguerran, comte d'Hesdin, et, entr'autres, l'autel de Saint-Vaast. Saint-Vaast est attribué à l'Artois dans l'enquête de 1239.

L'église de Saint-Vaast a été construite au XIIe siècle. Le portail est à voussures ornées de triples colonnettes qui supportent un nombre égal de cintres décorés de riches moulures. La partie supérieure de la nef et le clocher ont été renouvelé au XVIIe siècle

Archéologie. — L'église d'Aubin a été rebâtie : le chœur en 1617 et la nef en 1727. On a découvert, il y a une vingtaine d'années, en extrayant de la tourbe, des constructions en briques qui paraissent provenir d'un souterrain établi sous la vallée.

BOUIN.

1248. — Boin, *Grand Cart. de Dommartin*, p. 211.
1257. — Boyn, *C. imp. d'Auchy*, p. 195.
1370. — Bouin, *C. de Montreuil*, p. 91.
1507. — Bovyn, *Bouthors*, loc. cit.

Parmi les hommes de fief du chevalier Hugues d'Oissencourt, figure en 1248 Baudouin de Bouin qui approuva une donation faite par lui à l'abbaye de Dommartin. (*G. C. de Dommartin*, loc. cit.

La seigneurie de Bouin, possédée au dernier siècle par la famille Blin de Bourdon, appartenait auparavant à celle de Renty. Noble homme Jehan de Renty en fit rédiger la coutume, le 22 septembre 1507. Cette coutume comprend 4 articles. Le troisième stipule qu'il est interdit aux étrangers de faire paître leurs bestiaux dans le marais de Bouin. Les vassaux du seigneur de Bouin ont seuls ce privilège, encore ne peuvent-ils y envoyer les pourceaux et les moutons sous peine de 60 sols parisis d'amende. (BOUTHORS, *loc. cit. T. II, p. 642.*)

L'église de Bouin, autrefois annexe d'Aubin, a été érigée en succursale en 1824.

ARCHÉOLOGIE. — L'église, construite en 1779, est en briques avec encadrements de pierres; c'est une nef de petite dimension, terminée par l'abside qui sert de chœur.

BRÉVILLERS.

1079. — Bleirvileir, *C. imp. d'Auchy*.
1112. — Bleirvileir, *Ibidem*.
1123. — Blevileir, *Ibidem*.
1219. — Blevillers, *Ibidem*.
1587. — Bienvillers, *Ortelius*, loc. cit.
1608. — Bienvillers, *Quadum*, loc. cit.
1650. — Bienvillers, *Jansson*, loc. cit.
1656. — Brevillers, *Sanson*, loc. cit.
1730. — Brévillers, *Darsy*. loc. cit.

La commune de Brévillers est la moins importante du canton. Le comte Enguerran d'Hesdin, fondateur de l'abbaye de Saint-Silvin-d'Auchy, accorda aux religieux l'autel et le cimetière de Brévillers. Le prieur de Saint-Georges, qui desservait jadis cette église, la céda au curé de Capelle à une époque indéterminée. Elle est dédiée à saint Firmin.

M. de Pignerolie, maire de Brévillers, a fait élever dans son parc une chapelle en l'honneur de Notre-Dame de Lourdes. Cette chapelle, solennellement bénite le 7 octobre 1872 par Monseigneur Lequette, évêque d'Arras, est déjà l'objet d'un pèlerinage très-fréquenté. A peu de distance, se trouve une grotte qui rappelle aux fidèles le célèbre sanctuaire des Pyrénées.

Avant les travaux des dernières années, l'église était basse, à peine éclairée et couverte en tuiles. On vient d'en restaurer la charpente selon les dispositions anciennes du XIII° siècle. Le chœur et le clocher ont été renouvelés.

CAPELLE.

1079. — Capella. *C. imp. d'Auchy.*
1112. — Capella. *Ibidem.*
1239. — Capella. *Ibidem.*
1301. — Capella. *Pouillé du diocèse d'Amiens.*
1587. — Chapelle. *Ortelius, loc. cit.*
1608. — Capele. *Quadum, loc. cit.*
1650. — Cappelle. *Jansson, loc. cit.*
1730. — Capelle-en-Artois, *Darsy, loc. cit.*

Malbrancq pense que les premières maisons de ce village se sont groupées autour d'une chapelle que le père de sainte Austreberte bâtit en l'honneur de la Mère de Dieu.

Au nombre des cures données à l'abbaye de Saint-Silvin-d'Auchy par le comte Enguerran d'Hesdin, figure Capelle avec son cimetière et les localités qui en dépendent : « *Capella et atrium et membra illi pertinentia, scilicet Moncels, Gisni, Caisnoit parvum.*

Aux termes de la déclaration que M° Louis Camus, desservant de Capelle, rédigea le 4 mai 1739, le revenu de la paroisse était de 460 livres, 7 sols; y compris 35 livres de casuel et 79 livres de fondations. La fabrique possédait 89 mesures de terre à Fillièvres et 102 mesures, en plusieurs pièces, au terroir de Capelle. Ces biens ont été aliénés par la nation le 14 pluviôse et le 7 frimaire, an III. (*Arch. du Pas-de-Calais, titres de la fabrique, 1647 à 1776.*)

La seigneurie de Capelle, confondue dans celle du Maisnil, a longtemps appartenu à la famille de ce nom. En 1370, Colard du Maisnil en détacha une partie au profit de Noël le Sot; en 1465 un de ses descendants la vendit à Hues Paillet. Elle fut depuis à Philippe de Labroye, lieutenant du bailli d'Hesdin et à Jehan de Bournonville, acquéreur en 1494. Enfin elle passa aux seigneurs de Regnauville, de la maison du Bois de Fienne qui la possédaient encore au XVIII° siècle. (*Note de M. le comte de Galametz.*)

En 1758, les habitants de Capelle maraudaient dans les bois de Lambus, à tel point que l'abbé de Dommartin dut porter plainte à Arras. La maréchaussée arrêta cinq hommes et cinq femmes qui furent condamnés à deux ou à cinq années de bannissement. Les juges placèrent les bois sous la sauvegarde des habitants de Capelle, de Brévillers et de Guisy, les déclarant solidairement responsables des dégâts que l'on y commettrait à l'avenir; cette mesure produisit un effet salutaire, et les bois furent à peu près respectés. (*Chron. de Dommartin.*)

Capelle était le chef-lieu de l'un des douze cantons du district de Montreuil sous l'empire de la constitution de l'an III. Ce canton comprenait les communes du canton actuel d'Hesdin, sauf Cavron, Contes, la Loge et Wambercourt.

HAMEAU. — *La Malemaison*, ferme ayant appartenu au prieur de Saint-Georges. Elle s'élevait, dit-on, sur l'emplacement d'un ancien château-fort qui servait de limite à la province d'Artois.

L'abbaye de Dommartin y possédait une pièce de terre nommée

le *Sart Herbert* qui rapportait annuellement deux muids de blé, mesure d'Hesdin.

ARCHÉOLOGIE. — L'église (vocable Saint-Vast) date du XV° siècle, excepté la partie supérieure de la nef qui a été reconstruite en 1739. Le chœur est vraiment remarquable. Il est éclairé par de grandes fenêtres à triples meneaux avec encadrements artistement fouillés. C'est un beau spécimen de l'architecture ogivale tertiaire ; et l'on a réussi, dans une restauration récente, à harmoniser l'intérieur de l'édifice et son mobilier avec le style de la construction.

Les familles Ducloy, Jacquemont du Donjon et de Locher avaient leur sépulture dans l'église de Capelle.

L'inscription de la cloche rappelle le nom de messire Gilles de Fiennes, seigneur de Regnauville, Hestroye, Capelle et autres lieux.

CAUMONT.

1143. — Kaumont, *P. C. de Dommartin*, f° 18, r°.
1148. — Calmont, *C. imp. d'Auchy*, f° 57.
1153. — De Calvo Monte, *P. C. de Dommartin*, f° 42, v°.
1167. — Calmunt, *Arch. du Pas-de-Calais. Titres de St-André*.
1202. — De Calido-Monte, *Ibidem*.
1224. — Calmont, *C. de Valloires*, f° 93.
1231. — De Calido Monte, *C. imp. d'Auchy*, f° 142.
1250. — Caumont, *Polypt. de Dommartin*.
1587. — Caumont, *Ortelius, loc. cit.*
1608. — Caumont, *Quadum, loc. cit.*
1618-1654. Caumont, *Arch. du Pas-de-Calais. Titres originaux*.
1730. — Caumont-en-Artois, *Darsy, loc. cit.*

Le village de Caumont, situé à l'extrémité du canton d'Hesdin et de l'arrondissement de Montreuil, est entouré de coteaux boisés et traversé par le cours d'eau qui prend source à Fontaine et qui se jette dans l'Authie, à Tollent.

Cette pairie du château d'Hesdin a donné son nom à une famille d'origine chevaleresque, mentionnée au cartulaire de Saint-Sauve dès 1148, en la personne de Ursus de Caumont qui souscrivit la charte du comte Bernard d'Hesdin. (*Voir l'art. Cavron*). Il assista, ainsi que ses frères Guy et Henri, aux principales donations qui enrichirent les Prémontrés de Dommartin. Leurs lettres sont empreintes des sentiments les plus bienveillants à l'égard des moines; et, si Henri de Caumont, époux d'Eremburge, se permit de protester contre les libéralités de son beau-frère, Hugues de Beaurain, il s'empressa de réparer ses torts. 1167. (*Archives du Pas-de-Calais, titres de St-André.*)

Hugues de Caumont, chevalier, seigneur de ce lieu et de Beauval, avait de nombreux vassaux non moins généreux que lui. Faisaient-ils une aumône, que de suite il la ratifiait et s'engageait à en assurer l'exécution. Souvent même, il ajoutait à leurs libéralités : ainsi, en 1292, il fonda à Queux la chapelle de Saint-Nicolas de Rapoy, qu'il dota généreusement. Cette chapelle existait encore à la fin du XVIIe siècle ; la nomination du chapelain appartenait aux seigneurs de Caumont qui exerçaient le même droit pour les chapelles de Notre-Dame d'Erquières, de Saint-Nicolas en l'église de Caumont et de la Sainte-Trinité au donjon du château ; toutes trois établies et amorties par leurs ancêtres, aux termes d'un aveu du 15 janvier 1403. (*Arch. du Pas-de-Calais. Titres de la baronnie de Caumont et C. imp. d'Auchy*, f° 87 et suiv.)

Hugues de Caumont scellait les actes d'un sceau de cire rouge qui le représentait à cheval, armé de toutes pièces, avec la légende :

† SIGILLVM HVGONIS DE CALTMONT.

(*C. imp. d'Auchy*, f° 75).

M. de Belleval attribue à la famille de Caumont un écusson de gueules semé de croix recroisetées, au pied fiché d'or, à trois molettes d'éperon de même. Il donne Guy pour successeur à messire Hugues ; mais il omet Baudouin de Caumont, vivant en 1273 et transigeant à cette époque avec l'abbé d'Auchy, relativement à la pêche de Grigny. (*C. imp. d'Auchy*, f° 229).

Mentionnons encore le chevalier Baudouin, dit l'ermite de

Caumont, qui fut assiégé avec les sires de Craon et de Boucicault dans le château de Romorantin et obligé de rendre sa vaillante épée au prince Noir (septembre 1355), et nous arrivons à Hugues de Caumont, chevalier, dont la fille unique s'est alliée à messire Guy de Rely qui donna main levée du quint de Tortefontaine, le 15 janvier 1376. (*Arch. du Nord, fonds Dommartin*).

Emond d'Abbeville, sire de Boubers, Domvast et Frencq, épousa alors Jeanne de Rely, dame de Caumont, et devint possesseur de cette terre, que sa fille, Jeanne, porta dans la maison de Melun, par son mariage avec messire Jean de Melun, vicomte de Gand, seigneur d'Antoing, d'Epinoy, chevalier de la Toison d'Or et connétable de Flandre (5 avril 1421). (P. ANSELME, *Grands officiers de la Couronne*, t. V, f° 229 et seq.)

Le grand nom de Melun se retrouve constamment sous notre plume. Nous l'avons salué en visitant les églises de Brimeux et d'Hubersent ; celle de Caumont redit encore la munificence de ces puissants princes d'Epinoy, chez lesquels *prouesse et bon renom* étaient de tradition.

Voici successivement qualifiés seigneurs de Caumont : Jean I, Jean II et François de Melun, puis Hugues, qui perdit la vie dans un combat livré sur les bords de l'Authie, le 13 août 1553 ; puis Maximilien, dont le cœur fut rapporté dans les caveaux de l'église où l'on a découvert, en 1839, une boîte en plomb qui affectait la forme d'un cœur et portait cette inscription :

ICHI EST LE CŒUR DE HAULT
SEIGNEUR MESSIRE MAXIMILIEN DE
MELUN, CHEVALIER VICOMTE DE
GAND, BARON DE CAUMONT, SEIGNEUR
DE HEBUTERNE, BUSQUOI, ETC, GOUVER-
NEUR DES VILLE ET CITÉ D'ARRAS
ET CAPITAINE D'UNE COMPAGNIE
D'ORDONNANCE, DÉCÉDÉ ANNO 1572,
AGÉ DE 45 ANS, SANS POSTÉRITÉ.

Hyppolite-Anne de Melun, dame de Caumont, épousa messire

Philippe, prince d'Aremberg et duc d'Aarschot, chevalier de la Toison d'Or. Leur fille, Claire-Eugénie, veuve du prince de Chimay, possédait des biens très-considérables en Artois et dans le Hainaut. Ces biens furent ruinés par les guerres de Flandre et une requête que la princesse adressa au roi d'Espagne, nous apprend, en ce qui concerne la baronnie de Caumont, que « la suppliante n'a pas reçu quinze mille florins, depuis le commencement des hostilités, d'où il est facile, ajoute-t-elle, de considérer les pertes qu'elle a souffertes ; oultre ce que les ennemys *ont faict saulter et entièrement démoli le château dudict Caumont qui estoit très-beau et spacieux*, et ce à cause que le gouvernement espagnol d'Hesdin y mettoit ordinairement quelque garnison, laquelle faisoit de grands ravages en France, *lequel château ne scauroit estre remis en l'estat qu'il estoit pour cent mille florins !* »

Philippe II fit droit à ces justes réclamations et lorsque la princesse se vit obligée d'aliéner la nue-propriété de la baronnie de Caumont au profit de son frère le prince Philippe-François d'Aremberg, il consentit à lui remettre la moitié du droit seigneurial qui était, comme on le sait, le quint ou cinquième du prix de la vente. 12 juin 1654.

La baronnie de Caumont, tenue du roi *en une pairie et demie*, à cause de son château et bailliage d'Hesdin, s'étendait sur les territoires de « Caumont, Chiriennes, Coquissart, Haulteville hors de la loi et banlieue de Caumont, la Fosse, Fontaine et Erquières, une partie de Tollent et Labroye, avec bois, terres labourables, prairies, moulins, dîmes, terrages, arrière-fiefs, cens et rentes foncières et seigneuriales. » Le prix était de 80,000 florins.

La sœur aînée de la princesse d'Aremberg, Anne de Melun, avait épousé le duc Alexandre de Bournonville. Leur fils, usant du droit de retrait lignage, rentra en possession de la terre de Caumont vendue par sa cousine germaine (sentence du 8 février 1658). Le Père Anselme n'a pas eu connaissance de ces faits que nous avons pu rétablir à l'aide des titres de la châtellenie de Caumont déposés aux archives du Pas-de-Calais.

L'arrière petite-fille du duc de Bournonville, Angélique-Victoire de Bournonville, s'est mariée le 5 janvier 1706 avec Jean de Durfort, duc de Duras, qui devint ainsi seigneur de Caumont. (*Voir l'art. Labroye.*)

Le château fort de Caumont était situé près de la place du village. Il ne reste plus que les caves et quelques ruines échappées à la destruction, et entre autres les piles d'un pont qui était jeté sur la *Fontaine riante*.

Hameaux et lieux-dits. — *Coquichart*. — Le Polyptique de l'abbaye de Dommartin cite au nombre des vassaux de cette église : messires Henri de *Cokessart* et Guy de *Cokessart* (1252).

Le Château Sarrasin et *le Château des Templiers*. — Une tradition, que nous ne pouvons justifier, attribue aux Templiers la construction de ces forteresses qui s'élevaient au milieu des bois de Caumont.

Hauteville. — Hameau sur la route d'Abbeville à Hesdin.

La Maïeurerie. — *La Maladrerie*. — Cet établissement, bâti sur la route d'Abbeville au Vieil-Hesdin, a été jadis doté de revenus importants par les seigneurs de Caumont. Une ordonnance royale, du mois de mars 1697, réunit les biens des maladreries de Caumont, de Gennes et de Labroye à l'hospice d'Auxi-le-Château. Un décret du 7 février 1850 rendit à chacune des communes l'administration de ces biens, et le bureau de bienfaisance de Caumont jouit maintenant de 1050 francs de rente.

La Chapelle de sainte Reine. — En 1717, le sieur Parmentier fit élever cette chapelle en reconnaissance de la guérison miraculeuse que sa fille avait obtenue par l'intercession de sainte Reine.

Archéologie. — L'église venait d'être reconstruite au moment de la Révolution. Un habitant du pays s'en rendit alors acquéreur et démolit le chœur et la toiture. Il ne resta que les trois nefs et la tour que l'on a restaurées en 1827. Les nefs s'arrêtent à la limite de l'ancien chœur qui était très remarquable. On y voyait un tableau de maître, qui représentait l'Ascension de Notre-Seigneur et la statue de la Vierge qui orne actuellement le maître-autel. Sous le clocher se trouve une pierre tombale en marbre de

Tournai qui mesure 2 mètres de longueur sur 85 centimètres de hauteur. Cette pierre, qui servait autrefois de rétable à l'une des chapelles latérales, est ornée de quatre arcatures qui abritent des personnages agenouillés et présentés par leurs patrons à la Sainte Trinité qui occupe le fronton du bas-relief.

Voici l'inscription qui a été relevée par M. l'abbé Laurent, ancien curé de Caumont :

EN CESTE CHAPELLE GIST NOBLE
ET PUISSANTE DAME, MADAME JEHENE
DAME DE RELLI ET DE CAUMONT,
FEME ET ESPOUSE DE NOBLE ET PUISSANT
SEIGNEUR MOS. EMOND D'ABBEVILLE
SEIGNEUR DE BOUBERCH ET DE DONVAST
DE FRENOY ET DE BLEQUIN, CY
REPRÉSENTÉ. LAQUELLE DAME TRESPASSA L'AN 1420.
CY SONT REPRÉSENTÉS NOBLES ET PUISSANTS
SEIGNEURS ET DAME JEHAN DE MELUN
CHASTELAING SEIGNEUR D'ESPINOY, CONNESTABLE
DE FLANDRES ET DEMOISELLE JEHENE
D'ABBEVILLE, DAME DES LIEUS DESSUS DICTS,
SA FEME ET ESPOUSE, FILLE DESDICTS
MSS. EMOND ET DEMOISELLE DE RELLI,
LESQUELS SEIGNEUR ET DAME D'ANSTOING
FEIRENT FAIRE, FONDER ET AMORTIR
CESTE CHAPELLE EN L'AN MIL CCCC.
PRIES POUR LES AMES DICEULX ET DE
TOUS TRESPASSÉS.

Inscription de la cloche :

A LA GLOIRE DE DIEU ET DE LA SAINTE TRINITÉ.
ALEXANDRINE JE FUS NOMMÉE PAR TRÈS-HAUT ET
TRÈS-PUISSANT SEIGNEUR, MONSEIGNEUR ALEXANDRE
DUC ET PRINCE DE BOURNONVILLE, COMTE DE HENIN,
MARQUIS DE RICEBOURG, BARON DE CAUMONT,

SEIGNEUR DU PAYS DE TAMISE ET AUTRES LIEUX,
CHEVALIER DE LA TOISON D'OR, MARÉCHAL GÉNÉRAL
DES ARMÉES DE S. M. IMPÉRIALE, DE SON CONSEIL
SUPRÊME DE GUERRE, GENTILHOMME D'HONNEUR
DE SA CHAMBRE, CAPITAINE GÉNÉRAL DE CATALOGNE,
PAR LES SOINS DE JEAN-FRANÇOIS SAGEBIEN,
SEIGNEUR DE MONCHAUX, INTENDANT DE
LA MAISON DE BOURNONVILLE ET GRAND
BAILLY DE CAUMONT. 1682.

Ecusson de Bournonville :

De sable au lion d'argent couronné d'or.

CAVRON-SAINT-MARTIN.

1000. — Caveronis villa, *Hennebert*, t. I, f° 330
1143. — Sanctus-Martinus-de-Caveron, *C. de Saint-Sauve*, t. II, f° 1.
1148. — Villa Cawronis, *Hennebert, loc. cit.*
1263. — Caveronium, *C. de Saint-Sauve*, f° 8.
1307. — Caveron, *ibid.*, f° 70.
1312. — Kaveron, *Aveu Maintenay.*
1587. — Caveron, *Ortelius, loc. cit.*
1656. — Caveron, *Sanson, loc. cit.*
1779. — Cavron-Saint-Martin, *Terrier appartenant à M. Lion.*

Peu de temps après la fondation de la ville de Montreuil, des moines et des laïques bretons, qui fuyaient l'invasion des Normands sous la conduite d'un évêque nommé Clément, vinrent demander l'hospitalité au comte Helgaud. Celui-ci les reçut très-courtoisement et leur donna la terre de Cavron, en toute franchise, afin que les religieux vécussent des revenus et que les laïques pussent y habiter. Cavron est donc, au moins en partie, une colonie de Bretons.

L'abbaye de Saint-Sauve ne jouit pas toujours en paix du

domaine de Cavron. Les nobles ses voisins et les habitants de la localité lui suscitant mille tracasseries, l'abbé Rameric réclama la protection du comte Alulfe d'Hesdin, le plus grand seigneur de la contrée. Il le constitua l'avoué, c'est-à-dire le défenseur de son monastère, et une charte de l'an 1000 nous apprend à quelles conditions :

En retour de la protection qu'il accorde aux religieux, le comte peut exiger, chaque année au mois de mars, douze journées de corvée à Hesdin de tout propriétaire de manoir, les hommes de fief et les meuniers de l'abbaye exceptés. De plus, il lui est dû : 5 deniers, une mine d'avoine et une poule. Celui qui possède seulement la moitié d'un manoir devra six journées, 5 oboles, une quarte d'avoine et une poule. Les cottiers sont tenus à trois journées et tous sont passibles de 3 sols d'amende pour l'omission d'une corvée. Enfin, ils fourniront en cas de guerre quatre écuyers à la solde du comte. La charte de Rameric était sur parchemin fort, avec sceau de cire blanche représentant Alulfe à cheval, équipé de pied en cap. Les Bénédictins de Montreuil l'ont communiquée à l'historien Hennebert et aux auteurs du *Gallia Christiana* qui l'ont publiée.

Au siècle suivant, le comte d'Hesdin, Bernard, ratifia solennellement les engagements souscrits par son aïeul. L'abbé Eustache promit de respecter toujours et partout les droits que les ancêtres du comte exerçaient à Cavron. La confirmation de ces priviléges, ratifiée par la comtesse Mathilde et par son fils, eut lieu en présence de l'évêque de Thérouanne et des abbés d'Anchin, d'Auchy, de Blangy, du prieur de Saint-Georges ; plusieurs religieux de Saint-Sauve et les vassaux de Cavron y assistèrent. 1148. (HENNEBERT, *Hist. gén. de la prov. d'Artois*, t. I, pag. 330 et seq.)

Le fils de Bernard ne paraît pas lui avoir succédé et, bien qu'il soit question, dans plusieurs auteurs, d'un Evrard, dernier comte d'Hesdin, les comtes de Flandre s'emparèrent alors de ce domaine. Ils se plurent à imiter la protection que leurs prédécesseurs avaient constamment accordée aux vassaux de Cavron. Ils les exemptèrent du droit d'étalage au marché d'Hesdin et les affranchirent du tonlieu.

Le 10 septembre 1470, messire Jean de Lannoy, seigneur d'Amereaucourt, lieutenant général de la châtellenie d'Hesdin, permit de couper, tous les huit ans, *la haie de Vaux ;* ce que Philippe le Bon avait plusieurs fois refusé, car cette haie était nécessaire à la conservation des « bêtes rouges qui peuplaient la forêt. » (*C. de Saint-Sauve*, t. I, p. 264.)

L'abbé de Saint-Sauve nomma d'abord à la cure de Cavron. Mais par suite d'une transaction avec Colart de Sains, seigneur de Cavron en partie, le droit de présentation appartint alternativement à l'un et à l'autre.

Colart de Sains avait une part considérable de la seigneurie. Jean de Sains, dit l'Aigle, époux de Jeanne de Belleforière, eut une fille, Jeanne, mariée, par contrat du 3 novembre 1497, à Jacques de Bueil, chevalier, comte de Sancerre et échanson du roi Charles VIII.

Le Père Anselme ajoute que Bonne de Sains, dame de Cavron, s'allia à Nicolas de Bossut, seigneur de Longueval, et que cette terre forma la dot de leur fille Madeleine, lors de son mariage avec Jacques de Monchy, seigneur d'Inxent.

Robert de Monchy, capitaine de cinquante hommes d'armes, en servit aveu le 18 juin 1604. (P. ANSELME, *loc. cit.*, t. VII, pag. 559 et 851.)

M. Lion a publié un extrait du terrier de la baronnie de Cavron qui fût dressé en 1778 et en 1779 par Jacques François Devis, arpenteur juré de la province. (*La Picardie*, t. XIX, p. 486).

Ce terrier comprend 2,002 articles. On y lit le détail des possessions de l'abbaye. L'article 167 porte que les religieux ont « un château avec cour et bâtiment contenant sept verges tenant en tous sens au *crocq Saint-Valois* ». Le *crocq Saint-Valois* rappelle l'origine du village primitivement habité par les Bretons qui ont apporté à Montreuil les précieuses reliques de ce saint abbé de Landeveneuck.

Deux fiefs nobles relevaient directement de la baronnie de Cavron : le fief de la *Mairie* tenu par 60 sols parisis de relief et le tiers de chambellage ; celui de *Hurenville*, par 30 sols parisis de relief, 15 sols de chambellage, avec service de plaids en la cour de Cavron.

Ils appartenaient à M⁰ Jean-Baptiste Joseph de Hanon, écuyer, seigneur de la Buscaille et autres lieux, du chef de sa mère, dame Marie-Thérèse de Cornaille, dont la famille les possédait depuis longtemps.

Le chef-lieu du fief de la *Mairie* aboutit à la ruelle qui va d'Aubin à Fressin. Le seigneur de la Buscaille y excerce la justice vicomtière. Il a le droit de constituer bailli, lieutenant et sergent pour maintenir ses droits et il perçoit les amendes de 60 sols parisis et au-dessous. Il a four, colombier « tor et verard » etc., et les tenanciers de Saint-Sauve lui doivent un lot sur chaque tonneau de bière ou de vin qu'ils débitent dans le village.

Le fief de *Hurenville* entraîne les mêmes prérogatives que celui de la Mairie, excepté, toutefois, le droit perçu sur les boissons.

La coutume particulière de Cavron, rédigée le 21 août 1507, contient 8 articles écrits sur 3 pages en parchemin par Nicolas de Bours, lieutenant-ès-lois, seigneur de Ivregny et de Montfelon, bailli de l'abbaye de Saint-Sauve : on paiera 4 deniers pour emmener un cheval hors de la commune et 2 deniers pour emmener une jument (art. 4 et 5).

Les marayeurs, qui vendent ou étalent du poisson, doivent un denier « ponr chascune chevallée » et une obole pour « chascun fais à teste » (art. 6).

Le relief dû aux religieux de Saint-Sauve est fixé au double du fermage ou de la rente. (BOUTHORS, *loc. cit.* p. 615.)

HAMEAU. — *Saint-Martin*.

ARCHÉOLOGIE. — L'église, qui date du XV° siècle, a été bâtie en forme de croix latine, avec des matériaux qui proviennent d'une construction plus ancienne. Le chœur et les chapelles latérales sont voûtées. Un petit clocher avec flèches en charpente à huit pans a été ajouté en 1700. Parmi les statues anciennes qui ornent le sanctuaire, on remarque une Vierge à la chaise du XIV° siècle.

CHÉRIENNES.

1153. — Chiriene, *P. C. de Dommartin, passim.*
1656. — Ceriennes, *Sanson, loc. cit.*
1670. — Cheriaine, *Arch. du Pas-de-Calais, titres de la fabrique de Caumont.*
1689. — Ceriaine, *Pouillé du diocèse d'Amiens.*
1704. — Cheriane, *Boubert, Chronique.*
1772. — Chirienne, *Pouillé du diocèse.*

Le 2 septembre 1704, mourait au Val-Restaud un religieux profès de l'abbaye de Saint-André-au-Bois, le père Nicolas Wautisset, natif de Chériennes. Il avait un talent remarquable pour catéchiser les enfants et instruire le peuple. Boubert raconte qu'il fit bâtir, au lieu de sa naissance, une chapelle dont il obtint l'autorisation d'être le premier desservant. Cette autorisation de l'évêque d'Amiens, en date du 17 novembre 1670, porte que le prêtre « exercera les fonctions de son ministère, mais qu'il ne fera aucune bénédiction de pain ni d'eau, ni aucune chose préjudiciable aux droits du curé de Caumont. » (*Arch. du Pas-de-Calais, titres de la fabrique de Caumont*). Avant cette époque, Chériennes n'avait donc pas d'église. Le concordat en a fait une paroisse, et l'on a ajouté une nef à l'ancienne chapelle.

HAMEAU. — *Aboval*, hameau situé sur la route d'Abbeville au Vieil-Hesdin. Pierre, seigneur d'Aboval, est cité au *G. C. de Dommartin*, en juin 1262.

Le *Bois-Bernard*. Toujours d'après la tradition, les Templiers ont eu jadis un établissement au Bois-Bernard.

ARCHÉOLOGIE. — A l'est de Chériennes, et dans la direction de Fontaine-l'Etalon, on trouve fréquemment des haches en silex poli.

CONTES.

1230. — Contes, *C. imp. d'Auchy*, p. 142.
1234. — Contes, *Charte orig.*, Arch de *Beaurainville*.
1249. — Contes, *Arch. du Pas-de-Calais, Titres du prieuré de Beaurain.*
1587. — Contes, *Ortelius, loc. cit.*
1600. — Contes, *Quadum, loc. cit.*
1656. — Comtez, *Sanson, loc. cit.*

Le chemin de Montreuil à Hesdin passait non loin de la forteresse de Contes qui était abritée par d'épaisses forêts et environnée de vastes fossés que l'on remplissait des eaux de la rivière.

On rattache généralement à la famille de Créqui les premiers possesseurs de Contes. Ils apparaissent, à la fin du XIIe et dans le cours du XIIIe siècles, avec la qualité de chevaliers. L'un d'eux, Jehan, époux d'Agheline, est cité parmi les principaux bienfaiteurs de l'abbaye de Saint-André-au-Bois, à laquelle il donne le tiers de la dîme sur 600 journaux de ses domaines (1222). Ses fils, Guillaume, Henri, Eloi et Eustache, jaloux d'associer leurs noms à la fondation de la chapelle de Contes, renoncent, la même année, aux deux autres tiers, et il résulte de cet acte, que les moines ont primitivement exercé les fonctions de chapelains de Saint-Légèr. (*L. R. de Saint-André*, t. I. f° 171).

Au mois de juillet 1249, Eloi de Contes, chevalier, cède au prieur de Beaurainville, les menues dîmes qu'il percevait sur le territoire de Beaurain, moyennant une redevance annuelle et perpétuelle de 16 muids de blé. (*Arch. du Pas-de-Calais, Titres du prieuré, orig.*)

Nous retrouvons Henri et Eloi au mois de septembre 1249 et, en 1253, Jacquemets, sire de Contes, ayant acheté de Baudouin, les terres et seigneurie de Maresquel, voulut contester à l'abbé Hugues de Fruges la pêche de la rivière de Canche, que les religieux avaient fort anciennement obtenue des châtelains de Beaurain. On en référa à la cour de leur successeur, Baudouin de Créqui, qui réunit ses pairs le jour de saint Pierre. Ces pairs étaient : Jehan de Brimeu, Guillaume Longue-Epée, Gilles de Marles, Adam de Gyemes, Nicolas de Ricquebourg, Jehan de Fruges, Jehan Lorisse, Jehan de Lisle, Thomas de la Porte, Hues Lorisse, Pierre de Longvilliers, Adam de Hautecloque et Jehan de Buimont, bailli de Beaurain. Ils reconnurent le droit des moines depuis les écluses, vers Bureuilles, jusqu'à l'extrémité des prés, du côté de Ricquebourg. (*Ibidem*, f° 286.)

A Jacquemets, succéda Baudouin de Contes qui fut inhumé dans l'église du prieuré de Beaurainville en 1325. (*Généal. de Créqui*). La seigneurie de Contes se perpétua dans sa maison jusqu'à messire Renaud qui périt à la bataille d'Azincourt et dont l'unique héritière, dame Catherine, épousa Jehan de Fromessent.

Ils eurent deux fils, Jehan et David. On lit dans les mémoires de Du Clercq qu'un gentilhomme boulonnais, nommé Jehan de Fromessent « qui estoit riche de 3,000 florins de rente » servit dans la joute qui eut lieu à Bruges, à l'occasion du mariage du duc de Gueldre, et qu'il lutta avec le sire de Renty : « or, il advint, entre plusieurs coups, que les jousteurs faillirent un coup de asseurer l'ung l'aultre, pourquoi ils se désarchonnèrent de leurs lanches, dont l'une des lanches queit (tomba) sur les liches qui estoient de bois dont l'un des bouts de lanche saillist (sauta) sur la teste dudict Jehan de Fromessent et le navra (blessa) un peu par semblant à la teste et ne sembloit guères de chose à luy ny aux aultres ; mais toutes fois six heures après il mourust dudit coulp, de laquelle mort chascun fust desplaisant (triste) et mesmement le seigneur de Croy et son fils. Lequel seigneur de Croy feit le lendemain faire son serviche, et moult solennel, ou feurent la pluspart des seigneurs de la cour. » (JACQUES DU CLERCQ, *Mémoires*, t. IV, f° 19.)

Jehan de Fromessent ne laissait pas d'enfants. Sa sœur, Bonne, dame de Contes, Maresquel et autres lieux, s'allia à Messire Jean de Crecques ou de Crésecques. Leur fille, Jeanne, porta ces vastes domaines dans la maison de Croy, par son mariage avec Jean, premier seigneur du Rœulx et châtelain de Beaurain, qui les transmit à ses descendants (1450).

Le compte des revenus de la châtellenie de Beaurain, dressé en

1521, nous apprend que la seigneurie de Contes, tenue du roi par 30 sols parisis de relief et 15 sols de chambellage, rapportait 945 livres, 19 sols, 7 deniers, soit environ 2,970 francs de notre monnaie. Elle donnait droit de justice vicomtière. (*Arch. du Pas-de-Calais, liasse de Beaurain.*) A cette époque, le château de Contes n'était plus habité. Les Croy passaient leur vie au milieu des camps ou à la cour des ducs de Bourgogne, et lorsque les comtesses de Rœulx venaient de temps à autre visiter leur terres de la vallée de Canche, elles résidaient toujours à Beaurain. On entretenait, cependant les fortifications en bon état de défense.

Les Bourguignons occupaient Contes en 1551 et faisaient lourdement peser leur domination sur les pays environnants qu'ils ravageaient et ruinaient sans merci, tandis que le comte de Rœulx s'emparait par surprise de la ville d'Hesdin, la veille de la Saint-Jean.

C'est alors (1552) que les Français vinrent en grand nombre attaquer le château de Contes. La place, vaillamment défendue et nouvellement restaurée, ne résista point au feu de douze pièces de canon qui « battirent sy furieusement les murailles qu'ils y feirent grande bresche ». Les assiégeants, « ayant fait couler l'eau des fossés dans la rivière, par une saignée à la digue », livrèrent un assaut dont les Espagnols ne purent soutenir le choc et la plupart succombèrent dans la mêlée. Ceux qui cherchèrent le salut dans la fuite périrent en traversant la Canche (LÉDÉ, *Chronique de Saint-André.*) Les flammes eurent bientôt dévoré l'antique forteresse et la pioche des Français acheva l'œuvre de l'incendie. C'était une construction très-allongée avec des angles irréguliers garnis de grosses tours. (*Voir l'art. Beaurainville, cant. de Campagne.*)

Nous avons dit que les religieux de Saint-André décimaient sur une partie du territoire. Le chapelain de Saint-Léger jouissait également d'une branche de dîme. La chapelle de Saint-Léger, ancienne chapelle castrale érigée dans l'église paroissiale, était à la nomination de l'évêque de Boulogne. Ce bénéfice, qui rapportait 100 livres et qui obligeait à la célébration de quelques messes chaque semaine, tomba en commande. M. l'abbé Mantel, curé de

Contes, a pu retrouver dans les archives de la paroisse les noms de quelques-uns des titulaires :

>Antoine Disque, 1674
>Pierre Nayet, 1674-1678.
>François Nayet, 1678-1683.
>Pierre Paperot, 1683-1695.
>Philippe Enlart, 1695-1704.
>Jean Germain, 1704-1725.
>Jacques Cusson, 1725-1740.

Le curé de Contes, adressant à l'évêque de Boulogne un rapport détaillé sur l'état de sa paroisse en 1726, signale l'existence de deux ermites qui habitaient l'*ermitage* : le plus ancien se nomme frère Sébastien Douchard et le plus jeune, qui est mort le 17 juillet 1725, se nommait frère Martin Blond; ils menaient l'un et l'autre une conduite édifiante.

Le 27º abbé de Saint-André-au-Bois, Jehan de Montfélon, est aussi appelé Jehan de Contes. (1451-1474.)

La famille de Contes, qui a encore des représentants, est issue d'une branche cadette de cette antique maison.

ARCHÉOLOGIE. — L'ancienne église de Contes, réparée en 1699 aux frais de l'abbaye de Saint-André, était une pauvre construction dépourvue d'architecture. Les cloches avaient été bénites le 25 octobre 1665 par l'abbé Lédé. (*Chron. de Saint-André.*)

La nouvelle église est dans le style du XIIIᵉ siècle. On y remarque un triptyque qui représente la Flagellation ; c'est une peinture flamande qui paraît remonter au XVIᵉ siècle.

GUIGNY.

1079. — Gisni, *C. imp. d'Auchy*, f° 16 à 20.
1153. — Gisni, *P. C. de Dommartin*, f° 67 v°.
1252. — Gisni, *Polyptique de Dommartin*.
1276. — Guisni, *C. Imp. d'Auchy*. p. 254.
1608. — Gugny, *Quadum loc. cit*.
1656. — Gingny, *Sanson, loc. cit*.
1697. — Guigny, *Titres de l'abbaye d'Auchy*.

Une charte de l'année 1276, relative à une rente due à l'abbaye d'Auchy sur le terroir de Guigny, nous fait connaître les noms des hommes de fief du comte d'Artois à cette époque, savoir : Willaume, chevalier, sire de Longvilliers ; Enguerran, chevalier, sire de Montcavrel ; Robert, chevalier, sire de Flomermont ; Enguerran, chevalier, sire de Fromessent ; Jehan de Haravesne ; Jehan de Conchi, Baudouin de Caumont, chevaliers ; Jehan du Bos, Jehan de Wamin, etc.... (*C. d'Auchy loc. cit.*)

Laurent de Hardenthun, seigneur de Guigny et Jeanne d'Azincourt, sa femme, fondèrent la chapelle castrale de Guigny au mois de mai 1349. La dotation se composait de biens situés à Rollencourt. Leurs descendants fournirent plusieurs officiers distingués à la cour de Bourgogne et, entre autres, Robert de Hardenthun, seigneur de Guigny, grand panetier des ducs, tué à la bataille de Nicopolis en 1396. Ils s'allièrent aux familles du Mesnil-les-Hesdin, de la Motte-Buleux, de Tramecourt, et s'éteignirent vers 1480. Nicole de Hardenthun, épouse de Jean le Febvre de Saint-Remy, dit le Gallois, acheta la terre de Guigny à son frère, messire Antoine de Hardenthun, le 24 juin 1472.

Après eux, Guigny passe à Nicolas de Saint-Remy (1501), puis à Adrien de Saint-Remy, enfin à Catherine de Saint-Remy, qui épousa en premières noces Robert d'Ailly, chevalier, et en secondes noces, messire Jean de Calonne d'Alembert, avec lequel elle vendit le château et la seigneurie de Guigny en 1560 aux du Bois de Fienne, de la branche des seigneurs de Regnauville. Il existait aussi à Guigny un fief *du Donjon* possédé au XV° et au XVIᵉ siècles par la famille le Coulon, et au XVIIIᵉ siècle par les Jacquemont.

Il se faisait anciennement à Guigny un commerce de toiles très-important.

GUISY.

1650. — Guisy, *Jansson, loc. cit.*
1656. — Guisy, *Sanson, loc. cit.*

Suivant une pieuse tradition, saint Thomas de Cantorbéry séjourna à Guisy pendant son exil en France ; il aurait même dit la messe dans l'église de cette paroisse qui possédait encore à l'époque de la Révolution le calice dont l'illustre archevêque martyr s'était servi pour célébrer les saints Mystères.

La cure de Guisy, actuellement annexe d'Huby-Saint-Leu, était autrefois indépendante. Les religieux d'Auchy y cueillaient une branche de dîme que le comte Enguerran d'Hesdin leur avait accordée au moment de la fondation de l'hôpital du Mesnil en 1214. Ceux de Saint-Sauve y possédaient divers immeubles qui relevaient de la baronnie de Cavron. (*Cart. d'Auchy et de Saint-Sauve.*)

On conserve à Guisy un missel de 1682, remarquable édition de Plantin dont le premier feuillet porte cette mention : *Ex ecclesia santi Thomæ martyris de Guisi.*

ARCHÉOLOGIE. — L'église fut reconstruite en 1791. C'est un édifice en pierres blanches de la plus grande simplicité.

HESDIN.

I.

L'histoire de la ville d'Hesdin n'est plus à faire ; MM. Mondelot Vincent et M. l'abbé Fromentin l'ont traitée avec talent. Nous nous bornerons à résumer les travaux de ces laborieux écrivains, en les complétant par les documents que M. Clovis Normand a bien voulu nous communiquer.

La ruine du Vieil-Hesdin, ordonnée par Charles-Quint, laissait la frontière d'Artois désarmée devant les attaques incessantes des garnisons françaises de Montreuil et d'Abbeville ; c'est pourquoi l'empereur ordonna de fonder une ville nouvelle sur l'emplacement du Maisnil, petit village situé au confluent de la Canche et de la Ternoise.

Philibert-Emmanuel de Savoie, chargé de tracer l'enceinte des fortifications, s'aida des conseils de Sébastien d'Oia et de son fils, architectes fameux, et il activa tellement les travaux que l'automne de l'année 1554 vit achever les cinq bastions destinés à défendre la place d'*Hesdinfert*. A l'Est, elle était protégée par la dérivation de la Canche qui suivait alors le périmètre occupé depuis par le chemin couvert des glacis. Le sixième bastion, celui du marquis, ne fut achevé qu'en 1593.

Le duc, pour s'attribuer l'honneur de la nouvelle fondation, ajoutait au nom de la ville les lettres symboliques de la maison de Savoie. La syllabe *fert* est composée des premières lettres de la devise : *Fortitudo ejus Rhodum tenuit*, qui rappelait la valeur des ancêtres de Philibert-Emmanuel au siége de Rhodes.

Philippe II donna des statuts destinés à maintenir « bonne justice et police ». La charte qu'il octroya en mars 1562, comprend 23 articles, qui garantissaient aux habitants les priviléges dont jouissaient ceux du Vieil-Hesdin. Un mayeur et sept échevins, renouvelés ou continués chaque année par le gouverneur, administreront la cité et rendront la justice sous l'autorité du bailliage ;

ils s'assembleront dans le palais que la reine de Hongrie a jadis construit au Maisnil.

L'empereur exige que les maisons soient bâties sur-le-champ et alignées d'après certains réglements, dont on ne peut s'affranchir sous peine de confiscation ; il ne veut plus de terrains vagues dans l'intérieur de la place ; puis, afin de « rendre ses sujets tant plus prompts et volontaires à chercher demeure et résidence en sa dicte ville», il les affranchit des impôts pendant vingt années. Il autorise, outre les marchés hebdomadaires, la création de douze francs marchés et de deux grandes foires ; il s'engage à rendre l'accès de la ville moins difficile, surtout en hiver ; il promet l'établissement d'un hospice etc., etc....

Beaucoup de familles des environs vinrent se fixer à Hesdin, attirées par ces nombreux avantages, et plus encore peut-être par le site agréable de la ville. Au témoignage d'un auteur contemporain, les jardins et les riantes prairies, les chemins plantés d'ormeaux et les cours d'eau dont elle était environnée, en faisaient un séjour délicieux.

Le 7 mai 1563, le premier gouverneur, Antoine de Helfaut, installa l'échevinage, et deux ans après il posa solennellement la première pierre de l'église paroissiale. Messire Bernard de Bryas, comte de Royon, successeur du marquis de Roubaix et troisième gouverneur, assista, le 25 août 1585, à la bénédiction de cet édifice par l'évêque de Saint-Omer, monseigneur Jean Six.

Les guerres qui ont signalé le règne de Philippe II et dont le théâtre s'éloignait parfois de l'Artois, ne laissèrent pas d'exercer une influence considérable sur les destinées de la ville d'Hesdinfert, que ce prince fit augmenter et dont il compléta les fortifications en 1593.

Philippe mourut à Madrid, le 13 septembre 1598. Sa mort entraînait la ruine de cette grande monarchie espagnole à laquelle il n'avait pu assurer la domination universelle, malgré ses innombrables armées et tout l'or du Nouveau-Monde. Après lui, la princesse Isabelle-Claire-Eugénie, épouse de l'archiduc Albert d'Autriche, gouverna les Pays-Bas. Personne n'ignore que le règne des archiducs (1598-1621) fut une époque de grande prospérité, pendant laquelle les gouverneurs Antoine de la Cocquelle et Eustache de Gruson ne négligèrent rien de ce qui pouvait embellir la ville d'Hesdin ou améliorer le sort des habitants.

Ils encouragèrent la fondation d'un couvent de Récollets et favorisèrent l'établissement des Jésuites. Leur administration fit aimer le souverain, et lorsque l'Artois retourna à l'Espagne, à la mort de l'Archiduc, le 13 juillet 1621, l'empereur Philippe IV put croire que sa domination s'exercerait longtemps encore sur cette riche province.

Nous voici arrivés à l'époque mémorable où la politique du cardinal de Richelieu engage la longue lutte qui doit aboutir au traité des Pyrénées et rétablir l'équilibre européen en abaissant la Maison d'Autriche. L'importance d'Hesdin ne peut lui échapper.

Le grand-maître de l'artillerie, M. de la Meilleraye, vient l'investir, le 19 mai 1639, avec vingt-cinq mille hommes de pied, sept mille chevaux et trente pièces de canon. Le comte de Hanapes y commandait en qualité de gouverneur.

Les tranchées, commencées le jour même, furent poussées activement, et dès le 25 trois batteries ouvraient un feu incessant, auquel l'artillerie de la place répondait presque sans interruption. Le chevalier de Ville a publié le récit exact et détaillé des opérations du siége. On y trouve jour par jour le bulletin des hostilités, avec la description du camp et le plan des lignes d'attaque. Il nous fait assister aux différentes phases de ce siége, resté justement célèbre dans nos annales militaires.

La lutte était véritablement acharnée. De part et d'autre on attachait un grand prix à la possession du boulevard de l'Artois, et si l'attaque se montrait héroïque, la défense ne lui cédait en rien. « Le canon tiroit sans intermission, les grenades voloient sans cesse, les feux d'artifice éclairoient la campagne et rendoient la nuit plus claire que le jour ».

Les régiments de Champagne et de Piémont se couvrirent de gloire et les sorties de l'ennemi demeurèrent impuissantes. Enfin, le 29 juin, après quatre jours de pluies torrentielles et de tempêtes qui n'avaient pas ralenti les travaux des mines et des tranchées, la Meilleraye se disposait à tenter un assaut général, sous les yeux du roi, lorsque le comte de Hanapes envoya un tambour pour demander que l'on cessât le feu. Il manquait absolument de poudre et il offrait de se rendre. Le roi, parti de Montreuil le jour même, arriva au camp fort à propos pour régler les articles de la capitulation, dont voici les principales dispositions :

« Les gens de guerre sortiront avec armes et bagages, tambour battant, enseignes déployées, le lendemain matin, 30 juin, à une heure précise, et seront conduits en toute sûreté par des compagnies françaises jusqu'à Béthune, par le plus court chemin, en un ou deux jours.

« Les malades et les blessés qui seront transportables, seront conduits sur des chariots ; les autres seront soignés jusqu'à entière guérison.

« Les abbés d'Auchy-les-Moines, de Dommartin, de Saint-André-au-Bois, de Blangy, de Ruisseauville, tous réfugiés à Hesdin avec le prieur de Saint-Georges, seront maintenus dans la jouissance de leurs biens, de leurs abbayes et prieurés, avec tous les priviléges, franchises et exemptions dont ils ont toujours joui, de même que les couvents des Récollets et ceux des religieuses.

« Les curés des villages voisins pourront retourner librement en leurs maisons, sans crainte d'être inquiétés, et leurs meubles et immeubles seront pleinement sauvegardés.

« Tous ceux qui resteront dans la ville d'Hesdin prêteront serment de fidélité au roi de France.

« Les officiers du bailliage continueront d'administrer la justice jusqu'à ce qu'il soit pourvu à leur remplacement.

« Tous ceux qui voudront quitter la ville, seront libres de le faire et auront deux mois pour disposer de leurs biens par vente ou autrement.

« S'il se trouve dans la ville quelque Français qui ait porté les armes contre son roi, le gouverneur s'engage à le dénoncer, comme aussi à faire connaître les mines pratiquées sous la ville ou dans les fortifications, et à livrer les armes et les munitions de guerre, ainsi que les archives du bailliage. »

Le 20 juin, le défilé des Impériaux commença à l'heure indiquée. Le comte de Hanapes, vieillard de quatre-vingts ans, qui souffrait encore d'une blessure causée par un éclat de bombe, se faisait porter en litière. Arrivé devant le roi, il le salua très-respectueusement, et lui dit qu'il s'estimait heureux de remettre les clefs de la ville à un si grand monarque.

« Monsieur, lui répondit Louis XIII, vous avez si bien défendu Hesdin, que le roi votre maître doit être content de vous. »

La prise d'Hesdin était un grand événement, dont le roi se montra fort joyeux. Il y entra par la brèche et remit le bâton de maréchal à la Meilleraye, en le félicitant publiquement de ce brillant succès ; puis on se rendit à l'église pour le chant du *Te Deum*, et le roi retourna à Montreuil, laissant le gouvernement de sa conquête au marquis de Bellebrune, homme affable qui mérita l'estime de tous, et dont le neveu, M. de la Rivière, remplissait les fonctions de major. Nous verrons comment l'ambition et les mauvais conseils d'un officier subalterne valurent à la Rivière une triste célébrité.

Bellebrune étant mort à Paris le 16 février 1658, Mazarin donna le gouvernement de la place au comte de Moret. Le capitaine Balthazar de Fargues, qui était accouru pour solliciter cet emploi au profit de M. de la Rivière, son beau frère, ne dissimula point son dépit et quitta Paris la rage dans le cœur, jurant que tôt ou tard il s'emparerait du poste qu'il n'avait pu obtenir en faveur de son parent.

Il revint donc à Hesdin, bien résolu à lever l'étendard de la révolte. Il entraîna facilement la Rivière, et tous deux, forts de l'appui du maréchal d'Hocquincourt, prirent les mesures les plus énergiques afin d'assurer le succès de leur coupable entreprise. Ils promettent honneurs et fortune aux officiers qui acceptent leurs vues ambitieuses ; ils éloignent les autres sous de vains prétextes, et gagnent les troupes de la garnison par une augmentation de salaire.

Le prince de Condé, récemment passé au service de l'Espagne, encourage cette odieuse trahison, et quand le comte de Moret se présente pour prendre possession de son gouvernement, Fargues lui refuse l'entrée de la ville, et menace de faire feu s'il ose approcher des murailles.

Alors les fortifications sont mises en état de défense ; le mayeur Séguin est jeté dans les fers ; les Jésuites et toutes les personnes suspectes sont expulsés ; la retraite des bourgeois est sonnée à trois heures en hiver, à cinq heures en été.

Nous n'en finirions pas s'il nous fallait énumérer les mesures de rigueur édictées par les traîtres, qui allèrent jusqu'à transférer le marché au dehors de la ville pour empêcher les soldats du roi d'y pénétrer à la faveur de déguisements. La potence était dressée en permanence, et les moindres infractions à la discipline se punissaient de mort.

Fargues négociait en même temps avec l'Espagne, et s'engageait à livrer Hesdin au prince de Condé. Une armée de sept à huit mille hommes, commandée par le comte de Boutteville, les sires de Persan, de Mailly, de Guitaut et autres officiers qui suivaient la fortune du vainqueur de Rocroy, vint camper au village d'Huby-Saint-Leu, entre les deux bras de la Canche. La droite s'étendait jusqu'au moulin de Marconnelle. Mais, dans la crainte de compromettre l'indépendance absolue qu'ils entendaient conserver, les dictateurs hesdinois tinrent les portes constamment fermées, et ne permirent l'entrée de la ville qu'à un très-petit nombre de soldats.

Le 19 mai 1658, ils se crurent perdus. Louis XIV, suivi d'une nombreuse armée, accompagné de la cour et du cardinal Mazarin, quitta Montreuil de bon matin et fit halte à Saint-André. Tandis qu'il s'y repose, beaucoup de paysans viennent à passer avec des bêches ; le souverain leur demande où ils se rendent : « Nous allons, répondent-ils, travailler aux ouvrages du roi. » Celui-ci de sourire.

On croyait effectivement au siége d'Hesdin, et Fargues activait les préparatifs de la défense ; mais le roi, qui prévoyait une longue résistance et qui avait hâte d'attaquer Dunkerque, se contenta de passer sous le feu de la place. Une décharge d'artillerie faillit atteindre son carrosse.

Le lendemain, Louis XIV s'éloignait dans la direction de Saint-

Omer et Fargues, enhardi, recommençait ses courses et ses déprédations. Il s'empare de la forteresse de Boufflers et ordonne la démolition des châteaux de Fressin, de Rollencourt, de Beaurain, de Montcavrel, de Labroye. La Tour du Vieil-Hesdin, les clochers de Fillièvres, de Saint-Georges, de Sains-les-Fressin, subissent le même sort. Si celui de Saint-André, plusieurs fois menacé, est finalement épargné, c'est grâce aux lourdes contributions que l'abbaye s'engage à payer.

Bientôt l'audace des rebelles ne connaît plus de bornes : ils s'attaquent aux villes du voisinage et occupent, presque sans coup férir, celle de Saint-Pol. Moins heureux dans leurs expéditions par de là l'Authie, ils échouent devant Abbeville et ne parviennent pas à triompher de la résistance des habitants de Saint-Valery.

Enivré par la réussite vraiment inespérée de ses plans, Fargues ne se hâta pas de livrer aux Espagnols la place dont il avait déjà reçu le prix.

Toutefois, l'astucieux gouverneur n'eut garde de rompre complètement avec Condé, et il sut se ménager, dans le traité des Pyrénées, une clause qui accordait une amnistie en faveur des révoltés d'Hesdin ; aussi, lorsque l'intendant d'Ormesson eut fait son entrée solennelle dans cette place, le samedi 4 mars 1660, Fargues et ses complices se retirèrent-ils où bon leur sembla.

La remise d'Hesdin aux mains du roi de France, fut pour les villes et les campagnes du voisinage le signal de réjouissances publiques où éclata l'allégresse la plus vive. A Amiens, des feux de joie accueillirent la bonne nouvelle d'une paix tant désirée. Abbeville, qui avait été trois fois l'objet des attaques de Fargues, organisa de bruyantes démonstrations dont Loret nous a laissé le récit :

> Hesdin, place dont les remparts,
> Pourraient étonner les Cézars,
> Et tout-à-fait bien située,
> Fut, mercredy, restituée
> Avec canons et magazins,

Dont joyeux furent les voizins,
Soit village, bourgade ou ville,
Et surtout celle d'Abbeville
Qui se mit tellement en frais
Au temps qu'on publia la paix,
Que jamais, le peuple fidelle
De cette ville, bonne et belle,
Dans le jour le plus éclatant,
N'en a fait la moitié dautant,
En festins et réjouissances,
Musiques, carillons et dances..... etc.....

On consultera utilement pour la révolte de Fargues : l'*Almanach d'Artois*, année 1764; — A. Janvier, *Récits picards*, p. 222; — la *Relation manuscrite de Prévost d'Essart*, à la Bibliothèque de Boulogne, ainsi que les *Mémoires de Saint-Simon*, ceux *de Monglat*, ceux *de d'Ormesson ;* les *Lettres de Gui Patin* et la *Gazette de Loret*.

Le maréchal de Créqui reçut le gouvernement de la ville (1660). Il l'exerçait encore quand Balthazar de Fargues paya ses prodigieux forfaits du dernier supplice. Le roi ne pouvait atteindre le révolté ; la paix des Pyrénées désarmait sa justice : mais il poursuivit l'intendant et lui demanda compte des « crimes de péculat, larcins, faussetés, abus et malversations qu'il avait commis dans la fourniture des pains de munition à la garnison d'Hesdin et aux troupes de passage. »

Reconnu coupable par les juges du présidial d'Abbeville, cet homme, naguère si puissant, fut pendu comme le dernier des misérables sur la place Saint-Pierre, dans la nuit du 27 mars 1665.

La relation manuscrite citée par M. Fromentin indique la date du 17 mars : c'est évidemment une erreur, puisque l'arrêt précise le 27 et que cette date figure dans les lettres de Gui Patin et dans le journal de d'Ormesson.

La paix de Nimègue ayant définitivement réuni l'Artois à la couronne (1679), l'histoire militaire d'Hesdin est terminée, et le rôle des gouverneurs devient désormais très-secondaire. Ces gouverneurs ont été, après le maréchal de Créqui : MM. de Villeman, Charles de Calonne, marquis de Courtebourne, 1687 ; de la Motte du Tronquoy, 1695 ; Louis de Cardevacque, marquis d'Havrincourt, 1710.

Ce dernier transmit la charge à son fils, et son petit-fils l'occupa ensuite ; mais aucun fait important ne signala leur administration. La peste qui sévit cruellement en 1717 est le seul événement à noter jusqu'à la rupture qui éclata, le 15 août 1752, entre le chapitre de Saint-Martin et le clergé paroissial. L'église Notre-Dame leur était commune : le chœur était cependant affecté aux chanoines, qui osèrent en refuser l'entrée aux magistrats municipaux le jour de la procession du vœu de Louis XIII. L'affaire eut un grand retentissement, et un Hesdinois, que l'on croit être M. Prévot de Gourgucchon, s'inspirant du lutrin de Boileau, composa un opuscule intitulé : *La chapitromachie, poëme héroïcomique ou les démêlés du chapitre d'Hesdin avec le magistrat de la même ville dédié à Guillaumette, très-digne bedeau de ce chapitre.* »

Les fréquentes inondations de la Canche et de la Ternoise préoccupaient depuis longtemps les États de la province. La commission chargée d'y remédier proposa la canalisation de la Canche qui devait relier Hesdin à la mer par Montreuil et lui donner une importance considérable (1765). Alors parurent plusieurs mémoires concluant à l'utilité de ce projet. On rétablissait les bassins de Brimeux, de Beaurainville et de Marenla et on en creusait cinq nouveaux. La canalisation, depuis les confins de l'Artois jusque sous les murs d'Hesdin, devait coûter 190,689 livres. La réparation des anciens bassins était évaluée à 33,125 livres, et l'établissement des nouveaux, à 16,632 livres. Les avantages de cette entreprise, à laquelle l'épuisement des finances ne permit pas de donner suite, paraissaient incontestables ; mais l'établissement de la route de Montreuil à Hesdin la fit définitivement abandonner en 1769.

A l'époque où les priviléges dont la province d'Artois se montrait si jalouse furent impitoyablement sacrifiés pour faire place à la nouvelle organisation imposée par les lois du 22 décembre 1789 et du 8 janvier 1790, le bailliage d'Hesdin se composait d'un bailli héréditaire, d'un lieutenant-général civil et criminel, d'un procureur du roi, d'un avocat et de huit juges. L'état-major de la place comprenait : le gouverneur, le lieutenant du roi, le major de la place, deux aides majors, le greffier militaire, le commissaire des guerres, le trésorier des troupes et le chirurgien-major. Hesdin possédait encore une subdélégation de l'intendance de Lille, une maîtrise des eaux et forêts, une juridiction des fermes, etc.

Dans la réorganisation administrative, Hesdin sollicita vainement l'honneur d'être choisi pour le chef-lieu du district, et adressa à la Constituante un mémoire qui resta sans réponse. Ce mémoire avait pour titre : *Avis important de la municipalité de la ville d'Hesdin, aux municipalités des bourgs et villages destinés à former le district dont le chef-lieu est provisoirement décrété en faveur de la ville de Montreuil et réclamé par celle d'Hesdin*. Ces réclamations et d'autres du même genre demeurèrent inutiles, et le décret du 4 mars 1790 ne réserva à Hesdin que le tribunal : satisfaction qui fut de courte durée, car la Constitution de l'an III le transféra également à Montreuil.

Nous n'aborderons pas l'histoire de ces tristes jours de la Terreur : il nous faudrait secouer la poussière des volumineux procès-verbaux de la commune d'Hesdin ; M. l'abbé Fromentin a hésité à le faire. Encore moins devons-nous évoquer ces souvenirs dans un abrégé dont les limites par trop restreintes ne nous permettraient pas de flétrir comme nous le voudrions, et les saturnales organisées le 5 mai 1792 pour la plantation de l'arbre de la liberté, et les scènes déplorables qui accompagnèrent l'évacuation de l'abbaye de Dommartin, et les menaces du farouche Le Bon, de ce proconsul sanguinaire qui écrivait le 29 brumaire an II au Comité de salut public : « La société d'Hesdin et plusieurs autres auraient besoin du spécifique que j'ai employé à Calais. » Et, le 19 pluviôse : « Hesdin, Aire, Fruges, Auxi-la-Réunion, Montagne-sur-Mer, réclament impérieusement ma visite, une forte visite ! Je ne tarderai pas à m'y rendre ? »

Dieu ne permit pas l'exécution de ces sinistres menaces, et de

toutes les personnes d'Hesdin ou des environs qui furent jetées dans les cachots, une seule, la nommée Henriette Monchiet, périt sur l'échafaud.

Après ces longues années d'anarchie, et lors du rétablissement du culte catholique, on se servit de la chapelle des Récollets en attendant que l'église paroissiale, qui avait été convertie en magasin à fourrages pendant la Révolution, fût convenablement restaurée ; elle reprit son ancienne destination en 1813.

Le 6 décembre 1842, une ordonnance royale déclassa la ville d'Hesdin. Cette ordonnance, qui ne reçut pas une exécution immédiate, ouvrit une ère nouvelle. C'en était fait des souvenirs historiques que rappelait l'imposante couronne de murailles bâtie par l'Espagnol et restaurée par Vauban ; mais la population, désormais affranchie de ses glorieuses entraves, put donner un libre essor à son activité.

Le commerce et l'industrie sont en progrès à Hesdin nous voudrions pouvoir fixer le jour prochain où le chemin de fer, impatiemment attendu depuis près de vingt ans, donnera à cette ville de nouvelles facilités de communication et lui rendra l'importance dont elle jouissait jadis.

II

COMMUNAUTÉS RELIGIEUSES.

Les Clarisses. — Après la ruine du Vieil-Hesdin, les filles de Sainte-Claire continuèrent à résider dans le couvent qui avait eu l'honneur d'être le berceau de la réforme de leur ordre. Les hostilités les ayant obligées à se retirer à l'abri des murailles d'Hesdin, elles s'y fixèrent définitivement lors du siège de 1639.

Les bâtiments du monastère, formant le carré autour du préau, occupaient le côté sud de la rue des Saintes-Claires ; ces bâtiments en briques, voûtés sur poutrelles en bois, sont d'une grande simplicité et portent les dates de 1651, 1657 et 1771. Cette dernière date rappelle une restauration importante entreprise par la supérieure Rose Marquant, en religion, sœur Ursule, native de Fillièvres. 19 religieuses et 2 sœurs converses s'y trouvaient en 1790 ; leur maison, convertie d'abord en manutention, a été dans la suite aliénée par l'état.

Les Récollets. — Ces religieux arrivèrent à Hesdin, en 1669, au nombre de 24, et s'établirent dans un local que leur donna l'aîné de la famille de Tramecourt. Ils commencèrent leur première congrégation par une magnifique procession, suivie de prédications et de thèses publiques de théologie.

Le P. Olivier Voysembert, provincial, décida que chaque année, aux fêtes de saint Louis et de sainte Thérèse, on célébrerait des messes pour le roi et la reine, dans tous les couvents de la province de St-Antoine de Padoue, dont Hesdin faisait partie.

Le couvent présentait un carré de 42 mètres de côté, avec cloître voûté à l'intérieur ; les constructions étaient simples ; l'église, haute et bien proportionnée, se trouvait ornée des boiseries qui décorent actuellement la paroisse Notre-Dame.

Refuges des abbayes voisines. — Le refuge de l'abbaye de Saint-André-au-Bois était au coin de la rue de la Paroisse ; celui de Saint-Georges, rue des Nobles ; celui de Dommartin, rue du Marché aux Moutons.

III

ÉTABLISSEMENTS ET INSTITUTIONS DE BIENFAISANCE.

Hôpital Saint-Jean. — L'hôpital a été créé en vertu de lettres patentes du 4 mars 1562 et doté des revenus de l'hospice du Vieil-Hesdin.

D'abord établi à l'emplacement qu'il occupe aujourd'hui, il fut transporté derrière l'hôtel de ville lors de l'arrivée des pères

Jésuites, puis réinstallé dans ses anciens bâtiments, lorsque ceux-ci ont été expulsés de France en 1762.

La façade principale, en briques et pierres, date du siècle dernier ; la chapelle est décorée de jolies boiseries et de bons tableaux, mais l'église que les Jésuites avaient construite a été démolie.

En 1790, l'hôpital desservi par les filles de St. Vincent de Paul était administré par les officiers du bailliage.

Revenu en 1810 : 6,128 fr. 60, plus 2,600 fr. alloués sur les octrois ; en 1869 : 29,531 fr. 95 ; en 1873 : 52,087 fr. 88.

ORPHELINAT. — Ursule Lemerchier, fille de la trésorière de Fargues et épouse de François de Pomart, sieur de Limart, a fondé, en 1680, une maison de charité dans laquelle douze pauvres orphelines devaient être élevées gratuitement jusqu'à l'âge de dix-huit ans. Cette école, dirigée d'abord par trois maîtresses séculières, fut confiée dans la suite à des sœurs hospitalières, sous la surveillance de la municipalité. Revenu en 1790 : 2,370 livres, 4 sols, 1 denier. L'orphelinat, annexé à l'hôpital, est maintenant sous la surveillance de la sœur chargée de l'ouvroir.

BUREAU DE BIENFAISANCE. — Revenu moyen : 12,500 francs.

CAISSE D'ÉPARGNE ouverte le 5 juillet 1840. — Elle a une succursale à Auchy-les-Hesdin.

SOCIÉTÉ DE SECOURS MUTUELS autorisée le 28 avril 1850. Elle comptait, au 31 décembre 1873, 119 membres participants et 33 membres honoraires ; à la même époque, le capital social était de 61,467 francs.

Hesdin a encore une société de Saint-Vincent de Paul, une association de dames de charité, et l'œuvre des églises pauvres.

IV

ÉTABLISSEMENTS D'ÉDUCATION ANCIENS ET MODERNES.

LE COLLÉGE. — Les lettres patentes de l'archiduc Albert et de l'archiduchesse Isabelle-Claire-Eugénie, en date du 30 octobre 1612, autorisèrent les Pères Jésuites à ouvrir un collége dans les bâtiments de l'hôpital Saint-Jean que le mayeur et les échevins affectèrent spontanément à cette destination. Le collége d'Hesdin eut une grande réputation ; les constructions destinées aux élèves étaient considérables, et la chapelle rebâtie en 1714 fut solennellement bénite, le 3 décembre 1715, par l'abbé de Saint-André-au-Bois, André Thomas.

Cette église, à trois nefs terminées par une abside circulaire, devint plus tard la propriété du chapitre de saint Martin et reçut le titre de collégiale, en vertu de lettres de 1770 et de 1771.

Après l'exil des Jésuites, le collége, un instant fermé, fut confié à des prêtres séculiers (1777), sous la surveillance du mayeur et des échevins. Mgr l'évêque de Saint-Omer y envoyait des professeurs. Le revenu s'élevait, en 1790, à la somme de 9,689 livres 16 sols ; l'encaisse était de 27,694 livres, mais tous ces biens qui provenaient de la dotation primitive ont été vendus pendant la Révolution.

LES SŒURS DE LA PROVIDENCE. — Anne de Cau chargea trois sœurs de la Providence de diriger une école gratuite de jeunes filles. Revenu en 1790 : 727 livres, 16 sols, plus une subvention annuelle de 150 livres, votée par la ville.

SÉMINAIRE DE LA SAINTE FAMILLE. — Le 15 juin 1697, dame Ursule Lemerchier établit dans le refuge de Dommartin, situé à l'extrémité de la rue de Roÿon, un séminaire où 12 jeunes gens, se destinant à l'état ecclésiastique, recevaient gratuitement l'éducation. Ils suivaient les cours du collége et assistaient en soutane et en surplis aux offices de la paroisse. L'évêque de Saint-Omer nommait le supérieur et le préfet des études de cette maison qui échappait ainsi à la surveillance municipale.

Actuellement, le collége d'Hesdin compte de 50 à 60 élèves.

L'école primaire communale de garçons, qui occupe une partie des bâtiments de l'ancien Séminaire, est dirigée par un instituteur laïque ; celle des filles, par les sœurs de Saint-Vincent de Paul.

Il y a en outre une école libre, fondée à perpétuité, qui est tenue par les Frères de la doctrine chrétienne, et deux pensionnats de filles dont l'un est confié aux sœurs de la Sainte-Union.

La Bibliothèque communale est riche de 4000 volumes. La plupart proviennent des anciennes abbayes de la contrée.

V

ÉTABLISSEMENTS MILITAIRES.

La place d'Hesdin était constamment pourvue d'une nombreuse garnison, ainsi voyons-nous figurer dans la revue du 7 novembre 1694 :

Infanterie : Régiments : de Picardie, une compagnie ; de la marine, une compagnie ; du roy, une compagnie ; de Mgr le Dauphin, en entier ; de la Marche, en entier ; Suisse, deux compagnies.

Cavalerie : Régiment de Chartres, en entier.

Invalides : deux compagnies.

Le quartier Royal, situé à l'emplacement du marché aux vaches, a été démoli en 1841.

Le quartier de la Porte-Vieille fut bâti en 1785, à la place des écuries de passage qui dataient de 1682.

Le quartier Suisse (la gendarmerie actuelle), date de 1680.

Le quartier d'Artillerie, rue du Pavillon-Doré.

Le pavillon de l'État-major occupait le terrain du manége **découvert.**

L'Arsenal avec parc à boulets se trouvait vis-à-vis de l'entrée du château. Un autre Arsenal existait rue de Royon.

Enfin, il y avait de grandes écuries rue de Wamin et le long du couvent des Clarisses. La Révolution convertit ce couvent en manutention et celui des Récollets, en hôpital militaire.

Le manége couvert est très-spacieux. On y a provisoirement établi une école de dressage, supprimée en 1865.

La garnison se compose maintenant de 2 bataillons d'infanterie.

VI

MONUMENTS

Hôtel-de-Ville. — Philippe II avait autorisé le mayeur et les échevins d'Hesdinfert à tenir leurs séances dans le *Château*, maison de plaisance construite en 1530 au Maisnil, par la sœur de Charles-Quint et qui devint ensuite le palais des gouverneurs.

Philippe IV ordonna de bâtir l'hôtel de ville actuel; l'architecte Dom Ponte del Brya, surnommé le Riel, traça les plans et le gouverneur d'Helfaut posa la première pierre, le 23 juillet 1563. On y ajouta la *Bretèche* en 1629. Le bâtiment des archives et des bureaux date de 1683. Le beffroi, qui fut démoli par le canon de l'armée française au mois de juin 1639, était une grosse tour carrée, flanquée de contre-forts aux angles et couronnée par une charpente très-remarquable « couverte de plomb, faite avec plusieurs arcz boutans dentelez, enrichie d'ouvrages percez à jour ; deux grosses boules faisoient le finiment et une pomme ornée de fleurs et de feuillages l'achevoit. » (*Relation du chevalier de Ville.*)

L'intérieur de l'hôtel de ville est spacieux ; de belles tapisseries d'Arras, qui représentent des épisodes de la guerre de Flandre, décorent le salon principal. Dans une autre pièce se trouvent des scènes militaires peintes dans le genre de Vouwermans.

Armoiries de la ville d'Hesdin : *Parti d'argent et de gueules, l'argent chargé en chef d'une étoile de six raies de gueules, le gueules chargé en chef d'une étoile d'or.*

L'ÉGLISE PAROISSIALE. — L'église Notre-Dame, commencée le 22 juin 1565, fut livrée au culte en 1568 :

Une inscription commémorative a été découverte, en 1859, sous le lambris du bas côté gauche. Elle nous apprend que Mgr Jean Six, évêque de Saint-Omer vint bénir l'église, le 25 août 1585, en présence des abbés d'Auchy, de Blangy, de Saint-André et d'une nombreuse assistance de gens de guerre et de bourgeois, parmi lesquels on remarquait Messires de Helfaut, de Loche et de Royonval :

> Le même jour qui dimence estoit
> Pour patronesse a donné à bon droit
> Aux citoïens la noble Vierge et mère
> Et Saint Martin aux chanoines por perre.
> La chapelle du fleuve plus procheine,
> Est à Jésus, l'aultre à la Magdeleine.

Les chanoines et le clergé paroissial se trouvant continuellement en lutte, tentèrent à différentes reprises de se séparer, surtout après les scènes regrettables qui se passèrent en 1752. Le chapitre obtint enfin, lors de la suppression des Jésuites, d'entrer en possession de leur église et il emporta, en quittant la paroisse, la plus grande partie du mobilier et une somme de 4,000 francs.

Au début, l'église Notre-Dame était presque carrée. En 1604, on ajouta les chapelles latérales et, en 1690 le chœur fut allongé d'une travée. Cette église n'a rien de remarquable comme architecture, si nous exceptons le portail qui porte la date de 1582.

La tour ayant été démolie en 1787, on l'a remplacée par une flèche en charpente. La Révolution dépouilla l'église de tous ses ornements. Elle devint, comme nous l'avons dit, magasin à fourrages, théâtre et champ de foire. De 1808 à 1811, on la restaura complètement : les stalles proviennent de l'abbaye de Saint-André-au-Bois ; les lambris, les autels étaient jadis dans la chapelle des Récollets et le tableau du maître autel, qui représente une résurrection par saint François-Xavier, décorait l'église des Pères Jésuites.

M. l'abbé Robert a publié un mémoire intéressant sur l'église d'Hesdin.

Épitaphes relevées en 1875 :

CY GIST HAUT ET
PUISSANT SEIGNEUR
MESSIRE CHARLES
DE CALONNE, CHEVALIER,
MARQUIS DE COURTEBOURNE
SEIGNEUR DE BOUVELINGHEM,
BEAUCOURT, PETIT COUR,
CAMP ET AUTRES LIEUX,
MARESCHAL DU CANP DES
ARMÉES DU ROY, LIEUTENANT,
LIEUTENANT DE SA MAJESTÉ AU
GOUVERNEMENT GÉNÉRAL DU
PAÏS DARTOIS, COMMENDANT AU
GOUVERNEMENT DE HESDIN,
LEQUEL EST DÉCEDDÉ LE
QUINZE SEPTEMBRE 1693.
CY GIST AUSSY MESSIRE GABRIEL DE CALONNE
COURTEBOURNE, CH^{or} NON PROFEZ DE
L'ORDRE DE SAINT JEAN DE HIÉRUSALEM, FILS
DE HAUT ET PUISSANT SEIGNEUR Mre LOUIS
CHARLES DE CALONNE CH^{or} MARQUIS DE COURTEBOURNE
LIEUTENANT GÉNÉRAL DES
ARMÉES DU ROY, LIEUTENANT DE SA
MAJESTÉ AU GOUVERNEMENT GÉNÉRAL D'ARTOIS,
GOUVERNEUR D'HESDIN DÉCEDDÉ
LE 1705
PRIEZ DIEU POUR LEURS AMES.

ICY
GIST LE CORPS DU SIEUR
DOMINIQUE HURTREL MARCHAND
DRAPIER ET ANCIEN ÉCHEVIN DE
CETTE VILLE, QUI, APRÈS AVOIR
VISITÉ ROME, LORETTE ET LA
HIÉRUSALEM TERRESTRE LE . . . .
OCTOBRE 1670 AGÉ DE 23 ANS,
EST ALLÉ VISITER LE PREMIER
DÉCEMBRE 1695 LA HIÉRUSALEM
CELESTE, AGÉ DE 48 ANS, ET CELUI
DE DAMOISELLE FRANÇOISE
SÉGUIN SON ÈPOUSE DÉCÉDÉE
Le 23 DE NOVEMBRE 1722, AGÉE
DE 72 ANS.
PRIEZ DIEU POUR
LEURS AMES.

—

ICY REPOSE LE CORPS DE
LHONORABLE HOMME
GUISLAIN SEGUIN MARCHAND
ANCIEN MAYEUR DE LA VILLE
DÉCÉDÉ LE 9 SÉPTEMBRE 1673
AGÉ DE 70 ANS,
ET DAMOISELLE MARIE
PREVOST SON ÉPOUSE DÉCÉDÉE
LE 7 DÉCEMBRE 1691,
AGÉE DE 77 ANS, ET DU SIEUR
ANTOINE HURTREL, MARCHAND
DRAPIER, ANCIEN ÉCHEVIN
DE LA VILLE, DÉCÉDÉ LE 2
DÉCEMBRE 1755, AGÉ DE 75 ANS,
ET DAMOISELLE MARIE JOSEPH
PRÉVOST SON ÉPOUSE
DÉCÉDÉE LE 12 DÈCEMBRE
1726, AGÉ DE 40 ANS.

VII.

LES PERSONNAGES CÉLÈBRES.

Alloy (Joseph-Bertin), né à Hesdin en 1773 et mort à Boulogne le 26 août 1836, donna au musée de cette ville une somme de 4,000 francs qui servit à l'installation de la galerie d'antiquités qui porte son nom. Il légua à Hesdin 5,000 francs destinés à fonder une salle d'asile.

Covorde (Françoise-Ursule de), née à Hesdin en 1732, mourut en odeur de sainteté en 1777 dans la maison des Annonciades de Saint-Denis, où elle avait fait profession sous le nom de Marie-Josephe-Albertine de l'Annonciade. Sa vie a été imprimée.

Fréchon (Faustin-Irénée), naquit à Hesdin le 28 juin 1804. Il entra dans les ordres en 1827 et devint l'un des membres les plus distingués du clergé diocésain. Son éloquence était remarquable: il prêcha des stations dans les principales villes de France et à la chapelle Française à Londres. L'abbé Fréchon représenta le Pas-de-Calais à l'Assemblée constituante et à l'Assemblée législative ; il succomba, jeune encore, le 5 avril 1852.

Garbé (le vicomte), général du génie justement estimé et ancien député de l'arrondissement de Montreuil, mourut à Hesdin, sa ville natale, en 1831.

Hanotel (Philippe), jésuite, né en 1559. Il mourut de la peste en 1637. On a de lui : *Meditationes variæ et piorum affectuum formulæ et mundi stultitia compendio demonstrata.* Douai, 1633, in-16.

Hennebert (Jean-Baptiste-François), né le 21 août 1726, étudia au collége de Saint-Omer et embrassa l'état ecclésiastique. Il s'appliqua aux sciences naturelles et compulsa les dépôts d'archives de la province, dans l'intérêt de l'histoire de son pays. Nous devons plusieurs publications à ce laborieux écrivain, mais son œuvre capitale est l'*Histoire générale d'Artois*, dont le 1er et le 2e volume ont été imprimés à Lille en 1786 et 1788. Le troisième parut à Saint-Omer, en 1789. Ce dernier finit avec l'année 1431. L'auteur avait annoncé la suite, mais le peu de succès de son ouvrage le découragea et son travail manuscrit fut perdu pendant la Révolution.

Hennebert fut emprisonné à Arras, par ordre de Lebon, et délivré le 9 thermidor. Il mourut le 13 avril 1795.

HOYER (Michel), né à Hesdin en 1594, mort à Lille le 14 juin 1650. Il enseigna les belles-lettres au collége de Saint-Pierre de Lille. Il était prêtre depuis quelques années quand il prit l'habit des Augustins, à Ypres. Ses principaux ouvrages sont :

Vitæ religiosæ idea seu vita S. Patris Ephrem scriptoris antiquissimi et religiosissimi. Douai, 1640, in-16.

S. Theodora virgo et martyr Antiochessa, tragœdia aliaque poemata. Anvers, 1641, in-12.

JACQUEMONT (Victor), né le 8 août 1801, membre de l'Institut ; il est connu par ses nombreux travaux sur toutes les branches de la science et principalement à cause de son voyage dans les Indes. Il mourut à Bombay le 5 octobre 1832.

PRÉVOST D'EXILES (Antoine-François), né le 1er avril 1697 dans la rue de l'Empereur, fut successivement, et à deux reprises, jésuite et soldat ; puis il passa quelque temps dans le cloître des Bénédictins de Saint-Maur et rompit de nouveau ses liens pour s'enfuir à la Haye où il publia *les Mémoires d'un homme de qualité* (1728) qu'il avait composés dans sa cellule. S'étant épris d'une jeune protestante, il habita l'Angleterre durant quelques années. Il obtint ensuite de rentrer en France comme prêtre séculier. Le prince de Conty l'attacha à son aumônerie.

Il fut frappé d'apoplexie, le 25 novembre 1763, au milieu de la forêt de Chantilly. On le transporta sans mouvement chez le curé du village voisin, où il expira mortellement atteint par le scalpel d'un chirurgien qui croyait procéder à l'autopsie d'un cadavre.

L'abbé Prévost a énormément écrit : On connaît surtout *son histoire des voyages* abrégée par la Harpe, publiée en 24 volumes, et les traductions des romans de Richardson (*Clarisse, Grandisson, Paméla*) et de plusieurs auteurs anglais. Il a publié également des romans originaux : *Cleveland, Manon Lescaut, les Mémoires d'un homme de qualité, le Doyen de Killerin*, sont placés au premier rang parmi les ouvrages de ce genre et ont eu une grande réputation.

Un compatriote de l'abbé Prévost a tracé ce portrait dans l'almanach d'Artois pour l'année 1764 :

> Doué de talents enchanteurs,
> Prévost ne tarda pas à percer dans le monde.
> La France a produit peu d'auteurs,
> Dont la plume élégante ait été plus féconde.
> Cléo lui prêta son pinceau.
> L'Amour lui prêta son carquois et ses grâces,
> Et la Critique son flambeau.

VINCENT (Alexandre-Joseph-Idulphe), né le 20 novembre 1797, mort à Paris en 1872. Admis à l'École normale en 1816, il professa dans différents colléges. Ses occupations ne pouvaient le distraire des travaux scientifiques auxquels il aimait à se livrer. Il aborda les questions les plus compliquées. Mathématiques, physique, musique, archéologie, philologie, prosodie, histoire, géographie, philosophie, critique littéraire et scientifique, rien ne paraissait étranger à son esprit. Il publia sur ces différents sujets des travaux justement appréciés qui lui valurent l'honneur d'être admis, au mois de mai 1850, à l'académie des Inscriptions et Belles-Lettres.

HUBY-SAINT-LEU.

1112. — Hubi, *C. imp. d'Auchy. f° 28.*
1218. — Hubi, *ibidem.*
1507. — Le Mont-Huby-les-Hesdin, *Chronique de Lédé.*
1587. — Saint-Loup, *Ortelius, loc. cit.*
1639. — Saint-Leu, *Relation de de Ville.*
1650. — Saint-Leu, *Jansson, loc. cit.*
1793. — Mont-Blanc.

Les droits dont l'abbaye d'Auchy jouissait à Huby remontent

à la fondation du monastère. Les habitants du village prenaient dans la forêt tout le bois nécessaire pour la construction de leurs demeures et pour leur chauffage. (*C. imp, d'Auchy. f° 34 à 40.*)

Les derniers seigneurs d'Huby étaient les Salperwick.

La forêt d'Hesdin occupe la plus grande partie du territoire d'Huby-Saint-Leu. Les comtes d'Hesdin et les ducs de Bourgogne y chassaient fréquemment et *la garenne* ou la réserve avait de vastes limites qui s'étendaient depuis la Canche jusqu'à Fillièvres, Auchy, Wamin et La Loge. Personne ne pouvait courir le lièvre ou lâcher le faucon dans la garenne. Les étrangers qui la traversaient avec des chiens étaient obligés de suivre les chemins, et les habitants des villages devaient enchaîner les leurs, sous peine de 60 sols parisis d'amende. Le comte ou son châtelain chassait-il dans la forêt, les seigneurs du voisinage s'abstenaient de ce plaisir pendant trois jours, afin que les officiers et les gardes eussent le temps de rabattre le gibier sorti de l'enceinte.

Le droit de garenne, l'un des plus appréciés au moyen-âge, donnait encore le droit de tendre des pièges pour prendre les bêtes fauves. (BOUTHORS, *loc. cit.*, t. II p. 619.)

La forêt, située sur un plateau légèrement accidenté, a une étendue de 987 hectares, 32 ares. La profondeur du sol varie de 50 centimètres à 3 mètres. Elle s'exploite en taillis sous futaie à la révolution de 38 ans, en une seule série. Les essences dominantes sont: le chêne, le hêtre, le frêne, le charme et le bois blanc, mais la proportion du chêne et du hêtre ne dépasse pas un dixième.

Le chêne est le pédonculé et on en trouve de beaux spécimens: le *gros chêne* mesure $4^m.80$ de circonférence à $1^m.30$ du sol. Il a 16 mètres de fût sous branches et la cîme a 12 mètres d'élévation; le hêtre, qui se plaît dans les terrains calcaires, est très abondant. Les *quatre frères*, placés au centre de la forêt, ont une réputation: ce sont quatre hêtres jumeaux; le plus petit mesure $2^m.10$ de circonférence, et le plus fort a $3^m.30$. La hauteur moyenne des hêtres de quatre-vingts ans est de 25 à 28 mètres, les frênes sont très estimés; plusieurs ont 3 mètres de circonférence.

Le personnel de la forêt d'Hesdin comprend un brigadier et deux gardes logés en maison forestière, plus un garde cantonnier chargé de l'entretien de la voirie.

Le revenu moyen des six dernières années est de 81,000 francs. La chasse est louée 2,850 francs.

Le chevalier de Ville cite plusieurs fois Saint-Leu dans la relation du siége, il ne parle cependant pas d'une batterie que les Français avaient placée derrière l'église et qui est indiquée sur la vue perspective d'Hesdin à cette époque.

ARCHÉOLOGIE. — Le chœur de l'église, qui a été construit au XVI° siècle, par Messire François de Créqui, est vaste et d'une architecture remarquable. La nef est voûtée en berceau avec charpente apparente. Les poutres et les sablières sont richement sculptées et représentent les apôtres et d'autres personnages de l'ancien et du nouveau testament. Un grand nombre d'écussons armoriés, dont plusieurs ont été mutilés, rappelaient le souvenir des fondateurs et notamment des sires de Créqui. La flèche en pierre, qui surmontait le clocher, a été démolie à l'époque de l'incendie qui faillit consumer toute l'église en 1803. Cette flèche gothique est reproduite dans un ancien dessin à la plume que possède M. G. Vallée et que M. Vincent a publié sous le titre : *Hesdin vu de la forêt*. L'autel qui porte la date de 1683 est corynthien.

Inscription de la cloche :

J.-BAPTISTE TINTURIER MAIRE DE LA COMMUNE D'HUBY-SAINT-LEU J.-BAPTISTE PROSPER LEFLON ADJOINT ET MAITRE DE LA POSTE AUX CHEVAUX NOUS FIRENT REFONDRE EN 1818.

JE SUIS NOMMÉE LOUISE PAR MONSEIGNEUR DE LA TOUR D'AUVERGNE LAURAGUAIS, ÉVÊQUE D'ARRAS, MON PARRAIN, ET DAME LOUISE DE BÉRENGER MARQUISE DE BRYAS, MA MARRIANE. J'APPARTIENS A LA COMMUNE.

LABROYE.

1114. — Arborea, *Ch. de Geoffroy, évêque d'Amiens.*
1226. — Arbroia, *C. de Dommartin f° 33.*
1239. — L'Arbroie, *C. imp. d'Auchy. f° 155.*
1252. — Arborea, *Polypt. de Dommartin.*
1301. — Larbroie, *Pouillé cité par M. Darsy.*
1337. — La Broye, *Dom Grenier, loc. cit.*
1346. — La Broie, *Froissart.*
1689. — La Broye, *Pouillé Feydeau.*

Au château de Labroye se rattache le souvenir de la fatale journée de Crécy. Lorsque la fortune trahissant la valeur de la noblesse française eut inscrit dans nos annales l'un des plus grands désastres que nos armes aient jamais essuyés, Philippe de Valois s'éloigna désespéré du champ de bataille, vers le soir et il se dirigea du côté de l'Authie. Cinq chevaliers l'accompagnaient : Les sires de Haynaut, de Montmorency, de Beaujeu, d'Aubigny et de Monsaut.

« Ils chevauchèrent tout lamentant et complaindant jusques au Chastiel de la Broie, écrit Froissart, dont nous aimons à emprunter le langage, « quand li rois vint à le porte, il le trouva fresmée et le pont levet, car il estoit tout nuis et faisoit moult brun et moult espès. Adonc fist li rois appeller après le Chastellain, car il voloit entrer dedens. Si fu appellés et vint avant sus les garites (créneaux) et demanda tout en hault qui c'estoit qui buschoit (frappait) à ceste heure. Li rois Phelippes, qui entendit le vois, respondi et dist : Ouvres, Ouvres, chastellain cest li infortunés roi de France !

« Li chastellain salli (sauta) tantost avant, qui recogneut la parolle dou roy et qui bien savoit ja (déjà) que li leur estoient (les Français) desconfit, par aucuns (quelques) fuians qui estoient passet dessous le chastiel ; Si abaissa le pont et ouvri le porte.

Lors entra li rois dedens et toute se route (suite) qui nestoit mies (pas) trop grande.

Sy feurent là jusques à micnuit et n'eut mies (pas) li rois conseil que il demorast la dedens ; si but un cop et ossi fissent cil (eux) qui avœch lui estoient et puis s'en partirent et issirent (sortirent) dou chastiel et montèrent as chevaus, et prisent gides (guides) pour yeus mener, qui cognissoient le pays. »(FROISSART, *Ed. de la société de l'hist. de France*, t. III, p. 184). Le roi ne s'arrêta qu'à Amiens où il attendit des nouvelles de son armée.

Plusieurs historiens prêtent des paroles plus fières et plus chevaleresques à Philippe de Valois. « Ouvrez, se serait-il écrié, c'est la fortune de la France ! Mais aucun des manuscrits de Froissart ne reproduit ces mots, qui restent dès lors dans le domaine de la légende.

A peine découvre-t-on aujourd'hui les traces de ce *chastel* qui eut l'honneur d'abriter le roi de France. Monstrelet dit « qu'il n'estoit point grammant fort ne de grande valeur. » Il échappa aux coups des vainqueurs de Crécy, mais les soldats de sir Thomas Kyriel l'incendièrent et le détruisirent de fond en comble, en 1436.

Aléaume d'Amiens, descendant des vidames, sires de Picquigny, se qualifiait au XII° siècle seigneur de Labroye, de Flexicourt et de Wignacourt. En 1194, Pierre d'Amiens accorde aux habitants de Labroye une charte de commune entièrement conforme à celle d'Abbeville et il leur impose l'obligation de clore et de fortifier le bourg avec du bois pris dans la forêt.

La Morlière donne la généalogie des successeurs d'Aléaume d'Amiens, jusqu'à Jeanne, épouse de Jean de Varennes, chevalier.

Leur fils, Jean, et Elisabeth de Bruyères, sa femme, fondèrent le 1er Mai 1343 la chapelle castrale de Saint-Nicolas et la dotèrent de deux muids de blé, mesure de Labroye, et de huit livres de rente, en se réservant le droit de présentation pour eux et pour leurs descendants. Le revenu de cette chapelle, qui fut dans la suite réunie à la cure, était en 1730 de 110 livres 16 sols, à charge de vingt-quatre messes. (DARSY, *loc cit., t. II. p. 161.*)

Jeanne de Varennes, dame de Labroye, s'allia à messire Jean de Raineval, comte de Fauquembergues, qui remplit les fonctions de grand panetier à la cour et qui servit aveu de Labroye le 25 octobre 1380.

Jean et Aubert de Raineval périrent à Azincourt et leur sœur Jeanne transmit le domaine de Labroye à son mari, Baudouin d'Ailly, baron de Picquigny. Six générations des d'Ailly l'ont possédé (1415-1620) depuis Baudouin jusqu'à Charlotte épouse de messire Honoré d'Albert, duc de Chaulnes, maréchal de France et gouverneur de Picardie.

Au commencement du dix-huitième siècle, le duc de Chaulnes, Charles Honoré, vendit Labroye à son beau frère, Alexandre Albert François duc de Bournonville. Philippe Alexandre, son fils, mourut sans enfants, et sa sœur Angélique Victoire de Bournonville, épousa Jean-Baptiste de Durfort, duc de Duras, dont les descendants vendirent la forêt de Labroye à M. Desjardin-Soyez, en 1840.

Pendant le siége d'Hesdin par La Meilleraye, le roi fit rassembler un grand nombre de paysans du Ponthieu et du Boulonnais, auxquels il ordonna de raser cette forêt, parceque les Espagnols s'y embusquaient et rendaient ainsi la route d'Abbeville impraticable.

L'Authie sépare le village de Labroye (Pas-de-Calais) de celui du Boisle (Somme). Les habitants de ces communes que l'on désignait autrefois sous les noms de *Broye-Artois* et de *Broye-Ponthieu* diffèrent beaucoup de mœurs, de caractère et même de langage.

Labroye était avant 1693 l'un des huit doyennés de l'archidiaconé de Ponthieu. Ce doyenné, qui comprenait 74 cures, secours ou bénéfices, a été démembré lorsque l'on forma celui d'Auxi-le-Château.

Etat du doyenné de Labroye en 1730:

CURES. — Aubin et Bouin, Capelle et Brévillers, Caumont et Chériennes, Conteville, Dompierre, Douriez, Ecquemicourt, Fontaine-l'Etalon, Gennes et Ivregny, Gouy-en-Artois, Gueschard, Haravesne et Vaux, Hiermont, Labroye, Maison-les-Ponthieu, Marconnelle, Monstrelet, Neuilly-le-Dieu et Haquet, Plumoison, Ponchel, Quesnoy-les-Hesdin, Queux, Raye, Regnauville, Ricquebourg et Campagne, Sainte-Austreberte, Tollent, Tortefontaine et Mouriez, Vitz-sur-Authie et Villeroy.

BÉNÉFICES. — Les abbayes de Dommartin et de Saint-André-au-Bois, ordre de Prémontré. — Les prieurés de Notre-Dame de Biencourt, de Saint-Pierre-de-Dompierre, de Marie-Madeleine-de-Verjolay, le chapitre de Saint Riquier de Douriez.

CHAPELLES. — Les chapelles de saint Nicolas, à Caumont ; de saint Georges, à Hiermont ; de saint Nicolas et de saint Jean, à Labroye ; de Fosseux, à Marconnelle ; de saint Nicolas de Rapoy, à Queux ; de sainte Anne à Rapechy ; de Notre-Dame des Grés, et de sainte Marguerite, à Villeroy. Les chapelles castrales de Caumont et de saint Laud, à Maison-lez-Ponthieu.

Le bureau de bienfaisance de Labroye jouit de 3000 francs de revenu qui proviennent des biens de l'ancienne *maladrerie* fondée au moyen âge par les châtelains de Labroye. Ces biens, qui furent longtemps réunis à l'hospice d'Auxi-le-Château, ont été rendus à la commune par décret du 7 février 1850.

HAMEAU. — *Biencourt.* Le prieuré Notre-Dame-de-Biencourt, ordre de saint Benoit, dépendait de l'abbaye de Marmoutiers-les-Tours. Il fut fondé en 1096, (*in loco qui dicitur Bodinicurtis*), par Anscher, chevalier, du consentement de Lieceline, sa femme. La dotation primitive comprit le patronage et la dîme des églises de Labroye, de Tollent et de Fontaine avec la moitié de la dîme de Haravesne, de Buigny et de Visme. Saint Geoffroy, évêque d'Amiens, approuva et confirma cette fondation dans une charte du mois de juillet 1144. (DARSY, *loc. cit., t. II. p. 147*). L'église du prieuré existait encore à la Révolution.

LIEUX DITS. — *La Justice.* — *Le Bois de l'Hospice.* — *Les Portes.* — *La verrerie.*

ARCHÉOLOGIE. — L'église appartient à trois époques ; le clocher bâti à l'entrée du chœur est roman. La flèche qui le surmontait a été démolie il y a peu d'années. Le chœur est du XVe siècle, mais les fenêtres et les contreforts autrefois ornés de clochetons sculptés, ont été mutilés. La nef date du XVIe siècle.

LA LOGE.

1471. — La Loge Cornillot, *Inventaire publié par M. Danvin, notes, p. 80.*
1656. — Loge, *Jansson, loc. cit.*

Un rendez-vous de chasse fut le principe de ce village situé au nord de la forêt d'Hesdin. On a découvert, il y a peu d'années, entre la Loge et la lisière du bois, les fondations d'une grosse tour carrée qui était environnée de bâtiments. Or, cette tour et ces bâtiments sont mentionnés dans l'inventaire dressé au château d'Hesdin le 8 avril 1471 et publié par M. le docteur Danvin : *Au logis de la Loge Cornillot estant en le forest de Hesdin* se trouvait une galerie et deux chambres simplement meublées et dans l'*enclos dudict logis* s'élevait *une tour* qu'abritaient alors des futaies séculaires, témoins des chasses vraiment royales que les ducs de Bourgogne donnaient à leurs invités.

L'église et le presbytère furent construits en 1687. Au moment de la destruction du Vieil-Hesdin, l'une des trois chapelles fondées dans l'église de cette ville fut transférée à La Loge.

MARCONNE.

1112. — Marcona, *C. imp. d'Auchy,* p, 36.
1200. — Marchona, *C. imp. d'Auchy,* f° 80.
1587. — Marcon, *Ortelius, loc. cit.*
1608. — Marcoin, *Quadum, loc. cit.*
1650. — Marcone, *Jansson, loc. cit.*

Malbrancq pense que la mer refluait autrefois jusqu'à Marconne : il cherche l'étymologie du nom dans les mots teutoniques *Mar*, mer et *Konne*, arrivée. Le domaine de Marconne comprenait, au VIIe siècle, non-seulement le village actuel, mais encore les localités de Marconnelle, de Sainte-Austreberte et du Vieil-Hesdin ;

il appartenait au comte d'Hesdin, Badefrid ou Badefroid, qui remplissait à la cour du roi Dagobert les fonctions de comte palatin. Sa femme, Framechilde, était depuis longtemps stérile quand un ange lui apparut et lui révéla qu'elle deviendrait mère d'une fille qui serait un jour l'honneur de son sexe et l'une des gloires de l'Église.

La prédiction du messager céleste s'accomplit : sainte Austreberte naquit, vers l'an 630, au château de Marconne. Les premières années de sa vie s'écoulèrent innocentes et paisibles. Pour se soustraire à un mariage brillant, elle s'échappa de la maison paternelle, traversa miraculeusement la Canche et alla recevoir le voile des mains de saint Omer, évêque de Thérouanne. Les parents d'Austreberte lui pardonnèrent volontiers sa fuite précipitée et l'encouragèrent dans le dessein qu'elle manifestait de se consacrer au service de Dieu, en lui abandonnant les terres de Marenla, Marant, Humbert, Boubert, Saint-Denœux et Galametz, avec une église très-remarquable qu'ils firent construire sous l'invocation de la Reine des Anges. (DOM MARTIN RETHÉLOIS, *Additions aux Chron. de l'ordre de Saint-Benoît*, par Yepes, t. II, p. 563.)

Il résulte de ce qui précède que le monastère de Marconne fut fondé du vivant de Badefrid et de Framechilde. Suivant une autre tradition, que je crois plus probable, ce serait après leur mort qu'Austreberte aurait converti le château de son père en couvent et y aurait appelé des religieuses bénédictines de Port ou de Pavilly, couvents dont elle fut successivement la supérieure. Tandis qu'Austreberte édifiait la Normandie par le spectacle de ses vertus, Framechilde terminait sa vie dans la pratique des œuvres de charité en 683 ou 685, et méritait d'être portée sur les autels. Elle reçut la sépulture dans l'église de Marconne.

Le château de Badefrid paraît avoir été construit sur la colline qui s'élève entre les vallées de Canche et de Ternoise. D'anciens plans désignent cette colline sous le nom *des Tourelles*. Au pied de la colline se trouvait jadis la fontaine de Marconne, qui jaillit maintenant à cent mètres de là. On y voyait aussi la chapelle de Notre-Dame du Chêne, où se faisait le 25 mars un pèlerinage très-fréquenté par les habitants de Marconne et d'Hesdin. (*Note de M. C. Normand.*)

Le monastère de Marconne prospéra jusqu'au jour où les Normands obligèrent les religieuses à se retirer à l'abri des murailles de Montreuil. C'est en 1032 [que l'abbesse Edelburge, fille du comte de Ponthieu, obtint du comte Helgaut, sous la protection spéciale du roi Henri Ier, le terrain où s'éleva l'abbaye de Sainte-Austreberte. Cette même année, l'évêque de Thérouanne partagea les reliques de sainte Framechilde entre la nouvelle communauté et l'église de Marconne. « Dans ce partage, raconte Simon Martin, on n'avoit point aperçu un osselet, ce qui excita une saincte contestation entre le frère et la sœur, assavoir le comte de Térouanne qui tenoit le parti de l'église de Marconne et l'abesse de Montreuil, chacun voulant retenir la saincte relique en son église. Ce qui fut appaisé par l'évesque qui fit consentir les parties que la relique seroit mise en égale distance des deux moitiés, tandis qu'on prieroit Notre-Seigneur et la Saincte de déclarer leur volonté. La prière n'estoit pas commencée qu'on vit soudain en présence de toute l'assemblée le petit os s'élever de terre, comme une paille que le vent emporte, qui s'alla poser doucement sur la partie qui estoit destinée pour l'église de Marconne. »

Enguerran, comte d'Hesdin, fonda vers 1203, du consentement de Péronne, sa femme, une maladrerie destinée à recevoir les pauvres malades de ses domaines. Cet hospice était situé sur le territoire de Marconne, au lieu dit le Maisnil : l'enclos avait quatre journaux et la dotation primitive comprenait les dîmes de Guisy, Capelle, Aubin, le Maisnil, avec deux mesures du bois du Forestel et des rentes au Maisnil. Une bulle adressée par le pape Innocent III au recteur et aux frères de cet hôpital prouve que des religieux en avaient la direction. (*Voir l'art. Hesdin.*)

L'église de Marconne a subi bien des vicissitudes, et la chapelle de Notre-Dame des Affligés, qui fut enrichie en 1720 par le Sr Louvet, ancien curé de la paroisse, offre un caractère d'ancienneté que n'a pas le reste du monument.

La statue de la Vierge tenant l'enfant Jésus entre les bras, mesure 25 centimètres de hauteur. Elle est d'un bois incorruptible et d'un travail tellement parfait que l'on se plaît à lui attribuer une origine surhumaine. La fontaine où elle fut trouvée se nomme la fontaine Notre-Dame des Affligés ; Hennebert la cite dans l'*Histoire d'Artois* comme étant l'objet d'un pèlerinage fameux.

Les Normands, non plus que les gens de guerre du moyen-âge, n'ont pu faire disparaître l'image miraculeuse. Vainement le clergé de la ville d'Hesdin essaya-t-il de se l'approprier ; elle ne quitta jamais l'antique sanctuaire, où de nombreux pèlerins viennent encore la vénérer. (*Annuaire du diocèse pour 1867.*)

Marconne était l'une des trois paroisses du petit doyenné d'Hesdin qui dépendaient du diocèse de Saint-Omer, bien qu'elles fussent enclavées dans celui de Boulogne.

La seigneurie, qui fut longtemps confondue avec celle du Maisnil, appartenait, en 1503, à Jacques de Héricourt, lieutenant-général du bailli d'Hesdin. Peu d'années après, Denis de Tramecourt signait le procès-verbal de la coutume d'Erembaucourt en qualité de seigneur de Marconne.

Au mois de mars 1756, le roi Louis XV érigea en comté, sous le nom de Brandt, les terres et seigneuries de Marconne et de Galametz avec les fiefs du Quint, d'Orville et d'Ampliers, au profit de messire Alexandre-François-Ignace de Brandt, qui devint ensuite grand-bailli héréditaire de la gouvernance d'Arras. Ses ancêtres possédaient Marconne depuis le XVI° siècle. Lui-même était fils de Louis-François de Brandt et de Marie-Agnès-Françoise Ptolomey, de la noble famille Ptolomey de Fiennes, alliée aux plus illustres maisons d'Italie. (*Arch. du Pas-de-Calais, Reg. aux Commissions*, 1re sect., p. 427, v°.)

ARCHÉOLOGIE. — L'église, patron saint Maurice, date du XV° siècle, à l'exception du chœur qui a été reconstruit au XVIII°. Les chapelles des bras de la croix formaient anciennement la nef. Le soubassement des murailles a fait partie d'un édifice plus ancien. M. Normand y a découvert des fragments de carrelage émaillé et les débris d'une pierre tombale du XIII° siècle.

MARCONNELLE.

1123. — Marconella, *C. de St-Josse-sur-Mer*.
1212. — Marconnella, *Ibidem*.
1252. — Marconiele, *Polypt de Dommartin*.
——. — Marconniele. *Ibidem*.
1301. — Marconnele, *Pouillé cité par M. Darsy*.
1587. — Marconele, *Ortelius, loc. cit*.
1650. — Marconette, *Jansson, loc. cit*.
1689. — Marconnelle, *Pouillé du diocèse d'Amiens*.
1730. — Marconnelle, *Darsy, loc. cit.*, t. III p. 56.

La terminaison *elle* ou *ella*, est le diminutif le plus usité en Picardie pour les noms de lieu. Marconnelle est le petit Marconne, comme Estréelle est le petit Estrée, Ramburelle, le petit Rambures et Bécordel, le petit Bécourt. Nous pourrions multiplier ces exemples en faisant observer que dans la province d'Artois le diminutif est en *ette* : Amette, près de Ames, Noyelette, près de Noyelles.

L'abbaye de Saint-Josse-sur-Mer possédait l'autel de Marconnelle depuis les temps les plus reculés : l'évêque d'Amiens le reconnut en 1123. Elle y avait, en outre, un domaine considérable que les troupes du comte de Flandre dévastèrent en 1178, au point qu'il se crut obligé de réparer le préjudice causé aux moines et de les indemniser. Une charte donnée à Aire atteste que ce prince et la comtesse Elisabeth confirmèrent solennellement les droits que les religieux exerçaient à Marconnelle, et qu'ils ajoutèrent même l'autorisation de pêcher dans les deux rivières ainsi que la propriété du moulin.

Baudouin, châtelain d'Hesdin, leur en abandonna la bannée peu d'années après, c'est-à-dire qu'il obligea les habitants à y moudre leurs grains, sous peine de 3 sols d'amende et de confiscation de la farine. Mai 1212.

Nous avons eu occasion déjà de faire remarquer quelle était l'importance d'un moulin au moyen-âge. Les moulins à vent n'existaient pas, et les moulins à eau se trouvaient entre les mains d'un petit nombre de privilégiés. Chaque abbaye avait le sien, et ce n'était pas le moindre de ses revenus. Celui de Marconnelle, situé sur la rivière de Canche, fut plusieurs fois ruiné pendant les guerres du XVe siècle. L'abbé Adrien du Biez le fit reconstruire, et l'abbé d'Averhoult le donna en arrentement perpétuel, moyennant 24 rasières de blé ; l'acte est de 1560. Le cartulaire de Saint-Josse nous apprend qu'il fut démoli de fond en comble à l'époque du siége d'Hesdin par le roi Louis XIII.

Les sires de Fosseux, qui jetèrent beaucoup d'éclat durant le cours du XIVe siècle, possédèrent la seigneurie de Marconnelle. Catherine de Fosseux la porta dans la maison d'Occoches, par son mariage avec Jehan d'Occoches, gentilhomme issu d'une vieille famille d'Artois, qui servait, en 1411, dans la compagnie de M. de Contes.

Marconnelle passe ensuite aux la Viéville, puis aux Lannoy-Morvilliers. En 1604, Philippe-Emmanuel de Gondy devient seigneur de Marconnelle, du chef de sa femme Françoise-Marguerite de Silly, nièce de Marie de Lannoy-Morvilliers. Le nom d'Emmanuel de Gondy est inséparable de celui du glorieux saint Vincent de Paul, dont il encouragea le zèle apostolique et dont il se plut à favoriser les fondations charitables.

Jean Philippe de Salperwick, marquis de Grigny, sert aveu de la terre de Marconnelle le 19 octobre 1751. Indépendamment de son fief tenu noblement du roi, il en existait un autre qui avait appartenu, vers 1480, à Béatrix Caverel, dont les successeurs jouissaient encore de droits considérables au dernier siècle.

La chapelle castrale de Fosseux, fondée par les anciens seigneurs de ce nom, a été réunie à l'église paroissiale. Son revenu était de 60 livres, en 1730.

Le dernier curé de Marconnelle avant la Révolution fut M. Pecquet. M. Henneguier savait, par tradition de famille, que le départ pour l'exil lui causa une telle émotion que ses cheveux blanchirent en une seule nuit.

La Ternoise, qui prend sa source à Rœllecourt et à Saint-Michel, se jette dans la Canche sur le territoire de Marconnelle, après un parcours de 30 kilomètres environ. Il se fait à Marconnelle, à Marconne et à Sainte-Austreberte, un grand commerce de pannes et de poteries.

ARCHÉOLOGIE. — On a découvert dans la propriété de M. Plichon, au lieu dit *la seigneurie,* des fondations qui ont sans doute appartenu à l'ancien château.

L'église est un édifice moderne et sans architecture : l'orgue provient de la chapelle des sœurs grises du Vieil-Hesdin.

MOURIEZ.

1153. — Monteraher, *P. C. de Dommartin,* f° 20.
1185. — Motreher, *Ier C. d'Artois,* pièce 272.
1234. — Moureher, *P. C. de Dommartin,* f° 21.
1239. — Mouriher, *C. imp. d'Auchy,* f° 155.
1248. — Mourriher, *G. C. de Dommartin,* f° 212.
1252. — Mouriher, *Polypt. de Dommartin.*
1656. — Mouriers, *Sanson, loc. cit.*

Le fief de Mouriez, dont la seigneurie fut attribuée au comte d'Artois dans l'enquête de 1239, appartenait alors à une famille d'origine chevaleresque connue depuis messire Jean de Mouriez, qui fut le témoin de tous les actes importants passés au moment de la fondation de Dommartin, et qui donna même à l'abbaye le tiers de la terre de Mouriez, avec le droit d'usage dans le bois du *Castel-Bordel.* Sa femme Odette et leurs enfants Hugues et Raoul ratifièrent ces libéralités. Cent ans après, Henri, seigneur de Mouriez, ayant contesté aux moines la jouissance de la dîme, reconnut ensuite qu'ils avaient le droit de la prélever dans tout son domaine, en même temps qu'il leur accorda 20 sols parisis de rente pour la fondation d'un obit solennel qui devait être célébré chaque année au jour anniversaire de son décès. Juin 1230. (*P. C. de Dommartin,* f° 21 v°, 22 r°, 56 à 59 et seq.)

Les comtes de Ponthieu, les comtes d'Artois, le roi Philippe-Auguste confirmèrent les droits que l'abbaye de Dommartin avait à Mouriez.

La terre de Mouriez, tenue en deux fiefs qui relevaient, l'un de Dommartin et l'autre de Tortefontaine, selon les coutumes de la prévôté de Montreuil et du bailliage d'Hesdin, était possédée, au début du XVe siècle, par Jean de Neuville, sire de Matringhem, du chef de sa femme Isabelle Bourette. Il la vendit, en 1412, à Enguerran de Bournonville et l'un de ses descendants la donna, par acte du 20 avril 1482, à sa fille Jeanne, à l'occasion de son mariage avec Porus du Bois de Fiennes. Plus tard, le fief de Mouriez « où estoit assis le donjon et chastel » passa aux Berghes-Saint-Winocq. Ceux-ci l'aliénèrent le 22 avril 1682, au profit de demoiselle Marguerite de la Haye dont la fille, dame Ursule Lemerchier, le céda aux religieux de Dommartin, 21 mai 1700. Le revenu des moines à Mouriez était, en 1789, de 1806 livres. (*Arch. de l'Abb. de Dommartin.*)

Les habitants de Mouriez avaient une coutume particulière qui fut rédigée le 22 septembre 1507. En vertu d'un ancien privilége, ils étaient affranchis des impôts de *tonlieu* sur les marchandises et de *travers* sur les routes, depuis : le pont à Lanches d'Abbeville et l'arbre anciennement nommé l'arbre d'Ammesaire-les-Doullens, jusqu'à un autre arbre nommé l'arbre d'Amerond, entre Saint-Omer et Fauquembergue et de là jusqu'au bac d'Attin-lez-Montreuil. (BOUTHORS, *loc. cit.*, *t. II, p. 629.*)

Dans ces limites, on ne pouvait les arrêter pour quelque motif que ce fût et ils jouissaient de plus de l'exemption de la moitié des droits perçus sur les marchandises qu'ils vendaient ou qu'ils achetaient à Montreuil. Ces prérogatives considérables donnaient aux habitants de Mouriez de grands avantages pour le commerce.

Il y eut d'abord à Mouriez une modeste chapelle, qui fut bâtie au milieu des champs en 1670 pour faciliter aux habitants des fermes de Bamières, de Lambus et de Saint-Josse l'accomplissement de leurs devoirs. Plus tard on ajouta une nef que Mgr de la Motte vint bénir pendant un des séjours qu'il aimait à faire à Dommartin. L'abbaye fournissait tout ce qui était nécessaire pour le culte, néanmoins, la fabrique possédait environ 25 mesures de terre qui ont été vendues le 21 germinal an III.

Près de l'église se trouvait la maison *plaidoyable,* bâtie en 1690, et dans laquelle le bailli des religieux rendait le justice. Les officiers et les sergents qui l'assistaient dans l'exercice de ses fonctions, portaient la livrée grise doublée de vert. En 1703, le violet fut substitué au vert pour les galons. (*Chron. de Dommartin.*)

HAMEAUX. — *Bamières.* A l'époque de la fondation de l'abbaye de Saint-Josse-au-Bois, le domaine de Bamières se trouvait divisé en quatre parties : la première, tenue en fief d'Eustache Colet, appartenait, par moitié, à Oilard de Ecquemicourt et à Richard de Rollencourt. La seconde et la troisième, qui relevaien du comté de Ponthieu, étaient la propriété d'Eustache de Maison celles et de Gaultier Becket. Bernard de Bailleul possédait la quatrième.

Moins de vingt ans après, ces chevaliers ou leurs successeurs s'étaient dépouillés au profit des moines, qui installèrent dès lors à Bamières un prévôt et des frères convers pour surveiller l'exploitation des terres et procéder au défrichement des bois.

Un siècle après, en 1252, l'abbé Jean fit dresser le *polyptique* ou état détaillé des biens de son monastère. Voici ce qui concerne la cense de Bamières :

1re *solle.* — vers Capelle jusqu'au *bois de Mons,*		530 jn.
à *le Tilloie,*		22 jn.
les terres de *Jehan de Maisonchelles.*		53 jn.
2e *solle.* — devant la porte de Bamières,		543 jn.
achetés au seigneur de Tortefontaine,		20 jn.
3e *solle.* — au *bois Warte* et au *Moreillemont,*		533 jn.
au *Sart de Goulaffre,*		60 jn.
au *Sart du Bos Warte,*		30 jn.
en prairie,		50 jn.

En tout 1841 journaux de terre environ, plus 130 journaux de bois en deux pièces : *le bos Basseri* et *la Haye Aubert* avec *le bos Warte.*

En 1580, Bamières était loué à quatre fermiers moyennant 100 florins, monnaie de Flandre, pour les manoirs et les prairies. Le fermage des terres labourables s'acquittait en nature, savoir : 14 muids de blé froment et 14 muids de blé méteillon ; 28 muids d'avoine, mesure de Montreuil ; 200 gerbes de froment et 200 gerbes de méteillon ; 2 septiers de pois et 2 septiers de vesces ; 150 livres de beurre ; 12 moutons ; 6 pourceaux gras ; 6 veaux de lait ; 12 aulnes de nappe. Les fermiers payaient encore 20 sols au prieur et 24 sols aux novices.

En 1790, Bamières ne rapportait que 6.300 livres.

André Lemoine, fils d'un maréchal-ferrant de Crécy et frère du cardinal Lemoine, qui devint évêque de Noyon en 1304, a été prévôt de Bamières.

Lambus. — La cense de Lambus, ancienne dépendance de Dommartin, comprenait en 1252, 1137 journaux de terres labourables ainsi désignés dans le polyptique :

1re *solle*. — au *Ploix*,	372 jn.
2e *solle*. — le *Castel Bordel*,	20 jn.
le *Champ Lacteus*.	341 jn.
3e *solle*. — les essarts *Hubert*, vers Morval,	404 jn.

Il y avait en outre 420 journaux de bois :

Le *Morval*,	50 jn.
Le *Mont*,	65 jn.
Le *Bois-Gérard, la Vallée Blanket*,	200 jn.
Le *Plouy de Cugny*,	56 jn.
La *Haye Enaut*,	37 jn.
La *Longue Haye et la Saulcaye*,	15 jn.

Plusieurs de ces désignations se retrouvent dans les lieux dits du territoire de Mouriez et notamment la Haie-Renaut et le Morval.

Rachinette.

ARCHÉOLOGIE. — L'église du XVIIe siècle, dont le mobilier était remarquable, a été remplacée par une construction nouvelle, dans laquelle on conserve la statue de saint Josse, qui ornait l'ancienne chapelle de Saint-Josse-au-Bois.

PLUMOISON.

1331. — Plumeoison, *Arch. du Pas-de-Calais, fonds St-André.*
——. — Plumeoison, *Matréologue d'Hesdin, passim.*
1581. — Plumoison, *Lédé, Chronique.*
1587. — Plimoisoin, *Ortelius, loc. cit.*
1608. — Plumoison, *Quadum, loc. cit.*
1656. — Plum oyson, *Sanson, loc. cit.*
1689. — Plumoison, *Pouillé Feydeau.*

L'abbé de Saint-Josse-sur-Mer présentait à la cure de Plumoison. Ce village, situé sur la route de Montreuil à Hesdin, avait, au siècle dernier, un peu plus de 100 habitants, dont la principale occupation était la culture et la préparation du lin.

Plumoison eut au moyen-âge des seigneurs, parmi lesquels nous citerons : Wis, chevalier, qui souscrivit au mois d'octobre 1290 une sentence du bailli d'Hesdin, et Jacques, écuyer, qui donna en 1331 une charte à l'abbaye de Saint-André-au-Bois. (DANVIN, *loc. cit. notes*, p. 29, et *Arch. du Pas-de-Calais, ch. orig.*)

Marguerite de Poix porta la terre de Plumoison dans la famille de Renty, en épousant Eustache de Renty. Leur arrière-petit-fils, messire Waleran, qui tenait le parti du roi de France, se la vit confisquer en 1474.

Pendant que les Espagnols assiégeaient Cambrai, sous les ordres d'Alexandre Farnèse, le duc de Bouillon essaya de ravitailler la place, mais une sortie habilement dirigée mit ses troupes en déroute, et lui-même fut pris par le seigneur de Plumoison, capitaine des hommes d'armes du comte de Bossut. 1581. (LÉDÉ, *Chronique.*) Ce seigneur de Plumoison appartient vraisemblablement à la famille de Harchies :

En 1615, Michel de Harchies, seigneur de Plumoison et Jeanne de Jutpienne servent de parrain et de marraine à l'une des cloches de Saint-André-au-Bois. En 1648, Barbe de Harchies, veuve de messire Louis de Grenet, donne six cents florins à l'église de Plumoison, à la condition qu'on y célébrera les jours de fête et les dimanches, une seconde messe pour le repos de son âme et pour l'utilité des habitants. Les registres de la fabrique mentionnent, en outre, des fondations d'obits faites à différentes époques par Barbe de Rollencourt, Jacques de Harchies, Ambroise de Bran (sic), Jean Martin et Anne Caulier. (*Arch. du Pas-de-Calais. Titres de la fabrique de Plumoison.*) Les Salperwick succédèrent aux de Harchies.

LIEUX DITS. — *Le Mont de Kersuin.*

ARCHÉOLOGIE. — L'église, qui date du XV° siècle, vient d'être restaurée. Les fenêtres du chœur étaient autrefois garnies de meneaux, et l'on voyait, il y a peu d'années encore, des fragments des vitraux qui avaient été placés à l'époque de la construction primitive. Une tour, accompagnée de deux contreforts, supporte le clocher qui est surmonté d'une flèche en charpente.

RAYE.

1150. — Rai, *P. C. de Dommartin*, f° 30, v°.
1252. — Ray, *Polypt. de Dommartin.*
1301. — Rayum, *Pouillé cité par M. Darsy.*
1587. — Rayez, *Ortelius, loc. cit.*
1656. — Ray, *Sanson, loc. cit.*

On pense généralement que saint Josse séjourna quelque temps à Raye, qui serait le Brahic des anciennes chroniques.

Saint Liéphard, évêque anglais, ayant accompagné à Rome le fils de Gadruel, roi de Bretagne, fut massacré à son retour par les ordres de Dagobert, l'ennemi juré de ce prince. Les Bollandistes racontent qu'il subit le martyre dans la forêt d'Arrouaise, près de Bapaume. Son corps fut transféré à l'abbaye d'Honnecourt, au diocèse de Cambrai, et de nombreux miracles rendirent bientôt son tombeau très-célèbre. (*Acta sanctorum, feb.* t. I, f° 492 *et seq.*)

Lorsque l'abbaye d'Honnecourt eut établi le prieuré de Raye, un des religieux chargé de l'administrer y apporta une relique insigne de saint Liéphard, qui devint le patron de la paroisse.

Si maintenant nous interrogeons la tradition du pays, elle nous apprendra que Liéphard, étant venu dans nos contrées pour les évangéliser, se fixa au milieu de la forêt de Labroye. Une hutte couverte de feuillages lui servait à la fois d'oratoire et d'abri contre l'intempérie des saisons. Il allait fréquemment se désaltérer à une fontaine et suivait pour s'y rendre le sentier qui porte son nom. Cette fontaine, jadis environnée de murailles et ornée de l'image du saint évêque, était l'objet d'un pèlerinage fameux. Les populations des villages voisins s'y rendaient le 3 juin et le dimanche suivant. On invoquait saint Liéphard pour obtenir d'être guéri de la fièvre qui sévit presque toujours dans cette contrée marécageuse, et on se lavait le front avec l'eau de la source afin d'être préservé des maux de tête. Toujours d'après la tradition, saint Liéphard aurait subi le dernier supplice dans les bois environnants : lorsque plus tard on retrouva son corps, les habitants de Labroye voulurent le transporter dans leur église sur un char attelé de huit chevaux sans pouvoir y réussir, tandis qu'un seul cheval le conduisit facilement à Raye.

Les Bollandistes fixent la fête de saint Liéphard au 4 février. Néanmoins à Raye, elle se célèbre le 3 juin. A ce même jour les Bollandistes mentionnent un saint Liéphard, abbé de Meung-sur-Loir, près d'Orléans.

La solennité du 3 juin était l'occasion de grandes démonstrations. On raconte que deux voyageurs, qui traversaient un jour la vallée, ayant entendu les cloches de Raye et les cris de joie des pèlerins, se permirent des plaisanteries grossières au sujet de saint Liéphard. Aussitôt, la terre s'entr'ouvrant sous leurs pas, ils disparurent pour jamais, et une source abondante jaillit sur le champ à cet endroit. Telle est l'origine légendaire de la fontaine miraculeuse dont les eaux se perdent maintenant dans le canal de dessèchement. Il n'y a pas longtemps, on conduisait encore les enfants près de cette fontaine, la veille de la fête, afin qu'ils pussent entendre les gémissements plaintifs des blasphémateurs.

L'église de Raye jouissait de 1200 livres de revenu en 1730. Le mobilier était remarquable : les agents du district de Montreuil y trouvèrent en 1793, 16 marcs, 4 onces et 4 gros d'argenterie.

Raye appartenait par moitié à la Picardie et à l'Artois. Une portion du territoire relevait du bailliage d'Hesdin et l'autre de l'élection de Doullens.

Hameau. — *Le Fondeval*, situé au fond d'un ravin.

Archéologie. — La nef de l'église, voûtée en berceau plat avec charpente apparente, date du XVe siècle. En 1762, M. Godelin, religieux d'Honnecourt et avant dernier prieur de Raye, fit élever la tour du clocher qui subsiste encore. La grande arcade qui se voit entre deux des contreforts du côté Nord paraît avoir appartenu à une construction du XIIIe siècle.

REGNAUVILLE.

1244. — Regneauville, *Invent. de la ch. des comptes de Lille*, t. I, f° 199.
1252. — Renaudivilla, *Polypt. de Dommartin*.
1301. — Renautville, *Pouillé cité par M Darsy*.
1587. — Renauville, *Ortelius, loc. cit.*
1608. — Renauville, *Quadum, loc. cit.*
1650. — Renaville, *Jansson, loc. cit.*
1689. — Regnauville, *Pouillé Feydeau*.

La route d'Abbeville à Hesdin traverse la commune de Regnauville, dont la cure était à la nomination du prieur de Biencourt.

M. Bouthors a publié la coutume particulière de Regnauville. Elle comprenait 22 articles : La seigneurie était tenue en fief de la terre de Canaples, par 60 sols parisis de relief, avec justice haute, moyenne et basse, conformément aux usages de la prévôté de Montreuil et du bailliage d'Hesdin. (*Art. 1er*.)

Chaque année, l'échevinage se renouvelait le jour de la saint Jean-Baptiste : les cinq échevins sortant d'exercice en nommaient cinq autres qui devaient être présentés au seigneur, et celui-ci avait le droit de remplacer l'un d'entre eux par un homme de son choix.

La mesure des grains était celle d'Hesdin. La mesure de Labroye servait pour le vin et la cervoise (*art. 17.*)

Les habitants de Regnauville faisaient pâturer leurs bestiaux dans la garenne de Labroye; ils pouvaient également « bouqueter bois secq » dans la forêt. (*Art. 18.*) Ils étaient obligés de faire moudre leurs grains au moulin de Labroye sans que l'on pût exiger d'eux les droits d'entrée, de sortie ou de travers. (*Art. 19.*)

Les autres articles règlent la perception des droits qui sont dus pour les mutations et les terrages, ainsi que les amendes infligées pour délits forestiers. (*Coutumes précitées*, t. II, p. 627.)

L'origine des priviléges dont les habitants de Regnauville jouissaient à Labroye, remonte au partage de la succession de messire Dreux d'Amiens, chevalier, seigneur de Labroye au XIII° siècle, qui détacha de son domaine le fief de Regnauville en faveur de son fils puîné Bernard d'Amiens. (*Invent. de la ch. des comptes de Lille*, t. I, f° 199.)

Pierre d'Amiens, seigneur de Regnauville, servait, en 1412, dans l'armée du duc de Bourgogne avec un chevalier bachelier et huit écuyers. (*Collect. Clérembaut.*) Jeanne d'Amiens, dame de Regnauville, épousa Philippe du Bois, seigneur de Boyeffles, de la maison de Fiennes qui portait : *Ecartelé, au 1 et 4, d'argent au lion de sable brisé d'une bordure de gueules*, qui est de Fiennes ; au 2 et 3, *écartelé d'or et de sable*, qui est de Lens. Regnauville appartenait à leurs descendants au XVIII° siècle.

Le curé produisit le 16 juin 1730 la déclaration des revenus de la paroisse, qui s'élevaient à la somme de 480 livres 18 s. 6 d. Les frais de dîme étaient de 65 livres ; les réparations au presbytère et au chœur de l'église coûtaient 25 livres. (DARSY, *loc. cit.*, t. II, p. 158.)

ARCHEOLOGIE. — L'église qui avait été bâtie en 1609 par la

famille de Bournonville, a été remplacée en 1848 par une construction en briques avec fenêtres à plein cintre.

SAINTE-AUSTREBERTE.

1301. — St. Ostreberta, *Pouillé, cité par M. Darsy.*
1552. — Sainte-Austreberte-sous-Hesdin, *Arch. de l'abbaye.*
1608. — S. Austrebert, *Quadum, loc. cit.*
1730. — S. Austreberte-en-Artois, *Darsy, loc. cit.*, t. II, p. 159.
1793. — Egalité-sur-Canche.

On écrit maintenant Sainte-Austreberthe et non plus Sainte-Austretreberte, bien que cette dernière orthographe soit adoptée par la plupart des historiens et notamment par le savant abbé J. Corblet dans l'hagiographie du diocèse d'Amiens.

D'après la carte de la Morinie dressée par Malbrancq, Marconne et Sainte-Austreberte formaient déjà deux villages distincts au IX⁰ siècle. Les historiens ne sont pas d'accord sur l'emplacement du monastère qui fut fondé par la fille du comte Badefrid. Était-il sur le territoire de Marconne ou sur celui de Sainte-Austreberte ? La tradition est favorable à la seconde opinion. Le couvent se serait élevé aux environs de l'église actuelle, où l'on a découvert, en fouillant le sol, des substructions considérables. Cette église est bâtie sur une *motte* ou éminence de terre assez semblable à celles qui servaient ordinairement de base aux forteresses du moyen-âge. (*Voir l'art. Marconne.*)

L'abbaye de Montreuil présentait à la cure et percevait presque toute la dîme. Les religieux d'Auchy avaient également une branche de dîme. M. Henri Houzel possède un plan de la seigneurie de Sainte-Autreberte, dressé en 1784.

HAMEAU. *Gourguechom.* — Fief noble dont le nom se retrouve dans les plus anciens titres. Il a longtemps appartenu à la famille

Prévost. M. Prévost de Gourguechon est l'auteur anonyme de la *chapitromachie*.

LIEUX-DITS : *Le fond de saint Georges. — Le bout de la ville. — Le chemin du Quesnoy. — Le camp de saint Pierre. — Le Val Vauthier. — Le Val Wallart. — Le camp de Sainte-Marie. — Le blanc Treu. — Le mont des Colombes. — L'enfer.*

ARCHÉOLOGIE. — Le chœur de l'église est une chapelle bâtie au commencement du XIIIe siècle.

A l'entrée du village, sur la route d'Hesdin à Frévent, se voit une ancienne construction qui semble avoir appartenu à l'abbaye. On lit sur les murailles la date de 1572 avec le monogramme du Christ et le chiffre de la Sainte Vierge,

---

TORTEFONTAINE.

1137. — Tortafontana, *P. C. de Dommartin*, f° 9, r°.
1163. — Tortofonte, *Ibid.*, f° 1 et seq.
1185. — Tortofonte, *Arch. du Pas-de-Calais. Titres de St-André*.
1216. — Tortefontaine, *Invent. Godefroy*, t. I, f° 84, n° 53.
1259. — Tortefontaine. — *Cart. imp. d'Auchy*, f° 155.
1252. — Torti fontis dominus, *Polypt de Dommartin*.
1256. — Tortifontis dominus, *Orig. appart. à M. Boulanger*.
——. — Torto fonte domina de, *Orig. appart. à M. Boulanger*.
1311. — Torte fontaine, *Aveu Maintenay*.
1384. — Terte fontaine, *Arch. du Pas-de-Calais, loc. cit.*
1484. — Tortifontaines, *Terrier de Dommartin*.
1656. — Torfontaine, *Sanson, loc. cit.*
1689. — Tortefontaine. — *Pouillé Feydeau*.

A peu de distance du monastère de Saint-Josse-au-Bois, se trouvait, au XIIe siècle, le fief de Soibertmez qui comprenait une grande partie du territoire actuel de Tortefontaine, et dont le nom disparait à la mort d'Oilard, d'Eustache et de Robert de Soibertmez.

Un titre de 1139 établit la parenté de Oilard avec Rorgon, le premier seigneur connu de Tortefontaine. Hugues de Tortefontaine, qui vient ensuite, est mentionné à chaque page des *Annales de Saint-Josse* ou de *Dommartin*. Voisin de l'abbaye, il vivait en parfaite intelligence avec les moines, et ceux-ci lui demandaient de sanctionner par sa présence la plupart des actes importants qui signalèrent les débuts de leur établissement.

Lorsque le roi Louis IX fit publier la guerre Sainte dans toutes les églises de France, son appel fut entendu jusque sur les bords de l'Authie et, dans cette foule de chevaliers entraînés par l'exemple du monarque plus encore que par l'éloquence des orateurs sacrés, nous aimons à distinguer Jehan, seigneur de Tortefontaine.

En quittant ses domaines, ce vaillant croisé donne en arrentement une partie du bois de Corbesseau et il autorise le pâturage des bestiaux de l'abbaye dans tout le territoire de Tortefontaine. Juillet 1249.

Jehan périt victime de sa foi, car nous voyons presque aussitôt sa fille Marie, épouse de Hugues d'Ailly, chevalier, recueillir son héritage et contester à l'abbaye la jouissance des biens que son père avait octroyés. Elle dut réparer publiquement ses torts, au mois de décembre 1256. (*P. C. de Dommartin, passim.*)

On ne saurait s'étendre bien longuement sur les anciens seigneurs de Tortefontaine : leur influence disparaissait devant celle des abbés de Dommartin et nous nous bornerons donc à citer les familles de Gouy, de Licques et de Soyecourt, qui succédèrent aux d'Ailly.

A la fin du XVII° siècle, Tortefontaine appartenait à André-Joseph Ousselin et composa la dot de sa fille, Catherine-Josèphe, quand elle épousa, le 29 janvier 1741, messire Jules César de Locher, chevalier.

Le 23 décembre 1789 intervint une transaction au sujet des droits honorifiques dans l'église de Tortefontaine, entre l'abbé Oblin et M. de Locher.

Il fut décidé que celui-ci et ses héritiers pourraient avoir un banc seigneurial, faire graver leurs armoiries du côté de l'évangile, recevoir l'eau bénite et l'encens ; qu'ils pourraient, en cas de décès de l'un d'eux, ceindre l'intérieur et l'extérieur de l'église d'une litre et ordonner la sonnerie des cloches durant six semaines.

L'abbé ayant été reconnu patron et collateur de la cure, obtint seulement le droit de litre intérieure et la sonnerie des cloches.

Les registres de catholicité de Tortefontaine remontent à l'année 1626. On y trouve la nomenclature, non interrompue de 1646 à 1791, des moines de Dommartin qui ont administré la paroisse. En 1793, l'église fut convertie en temple de la Déesse Raison. On grava au-dessus de la porte la fameuse profession de foi : « La nation reconnaît l'être suprême et l'immortalité de l'âme. » Le mobilier fut aliéné à l'exception de l'orgue, de la chaire et de l'autel. L'orgue devait accompagner les chants patriotiques; la chaire servirait à proclamer les décrets, et la Déesse monterait sur l'autel pendant les cérémonies.

Le 21 vendémiaire an VIII, cette église fut vendue à démolir, mais le maire ayant exigé que l'acquéreur la payât avant de la détruire, celui-ci ne put jamais remplir les conditions et elle fut épargnée. Le revenu était de 670 livres y compris le prix de la location de trente-quatre mesures de terre. La dîme rapportait 1,100 livres. (*Arch. du Pas-de-Calais. Titres de la fabrique et notes de M. Levrin.*)

HAMEAUX. — *Le Bout de Bas. — Corbesseau. — Abbaye de Dommartin. — Fermes de Saint-Josse-au-Bois. — Le Moulinel.* Les habitants de Mouriez, du Moulinel et de Saint-Josse étaient tenus de faire moudre leurs grains au moulin du Moulinel qui appartenait à l'abbaye et qui donna son nom à ce hameau ainsi désigné dans les titres du XIII° siècle: *Molendinellum.*

Le bois du Moulinel est *l'ancien bois d'Ecorchebœuf.*

ARCHÉOLOGIE. — Église du XVII° siècle. C'est une simple nef terminée par un chœur à chevet rond, auquel on a ajouté deux chapelles latérales en 1869. Le clocher s'élève sur les arcades d'un ancien campanille roman. On trouve dans cette église des débris échappés à la ruine de Dommartin et entre autres, trois statues remarquables qui ont fait partie du groupe de l'adoration des Mages. On y voit encore la pierre tombale *romane* trouvée dans les manoirs de la ferme de Saint-Josse et deux reliquaires en bois ; l'un d'eux renfermait le rochet de saint Thomas de Cantorbéry.

ABBAYE DE SAINT-JOSSE-AU-BOIS OU DOMMARTIN
ORDRE DE PRÉMONTRÉ.

Des forêts inaccessibles environnaient l'Ermitage de saint Josse et recouvraient, au septième siècle, les plaines fertiles qui composent actuellement les territoires de Mouriez et de Tortefontaine. Autour de la modeste chapelle qui fut plus tard dédiée à sa mémoire, ne tardèrent pas à se grouper les cellules des disciples du pieux solitaire. Ces disciples, soumis à la règle de saint Augustin, se recrutèrent et se perpétuèrent jusqu'au jour où Milon, l'un des premiers adeptes de saint Norbert, leur rapporta les statuts de l'ordre de Prémontré. 1121.

Ils s'enrolèrent volontiers dans la nouvelle congrégation et le monastère de Saint-Josse-au-Bois prit dès lors une importance considérable. Oilard de Soibertmez l'enrichit de tout le fief compris entre la chapelle primitive, la seigneurie de Douriez et le chemin de Beaurain. L'évêque d'Amiens et l'archevêque de Reims favorisèrent cet établissement, dont les chevaliers Enguerran de Montreuil-Maintenay, Hermanfroid de Cugny, Rorgon de Tortefontaine, Hugues de Ponches, Dreux de Selincourt, Wiart d'Argoules sont les premiers bienfaiteurs.

L'installation des Prémontrés à Saint-Josse datait de quinze ans à peine, quand le successeur de Milon reçut de messire Eustache Colet et de sa mère Agnès le vaste domaine de Dommartin, comprenant des prairies, des bois, des marais, un étang et des moulins. L'abbaye de Marmoutiers-les-Tours exerçait les droits curiaux dans ce domaine où l'on voyait une église dédiée à saint Martin. Elle les échangea volontiers, et les Prémontrés commencèrent immédiatement les constructions de l'abbaye qu'ils vinrent occuper le 31 décembre 1161, sous la direction du vénérable Adam, leur second abbé.

Deux ans après, l'évêque d'Amiens consacra l'église sous l'invocation de la Sainte-Vierge et de Saint-Josse, mais les pèlerins qui venaient invoquer l'ermite à jamais populaire se rendirent toujours plus volontiers à l'oratoire primitif. Chaque année, à la fête de la Trinité, la communauté allait processionnellement vénérer dans la chapelle de Saint-Josse-au-Bois les reliques, qui étaient renfermées dans un buste d'argent, produit de l'offrande des fidèles. Le buste, enlevé en 1791 par ordre du district de Montreuil, a disparu et la chapelle fut démolie. Mais, si l'impiété renversa le sanctuaire, l'emplacement où il s'élevait n'en demeura pas moins l'objet de la vénération publique jusqu'au jour où M. Verlingue le fit rebâtir. M. Braquehaye, curé-doyen d'Hesdin l'a bénit le 3 juin 1860, en présence de plus de quatre mille personnes accourues pour saluer avec bonheur le rétablissement du pèlerinage traditionnel au *Bon Saint Josse*.

La protection des grands ne manqua pas à l'abbaye de Dommartin. Les papes et les rois confirmèrent ses privilèges, et l'on peut lire dans les cartulaires déposés aux archives du département un grand nombre de lettres empreintes des sentiments de la plus haute bienveillance et signées des évêques qui ont occupé le siége d'Amiens ou celui de Thérouanne.

Les comtes de Ponthieu, de Flandre, de Boulogne, rivalisaient de générosité avec les sires de Beaurain, de Caumont, de Dompierre, de Douriez, de Montcavrel, de Nempont, de Ponches, de Rollencourt, etc., etc.

La richesse de l'abbaye s'étant considérablement augmentée, l'abbé Jehan II fit dresser le polyptique ou cueilloir des biens qui en dépendaient (1252). Les moines possédaient alors environ 9870 journaux de terre et 1372 journaux de bois ; ils avaient plusieurs moulins et recevaient beaucoup de rentes en argent ou en nature. Ils avaient leur provision de sel aux salines de Rue et de Verton.

Ces propriétés, situées à Dommartin, à Bamières, à Saint-Josse-au-Bois, à Lambus, à Tigny, à Prouville en Picardie, à Monchy-les-Montcavrel et autres lieux, étaient elles-mêmes grevées de redevances considérables en nature qui absorbaient une partie du revenu. Aussi, plus tard, l'obligation de racheter ces redevances devenues très-onéreuses à cause de l'augmentation des denrées, et les calamités de la guerre diminuèrent le patrimoine de Dommartin au point qu'en 1790, il ne rapportait guères plus de 28,000 livres, plus les bois.

La vie édifiante du cloître et l'esprit de foi qui distingue le moyen-âge expliquent l'étonnante prospérité de Dommartin. Un pèlerinage établi en l'honneur de saint Thomas Becket, l'augmenta encore, lorsque l'évêque d'Amiens eut autorisé l'abbé Anscher à exposer à la piété des fidèles le précieux rochet du saint martyr, rapporté d'Angleterre par un moine de l'abbaye (1171).

Dommartin était situé à peu de distance des villes de Montreuil et d'Hesdin. Cette position frontière, sur les limites longtemps contestées de l'Artois et de la Picardie, fut cause de désastres fréquents. Pillée une première fois en 1408, l'abbaye eut beaucoup à souffrir de la guerre contre les Anglais. Plus tard, les Huguenots, commandés par François de Cocqueville, incendient l'église et les bâtiments, dispersent les religieux et martyrisent cruellement le frère Jehan de Hesghes ou de Hecque, ancien curé de Tigny (27 juin 1563). En 1637, la garnison de Rue, sous les ordres du comte de Montdejeu, se livre à de déplorables excès et les moines s'enfuient, laissant un frère convers au milieu des ruines amoncelées par ces malheureux soldats, qui emportent les meubles, les boiseries et jusqu'aux tuiles des couvertures.

Cependant, l'abbaye se releva toujours, grâce à la haute intelligence et à l'habileté des abbés qui la gouvernaient ; les abbés se préoccupaient de l'administration temporelle qui la rendait riche et prospère, mais plus encore de l'administration spirituelle.

La scrupuleuse observance resta en honneur à Dommartin jusque dans les derniers temps. Monseigneur de la Motte aimait à y venir. « Dommartin est ma Chartreuse, disait-il, les jours que j'y passe sont les plus heureux de ma vie. » : témoignage précieux recueilli de la bouche d'un saint !

La charité des moines était inépuisable. Ils faisaient chaque semaine d'abondantes distributions de pain. Le médecin de l'abbaye visitait gratuitement les pauvres malades et leur fournissait des médicaments, du linge, du bouillon et de la viande. S'ils succombaient, la maison se chargeait des frais de la sépulture.

Tant de bienfaits n'ont pas désarmé la Révolution. Lorsque la Convention décréta la vente des biens du clergé et l'exil des religieux, les populations, oubliant les faveurs dont elles avaient été comblées, accompagnèrent le pillage de Dommartin de scènes scandaleuses dont l'abbé Oblin faillit être la victime et qui ont égalé, sinon surpassé les plus tristes saturnales de la terreur.

CHRONOLOGIE DES ABBÉS.

Milon..	1121-1131	Gérard de Dourier.	1286
Adam élu en.	1131	Jehan III de Oisemont..	1286
Gombert.	1167	Thomas de la Capelle.	1293
Anscher.	1170	Éloi de Prouville.	1312
Hugues de Aleste.	1176	Eustache de Bugny.	1320
Gaultier de Werchin.	1179	Jehan de Forestmontier.	1342
Guillaume Ier.	1189	Guy de Laon,	1350
Pierre Ier de Harchies.	1195	Girard Blasel.	1369
Guillaume II de Bommy.	1201	Jehan de Hézecques.	1385
Pierre II.	1205	Thomas Lheureux.	1387
Guillaume III.	1206	Jehan Sénéchal.	1418
Jehan Ier.	1211	Pierre Leroy.	1438
Thomas.	1219	Jehan Dupuis.	1458
Geoffroy.	1224	Jacques de Crépiœul.	1467
Nicolas de Boubers.	1229	Michel de la Rue.	1474
Gaultier II.	1237	Guillaume Strabon.	1495
Renolin.	1239	Baudouin de Hersin.	1499
Jehan II.	1242	Henri de Maigneulx.	1517
Milon II.	1251	Pierre du Bus.	1525
Simon le Vénérable.	1265	David du Bus.	1540
Guillaume de Cromont.	1271	Jehan Prévot.	1574

Michel de Ghiers	1582	Charles Ricouart	1708
Martin Dournel	1604	Milon Marcy	1720
Jehan Marsille	1632	Thomas Brémart	1725
Philippe Babeur	1656	Bruno Bécourt	1739
Jehan Durlin	1676	Joseph Tholiez	1742
Philippe Sicelers	1701	Ghislain-Joseph Oblin	1787

L'abbaye de Dommartin était située au milieu d'un enclos de 15 hectares 45 ares. Nous avons donné dans notre histoire de cette abbaye, la description des bâtiments de ferme qui datent de l'administration de l'abbé Tholiez et que M. Foconnier entretient avec le plus grand soin. Nous avons également décrit l'église. Cette église, construite au XII° siècle et restaurée au début du XV° siècle, était à la fois abbatiale et curiale et l'une des plus vastes du diocèse. Les bâtiments du monastère présentaient une longue façade régulière, mais dépourvue d'architecture. Ils occupaient une surface de 240 pieds carrés, y compris deux cours intérieures entourées de cloîtres.

M. Levrin, ancien curé de Tortefontaine, possède un plan de l'abbaye de Dommartin et des environs dressé en 1585. (*Histoire des abbayes de Dommartin et de Saint-André-au-Bois, Arras, Sueur-Charruey, éditeur.*)

WAMBERCOURT.

1120. — Walbercurt, *C. imp. d'Auchy*, f° 38,
1122. — Walbercort, Ibid. f° 41.
1123. — Walbercurt, Ibid. f° 45.
1282. — Womberti curia, Ibid. f° 277.
1293. — Waubercourt, Ibid. f° 357.
1299. — Wanberti curia, Ibid. f° 413.
1778. — Wambercourt, *terrier aux Archives du Pas-de-Calais.*

L'abbaye d'Auchy avait à Wambercourt, village situé dans la

vallée de la Planquette, un fief dont la possession lui fut confirmée en 1112, par Charles le Bon, comte de Flandre, en 1123, par le pape Calixte, et dont le revenu était spécialement affecté à la *pitance* des moines.

Le mot pitance, *pietantia*, a une étymologie des plus touchantes: il est formé du latin *pietas*, et rappelle que la subsistance des moines provenait presque toujours des offrandes apportées par la piété des fidèles.

La seigneurie de Wambercourt a constamment appartenu aux Créqui, sires de Fressin. Elle faisait partie, au dernier siècle, du duché-pairie de Créqui, possédé après eux par les la Trémouille et les la Tour d'Auvergne. Il existe aux *Archives du Pas-de-Calais* un très-beau terrier de Wambercourt, qui contient cent dix-huit déclarations des terres tenues en fief, en 1778, de messire Nicolas-François-Julie, comte de la Tour d'Auvergne et d'Apchier, marquis de la Margeride, seigneur de Créqui, Fressin, Sains, Wambercourt, etc., lieutenant-général des armées du roi.

Le château de Wambercourt est assis sur une muraille fort ancienne et environné de sources d'eau vive qui alimentent la Planquette. De Wambercourt relevaient :

1° *Le fief de Grandsart*, vendu le 17 juin 1397, par Enguerran de Créqui, dit le Bègue, à Jehan de Boubers, passa depuis à Jeanne de Créqui, mariée en premières noces à Lancelot, seigneur de Grandsart-en-Ponthieu, qui lui donna son nom, puis à sa fille mariée à Denis de Tramecourt dont les descendants l'ont toujours possédé.

2° *Le fief de la Bucaille*, possédé au XIV° siècle par Isabelle, dame de la Bucaille, épouse de Hugues de Saint-Pol. Acheté en 1500 par Jean Cornaille, il fut dénombré, le 5 février 1782, par Jean-Baptiste Hanon. (*Voir l'art. Cavron.*)

3° *Le fief de Regnierville* appartenait en 1559 à Jean de Magnicourt, capitaine d'une compagnie de gens de pied.

Edouard-François-Nicolas de Wailly, seigneur de Camoisy et de l'Hermitage, naquit au commencement du siècle dernier, sur le franc fief de Regnierville.

ARCHÉOLOGIE. — L'église est modeste et ne rappelle en rien les magnifiques constructions que les Créqui élevaient généralement dans leurs terres. En face de cette église, on remarque une jolie construction ogivale, à pignons droits, dont la charpente est très-soignée.

A l'extrémité du village, vers Fressin, se trouve la chapelle des Ardents qui fut construite au début du XVIIe siècle.

Baron A. DE CALONNE.

CANTON

DE

HUCQUELIERS

AIX-EN-ERGNY.

1656. — Aix-Ergnie, *Sanson, loc. cit.*

Harbaville veut que le village d'Aix, bâti sur les bords de l'Aa, se soit jadis appelé *Aix l'Évêque,* à cause des droits que l'évêque de Thérouanne y exerçait au XI° siècle. Nous n'avons pu vérifier le fait, mais il est certain qu'en 1725, le chapitre de Notre-Dame de Boulogne prélevait la meilleure partie de la dîme, soit environ 110 livres. L'abbaye de Ruisseauville et le curé jouissaient du surplus. A cette date, il n'y avait pas d'école à Aix et les enfants fréquentaient celle d'Ergny.

Dix-huit métiers, pour la fabrication des étoffes de laine connues sous le nom de frocqs ou droguets fonctionnaient à Aix, en 1766. *(Annuaire du Pas-de-Calais.)*

Église, sous le vocable de Saint-Léger, annexe d'Ergny.

HAMEAUX ET ÉCARTS. — *La ferme Jacquant.* — *Le Marais.* — *Le Mont-Hulin.* — *Le Tronquoy.* —

ALETTE

1127. — Alestei, *C. imp. d'Auchy*, f°. *50*.
1171. — Alesta, *C. de Saint-Josse-sur-Mer*.
1239. — Alest et Aleste, *C. imp. d'Auchy*, f° *165*.
1507. — Alette-en-Artois, *Procès-verbal des Coutumes*.
1648. — Alette, *Pouillé de la province de Reims*.
1656. — Alette, *Sanson, loc. cit.*

On lira l'histoire du château de Montcavrel et des grands seigneurs qui l'ont possédé à l'article *Montcavrel*, au *canton d'Étaples;* mais ce château, bâti sur une montagne escarpée, était situé dans les limites du territoire d'Alette. Les murs d'enceinte, la tour qui s'élevait à l'est, et quelques bastions en ruine ont échappé à la destruction de cette remarquable forteresse qui fut démolie à l'époque de la Restauration. La plupart des matériaux ont été employés dans les bâtiments que M. Bourdrelle a fait construire, en 1842, pour l'installation de la Bergerie Impériale. Nous avons eu occasion de citer déjà l'enquête de l'année 1239, relativement à la limite des Comtés de Ponthieu et d'Artois. Il y est dit :
« Kanques Thumas de Alest tient à Alest est du fief de Hesding. »
Il en résulte que, sous le régime de cette enquête, le Boulonnais était limité, non par la Canche, mais par une ligne qui s'étendait de Wicquinghem à Neuville, en traversant Herly, Maninghem, Alette et Monchy ; ces villages appartenaient à l'Artois. De là viennent les contestations interminables au sujet de la portion de territoire qui se trouvait entre cette ligne et la Canche ; contestations dont on retrouve les traces dans les préliminaires de plusieurs traités entre la France et l'Espagne.

L'abbaye de Sainte-Austreberte présentait à la cure d'Alette et elle jouissait d'une petite dîme en 1725 ; les autres décimateurs étaient : le chapelain du château de Montcavrel, les abbayes de Doudeauville, de Saint-Sauve et de Saint-Josse-sur-Mer ; celle-ci tenait ses droits de Arnould de Raye, 1196. (*C. de Saint-Josse-sur-Mer.*)

Hugues de Aleste, cinquième abbé de Dommartin, gouverna ce monastère de 1176 à 1179.

Alette était le chef-lieu d'un doyenné du diocèse de Boulogne qui comprenait 17 cures et 9 bénéfices, savoir :

CURES.

Alette.
Aix et Ergny.
Bécourt.
Bézinghem et Enquin.
Bourthes.
Clenleu et Bimont.
Courset.
Desvres.
Doudeauville.
Herly et Quilen.
Humbert et Saint-Michel.
Maninghem-au-Mont.
Montcavrel et Recques.
Parenty.
Preures et Hucqueliers.
Wicquinghem.
Zoteux.

BÉNÉFICES.

Abbaye de Doudeauville.
Personnat de Bezinghem.
Prieuré de St-Walbert, d'Herly.
Chapelle de St-Lambert, à Courset.
Chapelle de St-Nicolas, à Engoudsent.
Chapelle de St-André, à Hucqueliers.
Chapelle Castrale de Montcavrel.
Chapelle de St-Jean-Baptiste, à Preures.

HAMEAUX ET LIEUX DITS. — *La Brasserie.* — *Le Château de Mont cavrel.* — *La Folle emprise.* — *Le Ménage d'Alette.* — *La Hestroye.* — *Le Montéclair,* altération du nom le *Mont-des-Clercs.* — *Tou-*

tendal. Les possessions de l'abbaye de Sainte-Austreberte à *Toutendal* provenaient de l'acquisition qui fût faite, en l'année 1268, à messire Robert de Fosseux, par l'abbesse Marguerite de Sanghem. Ces possessions étaient tenues, en un seul fief et hommage, de la seigneurie de Maintenay. (Parenty, *Hist. de l'abb. de Ste-Austreberte*.) Robert de Cayeu et son fils Enguerran avaient donné aux religieux de Saint-Sauve certain fief situé à Toutendal. Ceux-ci le cédèrent plus tard à Guillaume de Montreuil, en échange d'une terre à Campigneulles. (*C. de St-Sauve*, f° 191.)

AVESNES.

1190. — Avenne, *Titres du chapitre de Thérouanne*.
1476. — Avesne, *Arch. nationales. J. 807.*
1587. — Avesnez, *Ortelius, loc. cit.*
1634. — Averne, *Tavernier, loc. cit.*
1650. — Avesnes, *Jansson, loc. cit.*

Après la prise du château d'Hucqueliers par le marquis de Montpezat, du Clivet, le chef des *Lustucrus*, se tint quelque temps caché à Avesne. (*Voir l'art. Hucqueliers*.)

Le traité de Cambrai, connu sous le nom de Paix des Dames, signé en 1529, ayant conservé le Boulonnais à la France, plusieurs villages de cette province, enclaves d'Artois ou situés sur l'extrême frontière, durent être spécialement mentionnés, afin de prévenir toute discussion ultérieure sur leur nationalité. Tels sont : « *Avesne*, hameau voisin de Rumilly, Clenleu, Preures, Marles, Sempy, etc. »

Avesne est cité dans le compte du revenu des aides d'Artois, payé à Hesdin, en 1476. (*Arch. nat. loc. cit.*)

La seigneurie, tenue du bailliage d'Étaples, appartint longtemps à la famille de Monchy.

La dîme de ce village a été confirmée au chapitre de Thérouanne par le Pape Clément IV en 1190 et, la même année, les chanoines, rachetèrent à Gauthier d'Herli l'*Altare de Avenne*, qu'ils avaient sans doute jadis aliéné, en quelque moment de détresse.

BÉCOURT.

1136. — Bocot, *Titres du chap. de Thérouanne.*
1156. — Bocolt, *Ibidem.*
1159. — Bocourt, *Ibidem.*
1656. — Bocourt, *Sanson, loc. cit.*

L'origine des biens et des droits que le chapitre Notre-Dame de Thérouanne et que celui de Notre-Dame de Boulogne ont possédés à Bécourt, remonte à une donation de l'année 1136, donation confirmée par le Pape Adrien IV en 1156 et par le Pape Alexandre III, en 1159.

En 1260, Gérold, seigneur de Bécourt, vendit aux moines de Saint-André-au-Bois une rente sur le Valrestaud. La seigneurie de Bécourt possédée, en 1550, par messire Jacques du Biez, resta longtemps dans sa famille. Le 11 Juin 1765, Joseph Augustin Cléry, maître des eaux et forêts du Boulonnais, l'acheta, avec celle de Dignopré, moyennant 39000 livres. (*Note de M. E. de Rosny*).

Une déplorable licence régnait dans l'armée sous Henri III, un jour, le commandant du détachement cantonné à Bécourt étant logé chez le laboureur Jean Millet, voulut séduire sa fille, jeune personne âgée de seize ans et remarquablement belle. Il ne put réussir dans ce coupable dessein et exigea du père qu'il lui accordât sa main. Le brave paysan s'y refusa. « Apprends, coquin, s'écrie Dupont, que je te fais beaucoup d'honneur et que j'obtiendrai ar la force ce que tu as l'audace de me refuser. »

La jeune fille étant accourue au bruit, les soldats s'en emparent, la maltraitent et l'obligent à s'asseoir demi-vêtue à la table de leur officier. Celle-ci profite du moment où il détourne la tête pour donner un ordre, saisit un couteau, le lui enfonce dans le cœur et l'étend raide mort. Puis, elle s'échappe et avertit ses parents de pourvoir à leur sûreté, tandis que les soldats, revenus de leur surprise, s'emparent de la généreuse héroïne, l'attachent à un arbre et la frappent à coups redoublés. « Le ciel qui m'a permis de venger mon honneur ne laissera pas votre forfait impuni, s'écria-t-elle, avant d'expirer ! effectivement, Jean Millet ameuta les habitants de Bécourt qui se saisirent des assassins, et pas un de ces misérables ne fut épargné.

La mort tragique de Marie Millet, appelée aussi Marie de Bécourt ou la Lucrèce moderne, est rapportée dans la grande chronique de le Petit sous l'année 1578, (t. II, p. 351), et par l'historien de Thou. Elle est encore racontée dans l'*Éloge des dames illustres* du P. Hilarion de Coste (t. II, p. 692).

Hameaux. — *Dignopré*, est un hameau de 100 habitants dont la seigneurie a appartenu aux le Noir, vicomtes de Montreuil, depuis 1600 jusqu'à l'époque de la Révolution. *La Ferté*.

Inscription de la cloche de Bécourt :

Noble homme Jan du Biez chevalier seigneur de Becourt. Nous fit Jan Hwin lan 1603.

BEUSSENT.

1323. — Bongessant, *Définitions du chapitre de Cluny*.
1648. — Beurghessent, *Pouillé de la province de Reims*.
1656. — Beugkesen, *Sanson*, loc. cit.

L'abbaye royale de Cluny, ordre de Saint-Benoît, la plus riche de France, avait de vastes possessions dans toutes les provinces. Les comtes de Boulogne lui donnèrent le prieuré de Saint-Pierre et Saint-Paul de Beussent sur lequel ils voulaient même exercer certains droits de patronage, quand un arrêt du Parlement déclara les moines affranchis de l'autorité du comte Robert III.

Les prieurés ont d'abord été desservis par des religieux envoyés de la maison mère : ils formaient une petite communauté régulière dont le chef, le premier (*prior*), remplissait les fonctions curiales dans la paroisse. Celui de Beussent fut détaché de Cluny et réuni à Saint-Sauve-de-Montreuil, dans le cours du XVIIIe siècle. Le revenu était en 1790 de 6892 livres, ainsi réparties :

70 mesures de terre à Beussent . . .	1116 livres.
Dîme du ménage d'Engoudsent . . .	1496 —
Dîme d'Enguinehaut.	1400 —
Dîme d'Audembert	900 —
Dîme de Marquise	900 —
Dîme de Mieurles.	450 —
Dîme de Recques	300 —
Dîme de Lottinghem	150 —
Rente sur le moulin de Beussent . .	30 —
Censives de Beussent.	150 —

On lit, dans la *Bibliotheca Cluniacensis :* « Prioratus SS. Petri et Pauli de Burgo Sanguinis, Morinensis Bolonensis Diœcesis. » Nous retrouvons cette étymologie fantaisiste du nom de Beussent dans les anciens pouillés du diocèse.

Les Prieurs de Beussent ont été :

1480. — Le grand vicaire de l'Évêque de Boulogne.

1564. — Jehan de Maillefeu.

1628. — Michel.

1666. — Jacques Biroat, de l'ordre de Cluni, mort en 1666, après avoir écrit plusieurs volumes de sermons et de panégyriques.

1671. — Eustache Jeussin.

1681. — Claude le Tonnelier de Breteuil.

1729. — Jacques Hernieu.

1730. — Pierre Henry, religieux de Saint-Lucien-de-Beauvais.

1778. — Charles Joseph Desnoyelle, religieux de Saint-Sauve, est le seul de la communauté qui refusa le serment constitutionnel.

Armoiries du prieuré de Beussent : *d'argent à la barre échiquetée de sable et d'or.*

La commune de Beussent, située dans la vallée de la Course, est la plus étendue de l'arrondissement relativement à la population qui ne dépasse pas 670 habitants. Elle se compose de 18 hameaux, dont les plus importants sont : Enguinehaut, Engoudsent et le Bois-Ratel. Le territoire a 4000 journaux et 6 lieux de tour.

HAMEAUX. — *Enguinehaut*, à 3 kilomètres de Beussent, est un ancien fief noble tenu d'Engoudsent, qui a appartenu à Jehan d'Enguinehaut, marié à Mahaut de Bernieules, père de Lancelot. Celui-ci eut une fille, Catherine, dame et héritière d'Enguinehaut. Elle porta cette terre dans la famille du Biez, qui la possédait encore au début du siècle dernier.

En 1738, Marie Espérance de Boufflers la vendit à messire Pierre de Châteauneuf, qui l'aliéna, à son tour, au profit des Patras de Campaigno. Les deux fermes et le bois d'Enguinehaut appartiennent à M. le baron de Fresnoy.

Engoudsent.

1168. — Egodessem.
1171. — Goudessem.
1174. — Engoldesem.
1279. — Engoudesem.
1330. — Godessant.
1449. — Engoudessen.

La chapelle d'Engoudsent, patron Saint Nicolas, a été fondée en 1177 par les sires de Montcavrel. Engoudsent, l'une des douze baronnies du Boulonnais, a donné son nom à la famille d'origine chevaleresque, dont étaient : Eustache, témoin d'une charte de Didier, évêque de Thérouanne et Baudouin, chevalier, cité au cartulaire de Saint-Josse-sur-Mer.

Après les sires de Longvilliers, leurs successeurs, le fief passa aux la Trémouille par le mariage de Jeanne de Cayeu-Longvilliers avec Pierre de la Trémouille. Leur fille, Jeanne, baronne d'Engoudsent, épouse de Jacques de Crèvecœur, le transmit à ses descendants qui le possédèrent jusqu'à Louise de Crèvecœur, qui s'allia à messire Guillaume Gouffier, seigneur de Bonnivet, amiral de France. Celui-ci servit aveu au roi, le 6 octobre 1517 ; son fils le renouvela en 1553. Engoudsent valait alors 100 livres de revenu, et 79 vassaux en relevaient. Plus tard, la baronnie d'Engoudsent fut réunie au marquisat de Montcavrel. (LA MORLIÈRE, *Maisons illustres de Picardie*.)

Le titulaire de la chapelle d'Engoudsent, réunie à la chapelle castrale de Montcavrel, avait droit de prendre 43 septiers de blé et 5 septiers d'avoine dans les granges de l'abbaye de Dommartin. Il devait célébrer trois messes par semaine, conformément aux obligations imposées, le 13 décembre 1405, par Lancelot de Longvilliers, chevalier, seigneur d'Engoudsent.

Le Bois Ratel. — *La Beaussière.* — *Le Camp-Raquet.* — *Le Château-rouge.* — *Coupigny.* — *Les Haies.* — *Le Ménage.* — *Le Mimont.* — *Le Point du Jour.* — *Le Pont-Teratu.* — *Preurelles.* — *Le Quesnoy.* — *La Réderie.* — *Le Suriez.* — *La Vallée-Gloriamme*, qui comprend *la vallée* et *la basse vallée* situées au milieu de la forêt de Montcavrel. — *Zérables.*

ARCHÉOLOGIE. — L'église, sous le vocable de saint Omer, était à deux nefs, séparées par de gros piliers carrés. Remaniée à plusieurs époques, elle ne conservait guère de traces de l'architecture primitive, lorsqu'elle s'écroula soudain, le lundi 12 mai 1873.

INSCRIPTION DE LA CLOCHE :

L'AN 1371, J'AI ÉTÉ FONDUE POUR BEUSSENT AUX
DÉPENS DES BONS PAROISSIENS ; REFONDUE EN 1738, AUX
DÉPENS DESDITS PAROISSIENS ET BÉNITE
PAR FRANCOIS MILLE, PRÊTRE ET NOMMÉE MARIE JEANNE.
POUR PARRAIN : ANTOINE DELOBEL ET MARRAINE
JEANNE LARUELLE ET FONDUE PAR GUILMIN.

BEZINGHEM.

1173. — Bezingehem, *Titres de l'abbaye de Samer.*
1188. — Besingehem, *Titres de l'abbaye de Sainte-Austreberte.*
1311. — Beusinguehem, *Aveu Maintenay.*
1605. — Besingem, *Th. géographique.*
1608. — Besinghem, *Quadum, loc. cit.*

M. Van Drival pense que Bezinghem, Vicquinghem, Maninghem et les autres noms dont la terminaison est semblable peuvent prétendre à une origine Saxonne. Les anciens titres de l'abbaye de Samer mentionnent les dîmes que cet établissement possédait à Bezinghem. Elle en jouissait encore, à la fin du dernier siècle, mais comme cette abbaye dîmait également à Bazinghem, canton de Marquise, il est difficile de discerner les citations qui se rapportent à l'une ou à l'autre des deux communes. Cependant, la bulle d'Alexandre III établit une distinction entre *Bezingehem* et *Bazinghem*, en 1173. Celle d'Innocent III, de l'an 1199, parle de Businghehem. Une charte de 1161 cite Isaac de Bœzingehem.

Le présentateur à la cure était le *personnat*, représentant d'une ancienne dignité ecclésiastique. Le personnat était le curé primitif, d'où vient encore aux pasteurs anglais le nom de *parson*, supérieur à celui de *curate* qui désigne un simple vicaire.

Le diocèse de Boulogne comptait dix personnats. Le titulaire de celui de Bezinghem, au début du XVIIIe siècle, a laissé une réputation de science que ne doivent pas oublier les amateurs d'histoire locale : C'est Antoine Scotté de Velinghem dont la bibliothèque de Boulogne conserve les précieux manuscrits.

La nomination des personnats appartenait à l'évêque. Le savant abbé Haigneré, ancien archiviste de Boulogne, a bien voulu nous communiquer les documents qui concernent Bezinghem et d'autres localités du canton d'Hucqueliers ; nous lui devons notamment les nombreuses citations empruntées au cartulaire du chapitre de N.-D. de Thérouanne.

La seigneurie de Bezinghem a appartenu, en partie du moins, à la comtesse d'Egmont, Françoise de Luxembourg. En 1553 Jehan qui ne rit pas (*Johannes qui non ridet*) y avait un fief considérable.

Le ruisseau de Bezinghem se jette dans la Course, après un parcours de 2 kilomètres 500 mètres.

HAMEAUX ET ÉCARTS. — *Ecœuffent,* moulin qui appartenait jadis à l'abbaye de Longvilliers.

Les Granges. — La Folie. — Le Fayel. — Gournay. — Grigny. — Le Moulin-de-Zoleux. — Le Mont-Quesnel. — Le Pucelart.

BIMONT.

1179. — Dorhimont, *Titres du chapitre de Thérouanne.*
1181-1185. — Drouhimunt,   *ibidem.*
1240. — Bimonte? *Harbaville.*
1422. — Bieumont, *Titres du chap. de Thérouanne.*
1587. — Bugnimont, *Ortelius, loc. cit.*
1608. — Bugnimont, *Quadum, loc. cit.*
1634. — Bimont, *Th. géographique.*
1650. — Bimont, *Jansson, loc. cit.*

Les titres du chapitre de Thérouanne donnent à ce village, qui est environné de rideaux escarpés et de bois, le nom de *Dorhimont* (bulle d'Alexandre III, en 1179), ou de *Drouhimunt* (bulle de Lucius III. Il n'y a pas à en douter, ce nom se trouvant associé à celui de *Cleneleu.*

La seigneurie appartenait, au XVIIIe siècle, à Catherine Elisabeth Claudine d'Urre, épouse de François Alexandre Jean Baptiste d'Artois, dont une fille, mariée à Louis du Chastel, écuyer, seigneur de Bertevelt. Le chapitre de Boulogne dîmait trois gerbes dans Bimont et dans le hameau de Remortier; les autres gerbes revenaient aux seigneurs laïques.

Le patron de l'église, annexe de Clenleu, est Saint-Pierre.

HAMEAUX. — *Campagnette.* -- Fief noble appartenant, depuis 1518, à la famille de Montbrun.

Le Plouy. — *La Ramonière.* — Ancienne dépendance de l'abbaye de Ruisseauville.

Remortier. — Jean-Baptiste Fourdinier, dit de Remortier, chanoine official du diocèse de Boulogne et abbé commendataire de Doudeauville, mort en 1775, laissa, par testament, plusieurs fondations pieuses.

BOURTHES.

857, — Borthen ou Burthem, *Folquin.*
1069. — Burtes, *Titres du chap. de Thérouanne.*
1179. — Burtes,   *ibidem.*
1638. — Bourdes, *Tassin, loc. cit.*
1650. — Bourdes, *Jansson, loc. cit.*
1656. — Bourthes, *Sanson, loc.cit.*

La paroisse de Bourthes, sous le vocable de Saint-Pierre-ès-liens, est une des plus anciennes du pays, car un diplôme de Charles le Chauve, du 27 mars 857, mentionne parmi les possessions de l'abbaye de Saint-Bertin, des terres *in Borthem* ou *in Burthem*, suivant l'orthographe variable de Folquin. Plus tard, une bulle du pape Lucius III, expédiée de Velletri, le 11 avril 1182, confirma les propriétés du prieuré de Rumilly au village de *Burdes*. *Burtes* est compris dans la donation faite au chapitre de Thérouanne par l'évêque Dreux, en 1069, et l'autel de cette paroisse, *altare de Burtes*, a été confirmé aux chanoines par une bulle d'Alexandre III, en 1179. (*Note de M. Haigneré.*)

Il est regrettable que les archives de Thérouanne et celles du prieuré de Beussent et de l'abbaye de Doudeauville aient disparu. On y trouverait de plus amples renseignements, car les moines de Doudeauville, le chapitre de Thérouanne et le prieur de Beussent partageaient les dîmes avec les religieux de Samer et le chapelain du château d'Hucqueliers, non-seulement à Bourthes, mais à Mieurre, à Trois-Marquets et au Catelet.

La cure était à la présentation de l'évêque de Boulogne. M. Haigneré a donné la liste des titulaires, depuis Jean de Sarton qui mourut en 1558, et dont le successeur, Josse Hornoi, a été momentanément dispensé de résidence, comme étudiant à Paris.(*Semaine religieuse du diocèse, année 1868*, p. 219.)

Antoine de Mailly, marquis d'Haucourt, né le 5 avril 1633, fut seigneur de *Bourte-en-Boulonnois* du chef de sa mère Ghislaine du Biez, fille de messire Antoine du Biez.

L'importance de la commune de Bourthes, actuellement encore la plus peuplée du canton, lui valut d'être désignée comme le chef lieu de l'un des douze cantons qui formèrent le district de Boulogne en 1791. Lorsque la Convention eut décrété la levée en masse, les habitants de cette contrée se montrèrent tellement opposés à la mesure que l'on dut envoyer des détachements militaires de Boulogne, de Desvres et de Samer, pour obliger les réfractaires à se rendre sous les drapeaux.

La loi du 18 pluviôse an VII (7 février 1799) réunit Bourthes au canton d'Hucqueliers et incorpora ces communes dans l'arrondissement de Montreuil.

Deux confréries existaient autrefois à Bourthes : celle du Carmel, autorisée par lettres du R. P. général des Carmes, en 1698, celle de Saint-Pierre ou de la Charité, instituée pour l'inhumation des défunts.

HAMEAUX ET ÉCARTS. — *La Basse-Flaque.* — *Le Beaumanoir.* — *Le Bois de Senlecques.* — *Le Catelet.* — Fief de la principauté de Tingry. En 1725, le curé signale à l'évêque de Boulogne l'existence de deux familles de Huguenots qui habitent le Catelet.

Le Moulin-de-Bécourt. — *Le Moulin-de-Séhen.* — *Mieurles.* — Fief noble ayant appartenu, de 1477 à 1730, à la famille de la Wespierre. Peu de temps après la bataille de l'Écluse, le duc de Bourgogne remporta, non loin de Saint-Omer, un succès marqué sur les Anglais; Marcel de Mieurres figurait dans son armée avec deux écuyers. (*De Rosny, état ancien du Boulonnais.*) On lit au cartulaire de l'abbaye de Saint-Sauve (*f° 54*) un arrêt du 3 janvier

1366 qui condamne Jehan de Mierres comme coupable d'injures envers les religieux.

Trois-Marquets. — Jacques de Courteville est seigneur des Trois-Marquets, en 1519. Les du Wicquet lui succédèrent en cette qualité, puis les Lefebvre qui prirent le nom de ce hameau. M. L. Lefebvre de Trois-Marquets, premier président à la cour de Douai, est décédé en 1850.

ARCHÉOLOGIE. — L'église, sans architecture, a été incendiée au siècle dernier; l'ancienne tour s'est écroulée en 1804.

CAMPAGNE-LES-BOULONNAIS.

869. — Campaniæ. *C. de Saint-Bertin.*
1597. — Campaignes. *Procès-verbal des coutumes.*

On a souvent confondu Campagne-les-Boulonnais avec le village du même nom, situé près de Guînes, qui a été témoin des magnificences déployées pour l'entrevue du camp du drap d'or, au mois de juin 1520. C'était le dernier village « ès mettes de la comté d'Arthois, enclavé dans le comté de Boulonnais, entre Thiembronne et Myeures » et le revenu du centième denier montait, en 1570, au chiffre de 13,910 livres.

Il n'y avait pas alors de maison seigneuriale, la marquise de Renty, dame de Campagne, habitant le château de Renty. Sa fille, Anne, épousa Guillaume de Croy. (*Arch. du Pas-de-Calais. Rôle du centième denier.*)

Marie-Fernande de Croy porta l'héritage des marquis de Renty, seigneurs de Campagne, dans la maison d'Egmont, en 1664, par son mariage avec Philippe d'Egmont, prince de Gavres, général au service de l'Espagne, qui fonda la chapelle castrale de Campagne, sous le titre de Sainte-Catherine. Ce bénéfice, dont le revenu était de 300 livres, à charge de deux messes par semaine, restait à la nomination du seigneur. La chapelle fut démolie en même temps que le château de Renty. Le titulaire, en 1725, était le sieur de Poucques, curé de Sains-en-Gohelle, au diocèse d'Arras.

Harbaville écrit que l'abbaye de Saint-Bertin exerçait à Campagne-les-Boulonnais certains droits qui provenaient de la donation d'Héribert, en 869, augmentée par Hilduin, en 877. C'est une erreur ; les religieux de Saint-Bertin ne possédaient rien à Campagne-les-Boulonnais, et c'est de *Campagne-Wardrecques* qu'il est question dans Folquin.

François Martel, né à Campagne, nommé chanoine de la cathédrale de Saint-Omer, le 1er octobre 1677, mourut le 7 juillet 1683. Il a fondé, au collége de cette ville, une bourse pour l'éducation des membres de sa famille. La pension était de 400 livres. François Martel portait : *d'azur au lambel d'or, à trois fleurs de lys de même, posées en fasce.* (*De Neufville.* III. p. 185.)

L'église est sous l'invocation de saint Omer. L'abbaye de Ruisseauville nommait à la cure. Elle était desservie en 1725, par un curé et son vicaire.

HAMEAUX. — *Le Camp de Glaine.* — *Le Château-Bleu.* — *Le Fay.* — *Happe.* — *Le Moulin de Combremont.* — *L'Oblet.*

CLENLEU.

1173. — Clenleu, *Titres du chap. de Thérouanne.*
1194-1201. — Keneleu, *Ibidem.*
1311. — Crenleu, *Aveu Maintenay.*
1337. — Crenleu, *Dom Grenier, Rôle des nobles du bailliage d'Amiens.*
1476. — Clenleu, *Arch. nationales,* X. 807.
1587. — Cleulen, *Ortelius, loc. cit.*
1650. — Clenleu, *Jansson, loc. cit.*
1656. — Clanleu, *Sanson, loc. cit.*

Clenleu est bâti dans une vallée profonde qui était jadis environnée d'épaisses forêts ; cet isolement, l'aspect sauvage du pays, justifient presque la légende curieuse attachée à l'étymologie de ce nom qui rappellerait les hurlements des loups qui faisait autrefois résonner les échos d'alentour : *Clangor luporum !!*

La féodalité établit dans cet endroit, moins fréquenté par les hommes que par les bêtes fauves, une forteresse, dont les châtelains vécurent ignorés jusqu'à M. d'Anglure, fils d'Antoine, qui servit aveu de la terre de Clenleu, tenue du bailliage de Desvres, avec 17 hommes liges, en 1477.

Guillaume d'Ostove lui succéda, vers l'an 1500. Ses descendants, seigneurs, puis marquis de Clenleu habitaient le château construit derrière l'église et célèbre par le siége qu'il soutint, en 1575, contre les troupes du gouverneur de Montreuil, Jacques des Essarts de Maigneulx. (*P. Anselme, loc. cit.* VIII, p. 561.) C'est là que le général Bertrand d'Ostove, marquis de Clenleu, venait se reposer des fatigues de la guerre. Sa nièce, Marthe d'Ostove, épousa, par contrat du 10 décembre 1641, messire Claude d'Urre, d'une ancienne famille du Dauphiné. Ils quittèrent le manoir de leurs ancêtres pour se fixer à Maintenay, mais la seigneurie de Clenleu appartenait encore à leur postérité, à l'époque de la Révolution. (VILLERS DE ROUSSEVILLE, *Généal. d'Urre. Voir l'article Maintenay.*)

Le pape Alexandre III confirme, en 1173 au chapitre de Thérouanne la possession de l'église de *Cleneleu* et de *Dorhimont*. Peu d'années après, Lucius III la ratifie de nouveau. Les actes du chapitre mentionnent le fief de *Cleneleu* en 1194 et en 1201.

Mgr Pierre de Langle autorisa l'installation à Clenleu d'une confrérie de Saint-Pierre dont le but était d'assister les pauvres, de veiller les malades et de prendre soin de leur sépulture. (*Note de M. Haigneré.*)

Clenleu est la patrie de Jean de Senlecques, qui naquit en 1558. C'est le premier graveur de musique et l'un des meilleurs fondeurs de caractères typographiques. Il grava les caractères de la Bible polyglotte et mourut à Paris le 20 novembre 1648. Jacques de Senlecques, son fils, exerça la même industrie avec distinction et mourut en 1660, à l'âge de 46 ans. Il était très-érudit et, mettant les leçons paternelles au service d'une intelligence remarquable, il composa, pour l'impression de la musique, des planches perfectionnées, portant à la fois la note et la ligne, qui établirent sa réputation.

M. H. de Rosny pense que Jacques de Senlecques descendait d'une branche cadette des seigneurs de ce village établie à Clenleu. En 1572, vivait un Pierre de Senlecques, peut-être le frère de Jean, qui déclara ses fiefs en la sénéchaussée du Boulonnais. (*Hist. du Boulonnais*, t. IV, p. 16.)

Hôtel-Dieu de Clenleu. — Madeleine d'Ostove, demoiselle de Noulette, a légué à l'Hôtel-Dieu de Montreuil, par son testament du 22 juillet 1576, les terres et les bois appelés depuis : l'*Hôtel-Dieu de Clenleu*. Ces biens ayant été mis en vente par le district de Boulogne, comme biens du clergé, en 1793, sans que les administrateurs de l'hospice en aient eu connaissance, le gouvernement impérial répara cette spoliation inique, par l'abandon de l'emplacement de l'ancien château de Bryas et de quelques biens épars dans les départements du Nord et du Pas-de-Calais, qui rapportaient environ 3,000 fr. C'est ce que l'on appela les biens transférés ; depuis, le comte de Bryas a cédé à l'hôpital de Montreuil la ferme de Trois-Vaux près de Saint-Pol, en échange du manoir de Bryas. (*Annuaire de 1855*, f° 429.)

Le ruisseau de Clenleu se jette dans la Course, à Estrée.

Hameaux. — *Le Bellinguez.* — *Le Bout d'Amont.* — *La Motte.*

Archéologie. — L'église sous le vocable de saint Gilles est une construction du XIV° siècle, nouvellement restaurée sous la direction de M. Normand. Le chœur est éclairé de neuf fenêtres. On remarque à la voûte deux blasons sculptés qui se trouvent reproduits sur une ancienne boiserie provenant d'un rétable d'autel et adapté au confessionnal :

Le premier porte : Écartelé : *Au 1 et 4, à un lion rampant. Au 2 et 3, à deux bandes.* Sur le tout : *Au lion rampant et à la bande brochant.*

Le second porte : *Au 1, comme dessus. Au 2, contre écarté :*

Au 1 et 4, à 3 écussons. Au 2 et 3, au chef d'hermine. Sur le tout : *A trois étoiles mal ordonnées, accompagnées de trois croix recroisetées.*

ENQUIN.

1608. — Enequin, *Quadum, loc cit.*
1632. — Enequin, *Th. géographique.*
1648. — Enquin, *Pouillé de la province de Reims.*
1650. — Enxain, *Jansson, loc cit.*

La seigneurie d'Enquin, tenue de la principauté de Tingry, possédée en 1218 par Jehan d'Embry (*Harbaville*), passa dans la suite à Colard Roussel, qui la vendit, le 26 décembre 1505, à Jean le Brun. Elle devint après la propriété d'une branche de la famille du Blaisel, qui l'a conservée sans interruption jusqu'à nos jours.

Le fief noble du *Val d'Enquin* appartenait, en 1477, à messire d'Antoing ; en 1553, à Maximilien de Melun ; en 1613, à Jean de Conteval, écuyer ; enfin, en 1669, à Antoine de la Rue. Le château, que celui-ci habitait à Enquin, devint la proie des flammes, et son fils, obligé de produire les preuves de noblesse, dut recourir au témoignage des habitants du village qui attestèrent que le feu avait anéanti tous les titres de la famille de la Rue. (Villers de Rousseville, *généal. de la Rue.*)

Le ruisseau de Preures se jette dans la Course à Enquin.

HAMEAUX, ÉCARTS. — *Écœuffent.*— *L'Épinette.*— *Le Marais-Pourri.* — *Le Moulin de Preures.*— *Le Val d'Enquin.*

ARCHÉOLOGIE. — La tour de l'église semble indiquer qu'elle eut autrefois plus d'importance. Dans le chœur, se trouvent sculptés quatre sujets tirés de l'histoire de la sainte Vierge : la Visitation, l'Annonciation, la Naissance de N.-S., la Présentation. Au-dessus de l'autel se lit le nom de *Jean Discours,* qui a probablement travaillé à la restauration de l'église.

A gauche de la route de Preures à Enquin, existe une chapelle bâtie par M. Paul Delhomel en l'honneur de Notre-Dame de la Salette.

ERGNY.

1205. — Ergny, *Titres du chap. de Thérouanne.*
1656. — Ergnie, *Sanson, loc. cit.*

La plupart des villages du canton d'Hucqueliers, autrefois isolés au milieu des bois, sont restés longtemps ignorés. Ergny est du nombre ; à peine retrouve-t-on le souvenir de son existence au moyen-âge, dans les titres de l'abbaye de Ruisseauville qui y partageait la dîme avec les Templiers.

Antoine de Boubers, seigneur d'Ergny, s'est abstenu de comparaître à la rédaction des coutumes du Boulonnais, en 1550.

Dès les premières années du XIII° siècle, les Templiers s'étaient installés à Combermont (Gombermont ou Combremont). Le commandeur de Combermont, Jehan d'Epaingni (*præceptor domûs de Gombermont filiæ militiæ Templi in Franciâ*) et Guillaume, seigneur de Lianne, sont choisis pour arbitres, au mois de juin 1279, entre Guillaume de Thiembronne et l'abbaye de Saint-André-au-Bois. (*Arch. du Pas-de-Calais, fonds St-André.*)

A l'époque de la suppression des Templiers, les biens de Combermont furent réunis à la commanderie de Loison, et, comme celle-ci, attribués aux chevaliers de Saint-Jean-de-Jérusalem. Ils comprenaient 300 journaux de terre et 40 journaux de bois en deux pièces : *les bois de Buissire et de Laincourt.*

La Commanderie de Combermont ayant été ruinée par les guerres du XIV° siècle, n'est mentionnée que pour mémoire au *livre vert* rédigé en 1373. Le revenu a été :

En 1495 : 152 livres. En 1578 : 166 écus soleil, 80 livres de beurre, 2 pourceaux gras. En 1757 : 1700 livres. En 1783 : 3600 livres.

En 1640, la maison et la chapelle furent incendiées. Nous connaissons seulement trois commandeurs de Combermont : 1362. — Le chevalier Philippe Leclerc. 1386. — Le chevalier Jehan de Hesdin. 1468. — Le chevalier Robert de Franquelence.

(*Arch. nationales, titres de la commanderie de Loison.*) — *Voir l'art. Loison, au canton de Campagne-les-Hesdin.*)

HAMEAUX ET LIEUX DITS. — *Le bois Meurdry et le bois du fort Adam*, défrichés en 1475 et 1487 (Notes Parenty) — *Le Puits Sandrin — La Thieulloye.*

Quéhen. — La dîme de Quéhen se partageait par tiers entre le prieur d'Herly, le commandeur de Combermont et le curé.

ARCHÉOLOGIE. — On a trouvé, en 1822, dans le puits de la ferme de Combermont, une cloche nommée *la Templière*.

HERLY.

1171. — Herliacum, *C. de Saint-Josse-sur-Mer*, n. 19.
1190. — Helli, *C. d'Auchy.*
1337. — Herly, *Dom Grenier, Rôle des nobles du bailliage d'Amiens.*
1476. — Helly, *Arch. nationales*, J. 807.
1587. — Herly, *Ortelius, loc cit.*
1608. — Harly, *Quadum, loc cit.*
1634. — Herly, *Th. géographique.*

Saint Walbert, comte de Saint-Pol, ayant reçu l'habit monastique des mains de saint Bertin, donna la terre d'Herly à l'abbaye de Luxeuil en Franche-Comté, où il se retira et qu'il fut plus tard appelé à diriger. Ce domaine fut disputé à ses successeurs et l'abbé de Luxeuil vint le revendiquer avec la châsse et les reliques de saint Walbert. (*Harbaville.*)

Le nom d'Herly est *Herleium* et non pas *Herliacum*, dans les documents ecclésiastiques des deux derniers siècles. Par acte notarié du 27 mars 1776, M. Pourteyron, abbé de Gastines, chanoine de la Sainte-Chapelle de Paris, conseiller au grand-conseil et prieur commandataire d'Herly, consentit à la suppression de ce bénéfice, à la condition qu'il serait réuni au séminaire de Boulogne, pour aider à l'entretien d'un certain nombre d'anciens curés ou vicaires. Il se réservait une pension viagère de 3000 livres ; or le prieuré de St-Walbert d'Herly rapportait alors : 8,216 livres, 17 sols, 6 derniers. Afin de conserver le souvenir de la dépendance de Luxeuil, le séminaire dut payer annuellement à cette abbaye, 8 livres de cire, le 24 novembre, fête de saint Colomban. L'acte épiscopal, qui sanctionne cette convention, est du 31 mars, même année. Les religieux de Saint-Josse-sur-mer et d'Auchy-les-Hesdin percevaient également certaines dîmes à Herly.

La coutume d'Herly a été rédigée, le 14 octobre 1550 : sept articles dérogent à la coutume du Boulonnais. On y remarque la disposition suivante :

« Sous lesdits franquiesmes, tout homme, qui est résidant cou« chant et levant, ne doit nul afforage, gambage, herbage, mou« tonnage, resserre de four, mais il a tous priviléges et franchi« ses. »

L'Afforage était dû au seigneur pour la vente du vin et des liqueurs dans l'étendue de son fief, suivant la taxe établie par lui.

Le Gambage était le droit acquitté par les brasseurs.

L'Herbage se payait pour le pâturage des bestiaux.

Le Moutonnage se levait sur ceux qui vendaient ou achetaient des moutons dans le fief.

Le Resserre de Four était le droit perçu sur les fours bannaux.

HAMEAUX ET LIEUX DITS. — *Bellevue*, au prieuré de Rumilly. La dîme valait 81 livres. — *Le château de Lignon.* — *Hénoville*, en partie au marquis du Chastelet en 1725. — *Le Petit Herly.* — *Le Prieuré.* — *Saint-Philibert*, cense donnée à l'abbaye de Saint-Augustin-les-Thérouanne, sous la prélature de Dreux ou Druon, par Jehan de Herly et son fils Gérard. 1156-1163. (LÉDÉ, *Notes manus.*)

HUCQUELIERS.

1069. — Hukelirs, *Titres du chap. de Thérouanne*.
1179. — Hucquelires, *Ibidem*.
1248. — Hukelières, *Ibidem*.
1311. — Hukeliers, *Aveu Maintenay*.
—— — Hucliers, *Ibidem*.
1440. — Huquelerz, *Quittance, Orig. à M. Boulanger, ingénieur en chef*.
1443. — Hucqueliers, *Ibidem*.
1650. — Hucneliers, *Jansson, loc. cit.*

M. Harbaville pense trouver dans *Hucqueliers* une altération des mots latins *Oscha Elerii*, enclos d'Hélier ou d'Hilaire, et il raconte comment saint Hilaire, ermite, qui vivait à Fruges, vers le milieu du VIIe siècle, vint en cet endroit, et y bâtit une chapelle, qui conserva le nom du solitaire et qui devint le principe du village. Le besoin de tout expliquer a inspiré à l'auteur du *Mémorial historique* cette étymologie légendaire qui ne repose sur aucun titre sérieux ; l'*Oscha Elerii* restera donc dans le domaine de la haute fantaisie, comme la plupart des étymologies proposées dans son ouvrage.

La forteresse construite en 1231 par le comte de Boulogne, Philippe Hurepel, fut la véritable cause du développement d'Hucqueliers. Une charmante habitation gothique, récemment élevée par M. Moitier, maire d'Hucqueliers, succède à l'antique château fort qui concourait à la défense du Boulonnais, avec ceux de Belle, de Fiennes, de Longvilliers et de Tingry. C'était un vaste massif de maçonnerie, flanqué de quatre tours en saillie à chacun des angles, protégé à l'est par des bois considérables, et à l'ouest par l'escarpement qui aboutissait au marais qui forme maintenant la place. La principale porte ouvrait sur le chemin qui conduit au hameau du Catelet ; c'est la *Rue du château*.

L'histoire d'Hucqueliers est intimement liée à celle de Tingry, dont les châtelains ont acquis un grand renom, depuis Guillaume Ier de Fiennes, époux de Sybille de Tingry. Leur fils, Guillaume II, osa prétendre au comté de Boulogne et leurs descendants occupèrent des charges importantes. Robert, l'un d'eux, créé connétable en 1356 laissa les terres de Fiennes, Hucqueliers et Tingry à son neveu Waleran de Luxembourg.

La maison de Luxembourg est une des plus illustres de l'Europe. Elle a produit cinq empereurs et la France du XIV° siècle était fière de compter des Luxembourg parmi ses plus zélés champions dans la guerre contre les anglais. Un seul fit défection, c'est précisément le châtelain d'Hucqueliers, Louis de Luxembourg, tour à tour évêque de Thérouanne et archevêque de Rouen. Nous ne raconterons pas les intrigues et les efforts de ce malheureux prélat dévoué au monarque anglais, pour renverser le trône que ses ancêtres avaient constamment appuyé de leur vaillante épée ; il nous faudrait dérouler la plus triste page de nos annales et il suffit de dire que sa trahison entraîna la confiscation des biens de Tingry et Hucqueliers, qui furent plus tard rendus au comte de Saint-Pol, Louis de Luxembourg.

Ce comte de Saint-Pol était l'ami du duc de Bourgogne, dont les troupes tenaient souvent garnison à Hucqueliers. Un jour, cinquante de ses archers, commandés par le bâtard de Renty, s'y tenaient embusqués, pour arrêter le sire de Roncq qui avait massacré un de ses compagnons d'armes après lui avoir ravi sa maîtresse. Ces archers, surpris par un détachement de la garnison anglaise de Calais, furent passés au fil de l'épée. 1458. (*Mémoires de Jacques du Clerc, liv. III.*)

Louis XI aimait beaucoup le comte de Saint-Pol, mais, ce prince astucieux et méfiant qui l'éleva aux plus hautes dignités, le précipita, par un caprice, au banc des accusés et trouva des juges complaisants pour le déclarer coupable d'intelligences secrètes avec les ennemis du royaume. Il eut la tête tranchée, le 19 décembre 1475.

Charles Roussel, écuyer, seigneur de Bresme, était alors gouverneur du château d'Hucqueliers.

A la suite d'un long procès entre les deux branches de la maison de Luxembourg, ce château fut attribué au comte de Brienne : son fils obtint l'érection de la terre de Tingry en principauté. Après Henri de Luxembourg, Hucqueliers et Tingry passaient aux Clermont et, le 17 mars 1661, François-Henri de Montmorency devenait duc de Luxembourg et prince de Tingry, par son mariage avec Madeleine-Charlotte-Bonne-Thérèse de Clermont. Au lendemain de cette alliance, il se produisit dans le Boulonnais une révolte occasionnée par l'augmentation considérable des impôts : le sire de Clivet, gentilhomme au caractère bouillant, à l'esprit aventureux, se mit à la tête des mécontents et s'enferma dans le château d'Hucqueliers, dont il refusa d'ouvrir les portes au lieutenant du gouverneur de Picardie, le marquis de Montpezat.

Ce château était délabré, écrit le savant historien du Boulonnais, M. Hector de Rosny ; du Clivet et son lieutenant savaient cependant qu'ils avaient à combattre des forces beaucoup supérieures en nombre. Leurs soldats s'armèrent de tout ce qui leur tomba sous la main : fusils bons ou mauvais, vieilles épées, hallebardes, lances que rongeait la rouille, fourches et bâtons. Seulement, dans leur exaltation, ils ne songèrent pas suffisamment aux vivres et aux munitions. Ils se mettent donc en défense, et quand Montpezat leur fait demander pourquoi ils résistent et à qui ils font la guerre : « A personne répondent-ils. » — « Déposez donc les armes, reprend le marquis, et ouvrez la place aux troupes de Sa Majesté à qui elle appartient. »

La liberté de sortir leur fut assurée, s'ils obtempéraient à cette sommation, avec promesse que nul d'entre eux ne pourrait être recherché pour sa conduite passée, mais ils refusèrent de se soumettre. Alors le lieutenant général, voyant qu'il devait employer la force, ordonna de pointer les canons contre les murailles minées par le temps. Elles s'écroulèrent aux premières volées, et les défenseurs, passant subitement de l'exaltation la plus irréfléchie à un découragement absolu, cherchèrent leur salut dans une fuite précipitée. Les troupes du roi pénétrèrent dans la place, et firent quatre cents prisonniers que l'on garda à vue dans l'église. Quelques-uns obtinrent la liberté au prix de cent écus par tête, mais quatre des plus mutins, condamnés à être pendus, subirent le dernier supplice sur la place d'Hucqueliers, ils se nommaient Lefebvre, du village d'Ergny ; Masset, de Preures ; Comballot, d'Hucqueliers et Lambert. Comme il ne se trouvait pas d'exécuteurs, le sort désigna celui des quatre qui aurait le triste privilége d'être le bourreau et d'obtenir ainsi sa grâce; Lambert eut le courage d'accrocher ses infortunés camarades aux branches d'un arbre.

Aux Montmorency, seigneurs d'Hucqueliers, succèdent les Noailles, ducs d'Ayen ; puis les Grammont, qui ont aliéné et démembré ce vaste domaine.

GOUVERNEURS DU CHATEAU D'HUCQUELIERS.

1415. Guillaume Blondel.
1437. Regnaut d'Azincourt.
1438. Georges de Fléchin.
1540. Jean d'Isques, seigneur de Bours.
1588. Charles Roussel, seigneur de Bresmes.
1609. Jacques d'Acary, seigneur de la Rocque.
1636. Jean d'Acary, seigneur de la Rocque.

Autrefois annexe de Preures, Hucqueliers est devenu paroisse et chef-lieu du décanat à l'époque du Concordat. Pendant la Révolution, trois prêtres y exercèrent constamment les fonctions de leur ministère ; ce sont MM. Danel, plus tard curé de Pihem, Gaignard, curé de Maninghem, et Cocatrix, curé d'Herly.

Le premier doyen fut M. Miroir, ancien curé d'Alette, qui mourut au mois d'août 1821. La confrérie de Saint-Pierre, qui fut établie en 1690 et autorisée par le pape Alexandre VIII, sur la demande de l'évêque de Boulogne, avait pour but de prodiguer des soins aux malades, d'assister aux convois funèbres et de pratiquer en général les œuvres de miséricorde.

Les marchés qui se tiennent le lundi à Hucqueliers furent inaugurés après la destruction du village d'Émy où ils avaient lieu avant les guerres de la Ligue. Celui du premier lundi de décembre était, au siècle dernier, l'une des cinq grandes foires à poulins du Boulonnais.

LIEUX DITS. — *La Briqueterie.* — *Le Bois Notre-Dame.* — *La*

Longeville. — Fief noble, tenu de Hucqueliers, ayant appartenu et ayant donné son nom à la famille Lefebvre de Longeville, qui compte encore des représentants. — *Le champ de bataille* situé en face de l'église. *La solitude*.

Archéologie. — L'église, dédiée à saint André, a trois nefs, mais le plafond qui a été substitué aux voûtes en pierre lui enlève le caractère architectural qu'elle pouvait avoir autrefois. La chapelle castrale fut transférée dans l'église après la destruction du château ; son revenu moyen était de 150 livres, à charge de deux messes par semaine.

Inscription de la cloche :

DEO OPTIMO MAXIMO.
J'AI ÉTÉ FONDUE POR L'ÉGLISE DE SAINT-ANDRÉ
PATRON DU BOURG DE HUCQUELIER AUX FRAIS
DE LADITE ÉGLISE ET DES PROPRIÉTAIRES, ET BÉNITE
PAR Mre JACQUES GARRE P^{ro} CURÉ DUDIT LIEU,
L'AN 1682. FAIT PAR NICOLAS DE LA PAIX.

Inscription tumulaire relevée à gauche du portail :

CI DEVANT REPOSE LE CORPS DE M. LOUIS
LEFEBVRE DE LONGEVILLE, ANCIEN PORTE ÉTENDARD
DES GARDES DU CORPS DU ROY, CHEVALIER DE
L'ORDRE ROYAL ET MILITAIRE DE SAINT LOUIS,
DÉCÉDÉ LE 3 MAI 1772, AGÉ DE 75 ANS.
PRIEZ DIEU POUR SON AME.

HUMBERT.

1305. — Humberc, *Titres de l'abb. de Sainte-Austreberte*.
1315. — Humberch, *Titres du chap. de Thérouanne*.
1587. — Humbergue, *Ortelius, loc. cit.*
1608. — Humberg, *Quadum, loc. cit.*
1650. — Humber, *Jansson, loc. cit.*

La cure d'Humbert fit partie de la dotation primitive de l'abbaye de Sainte-Austreberte. Plus tard, les religieuses augmentèrent beaucoup leur domaine d'Humbert, qui dépendait du bailliage de Marenla. En 1305, l'évêque d'Amiens termina par une sentence arbitrale le différend qui s'était élevé entre l'abbesse-Marguerite de Brunembert et un propriétaire d'Humbert, le nommé Colard, seigneur de Werchin.(*Notes Parenty.*)

L'ingénieur en chef du Pas-de-Calais, M. Boulanger, possède les lettres-patentes qui furent délivrées le 22 juillet 1362 par la comtesse de Flandre pour reconnaître et confirmer les droits de justice et seigneurie vicomtière que l'abbaye de Sainte-Austreberte exerçait à Humbert.

Le Bras de Brone, qui prend sa source dans la commune, traverse cinq villages dans un parcours de dix kilomètres, et se jette dans la Canche sur le territoire de Marles.

HAMEAUX. — *Petit Etreuil*. — *Potier*.

MANINGHEM.

1142. — Maninghehem, *P. C. de Dommartin*.
1239. — Manighens à Mont, *Tailliar, actes en langue romane, c. XIV*.
1638. — Manighem, *Tassin, loc. cit*.

Maninghem est situé sur une hauteur d'où l'on découvre une grande étendue de pays : la mer, vers Étaples ; la forêt de Fauquembergues, au nord et les plaines de Buires-le-Sec, au midi. L'historien Dubuisson rapporte que les Normands, attaqués par Rodolphe, roi de Bourgogne, essuyèrent une grande défaite aux environs de Maninghem, en 918.

Maninghem n'était, avant le XVIIIe siècle, qu'un hameau perdu au milieu des bois et ne se rattachant à aucune paroisse voisine. Les habitants obtinrent de l'abbé de Clairmarais, leur décimateur, l'autorisation de bâtir à leurs frais une église et un presbytère.

Le 18 novembre 1714, le doyen d'Alette consacra le nouveau sanctuaire sous l'invocation de la Sainte Vierge.

Les paroissiens abandonnèrent au desservant trois gerbes du cent sur tout le territoire et le dixième pour les menues dîmes des laines, des agneaux, des poules, du lin et du chanvre. Le concordat a érigé Maninghem en paroisse avec Quilen pour annexe.

La seigneurie a appartenu aux Blondel de Joigny (1550); aux de Lespault (1694); aux d'Acary. En 1725, l'abbé de Clairmarais et le marquis de Salins se la disputaient. Un rapport de 1756 constate que l'abbé eut gain de cause et que le marquis dut se contenter des droits honorifiques.

Aucun titre ne révèle l'existence d'un couvent de Templiers à Maninghem, bien qu'on leur attribue la construction d'un puits remarquable qui a cent mètres de profondeur et dont les parois sont artistement maçonnées.

ARCHÉOLOGIE. — Voici l'inscription qui est gravée au-dessus de la porte du presbytère :

QUI HUC INTRANS DIXERIT AVE
SEMPER ERIT SINE VE.

ce qui signifie : *Il n'arrivera jamais de mal à celui qui dira* AVE *en franchissant le seuil de cette maison.*

PARENTY.

1142. — Parenti, *P. Cartul. de Dommartin.*
1190. — Parenti, *Titres du chap. de Thérouanne.*
1605. — Parenti, *Th. géographique.*

Une bulle du pape Clément IV confirma au chapitre de Thérouanne la dîme de Parenty, 1190 ; l'autel de cette paroisse fut racheté la même année par les moines à Gaultier de Herly. Après le partage de 1559, le droit de présentation passa momentanément au chapitre d'Ypres, mais il fit retour à l'évêque de Boulogne en vertu d'une transaction intervenue au commencement du XVII° siècle.

Le petit cartulaire de Dommartin mentionne, en 1142, un Godefroi de Parenty sans le qualifier chevalier; aussi hésitons-nous à le désigner comme le possesseur de la forteresse dont l'emplacement se voit près de l'église, et sur les ruines de laquelle se sont élevés les bâtiments, déjà fort anciens, de la ferme de M. de Méricourt.

Cette ferme et le fief de Thubeauville composèrent la dot de demoiselle Catherine de Bigant lorsqu'elle épousa Gaspard le Vasseur, écuyer, seigneur d'Aubin, l'aïeul de Marie-Gaspard-François-Gédéon le Vasseur de Thubeauville, qui fit construire, en 1785, le château habité par M. Jules de Méricourt.

Les comtes d'Estrée ont été longtemps seigneurs haut-justiciers de Parenty. On voyait, il y a peu d'années, dans l'intérieur de l'église, le blason accolé d'Estrée-la-Cauchie et de Béthune, dernier vestige de la litre tracée au moment de la mort de l'un d'eux. Le père Jacques Robert, dominicain de Rouen, établit en 1633 une confrérie du Rosaire dans l'église de Parenty ; la fête principale se célébrait le premier dimanche d'octobre.

Les décimateurs étaient en 1725 : le chapitre de Boulogne ; l'abbé de Doudeauville ; le chapelain de Frencq ; l'église ; M. de Thubeauville et M. d'Ambreville.

Liste des anciens curés de Parenty :

1612, Lemothe. — 1628, Desvault. — 1629, Bouchère. — 1649, de Saint Patrice. — 1650, Framery. — 1650, Miellet. — 1651, Mantel. — Hétru et Boucher. — 1691, Clabault. — 1700, Baudrel, Thomas. — 1763, Caroulle, Laurent. — 1771, Bailleu, François. — 1776, Beauval, Charles-François. — 1778, Prévost, Jacques-Marie.

HAMEAUX ET LIEUX DITS. — *Le Bois Gaillard.* — *Campalianne.* — *Erimetz.* — *Hodicq*, ferme et moulin sur la Course, ainsi nommés à cause des de Hodicq de Courteville qui en ont été propriétaires pendant le XVIIe et le XVIIIe siècles.

La Houssoye. — D'après une ancienne tradition, un souterrain aurait jadis relié les châteaux de la Houssoye et de Thubeauville.

Le Mont-Saint-Éloi. — *La Mutelette*. — *Thubeauville*. — Ce hameau, composé de trois fermes, est un ancien fief noble dont une branche de la famille le Vasseur d'Aubin a pris le nom.

ARCHÉOLOGIE. — Le chœur de l'église de Parenty est du XVe siècle ; il est vaste et éclairé de cinq fenêtres avec meneaux. La tour porte la date de 1614.

Inscription de la cloche :

JAI ÉTÉ BENITE PAR Me TH. BAVDREL CVRÉ DE PARENTY ET NOMMEE CATHERINE PAR Mre JAQVE ALxre Ant DE † COURTEVILLE, SEIGNEUR D'HODICQUE CAPne AU RÉGIMENT DE VIENNE ET PAR DAME CATHERINE FRe DHALLVIN DAME DARRY † ET AVTRES LIEVX — JACQVE LE VOLLANT RECEVEVR DE LEGLISE — JEAN LANCE MGer 1753.

PREURES.

1245. — Preure, *C. de Valloires, p. 183*.
1650. — Preuvre, *Jansson, loc. cit.*
1656. — Preure, *Sanson, loc. cit.*

A droite de la route qui conduit à Enquin et à quelques pas de la vieille tour qui sert d'habitation au fermier de M. Moleux, s'élève *la Motte* sur laquelle était bâtie l'antique forteresse des sires de Preures. Le chevalier Henri de Preures ratifia, au mois d'avril 1285, l'abandon que Bernard de Bamières fit à l'abbaye de Valloires d'une terre dépendant de son fief. *(C. de Valloires,* fo 183.) Il se consacra solennellement, dans l'église du prieuré de

Saint-Georges-les-Hesdin, à ce glorieux patron des hommes de cœur. (Danvin, *le Vieil Hesdin*, p. 366.)

Jean de Preures, chevalier, épousa au XIV⁰ siècle Marie de Mailly, fille de Gilles, seigneur d'Authuiles ; leur fils, marié à Jeanne de Brimeu, fut le dernier de sa race. L'héritière de l'importante seigneurie de Preures épousa successivement : Archambaud de Croy qui fut tué à Azincourt en 1415 ; Jean de Fosseux, chambellan du duc de Bourgogne, et enfin le sire de Commines. Est-ce par une de ces alliances que Preures fut réuni à la baronnie de Thiembronne? Le fait est qu'à dater de cette époque Preures ne cessa d'appartenir aux illustres barons de Thiembronne : il eut pour propriétaires d'abord les Bournel ; puis les Rouault-Gamaches ; puis les de Brune de Montlauet et enfin Jacques de Bullion, marquis de Farvacques qui transmit le domaine aux Gontaut-Biron, aux Biencourt et aux Rohan-Chabot.

La confrérie des *Charitables*, fondée en 1627 dans l'église de Preures, fut rétablie en 1836. Le pèlerinage de saint Adrien est célèbre dans le pays. On l'invoque pour obtenir d'être préservé des épidémies ; tous les sept ans, les habitants de Samer se rendent processionnellement à l'église de Preures, afin d'implorer sa puissante intercession.

Les chanoines de Boulogne, héritiers du chapitre de Thérouanne, dont les droits avaient été confirmés en 1179 par le pape Alexandre III, partageaient la dîme avec le prieur de Renty et avec le titulaire de la chapelle castrale de Saint-Jean-Baptiste.

Hameaux et lieux dits. — *Le Bassin*. — *Le Clivet*. — Hameau entre Preures et Hucqueliers. Ce fief noble, tenu de Preures, a été longtemps la propriété des Postel ; François Postel, Sʳ du Clivet était le chef des Lustucrus. (*Voir l'art. Hucqueliers*.)

Le Fayel. — *Le Marais pourri.* — *Le Mont-Aigu.* — *Le Point-du-Jour.* — *Le Petit Preures.* — *La Roque.* — *Sehen*, en partie. — *Le Valençon.*

Archéologie. — L'église accuse diverses époques d'architecture : le chœur, éclairé de neuf fenêtres, est du XV⁰ siècle. La tour, qui a conservé le caractère roman, était surmontée d'un clocher très-remarquable, qui s'écroula en 1808 à la suite des dégradations subies pendant la Révolution. La flèche actuelle a été élevée en 1853. La tradition attribue la construction de la remarquable église de Preures à Valeran de Luxembourg, seigneur de Tingry et d'Hucqueliers, qui fonda une rente au profit de la fabrique. Valeran de Luxembourg vivait de 1380 à 1415.

Le tableau du maître-autel est une copie de Raphaël signée Jean-Baptiste Caron.

QUILEN.

1254. — Killen, *Puits Artésien*, t. II.
1311. — Quillen, *Aveu Maintenay*.
1337. — Quillent, *Dom Grenier, loc. cit.*
1638. — Quillem, *Tassin, loc. cit.*
1650. — Quilhem, *Jansson, loc. cit.*
1696. — Killen, *Arch. municip.*

Malbrancq raconte que saint Kilien, compagnon de saint Wulgan, débarqué avec lui à Wissant en 569, se fixa au milieu des forêts qui recouvraient alors la Morinie. Il éleva un oratoire autour duquel se groupèrent les cellules de ses nombreux disciples ; cet ermitage, bâti à l'entrée d'un ravin profond, serait l'origine, très-problématique suivant nous, du village de Quilen.

Jean de *Killen*, écuyer, est cité en 1254. Un autre Jean de *Quillen*, vassal de M. de Boufflers, comparaît en armes et à cheval à la revue des gens de guerre qui eut lieu à Montreuil le 25 août 1337. (*Dom Grenier.*) La seigneurie de Quilen, possédée en 1543 par Oudart de Renty, appartenait, au siècle suivant, à un maître des eaux et forêts de Picardie, messire Jacques des Groseilliers. Ses descendants l'ont vendue à la famille de Guizelin.

L'église, dédiée à saint Pierre et autrefois secours d'Herly, est annexe de Maninghem depuis 1804. A l'époque de la Révolution,

M. Merlin, curé d'Herly, ayant été contraint de s'enfuir, les habitants de Quilen ne furent pas privés des secours de la religion, grâce au zèle de M. du Tertre, ex-curé de Fruges et cousin germain de M. des Groseilliers, qui exerçait en secret les fonctions de son ministère dans une grange dépendant du château.

Les registres de catholicité remontent à l'année 1693.

Lieux dits. — *Le Camp du Quesne.* — *Le Courgain.* — *Le Maisnil.* — *Le Riez de la bataille.*

Archéologie. — L'église, qui fut démolie en 1847, était couverte de chaume ; un campanile surmontait le portail. Le nommé Delcroix, serrurier à Arras, l'avait achetée, en 1793, moyennant la somme de 100 livres. Celle des cloches qui a été conservée porte une inscription en lettres gothiques ; c'est la plus ancienne de l'arrondissement de Montreuil :

EN L'AN DE GRACE MCCCC ET XLIII
ME LEVA LEURENCHE LE CARONNELLE
ET JEHENNE PÉMONNE.

En creusant les fondations de la nouvelle église on découvrit plusieurs tombeaux en pierre, qui contenaient des ossements de guerriers de haute stature, des cuirasses, des casques, des éperons, et d'autres objets.

RUMILLY.

1134. — Rimelliacum, *C. de Saint-Josse-sur-Mer*, 2ᵉ partie, n° 4.
1182. — Rumiliacus, *Migne, Patrologie*, T. ccl., col. 1133.
1311. — Rumeilly, *Aveu Maintenay.*
——. — Rumeilli, *Ibidem.*
——. — Rumelli, *Ibidem.*
——. — Rumelly, *Ibidem.*
1318. — Rumilli, *Olim*, t. III, 2ᵉ partie, p. 1395.
1587. — Rumely, *Ortelius, loc. cit.*
1638. — Rumeli, *Tassin, loc. cit.*
1650. — Rumely, *Jansson, loc. cit.*

Le *Rumiliacum*, acquis par Rigobert en 704, se trouvait *in pago Tarvanensi* et, par conséquent, hors du *pagus Boloniensis* dont les limites sont incontestables ; aussi Courtois n'a-t-il pas hésité à revendiquer pour Remilly-Wirquin, la citation que M. Harbaville attribue à Rumilly. (*Cart. de Saint-Bertin, p. 32.*)

Le comte de Boulogne, Eustache III, ayant eu la douleur de perdre son fils unique, remit le gouvernement de la province à Étienne de Blois et se retira à Rumilly, où il termina ses jours revêtu de l'habit des moines Bénédictins. Telle est l'origine du prieuré de Saint-Pierre-de-Rumilly-le-Comte, que nous trouvons désigné, en ces termes, dans la Bibliothèque de Cluny : *S. Petri de Romiliaco-comite prioratus.*

Une bulle de Lucius III, insérée au bullaire de Cluny, confirme les possessions de cet établissement. On y voit qu'il possédait de grands biens, et notamment plusieurs églises au diocèse de Londres qui provenaient des donations faites par Guillaume le Conquérant à Eustache II, comte de Boulogne, en récompense du concours qu'il lui avait prêté à la bataille d'Hastings. La bulle mentionne parmi les possessions françaises le village de Rumilly : celui de Bourthes et d'autres localités dont le nom paraît altéré par les copistes, ou qui sont maintenant inconnues, avec des moulins, des étangs, des cours d'eau, des fossés de dérivation, des prés, des pâtures, des bois et des esclaves des deux sexes.

Lorsque le prieuré tomba en commende, les titulaires n'y résidèrent plus. L'ancienne chapelle et la maison conventuelle existaient cependant encore en 1725. François de Thombes, prieur de Rumilly et chanoine de N.-D. de Boulogne, assista à la cérémonie d'expiation qui eut lieu à Montreuil, le 28 septembre 1635, à l'occasion de la levée de l'interdit lancé contre cette ville par l'évêque d'Amiens.

Charles de Créqui était prieur de Rumilly en 1714. La dîme se partageait alors entre lui, le prieur d'Herly et le chapitre de Fauquembergues.

Le présentateur à la cure était le prieur d'Herly.

HAMEAUX. — *Beaussart*. Le Pouillé de 1725 mentionne à Beaussart-au-Bois une chapelle de Jésus-Flagellé où l'on ne disait plus la messe. Il y avait alors 26 feux à Beaussart-au-Bois et 17 feux à Beaussart-à-l'Eau.

SAINT-MICHEL.

1198. — Altare Sancti Michaelis, *C. d'Auchy-les-Hesdin.*
1331. — Saint Mikiel, *Dom Grenier, loc. cit.*
1462. — Saint Miquiel, *C. de Saint-Sauve, f° 57.*
1476. — Saint Micquel en Orthiois, *Arch. nationales, J. 807.*
1587. — Saint Michel, *Ortelius, loc. cit.*
1608. — S. Michel, *Quadum, loc. cit.*
1650. — St Michel, *Jansson, loc. cit.*

Pendant longtemps saint Michel a été considéré comme le patron spécial de la France ; dès le IX° siècle, le concile de Mayence rendit sa fête obligatoire dans tout l'empire de Charlemagne, à la suite d'une brillante victoire sur les Saxons. Un grand nombre d'églises et des abbayes célèbres s'élevèrent en son honneur ; le modeste village de Saint-Michel témoigne que le Boulonnais ne demeura point étranger à cette dévotion envers le prince de la milice céleste.

Bonnart de Saint-Mikiel servait en 1337 dans l'armée du roi Philippe de Valois. L'abbaye d'Auchy-les-Hesdin cueillait une branche de dîme sur le territoire de Saint-Michel dont la seigneurie appartenait en 1670 à messire Claude de Nœux, et en 1685 à Jean de Cormette.

Lorsque Louis XI fit établir le service des postes dans le royaume, on installa à Saint-Michel un relai qui était la dernière maison vers Hénoville. Le rapport envoyé en 1725 à l'évêché de Boulogne constate que les habitations de la paroisse sont « de mauvaises chaumières habitées par des pauvres qui ne possèdent aucun bien. » Les décimateurs étaient à cette date les abbayes d'Auchy, de Ruisseauville, de Samer et le prieur de Renty.

HAMEAUX ET ÉCARTS. — *Estreuil*, en partie avec Humbert. —

La Grande feuille. — Hautefeuille. — Hénoville. — Le Petit Saint-Michel. — Saint-Wandrille en partie avec Embry.

VERCHOCQ.

1293. — Vercock, *C. d'Auchy, imp. f° 351.*
1507. — Vrechocq, *Procès-verb. de la cout. de Fauquembergues.*
1579. — Vresoq, *Surhonius, loc. cit.*
1587. — Vresocque, *Ortelius, loc. cit.*
1605. — Vresoque, *Th. géographique.*
1608. — Vresocq, *Quadum, loc. cit.*
1656. — Verchocq, *Sanson, loc. cit.*

Le village de Verchocq dépendait par moitié du Boulonnais et de l'Artois : « le bas de Vrechocq et l'Épinette de Vrechocq » formaient la limite du comté de Fauquembergues vers le Boulonnais ; on montre encore la maison construite à l'extrême frontière par un marchand qui profitait de cette situation avantageuse pour faire la fraude. Verchocq comprend deux parties distinctes : le bas ou la bassure, qui est situé dans la vallée de l'Aa avec Fasque, Cornotte et la Carnoye ; le haut qui est formé des hameaux de Gournay, Rollez et le Val de Fresne.

L'ancien château, démoli en 1805 par M. le marquis de Coupigny, était environné de larges fossés inondés par les eaux de l'Aa ; on y remarquait des souterrains qui s'étendaient au loin dans la campagne.

Jean de Verchocq, chevalier, mourut en 1293 et son oncle, Anselme de Hestrus, fonda dans l'église de Hestrus un obit que les moines d'Auchy devaient célébrer à perpétuité. (*C. imp. d'Auchy, loc. cit.*) Sa tante, Jeanne, dame de Verchocq, épousa Jean de Lottinghem et transmit cette terre à sa petite fille, Jeanne de Wisque mariée à Lancelot de Béthencourt.

Un procès surgit alors entre les héritiers de Jeanne et leur cousin, Guillaume de Framezelle, qui réclamait la seigneurie de Verchocq du chef de son aïeul, Jean de Calonne, époux de Marie de Lottinghem. Ceux-ci obtinrent gain de cause, puisque

Robert de Framezelle (1550) et Adrien de Framezelle sont qualifiés seigneurs de Verchocq dans les comptes de la paroisse.

François-Léger de Pippemont seigneur de Verchocq, eut une fille, Marguerite, qui mourut le 25 avril 1690, laissant de son mariage avec messire Henri de l'Estendart un fils unique, dont on lisait le nom sur la cloche brisée en 1860 :

> CETTE CLOCHE APPARTIENT AUX MANANS
> ET PROPRIETAIRES DE VERCHOCQ. A ETE
> FONDVE A SAINT OMER PAR IGNACE
> DECOCK LE XX OCTOBRE 1705, PESANT DCCL
> ET QVELQVES LIVRES. Mre FRANÇOIS LETENDART,
> SEIGNEVR DE VERCHOCQ, AGE DE XXIV ANS.

Aux marquis de l'Étendart succèdent Augustin-Abel de Pujol, chevalier, vicomte de Crespy-au-Mont, qui habitait le château en 1750, puis messire Pierre-Antoine de la Pasture, chevalier, époux de Marguerite d'Acary de la Rivière. Ceux-ci vendirent le domaine à messire François-Hubert-Marie de Malet, baron de Coupigny, par contrat du 17 janvier 1776.

Le plus ancien curé de Verchocq, mentionné dans les registres de catholicité, est Guillaume Soyel qui vivait au début du XVIIIe siècle. Ses successeurs ont toujours été aidés d'un vicaire. Ils tenaient régulièrement le registre de paroisse. Nous lisons, dans ce registre, sous la date du 18 janvier 1757, que la fonte des neiges ayant occasionné une inondation extraordinaire, l'eau monta à 3 pieds 1/2 dans la grange du presbytère.

HAMEAUX ET LIEUX DITS. — *La Carnoye*. — *La Cornote*, où existait autrefois une chapelle castrale, dédiée à Notre-Dame et à la nomination du chapitre de Boulogne. — *Fasques* est le hameau le plus important : il s'étend jusqu'au territoire de Renty et l'on croit même qu'il dépendait jadis de cette localité. — *Gournay*, fief noble, appartenait au siècle dernier à la famille Titelouze de Clarques qui en a adopté le nom. En 1775, M. de Gournay a donné un logement pour le vicaire qui desservait la chapelle de Notre-Dame de Miséricorde située dans ce hameau.

— *Payelleville*, sur la route de Montreuil à Aire. — *Rollez*. En 1858, les habitants des hameaux ont fait construire à Rollez une église qui fut desservie par le curé de Verchocq jusqu'en 1864. Elle a été alors érigée en succursale. — *Val de Fresne.* — Près du Val de Fresne se trouve le *Moulin de France*, bâti sur le *Mont de Belle-Vue*. Les eaux qui descendent de cette hauteur se divisent et grossissent les rivières d'Embry, au midi ; de la Course, à l'ouest; de la Traxène, à l'est; et de l'Aa, au Nord.

ARCHÉOLOGIE. — L'église était en forme de croix latine. La chapelle de la Sainte Vierge et celle de saint Nicolas occupaient les bras de la croix : la première, qui subsiste seule, est du XVe siècle les armoiries qui ornent les retombées des nervures de la voûte rappellent qu'elle fût bâtie par les Renty. Les comptes de la paroisse nous apprennent que la chapelle de saint Nicolas existait encore en 1606.

La nef ne présente rien de remarquable. Dans le chœur qui est éclairé de fenêtres ogivales et garni de boiseries vermoulues, on lit la date de 1683, époque d'une restauration qui fut faite à cet édifice, dont le caractère général accuse le XVe siècle. (*Notes de M. le curé de Verchocq*).

WICQUINGHEM.

1069. — Wichingehem, *Titres du chap. de Thérouanne.*
1094. — Winkingehem, *C. imp. d'Auchy*, f° 36.
1112. — Vuinkinchehem, *Ibidem*, f° 28.
1119. — Guikinghem, *Titres du chap. de Thérouanne.*
1120. — Vuikinchehem, *C. imp. d'Auchy.*
1156. — Huichinguehem, *Titres du chap. de Thérouanne.*
1218. — Wickingehem, *C. imp. d'Auchy*, f° 120.
1239. — Winkigehem, *Ibidem*, f° 158.
1258. — Wikinghem, *Ibidem*, f° 188.
1267. — Winkinkem, *Ibidem*, f° 118.
1638. — Vaigunghem, *Tassin, loc. cit.*
1650. — Vaigunghem, *Jansson, loc. cit.*

L'église de Wicquinghem est comprise dans la donation faite

au chapitre de Thérouanne par l'évêque Dreux, en 1069 ; elle est mentionnée dans les bulles des papes Calixte II, 1119; Adrien IV, 1156; Alexandre III, 1179; après le démembrement du diocèse de Thérouanne, le droit de présentation qui appartenait au chapitre de cette ville, fut attribué au chapitre d'Ypres, mais celui de N.-D. de Boulogne conserva la jouissance des dîmes.

Enguerran, comte d'Hesdin, fondateur de l'abbaye d'Auchy, lui octroya des droits importants dans la paroisse de Wicquinghem ; ces droits, confirmés, au mois de janvier 1218, par le pape Honorius III, un moment contestés par le doyen et le chapitre de Thérouanne, ont été solennellement reconnus le 5 juillet 1255 par l'official J. de Laon. Marie, dame de Wicquinghem, ayant épousé Anselme de Hestrus, chevalier, il s'éleva entre eux et les moines d'Auchy une difficulté relativement à la justice ; trois arbitres : M^{re}· Robert de Flomermont et Ernoul de Hesecques, et Jehan Huelos, bourgeois de Hesdin, vinrent étudier les prétentions des parties et ils décidèrent que l'abbé et le seigneur exerceraient en commun la justice et se partageraient le produit des amendes. (*C. d'Auchy, loc. cit.*)

L'enquête de l'année 1239 fixant les limites de l'Artois attribua *Winkingehem et Manighem-au-Mont* à cette province comme dépendances de la seigneurie d'Hesdin. (*Tailliar, loc. cit.*, p. CXIV.)

Wicquinghem était donc enclave d'Artois ; à ce titre le village paya l'impôt du centième denier levé en 1569, mais la contribution fut très-modeste, car, aux termes du procès-verbal, « les « manoirs de Wicquinghem ne sont guère bons estant la plus « saine partie d'iceulx pleins de fresquerres et autres mauvaises « herbes et les terres infructueuses et de petit rapport ; que si on « leur voulloit bailler audit lieu en louage une mesure de manoir « amazé et autre non amazé, qu'ils n'en voudroient rendre par an « plus de 24 sols, chacune mesure, l'une portant l'autre et l'une « avecq l'autre, et la mesure de terre seule, 8 sols la mesure, le « tout monnoye de France, pour ce que c'est un pays froid, infructueux et de petite valeur. » (*Arch. du Pas-de-Calais, Rôle des centièmes.*)

Le sol de cette époque valant environ 15 centimes de notre monnaie, on pouvait se loger et cultiver une mesure de terre à Wicquinghem en 1569 moyennant la modique somme de 7 francs 20 centimes par an ; et la mesure de terre labourable se louait un franc 20 centimes !

En rendant compte à l'évêque d'une lacune qui existe dans les registres de catholicité, le rapport de 1725 rappelle que suivant une ancienne tradition, ce pays est demeuré désert de 1635 à 1648, à cause des guerres.

Dessaux le Breton, né à Wicquinghem le 9 mai 1769, est l'auteur de plusieurs mémoires agronomiques et industriels, d'une méthode de lecture et de plusieurs brochures politiques.(*Derheims, Hist. de Saint-Omer*, p. 708.)

HAMEAUX ET LIEUX DITS. — *La Bouloie*, ferme mentionnée dans une charte du mois de juin 1282. (*C. d'Auchy*, f° 270.) *Le Catelet.* — *La Fresnelle.* — *Le Marais.* — *Le Moulin de Wicquinghem..*

ZOTEUX.

1466. — Les Hosteulx, *Titres de famille.*
        Les Hoteux, *Ibidem.*
        Les Auteulx, *Ibidem.*
1650. — Les Oteux, *Jansson, loc. cit.*
1656. — Les Auteux, *Sanson, loc. cit.*

Au nord de ce village est le carrefour des sept voies, le *septemvium* des anciens, près duquel les Romains avaient élevé des autels (Altaria, les Auteulx), comme ils en érigeaient d'ordinaire sur les frontières et à l'embranchement des routes, afin de placer le pays sous la protection des Dieux et d'y introduire leur culte. Des hôtelleries s'établirent au *septemvium* pour les troupes en marche et pour les voyageurs, car les voies qui s'y réunissaient étaient les branches de la grande route traversant les Gaules de Lyon à Boulogne et à Thérouanne par Amiens. Ces voies furent commencées sous l'empire d'Auguste, et la reine Brunehaut, qui leur donna son nom, les a seulement fait réparer à la fin du VIe siècle.

Étoile itinéraire du septemvium.

1re voie du septemvium à Desvre, par le Courteau.

2e voie du septemvium à la Canche, par Attin.

3e voie du septemvium à Amiens, par Auxi-le-Château.

4e voie du septemvium à Saint-Pol et Arras.

5e voie du septemvium à Thérouanne.

6e voie du septemvium à Arques.

7e voie du septemvium au chemin de Leulinghem, par Senlecques et Licques. (*Voir les monuments des périodes Celtique et Romaine, par Harbaville.*)

Aujourd'hui, un calvaire érigé en 1824 et rétabli en 1856, a remplacé les autels du paganisme, ce calvaire est l'objet d'une grande vénération dans le pays.

Le fief de Zoteux, tenu du bailliage de Desvres, appartenait au mois de septembre 1466 à Robert de Thubeauville. Antoine de Roussel de Guermont s'en rendit acquéreur en 1702.

Les Dames de Blandecques, qui jouissaient de la majeure partie de la dîme de Zoteux, en disputèrent la seigneurie de ce village à MM. du Blaisel et de Montlezun. Elles gagnèrent leur procès à Boulogne en 1725, mais elles le perdirent en appel ; les autres portions de dîme appartenaient à l'abbé de Doudeauville, au prieur de Rumilly et au curé. La confrérie du Rosaire fut établie, en 1673, par le R. P. Remond, provincial des Dominicains dans les Pays-Bas.

LIEUX DITS. — *Le Bois Verreux.* — *La Carnoye.* — *Les Correaux.* — *Les Fauchelles.* — *Les Mortiers.* — *Les Sept-Voies.*

ARCHÉOLOGIE. — On a découvert sur le territoire de Zoteux des tombeaux, des monnaies et d'autres souvenirs de l'occupation romaine. Dans l'église, dédiée à saint Pierre, monument du XVᵉ siècle, nous signalerons les deux écussons qui ornent la voûte du chœur :

Le premier est écartelé : au 1 et 4 à la croix ancrée... au 2 et 3 au sautoir.... Le second est écartelé : au 1 et 4 à la croix ancrée.... au 2 et 3 : d'hermine au lion passant.

Voici les inscriptions gravées sur les bénitiers :

MESSIR FRANÇOIS DELASTRE ESCUIR SIGNEUR
DESCAU CAPITAINE DE CAVALERIE. 1698.
Mʳ FRANCOIS DELASTRE CHEVALIER SEIGNEUR DESCAU
LIEUTENANT COLONEL DE CAVALERIE DES TROUPES DU
BOULONNAIS RÉGIMENT DESTRÉE.

Baron A. DE CALONNE.

CANTON

DE

MONTREUIL-SUR-MER

AIRON-NOTRE-DAME.

1123. — Airo, *C. de Saint-Josse-sur-Mer.*
1210. — Hiro, *Ibidem.*
1311. — Ayron, *Aveu Maintenay.*
1650. — Airon, *Jansson, loc. cit.*
1689. — Notre-Dame d'Airon, *Pouillé Feydeau.*
1793. — Airon-les-Lois.

Le village d'Airon-Notre-Dame est bâti entre le mont d'Airon et la rivière du Bras d'Or. Cette rivière, aussi nommée la Petite Arche, sépare les deux communes d'Airon-Notre-Dame et d'Airon-Saint-Vaast. Elle était jadis plus considérable et se perdait dans la mer à l'endroit où se trouve l'étang de M. Magniez. Mais les sables s'étant amoncelés à son embouchure entre Berck et le Touquet, les eaux se répandirent dans la vallée et inondèrent les marais ; il y a de cela environ un siècle, il fallut pratiquer des canaux d'écoulement vers la Canche et vers l'Authie. Les sources sont maintenant moins abondantes et le dessèchement de la la vallée fait de grands progrès. La commission syndicale, qui est chargée d'en surveiller les travaux, se compose d'une section pour le versant nord et d'une section pour le versant sud.

Les sources de la rivière baignaient le pied des murailles de l'ancien château d'Airon. Ce château, construit en pierres blanches et flanqué de tourelles, était entouré de fossés. Saint Josse y séjourna quelque temps et l'on montre encore dans la ferme de M. Hacot la chambre qui lui servait d'oratoire.

L'une des sources s'appelle la *Coque des moines*. Voici la légende qui s'y rattache : Quatre moines de Saint-André-au-Bois se rendaient la veille de Noël à l'abbaye de Saint-Josse pour célébrer la messe de minuit. La terre étant couverte de neige, ils s'égarèrent et furent engloutis dans cette fontaine avec le chariot et les quatre chevaux qui les conduisaient. Le peuple crédule ajoute qu'il suffit de prêter une oreille attentive, durant la nuit de Noël, pour entendre le chant des moines qui célèbrent l'office au fond du gouffre.

Autre légende : Le jour de la procession de Bavémont une seule grenouille coasse dans le marais ; aussi dit-on en parlant d'une assemblée de femmes moins bavardes que de coutume, qu'elles ressemblent aux grenouilles d'Airon, car une seule parle à la fois.

Les abbayes de Saint-Sauve et de Saint-Josse jouissaient de certains droits à Airon-Notre-Dame. Celle-ci y possédait un moulin et un vivier, que le chevalier Eustache d'Airon lui avait donnés au mois de mai 1239. La seigneurie était confondue avec celle d'Airon-Saint-Vaast. Elle comprenait les fiefs du Hamelet, de Mouville, de Vernouillet, du Châtelet, etc. Le fief du Châtelet appartenait en 1783 à Jean-Baptiste François Enlart, avocat au bailliage de Montreuil qui le vendit alors au comte d'Hodicq.

Les registres de catholicité remontent à l'année 1720. M. Decroix, qui desservait la paroisse à l'époque de la Révolution, émigra en Allemagne, puis en Angleterre. Il rédigea une encyclopédie restée manuscrite et revint secrètement en 1797 à Airon, où il exerça encore son ministère quelques années.

Lieux-dits. — *Le Bouloir.* — *Le Camp de Flandre.* — *Le Chemin des Corps-Saints et le Chemin d'Huy.* — *Le Flot de mer.* — *Le Mont d'Airon.* — *La Vallée de la mer.*

Archéologie. — L'église actuelle d'Airon était primitivement une petite chapelle qui fut agrandie au commencement du XVIII° siècle. Inscription de la cloche :

L'AN 1727 JAY ÉTÉ BÉNITE PAR Mᵉ CLAUDE PICARD, PRÊTRE ET

CURÉ DE AIRON NOTRE DAME ET NOMMÉE LOUISE MADELEINE PAR MESSIRE FRANÇOIS ACHILLE DE LA VILLENEUVE, CHEVAL. SEIGN. VICOMTE DES DEUX AIRONS ET PAR DAME LOUISE MADELEINE BECQUET, PARAIN ET MARAINE.

AIRON-SAINT-VAAST.

1311. — Ayron-Saint-Vaast, *Aveu Maintenay*.
1477. — Ayron-Saint-Vaast, *Cueilloir Hotel-Dieu*, f° *110*.
1577. — Hairon-Sainct-Vast. *Titres de Famille*.
1650. — Airon, *Jansson*, *loc. cit*.
1689. — Saint-Vast d'Airon, *Pouillé Feyleau*.
1793. — Airon-la-République.

Saint Josse, à son retour de Rome, se trouvait sur la colline de Bavémont, lorsque le seigneur d'Airon, ou le comte Haymon, d'après quelques historiens, vint lui présenter sa fille Juliula qui était aveugle de naissance. Le saint rendit la vue à l'enfant et une croix de pierre, érigée en cet endroit, perpétua le souvenir du prodige. La croix de Bavémont, située non loin d'Airon-Saint-Vaast, était l'objet d'un pèlerinage très-fréquenté : le mercredi de la Pentecôte, les religieux de Saint-Josse y portaient processionnellement les reliques de leur patron en suivant la voie des Corps Saints, qui prend le nom de chemin de Bavémont au-delà d'Airon-Saint-Vaast.

La croix ayant été mutilée par les gens de guerre ou par les Huguenots, les religieux se procurèrent un des grès qui la composaient ; ils le surmontèrent d'une croix de fer et le placèrent dans un enclos voisin de l'abbaye. C'est le monument de la *Croix coupée*, que des milliers de fidèles viennent vénérer le dimanche de la Trinité. Cependant, les habitants d'Airon-Saint-Vaast rétablirent une chapelle et un calvaire à Bavémont ; la procession, qui s'y fait non plus le mercredi, mais le mardi de la Pentecôte, attire toujours un nombre considérable de pèlerins.

Avant la Révolution, Airon-Saint-Vaast était une paroisse. La possession de l'autel d'Airon-Saint-Vaast fut confirmée aux moines de Saint-Josse par l'évêque d'Amiens, en 1123; la dîme que ceux-ci avaient abandonnée au curé rapportait 700 livres en 1730.

La seigneurie vicomtière d'Airon-Saint-Vaast et celle d'Airon-Notre-Dame relevaient directement du roi. Lorsque le roi Charles IX imposa une taxe extraordinaire sur les biens du clergé en 1563, l'abbaye de Saint-Josse aliéna la double seigneurie d'Airon au profit de messire François du Bosquet, écuyer, seigneur de Gadimetz. Les descendants de François du Bosquet se qualifiaient vicomtes d'Airon. A la mort de Jean du Bosquet, sa veuve, Elisabeth de la Haye, épousa en 1693 messire Antoine de la Villeneuve, et lui apporta le domaine d'Airon qu'elle avait acheté le 2 avril 1685. Leurs héritiers le possédèrent jusqu'au 17 février 1774. Antoine-Louis-Marie de la Villeneuve, chevalier, seigneur des deux Airon, le vendit alors à Jacques-Antoine-François-Alexandre de Courteville, comte d'Hodicq, maréchal des camps et armées du roi. Le chef-lieu de ce domaine était le château actuellement habité par M. Enlart, maire d'Airon-Saint-Vaast. Nous citerons parmi les fiefs qui en dépendaient : le fief *de la Folie*, maintenant appelé le *plan de Rambures* à cause de messire François de Rambures qui le possédait au XVIIIe siècle et le fief du Hamelet, ainsi appelé à cause de son propriétaire au XIVe siècle, qui était M. Anselme du Hamel.

HAMEAU. — *Petit-Saint-Vaast.* — Ce hameau, situé à l'entrée du marais, est l'ancien *Moustier-Saint-Vaast.*

LIEUX-DITS. — En descendant la vallée d'Airon, on trouve : à droite : *Le Cantuaire*, qui est synonyme de cimetière. — *Le Mont du Riez*, — *Le Bosquelet Michel.* — *Les Flaques.* — *Les Goulets.* — *Les Rionchaux.* — à gauche : *Le Mont de Collen.* — *La Vallée Jovelaine.* — *Le Bois d'Hodicq.* — *La grosse Tombe.* —

La Vallée de Lignières. — Les Marcailles. — Le Villiers. — La Croix de Buvémont. — Le Gallois. — L'Etrangle mouton. — Les Près Saint-Jean. — Les Rosières. — etc....

Plusieurs de ces désignations existaient déjà au début du XIVe siècle. Il y avait alors aussi : *La crois de Baiemont. — Le Kemins de le Crois. — Le Voie des Pèlerins. — Le Vert Kemin* là où on porte saint Josse en *Bavemont. — Le Montjoie d'Airon. — Le Crois Heudiart. — Le Clocastel. — Les Couronnées.* — (*Aveu de Maintenay en 1311.*)

BEAUMERIE-SAINT-MARTIN.

1042. — Belmeriacum, *Gallia Christ.* t. X, col. 284.
1260. — Belmery, *C. de Montreuil*, f° 75.
1275. — Biaumery, *G. C. de Dommartin*, f° 432.
1283. — Belmery près Bielrepaire, *C. de Saint-Sauve*, f° 153.
1312. — Beaumery, *C. de Montreuil*, f° 44 v°.
1477. — Biaumery et Biaumeril, *Cueilloir Hôtel Dieu*, f° 88.
1634. — Beaumery, *Th. géographique*.
1650. — Beauwery, *Jansson, loc. cit.*

Au nombre des possessions de l'abbaye de Saint-Sauve qui furent reconnues en 1042 par le roi Henri 1er, se trouve *Belmeriacum*. La désinence *acum* est l'une des plus usitées, dans la composition des noms, antérieurement au septième siècle ; elle affecte un vingtième des noms primitifs de la Gaule.

Les habitants de Beaumerie acquittaient les droits d'aide que le roi imposait aux moines de Saint-Sauve. Ils devaient entretenir de haies vives la clôture de leur bois, le couper et l'amener à l'abbaye sans rétribution. Lorsqu'un religieux venait à mourir, ils étaient tenus de le veiller et de supporter les frais de ses funérailles. Enfin le consentement de l'abbé était nécessaire pour qu'ils pussent marier leurs enfants et les emmener hors du domaine. Le seigneur haut-justicier se réservait ainsi la faculté d'autoriser ou d'interdire, suivant les circonstances, l'émigration des hommes de son fief.

L'abbé Amalric reconnut l'abus de ces coutumes, et, par une charte du 27 octobre 1220, il déclare les vassaux de Beaumerie à jamais affranchis de ces obligations, « à cause de la faveur de la liberté », moyennant cinquante livres de rente.

En 1789, la dîme et les terres de Beaumerie rapportaient 3500 livres à Saint-Sauve et les redevances diverses produisaient 520 livres. (*C. de Saint-Sauve*, f° 14.)

Beaumerie était banlieue de Montreuil. Les comtes de Ponthieu y établirent fort anciennement l'hôpital de Saint-Jullien-le-Pauvre destiné au logement des nombreux pèlerins qui venaient vénérer les reliques déposées dans la ville de Montreuil. Lorsque l'échevinage eut affecté l'hôpital Notre-Dame à cet usage, les revenus de celui de Beaumerie lui furent attribués. Cet établissement subsistait encore en 1372 (*C. de Montreuil*, f° 45), mais aujourd'hui le souvenir en est perdu au point que l'on ne connaît même pas la place qu'il occupait.

HAMEAUX ET LIEUX-DITS. — *Arsenville*. — *Beaurepaire*. — La terre de Beaurepaire appartenait en 1595 à Anne de la Motte. Elle appartint depuis aux familles de Boulogne, Dubois de Howes de Fosseux, Daveluy et le Sergeant d'Hendecourt. M. le Sergeant d'Hendecourt la vendit en partie à M. Blondin de Baizieux en 1806.

Le Champ de l'Aumône. — *Le Champ de l'Échange*, qui fut ainsi désigné à la suite d'un échange entre l'Hôtel-Dieu de Montreuil et l'abbaye de Saint-Sauve.

Le Champ des Fées est un vaste riez où les anciens prétendaient que les fées se livraient la nuit à des danses effrénées.

Le Champ Saint-Maclou. — On y tenait au moyen-âge une foire dont l'origine remontait au temps du comte Helgaud.

Le Grandsart rappelle le défrichement d'un bois, car essarter est synonyme de défricher.

Saint-Martin d'Esquincourt. — C'est un ancien faubourg de Montreuil. La paroisse de Saint-Martin, qui fut réunie en 1703 à celle de Saint-Walloy, avait été fondée par les châtelains d'Esquincourt, en même temps que la chapelle castrale qui subsista jusqu'à la Révolution. Le château et le fief d'Esquincourt, tenus en pairie de la seigneurie de Maintenay, appartinrent aux sires de la Porte, aux sires de Heuchin, puis aux Quiéret.

Louise Quiéret, dame d'Esquincourt, qui épousa en 1530 François de Regnier, et en 1542 Jean de Maillocq, eut des enfants de ses deux mariages. La terre d'Esquincourt se trouva par suite divisée entre les familles de Regnier et de Maillocq. Louise Elisabeth de Melun, petite fille d'Isaac de Maillocq, épousa Philippe-Alexandre-Emmanuel-François, prince de Ghistelles qui s'intitule, seigneur de la Porte-le-Roy, d'Esquincourt, Saint-Martin et Beaumerie, dans une acte de 1770.

Saint-Nicolas-des-Champs. — La plus grande partie des terres de Saint-Nicolas avaient été données à l'hospice de Montreuil par les sires de Heuchin et de la Porte, aussi relevaient-elles de leurs successeurs. La cense *de Saint-Nicolay à Camp* comprenait, en 1475, 214 journaux de terre ; 105 journaux provenaient des sires de Heuchin ; 61 journaux avaient été légués par Jean Maigret, prêtre et 48 journaux, par Baudouin de Hébecourt.

Le Prétreux. — Propriété de l'abbaye de Saint-André-au-Bois. Nous lisons dans la chronique de Ledé que le bois du Prétreux fut entièrement ruiné pendant le siége de Montreuil.

Le Tanflot. — Le mont à flot ou mont de Tanflot, situé sur la route d'Hesdin à Montreuil, est nommé le *mont de Tanfol* dans les anciens titres.

MONUMENTS. — M. de Baizieux et Mme de Guizelin, sa sœur, ont largement contribué aux dépenses de la construction de l'église. Cette église, bâtie en briques et en pierres dans le style ogival du XIIIe siècle, mesure 27 mètres de longueur sur 8 mètres de largeur. La nef est divisée en six travées et le chœur en a seulement deux. Les vitraux et le mobilier s'harmonisent à merveille avec l'ensemble de l'édifice, dont l'architecte a été M. C. Normand. (*Annuaire du diocèse pour 1869.*)

BERCK-SUR-MER.

1235. — Berck, *C. de Valloires, f° 69.*
1301. — Berc, *Pouillé cité par M. Darsy.*
1311. — Berk, *Aveu Maintenay.*
1476. — Bercq, *Arch. nationales t. 807.*
1507. — Bercq-sur-mer, *Bouthors, loc. cit.*
1587. — Berque, *Ortelius, loc. cit.*
1632. — Bercq, *Titres de famille.*
1632. — Bricq, *Th. géographique.*
1689. — Bercq, *Pouillé Feydeau.*

A 32 kilomètres au sud de Boulogne, à 26 kilomètres au nord de Cayeu, se trouve une plage remarquablement belle, sans galets, sans ruisseaux, et limitée par le cordon de dunes qui borde le territoire de la commune de Berck. Cette plage, qui était encore ignorée il y a vingt ans, jouit maintenant d'une réputation presque universelle à cause des avantages exceptionnels qu'elle offre pour la santé du jeune âge. Cette réputation, elle la doit surtout au docteur Perrochaud, dont le nom comptera désormais parmi ceux des plus célèbres médecins qui se sont occupés des maladies de l'enfance.

C'est en 1856 que le savant docteur commença les essais qui devaient être couronnés d'un succès vraiment inespéré. Plusieurs malades, mis en pension dans la seule maison qui existait alors sur le sable, furent guéris en quelques mois sous l'action d'un traitement fort simple, et les expériences renouvelées l'année suivante produisirent des résultats analogues. L'assistance publique de Paris, à laquelle M. Perrochaud rendait fidèlement compte de ses observations, lui envoya 72 enfants qui ne tardèrent pas à recouvrer la santé.

Le directeur général, M. Husson, vint alors examiner la plage de Berck ; convaincu des avantages qu'elle offrait pour l'application de l'hydrothérapie marine, il décida la création d'un hôpital provisoire, 1861. Les bâtiments, construits en charpente, furent achevés en moins de trois mois et coûtèrent 102,118 francs avec le mobilier. L'assistance publique entretint pendant plusieurs années dans cet établissement cent enfants auxquels M. Perrochaud prodiguait ses soins et qui s'en retournaient presque tous guéris après un séjour moyen de neuf mois.

Les premiers médecins de Paris et notamment les docteurs Berjeron et Marjolin suivaient ces expériences qui furent des plus concluantes : du mois de juillet 1861 au mois de décembre 1865, 380 malades se rendirent à Berck. 234, soit 63 pour 100, obtinrent une guérison complète ; 93 ressentirent une amélioration notable ; 18 moururent ; 35, soit 9 pour 100, n'éprouvèrent aucun changement.

Le 6 mai 1864, l'impératrice Eugénie visita l'hôpital de Berck et peu de temps après on mettait à l'étude le projet d'un établissement beaucoup plus considérable. Le 22 novembre 1866, le préfet de la Seine approuva les plans de M. Émile Lavezzari. Le devis était de 2,400,630 francs. On se mit immédiatement à l'œuvre, et, le 18 juillet 1869, l'impératrice vint présider l'inauguration de l'hospice le plus spacieux et le plus confortable des asiles consacrés à l'enfance.

Les bâtiments affectent la forme d'un vaste fer à cheval. Les garçons occupent l'un des côtés, l'autre est réservé aux filles. Le personnel administratif et médical habite l'extrémité de l'aile gauche, et la partie correspondante de l'aile droite est réservée à la communauté des religieuses. Au sommet et entre ces deux grandes divisions se trouvent les cuisines, les salles d'hydrothérapie, ainsi que la piscine d'eau de mer qui permet de continuer les bains pendant la saison d'hiver et dans laquelle on se plaît à entretenir des fleurs et des feuillages. Une cour vitrée, sorte d'atelier de préparation pour les aliments, est en communication directe avec la cuisine et avec les services secondaires qui en dépendent : laverie, boucherie, panneterie, fruiterie, etc... La chapelle est placée au centre, faisant face à la mer, avec une sortie indépendante pour les étrangers. L'infirmerie des maladies contagieuses et le logement de l'aumônier occupent des pavillons isolés.

Une terrasse, qui s'élève à cinq mètres au dessus du niveau des plus hautes marées, règne d'un bout à l'autre de ces constructions dont l'ensemble est véritablement grandiose ; mais cette terrasse ne suffit pas pour les protéger contre l'action de plus en plus menaçante des flots et des courants. Afin de conjurer le danger, on a dû construire deux grands épis de 250 mètres de longueur sur 8 à 10 mètres de largeur, et trente épis de 25 mètres sur 3 mètres ont été établis contre la dune, avec une digue disposée en angles rentrants et saillants qui laissent passer le flux et retiennent le sable au reflux. Ces travaux ne suffisent pas encore et on vient de confier à des ingénieurs habiles le soin d'en exécuter de beaucoup plus considérables.

L'hospice contient 600 lits. M. le docteur Perrochaud dirige l'établissement avec le concours de plusieurs internes des hôpitaux de Paris. 80 religieuses franciscaines sont chargées du service intérieur, des classes et de l'infirmerie.

L'administration reçoit dans l'ancien hôpital, moyennant une légère rétribution (1 fr. 80 par jour), les enfants dont les parents, sans être pauvres, ne peuvent supporter les frais d'un séjour à la mer. Enfin, M. le baron James de Rotschild à fondé à Berck, en souvenir de son père M. le baron Nathaniel de Rotschild, une succursale de l'hôpital israélite de Picpus qui fut inaugurée en 1871 et dans laquelle 25 jeunes juifs sont soignés gratuitement.

Le succès de l'hydrothérapie marine a beaucoup contribué au développement de Berck, mais la réputation de cette plage, la plus unie, la plus vaste du littoral, y attire aussi un grand nombre de baigneurs. Nous avons assisté aux progrès rapides de cette station de bains depuis le jour où M. Detunck y installa un premier hôtel en 1858. De 1866 à 1870 le terrain à bâtir se vendit 15 francs le mètre. Aussi maintenant un grand nombre de chalets des plus élégants et plusieurs hôtels offrent-ils un séjour agréable aux familles qui demandent avant tout aux bords de la mer le calme, le repos et la santé.

La population a plus que doublé depuis 1850 : elle compte actuellement 4228 habitants, savoir : Berck-ville 2982 et Berck-plage 1246. On a pu dire avec raison que Berck vit de la mer. Les Berckois montent 110 bâteaux qui vont jeter leurs filets jusque sur les côtes d'Angleterre. Le produit moyen de la pêche vendue au cri public à la halle de Berck est de 800,000 francs. L'année 1872 a même donné les résultats suivants : pêche du hareng frais : 480,000 fr. et pêche des autres poissons : 540,000 fr. Douze ateliers de salaison ont livré à la consommation 116,000 kilos de harengs salés.

Le matelot berckois est très-courageux, très-hardi, et il ne se passe pas d'année que l'on n'ait à déplorer des sinistres maritimes, principalement à l'époque de la harangaison. On se souvient encore de la fatale nuit du 14 novembre 1861 pendant laquelle cinq bâteaux se perdirent corps et biens sur les bancs de la côte d'Étaples. Cette horrible catastrophe qui coûta la vie à 32 hommes d'équipage, plongea trente familles dans le deuil, et vingt-et-une veuves avec soixante-deux orphelins dans la misère.

L'histoire de la *ville* de Berck, ville née d'hier et déjà prospère, sera féconde pour l'avenir, à en juger par les détails que nous venons d'esquisser à grands traits. Quant à l'histoire de la *bourgade* de Berck, isolée et perdue au milieu des sables au point que les anciens atlas n'en font même pas mention, elle n'est pas absolument dépourvue d'intérêt.

Nous savons que les vassaux de Jean de Brimeu, qui demeuraient à Berck au treizième siècle, devaient porter leurs grains au moulin de Tigny, et que les maîtres de bâteaux payaient chaque année aux moines de Saint-Josse-sur-Mer une redevance de 20 sols parisis et 6 deniers.

Berck fut le dernier village français occupé par les Anglais sous le règne de Charles VII ; ils le brûlèrent entièrement et ne conservèrent que la tour de l'église.

M. Bouthors a publié la coutume particulière de Berck. Cette coutume contenait 12 articles qui furent mis en ordre et rédigés le 22 août 1507, par messire Nicolas Hourdel, licencié ès-lois, bailli du châtelain de Beaurain, en présence du curé et des notables au nombre desquels figure Jean Macquet.

Si un matelot s'engage au service d'un maître de bâteau, le matelot et le patron ne peuvent se manquer réciproquement de parole sous peine de 20 sols parisis d'amende au profit du seigneur et de 20 sols de dommage (art. 1. 2. 3.)

Les batailles ou les rixes qui ont lieu sur la plage sont punies d'une amende de 60 sols s'il y a effusion de sang (art. 4). Nous ferons remarquer que les rédacteurs de la coutume déclarent n'avoir jamais vu imposer cette amende, « parce qu'ils n'ont point veu le cas de sang advenir. » Sont également passibles d'amende ceux qui détruisent les *lesques*, espèce de grands joncs qui fixent les sables. (Art. 5.)

Le droit de *lagan* attribue au seigneur de Berck toutes les épaves rejetées par les flots, si elles ne sont pas réclamées dans le délai d'un an et un jour, de même que la moitié de celles qui sont recueillies en mer. Si les objets ne sont pas de nature à être conservés, on les vend au premier feu et le produit en est partagé entre le seigneur et le matelot qui les a trouvés. (Art. 6. 7.)

Les esturgeons qui sont pêchés par les Berckois appartiennent au seigneur. Le matelot ne peut réclamer que 5 sols. (Art. 8.)

Pour tous les cas qui ne sont pas formellement prévus, on se conforme à la coutume de la châtellenie de Beaurain et de la prévôté de Montreuil. (BOUTHORS, *loc. cit.* t. II, p. 606.)

Le seigneur dont il est question dans cette coutume était, croyons-nous, de la famille de Hodicq. Au siècle suivant, messire Charles des Essarts, chevalier, baron de Maigneulx et gouverneur de Montreuil, possédait les terres et vicomté de Berck. Son fils les tenait en fief de messire Claude de Croy, châtelain de Beaurain, par 10 livres parisis de relief, le tiers de chambellage avec l'obligation à Beaurain d'assister de quinzaine en quinzaine aux plaids ou séances de justice qui se tenaient à Beaurain.

Aux termes de l'aveu qu'il servit le 26 juillet 1632, une immense étendue de terres labourables, de prairies et de pâtures, ne produisait aucun revenu parce qu'elle avait été envahie par les sables ; aussi plusieurs des vassaux occupaient-ils des terres à la seule condition de les protéger contre les envahissements de la mer qui faisait de jour en jour de nouveaux progrès.

Le seigneur de Berck possédait du côté de Merlimont environ une lieue carrée de garennes peuplées de lapins ; il jouissait en outre de droits très-variés. Ainsi, le *mare* lui attribue, une fois l'an entre le dimanche des Rameaux et la fête de l'Ascension, toute la pêche des bateaux qui arrivent à Berck, si le patron est un Berckois.

Le forage est dû sur les boissons, le vin ou les cervoises vendus à Berck. Les habitants qui étalent des denrées à leur porte ou à leur fenêtre paient 4 sols parisis. Les marchands étrangers doivent une obole ou un denier, suivant qu'ils transportent les marchandises sur la tête, sur un cheval ou dans une voiture à bras.

Les cordonniers étrangers doivent un denier pour droit d'étalage. Les marchands de bas, de linge ou de drap, de poteries, de futailles, de verres ou de mercerie, doivent la meilleure pièce de leur étalage, après qu'ils en ont eux-mêmes choisi une, sous peine de 60 sols parisis d'amende.

Le fait d'user de faux poids et de fausses mesures entraîne la confiscation des poids et des mesures et l'amende de 60 sols parisis.

Le *moutonnage* se perçoit le jour de la Saint-Jean, à raison de douze deniers par chaque bête à laine, et le *terrage,* à raison de neuf gerbes du cent de waratz. Les navires de fond plat chargés de marchandises, qui arrivent à Berck, acquittent un droit de 2 sols 6 deniers, et les navires à quille, un droit de 5 sols.

Les vassaux du seigneur de Berck ne peuvent avoir de four, de moulin ou de colombier sans son autorisation ; il lui est permis d'envoyer dans les dunes et dans les pâturages telle quantité de bestiaux qu'il lui plaît. Il exerce la haute, la moyenne et la basse justice, et à cet effet il a un gibet comme ses devanciers.

Le *lagan* lui donne la propriété de toutes les épaves qui sont rejetées par la mer. Il prélève le sol pour livre de la vente du poisson, ainsi que le plus beau poisson après le meilleur sur chacun des bateaux. Les bateaux doivent, en outre, 28 sols chaque année.

Enfin, le vicomte de Berck établit un four à ban où ses sujets doivent venir cuir le pain ; sa qualité de seigneur fondateur de l'église oblige le curé à le recommander aux prières de ses paroissiens. (*Arch. du château de Verton, aveu parchemin original.*)

Ces différents droits constituaient le revenu, en somme fort modeste, de la vicomté de Berck, lorsque Jean-Baptiste de Fresnoy, l'arrière-petit-fils de Charles des Essarts, la transmit vers 1730 à sa fille, dame Marie-Flore-Aglaé, qui épousa le comte Ferdinand de Grammont. La comtesse de Grammont se remaria, en secondes noces, avec messire Antoine du Blaisel qui vendit la terre de Berck, moyennant 2,900 livres, à M. le comte de la Fontaine-Solare, seigneur de Verton, le 26 mai 1783. (*Ibidem*.)

L'abbé de Saint-Josse nommait à la cure de Berck, mais le produit des dimes étant à peu près nul, parce que le territoire se trouvait couvert de sables, les habitants payaient 300 livres au desservant. La fabrique possédait un moulin qui était loué 1,040 livres en 1772. Il existe aux archives du département une série de comptes de fabrique depuis 1725 jusqu'en 1793.

La ferme du Halloy fut donnée par le roi en 1729 à M. Hacot, garde du corps.

Le phare de Berck qui a été construit en 1855 a 28 mètres d'élévation.

ARCHÉOLOGIE. — L'église est ensablée et on y pénètre maintenant par la fenêtre qui surmontait jadis le portail, le niveau du pavage étant à quatre mètres au-dessus du pavage primitif. Le chœur date des premières années du XVIIe siècle; la tour était autrefois beaucoup plus élevée.

CALLOTERIE.

1209. — Le Kaloterie, *Ch. de Guillaume III. Arch. mun. de Montreuil.*
1259. — Calotrie, *C. de Montreuil, f° 82.*
1311. — La Caloterie, *Aveu Maintenay.*
1475. — La Caloterie, *Cueilloir Hôtel-Dieu, f° 62.*
1563. — Callotrie, *Titres de famille.*
1577. — La Calotrie, *Répartition entre la noblesse du Ponthieu.*
1590. — Caleterye, *Titres de famille.*
1634. — Callotrie, *Th. Geograph.*
1638. — Callotrie, *Tassin, loc. cit.*
1650. — Callotrie, *Jansson, loc. cit.*
1730. — Callotterie, *Pouillé du diocèse.*

Calloterie faisait partie de la banlieue de Montreuil. L'abbaye de

Saint-Josse y possédait une propriété considérable, mais le mayeur et les échevins de la ville exerçaient tous les droits seigneuriaux. La borne, limite de leur juridiction, se trouvait à Monthuis. Cette borne avait remplacé la croix qui existait au temps des comtes de Ponthieu. (*C. de Montreuil, f° 59.*)

Certaines dénominations du territoire de Calloterie fournissent des arguments à ceux qui placent Quentowic sur la rive gauche de la Canche : ainsi Calloterie serait, suivant Harbaville, le chantier de la vieille cité mérovingienne. Le nom de *Valencendre* où l'on découvre journellement des débris de poteries romaines et des ossements, rappellerait l'incendie allumé par les Normands. Le *Mur de la Trahison* serait un souvenir de leur mauvaise foi. Enfin Monthuis et Viz-es-Marest (*Montawicus, Vicus è Mariscis*) présentent de l'analogie avec Quentowic (*Quentowicus.*)

Quant au champ d'Hermeville, dont un savant écrivain explique l'étymologie par les mots *Eremus in villa*, il est inutile d'en chercher l'origine aussi loin : Guillaume Martel, abbé commendataire de Saint-Josse, détacha du domaine de l'abbaye en 1518 un pré de 140 mesures qu'il donna à son neveu François Martel, seigneur d'Hermeville, et ce pré a conservé le nom d'Hermeville.

Le 19 janvier 1725, Henri-Claude Hurtrel, seigneur de Valobert, conseiller et avocat du roi à Montreuil, acheta la propriété sur laquelle s'élève le château Louis XIII, récemment construit par M. Siriez de Longeville, d'après les plans de M. Lavezzari.

HAMEAUX ET ÉCARTS. — *La Basse-Flaque.* — Il existait à la Basse-Flaque une ferme qui fut bâtie en 1642 par l'administration de l'hospice des Orphelins, au lieu dit *la Chardonnière.—Le Blanc-Pignon.* — Ferme bâtie en 1627. — *La Hayette.* — En partie sur la Madeleine et Calloterie. — *Hurbise.* — *Longpré.* — En partie sur Saint-Josse. — *Monthuis.* — *Monthuis-Dessus et Monthuis-Dessous* formaient une seigneurie importante possédée au XIIe siècle par Eustache de *Montawis*, chevalier, et bienfaiteur de l'abbaye de Saint-Josse en 1173. La distinction entre Monthuis-Dessus et Monthuis-Dessous est la conséquence d'un partage. Guillaume de Monthuis, fils de Florent et petit-fils de Mathieu de

Monthuis, était un des quatre pairs de la pairie de Montreuil en 1311. (*C. de Saint-Josse et Aveu de Maintenay.*)

Moins de cinquante ans après, Philippe de Frencq est qualifié seigneur de Monthuis. Nous avons pu rétablir la filiation de ses successeurs depuis Jean, son fils, marié à Blanche de Saint-Ernoul en 1416. De cette union est issu Rasse de Frencq qui épousa, vers 1450, Jeanne Boucquedebois. Leur fils Emon, toujours seigneur de Monthuis, transmit le domaine à Jacqueline de Frencq. La fille de Jacqueline s'allia, le 20 janvier 1563, à messire Claude de Thubeauville, écuyer. (*Arch. du château de Monthuis.*)

Les Thubeauville conservèrent Monthuis pendant un siècle et demi. Le 13 mai 1701, Françoise de Thubeauville, dame de Monthuis, épousa messire Charles d'Acary, seigneur de Conteval et de la Rivière. En 1862, Madame Hyacinthe van Cappel de la Nieppe, veuve de M. Charles-Antoine d'Acary de la Rivière, légua le château et le beau domaine de Monthuis à M. Alfred Van Cappel de Prémont.

Entre Monthuis et Valencendre se trouve le bois *Gorguette*, ainsi nommé à cause de Jehan Gorguette, bourgeois de Montreuil, fils d'Adam Gorguette qui en était propriétaire en 1483. Ce bois était tenu en fief de l'abbaye de Saint-Sauve.

Vis-es-Marais. — La seigneurie de Vis-es-Marais, qui relevait de l'abbaye de Saint-Josse, est restée très-longtemps dans la famille des le Noir, vicomtes de Montreuil.

ARCHÉOLOGIE. — Église du XVe siècle. On y trouve la sépulture de : Nicolas-Louis-Marie Siriez du Cléty, chevalier de Saint-Louis, né en 1738, mort le 13 juillet 1810, marié en 1789, à demoiselle Henriette-Séraphine Hurtrel de Valobert et en 1796, à Marie-Madeleine Moullart de Torcy. — Louise-Elisabeth d'Acary, née en 1737, et décédée le 20 avril 1812, fille de Charles d'Acary, seigneur de la Rivière et de Madeleine Regnier d'Esquincourt et veuve de Joseph de Crendalle. — Henri-Dominique, vicomte d'Acary, chevalier de Saint-Louis et de la Légion d'honneur, maréchal des camps et armées du roi, né le 27 janvier 1745, décédé au château d'Écuires, le 22 janvier 1829. — Henri-Charles-Louis d'Acary, sieur de Beaucorroy, né à Écuires le 17 janvier 1748, mort le 29 août 1832.

CAMPIGNEULLES-LES-GRANDES.

1173. — Campeinnoles, *Charte pour la maladrerie du Val*.
1231. — Campineuls, *Titres de l'abbaye de Saint-Vaast*.
1239. — Campegnuelles, *L. R. de Saint-André, t. I, f° 87*.
1245. — Campignolæ, *C. de Saint-Sauve, t. II, f° 33 v°*.
1248. — Campegnueles, *ibidem, f° 192 v°*
1249. — Campegnœls, *L. R. de Saint-André, t. 1, f° 46 v°*.
1289. — Campegneules, *G. C. de Dommartin, f° 406*.
1301. — Campegnueles-les-Grandes, *Pouillé cité par M. Darsy*.
1311. — Campeigneules, *Aveu Maintenay*.
1390. — Campegnueles-les-Grandes, *Contrat de vente, Arch. de Monthuis*.
1509. — Campigneulles-les-Grandes, *Aveu Merlimont*.
1638. — Campigneue-la-Grande, *Tassin, loc. cit.*
1689. — Campigneules-les-Grandes, *Pouillé Feydeau*.
1730. — Campignolles, *Pouillé du diocèse*.

Les deux communes de Campigneulles, homonymes et voisines, sont souvent confondues. M. Harbaville dit qu'elles formaient une seule et même paroisse au XIV° siècle. C'est une erreur : Campigneulles-les-Grandes relevait de l'abbaye de Saint-Vaast, tandis que Campigneulles-les-Petites relevait de l'abbaye de Saint-Sauve et faisait partie de la banlieue de Montreuil.

Les archives de l'abbaye de Saint-Vaast mentionnent un partage par moitié de la seigneurie de Campigneulles, partage qui eut lieu au mois de février 1212, entre les religieux de ce couvent et Guy de Mortlay, fils d'Enguerran, chevalier. Le successeur de Guy, messire Guillaume, prit part à la sixième croisade et arrenta sa terre de Campigneulles moyennant 280 livres. La charte qu'il souscrivit en cette circonstance est scellée d'un sceau de cire verte, portant un écu échiqueté et un franc quartier avec la légende : SIGILLUM WILLELMI MILITIS DE CAMPINEULS.

Henri de Boufflers, fils de Guillaume de Mortlay, chevalier, et de Howide, dame de Boufflers, donna à l'abbaye de Saint-André-au-Bois un fief situé à Campigneulles, au mois de mars 1247. Ses descendants furent seigneurs de Campigneulles. Ils avaient le droit de s'approprier le *hanap*, c'est-à-dire la coupe dont l'abbé de Saint-Sauve se servait le jour de son entrée en fonctions ; ils jouissaient également des fruits d'un certain prunier qui se trouvait dans le jardin du vicomte de Saint-Josse. (*Aveu Maintenay*, f° *19.*)

La terre de Campigneulles-les-Grandes resta longtemps dans la maison de Boufflers. Elle appartint ensuite aux Bigant de Thubeauville, aux Regnier d'Esquincourt, aux Gosson, puis aux Framery de Sorrus. Jean-Marie de Framery la vendit, en 1800, à M. Jérôme Fougeroux, officier aux gendarmes de Lunéville, chevalier de Saint-Louis. Ses descendants, MM. Fougeroux de Campigneulles la possèdent encore.

On peut consulter aux archives du département plusieurs comptes de la fabrique, de 1625 à 1793. Il existe dans les titres de l'abbaye de Saint-Vaast, deux plans de Campigneulles qui furent dressés en 1656 et en 1707.

CAMPIGNEULLES-LES-PETITES.

1311. — Campigneules-les-Petites, *Aveu Maintenay.*
1475. — Campeigneules-les-Petites, *Cueilloir Hôtel Dieu.*
1638. — Campigneue-la-Petite, *Tassin, loc. cit.*

La partie Nord-Est du territoire de Campigneulles-les-Petites, située dans la banlieue de Montreuil, dépendait de la paroisse Saint-Jacques. L'autre partie comprenait la ferme Saint-Crépin, propriété de l'abbaye de Saint-Sauve, avec un fief noble réuni jadis à la seigneurie de Campigneulles-les-Grandes et qui fut possédé, comme celle-ci, par les Boufflers et les Bigant de Thubeauville. Les Thubeauville vendirent ce fief, dans le cours du XVII° siècle, aux Thorel, et Charles-Claude-Florent Thorel, seigneur de Campigneulles-les-Petites l'aliéna, le 5 octobre 1762, au profit de M. Jean-François Fougeroux, chevalier de Saint-Louis.

L'Hôtel-Dieu de Montreuil avait également un fief à Campigneulles et exerçait en conséquence les droits de tonlieu, d'herbage, de moutonnage et de justice. Le moutonnage, qui se prélevait à raison d'une obole par tête pour neuf brebis et d'une brebis pour dix dans les troupeaux plus nombreux, était réglé chaque année le jour de la saint Jean-Baptiste avant huit heures du matin. (*Cueilloir Hôtel-Dieu f° 68.*)

Le fief *des Granges*, qui était tenu du sire de Contes en 1311 par 60 sols parisis de relief, consistait en 120 mesures de terre. Il a successivement appartenu aux Thubeauville, puis aux d'Acary, par le mariage de Françoise de Thubeauville avec Charles d'Acary, et à Pierre Licoin de Montmonnier, époux de Marie-Françoise d'Acary (27 juin 1758). Ceux-ci le vendirent à Jean-François-Marie de Bernes de Longvilliers, seigneur de Wailly, qui le céda à Charles-Adrien du Bus (25 mars 1772). Charles-Louis-Henri de Cossette acheta le fief des Granges le 28 mai 1783. (*Arch. de Famille.*)

M. le comte de Belleval a confondu le fief des Granges de Campigneulles avec celui de Crécy-Grange. (*Hist. des fiefs du Ponthieu.*)

ARCHÉOLOGIE. — L'église fut reconstruite en 1705. Une inscription, qui se lit encore sur le mur extérieur, porte que la messe y fut célébrée pour la première fois le 22 novembre de cette année.

Au moyen-âge, le portail de chaque église était décoré d'une statue en pierre ou en bois. Les plus pauvres villages se contentaient d'une peinture grossière. Ces statues représentaient parfois un *Ecce Homo* pour exciter les fidèles à la pénitence, parfois aussi un saint Christophe. Ce saint devait l'honneur de garder l'entrée du temple à la croyance répandue dans ces temps de naïve simplicité que tout individu qui l'avait aperçu le matin était préservé de mort subite pour la journée.

L'église de Campigneulles a conservé jusqu'à nos jours un *Ecce-Homo* en bois de chêne qui est fort ancien.

COLLINE-BEAUMONT.

1258. — Colines, *Polypt. de Dommartin.*
1274. — Colines, *G. C. de Dommartin*, f⁰ 468.
1311. — Collines, *Aveu Maintenay.*
1634. — Colinet, *Th. géographique.*
1650. — Collinet, *Jansson, loc. cit.*

Le territoire de Colline s'étend jusqu'à l'Authie. Le cartulaire de Dommartin mentionne les sires de Colline parmi les premiers bienfaiteurs de cette abbaye, et notamment Gauthier qui vivait en 1274. Sa fille Marguerite, épouse de Jean d'Amereaucourt, servit aveu de la terre de Colline à messire Baudouin de Renty, seigneur de Waben en 1311.

Au début du XVI⁰ siècle, les seigneuries réunies de Colline et de Beaumont appartenaient aux Blondel. Lamoral Cornu, écuyer, seigneur de Belloy, s'allia à Marguerite Blondel, dame de Colline; leurs descendants possédèrent ce domaine qui relevait de la pairie de Wailly. On lit dans le pouillé du diocèse d'Amiens rédigé en 1689 que le pavé de l'église est en mauvais état, par la faute du seigneur de Belloy qui ne fait pas réparer les tombeaux de ses ancêtres. Ce seigneur était messire Charles Cornu, écuyer, dont les successeurs furent les Cacheleu-Truffier d'Houdant, les Rosamel et les d'Aumale.

Simon de Colline, imprimeur fameux, naquit à Colline. Il épousa vers 1520 la veuve du célèbre Henri Etienne qui avait été son maître. Il se servit d'abord des caractères des Etienne puis il en fondit de beaucoup plus remarquables. Il introduisit en France l'usage du caractère italique avec lequel il composa des volumes entiers. Un grand nombre d'ouvrages sortirent des presses de Simon de Colline pendant les trente années qu'il exerça son industrie. Il a imprimé des livres grecs qui sont aussi corrects que les éditions renommées de Plantin.

Sa marque représentait le temps avec la légende : *Virtus hanc sola retundit*, paroles qui s'appliquent à la faux que tient en main le vieux Saturne. (*Devérité. — Les hommes du Ponthieu dignes de mémoire. T. II, p. 339.*)

HAMEAU. — *Beaumont*.

ARCHÉOLOGIE. — Les fragments de pierres tombales qui se trouvent dans l'église portent les dates de 1640 et de 1673. On voit dans le cimetière les sépultures de messire Conrad-Victor François de Cacheleu-Truffier, comte d'Houdant, dernier du nom, décédé le 30 avril 1802 et de dame Ursule-Isabelle-Josèphe de Jacquier de Rosée, décédée le 24 mars 1841. — De Mme de Guibert, née d'Houdant, décédée le 21 juin 1831. — De Charles Marie du Campe, comte de Rosamel, ancien commandant de place d'Hesdin, chevalier de Saint-Louis et de la Légion d'honneur, décédé à Abbeville le 24 mai 1851. — De dame Castille-Catherine-Marie-Josèphe de Cacheleu-Truffier d'Houdant, épouse de M. le comte de Rosamel, décédée le 28 décembre 1851.

CONCHIL-LE-TEMPLE.

845. — Concilium, *Hariulfe*.
1406. — Conchy-les-Waben, *Titres de famille*.
1608. — Conchie, *Tassin*, loc. cit.
1650. — Conchie, *Jansson*, loc. cit.

Hariulfe mentionne Conchil parmi les possessions de l'abbaye de Saint-Riquier au IXe siècle. La maison que l'on appelait le Temple-lez-Waben se trouvait au lieu nommé la Commanderie.

Elle était située entre deux chemins dont l'un conduisait à Waben et l'autre à Montreuil. C'est là que résidaient en 1307 les Templiers Raoul de Monteswis et Eudes d'Ecuires qui furent arrêtés à Montreuil et brûlés vifs.

Lorsque les chevaliers de Saint-Jean-de-Jérusalem succédèrent aux Templiers, la commanderie du Temple, réunie à celle de Loison, était riche de 60 journaux de terres labourables et de 124 journaux de bois divisés en deux parties : le bois de la Servelle (99 jx.) et le bois du Temple (25 jx.). Il y avait un moulin et un four banal avec des rentes qui rapportaient environ 54 livres. Les Hospitaliers eurent à soutenir en 1352 plusieurs procès contre le comte de Ponthieu, à l'occasion de certains droits seigneuriaux qu'il exerçait au Temple. A la suite de ces procès, ils continuèrent à rendre la haute, la moyenne et la basse justice ; le comte de Ponthieu ne put sous aucun prétexte s'arroger le droit de faire des exploits dans leur domaine.

Les guerres du XV° siècle causèrent partout de grands ravages ; le rapport de la visite prieurale de 1495 nous trace un bien triste tableau « du membre de la Commanderie de Loison nommé le Temple-les-Waben » : la chapelle avait été incendiée ; les bâtiments étaient démolis ; le moulin tombait en ruine. Le commandeur Émery d'Amboise les fit réparer. Un prêtre séculier desservait la chapelle qui était dédiée à la Sainte-Vierge moyennant une pension de 20 livres.

Le revenu de la maison du Temple-les-Waben était, en 1578, de 166 écus soleil avec les droits seigneuriaux. Il s'élevait, en 1757, à 1,272 livres ; et en 1783, à 1,500 livres. (*Arch. nationales, Ordre de Malte J.* 5058.)

La seigneurie vicomtière du Temple, qui relevait en partie du roi à cause de son château de Waben, de la baronnie de Merlimont et de la seigneurie de Maintenay, appartenait en 1311 à Jean de Bours. (*Aveu Maintenay.*) Le 4 septembre 1510, Nicolas de Bours, écuyer et l'un des successeurs de Jean de Bours, en servit aveu à Nicolas de Werchin, baron de Merlimont. Ce fief, que possédèrent après lui Henri aux Epaules, Jean de Longueval et Claude de la Wespierre, fut acheté le 27 décembre 1608 par messire Louis de Bresdoult, chevalier. Louis de Bresdoult était déjà seigneur de Neuvillette et du Pas-d'Authie du chef de sa mère Antoinette de Gouy. Antoine Hourdel lui vendit, le 24 mars 1596, le fief de Beaurepaire. Les Bresdoult habitèrent le Pas-d'Authie : l'un d'eux, messire Henri, fut mayeur de Montreuil et mourut en 1761, laissant une fille unique, demoiselle Marie-Madeleine, qui épousa Simon-Joseph Moullart, baron de Torcy.

La cure de Conchil était à la présentation de l'abbé de Saint-Éloi-les-Noyon. Le desservant, les moines de Saint-Josse et le seigneur partageaient la dîme.

La confrérie de saint Blaise établie dans l'église de Conchil remonte à une haute antiquité. L'évêque d'Amiens lui accorda en 1686 une relique insigne du saint et il ratifia en même temps les règlements de cette pieuse association qui compte actuellement plus de trois cents membres. La relique de saint Blaise est l'objet d'une grande vénération. Les nombreux pèlerins, qui viennent à Conchil le 3 février et les jours suivants, invoquent saint Blaise afin d'être préservés des maux de gorge. (*Notes de M. l'abbé Oudin.*)

HAMEAUX ET ÉCARTS. — *La Commanderie.* — *La Frénésie.* — *Le Pas-d'Authie.* — *Le Pavillon.* — On prétend que le *Pavillon* est l'ancienne prison du bailliage de Waben. C'est une construction carrée dont les murailles ont une grande épaisseur. Les caves sont très-profondes et on y voit d'énormes anneaux qui servaient à enchaîner les prisonniers.

ARCHÉOLOGIE. — L'église de Conchil est remarquable. Le chœur, qui a été récemment orné de vitraux offerts par M. le baron de Torcy, est du XV⁰ siècle. Le tableau qui représente la Présentation de la Sainte-Vierge au Temple est attribué à Annibal Carrache. M. le baron de Vilmarest l'acheta peu de temps après la Révolution à un chanoine de Paris qui l'avait sauvé du pillage de Notre-Dame.

Dans le cimetière se trouve une élégante chapelle qui sert de sépulture à la famille des barons de Torcy.

Voici les épitaphes relevées dans l'église :

CI GIST DAMOISELLE JENNE DE RUNES VIVANT
FEMME DE SCIPION DE BREDOUL, ESCUIER, S^r
DE NEUVILLETTE, NEUX, RENHAUVILLE, CONCHIL
ET AUTHIE. ELLE TRESPASSA LE 30 SEPTEMBRE 1591.
PRIÈS DIEU POUR SON AME.

—

CI GIST MESSIRE SCIPION
DE BRESDOUL CHEVALLIER
SEIGNEUR DE NEUVILLETTE ET
DE CONCHIL, DÉCÉDDÉ
LE VINGT SIX JANVIER
MIL SIX CENT DEUX.
PRIÈS DIEU POUR SON AME.

—

ICI GIST MARGUERITE DE HODICQ, DAME D'ESNOCQ,
PRINCIPAUTÉ DE HODICQ, CLUZEET, LES GRANGES, VIVANT
FEME DE MONS. DE BRESDOUL, ESCUIER, SEIG^r
DE NEUVILETTE, CONCHIL, VICOMTE DU TEMPLE,
LAQUELLE DÉCÉDA LE 16 OCTOBRE 1617.
PRIÈS DIEU POUR SON AME.

—

SOVBS CE MARBRE EST LE CŒVR
DE VERTUEVSE DAME
LOVISE DE St-SVPLIS
ESPOVSE EN SECONDES NOCES
DE MESSIRE
LOVIS DE BRESDOVLT.
CHEVALLIER SEIGNEVR
DE NEVVILLETTE, CONCHIL,
VICOMTE DV TEMPLE,
DÉCÉDÉE LE PREMIER
IOUR DE IANVIER 1631.
PRIEZ POVR SON AME.

—

CI GIST LE CORPS D'HONORABLE HOMME
NICAISE DE QUILLEN, EN SON VIVANT
LIEUTENANT DE LA TERRE ET SEIGNEURIE DE
CONCHIL ET LE TEMPLE, LEQUEL A DONNÉ,
PAR TESTAMENT DERNIER, LA SOMME DE DOUZE
LIVRES DE RENTE A PRENDRE SUR LA MAISON
MORTUAIRE, A CONDITION DE LUI FAIRE CHANTER
DOUZE OBITS PAR AN,
UN TOUS LES PREMIERS VENDREDIS DE CHACUN MOIS,
LEQUEL TRESPASSA UN VENDREDI
DERNIER JOUR D'AOUST
16 PRIEZ DIEU 75.
POUR SON AME.

—

SOUS CETTE TOMBE
REPOSENT LES CORPS DE MESSIRE
HENRY DE BRESDOUL
CHEVALIER SEIGNEUR VICOMTE D'AUTHY
ET DE CONCHIL LE TEMPLE,
PREMIER MAIRE DE CETTE VILLE (DE MONTREUIL)
PAR BREVET DU ROY,
DÉCÉDÉ EN EXERCICE
LE 4 JUILLET 1761,
ET DE DAME MARIE AUSTREBERTE
D'ESCAULT, SON ÉPOUSE,
DÉCÉDÉE LE 12 JANVIER 1766.
REQUIESCANT IN PACE.

CUCQ.

1173. — Cucq, *C. de Saint-Josse*, f° 4.
1311. — Cuk, *Aveu Maintenay*.
1339. — Cuck, *Froissart*, liv. I. ch. 86.
1475. — Cucq, *Cueilloir hôtel Dieu de Montreuil*.
1689. — Cucques, *Pouillé Feydeau*.

La pêche a toujours été la principale industrie des habitants de Cucq. En 1168, dix d'entre eux obtinrent du comte de Boulogne le privilége exclusif de traîner le filet et de prendre les mulets depuis l'embouchure de la Canche jusqu'à l'Authie. La dévotion séculaire des marins envers saint Josse leur suggéra, au mois de janvier 1223, l'abandon d'un droit qui se percevait sur les bateaux de pêche. Ils offrirent spontanément ce tribut à l'abbé Simon d'Asseville.

Les moines de Saint-Josse possédaient également les dunes qui s'étendaient entre la mer et le village de Cucq, mais ils n'en retiraient pas grand profit parce que le comte de Ponthieu s'était réservé l'exercice de la justice, le droit de chasse et l'usage du panneau pour prendre les lapins. Le comte ne plaisantait pas avec les braconniers qu'il condamnait à 50 sols parisis d'amende. Aucun chien ne devait traverser la garenne sous peine de 3 sols d'amende. (*C. de Saint-Josse-sur-Mer*, f° 4, 16, 19.)

Pendant les guerres qui désolèrent la Picardie au XVI° siècle, les habitants de Cucq et de Trépied faisaient le guet au rivage : ils se plaçaient sur la *grande sablonnière* et quand un navire apparaissait, ils en avertissaient par des signaux les sentinelles qui veillaient au sommet de la tour de Saint-Josse, celles-ci donnaient le même signal au poste de Montreuil. Le guet de mer dispensait naturellement du guet de Montreuil, aussi lorsque le gouverneur voulut en 1545 soumettre les habitants de Cucq à l'obligation dont ils avaient été affranchis, ils réclamèrent contre cette injustice ; c'était exiger double corvée des matelots et méconnaître les services qu'ils rendaient depuis longtemps pour la sécurité de la côte.

Le roi prescrivit une enquête qui eut lieu à Étaples : seize témoins furent entendus par Jean Fourcroy, lieutenant de l'amirauté de France au comté de Boulogne, assisté d'un procureur et de Guillaume Coppin. A la suite de cette enquête, fut rendue l'ordonnance qui affranchissait à jamais les habitants de Cucq, de Trépied, de Merlimont et de Saint-Josse du guet de Montreuil, à la condition qu'ils veilleraient sur les bords de la mer et à la tour de Saint-Josse. 3 mars 1587.

Hameaux. — *Le Touquet.* — Les deux phares d'Étaples sont situés au Touquet. Les ensemencements de sapins que M. Dalloz a entrepris dans les dunes du Touquet ont parfaitement réussi.

Trépied. — Au début du XVIII° siècle, le hameau de Trépied se trouvait presque désert. La guerre civile et la guerre étrangère avaient obligé les habitants à émigrer sur la côte du Boulonnais. Plusieurs s'étaient même fixés à Gravelines et à Dunkerque. Il en résultait une grande perte pour le commerce de la marée, car les matelots de Trépied montaient 28 bateaux et alimentaient les marchés d'Abbeville, d'Amiens et de Beauvais. Depuis la ruine de ce port de pêche, les mareyeurs, obligés de s'approvisionner en Boulonnais et de traverser la ville de Montreuil ou le bac d'Attin, perdaient un temps précieux.

L'abbé de Saint-Josse, Étienne Moreau, entreprit de repeupler le havre de Trépied. Il fit venir en 1634 quatre maîtres de bateaux d'Étaples : les sieurs Guillaume et Jacques Godin, Guillaume Wadoux et Jean Dauseur. Il leur avança à chacun environ 500 livres pour les frais d'installation, bâtit de ses deniers autant de maisons qu'ils amenaient d'hommes d'équipage, les autorisa à couper des oyats dans la garenne pour raccommoder les filets et établit un vicomte chargé de la vente du poisson.

Les matelots promirent de rembourser ces avances, mais une nouvelle guerre éclata entre la France et l'Espagne et, pour comble de malheur, la peste décima la population, si bien qu'ils se virent dans l'impossibilité de satisfaire leurs engagements. (*C. de Saint-Josse-sur-Mer, n° 112 et 115 de la copie Moreau.*)

ÉCUIRES.

1042. — Squira, *Gallia Xna, t. X, col. 284.*
1143. — Hescuir, *P. C. de Dommartin, f° 14, V°.*
1144. — Scuir, *C. de Valloires, f° 126.*
1209. — Esekuir, *Ch. de Guillaume III, arch. municip. de Montreuil.*
1259. — Eskuir, *L. R. de Saint-André, f° 213. V°.*
1298. — Escuirœl, *C. de Montreuil, f° 22.*
1311. — Escuires, *Aveu Maintenay.*
1475. — Esquir, *Cueilloir Hôtel-Dieu, f° 16.*
1634. — Escuyer, *Th. géographique.*
1650. — Escuyer, *Jansson, loc. cit.*

Le nom d'Écuires viendrait-il du latin *scuria* qui signifie grange ou écurie ? Les plus anciennes formes semblent justifier cette étymologie proposée par Harbaville. Le fait est qu'à une époque très-reculée le village était situé au *fond des granges*, vers le chemin qui conduit à Dangermel. On ignore quand il fut détruit et reconstruit au Hamel. L'église s'élevait alors au lieu dit le *Cronquelet du Hamel*: plus tard, la ville de Montreuil ayant abandonné les terrains vagues appelés *le Marais*, Écuires s'étendit davantage de ce côté.

Le patronage et les deux tiers de la dîme appartenaient à l'abbaye de Saint-Sauve en vertu d'une donation du comte Herluin, donation qui fut confirmée par le roi Henri Ier en 1042 et par le pape Anastase IV en 1154 (*Gallia Xna., loc. cit.*) Les moines avaient à Écuires un vivier rempli de poissons mais ils renoncèrent en 1260 au droit d'exiger certaines corvées, à la condition que chacun des corvéables acquitterait une rente perpétuelle de quatre livres. (*C. de Montreuil, f° 15.*)

Eustache d'Écuires est mentionné à titre de témoin dans une charte de Guillaume de Montreuil-Maintenay. Il habitait Montreuil et sa femme se nommait Hawide. Le nom de son fils Gauthier, bienfaiteur de l'abbaye de Dommartin, paraît fréquemment dans les titres, de 1150 à 1160. Au siècle suivant, Arnould d'Écuires, fils de Guillaume et de Bilehaut qui était la sœur du seigneur de Bloville, irrité de la munificence que ses ancêtres avaient déployée au profit des religieux de Saint-André-au-Bois, ordonna à ses gens de massacrer quatorze chevaux qui étaient occupés à labourer à Bloville pour le compte des moines. L'affaire eut beaucoup de retentissement: Arnould se vit excommunié et exilé. Il obtint cependant son pardon à la prière de l'abbé Tesson qui eut pitié de son repentir et auquel il donna un témoignage public de réparation, 1227. (*Hist. de l'abb. de Saint-André-au-Bois.*)

Pendant le siège de Montreuil par les Impériaux, la gauche de l'armée occupait les hauteurs d'Écuires.

On cultivait la vigne en Picardie au XIIe siècle : les chartes de Saint-Sauve mentionnent plusieurs fois les vignettes de l'abbaye qui étaient situées sur les coteaux de Beaumerie et d'Écuires. Le sentier du *Bras d'Or*, qui conduit d'Écuires à Montreuil, fut ouvert au moyen-âge pour l'usage des lépreux de la maladrerie du Val. Un bras d'or, placé de distance en distance, avertissait les voyageurs de ne pas s'aventurer sur ce chemin et rappelait aux ladres qu'ils ne pouvaient s'en écarter.

ÉCARTS ET LIEUX-DITS. — *Le Bois-Coquin.* — En 1311, *le bos le Cokin* contenant 36 journaux appartenait à N. de Rumeilly (*Aveu Maintenay.*)

Domeselve, (*domus in sylva*). — *Le Hamel.* — *Markadé.* — Certains auteurs prétendent que Markadé vient du latin *Mare cadebat*, et ils disent que la mer baignait jadis la colline. Mais ce nom est tout simplement celui d'un chef de brigands qui guerroyait sur les marches de Picardie et d'Artois, au temps de Philippe-Auguste. Le nom de Markadé n'a d'ailleurs prévalu que dans le courant du XVe siècle. (*Note de M. Henneguier.*)

Le Pen. — Il existait au moyen-âge une famille du Pan ou du Pen. Arnould du Pen, vassal de Guillaume de Saint-Omer, en partant pour la croisade, donna les terres de Domeselve et du Pen à la maladrerie du Val à la condition qu'il les reprendrait, s'il revenait du lointain voyage de Palestine. Il est à croire qu'il y périt, car la maladrerie resta en possession de Domeselve et du Pen. Au XVIe siècle, l'échevinage aliéna environ 100 mesures qui composent la ferme du Pen située sur la route de Montreuil à Maintenay.

Quiévremont. — Fief noble, tenu de la baronnie de Merlimont, et habité actuellement par M. Leborgne, possédé au dernier siècle par les d'Acary.

La Suzoie. — Fief noble tenu, en partie, de l'abbaye de Saint-Sauve et de la baronnie de Merlimont. Le 24 novembre 1666, Jullien Pollet, écuyer, le vendit à M. Jean le Noir, vicomte de Montreuil. C'est la ferme de M. le vicomte de Forceville.

Saint-Justin. — L'église de Saint-Justin dont la première pierre avait été posée par l'abbé de Saint-Sauve, Guillaume de la Pasture, fut démolie en 1630. Elle était alors desservie par le curé d'Écuires. (*Voir les paroisses de Montreuil.*)

ARCHÉOLOGIE. — L'église, dédiée à saint Vaast, est un monument du XVe siècle nouvellement restauré. La voûte du chœur, qui était en bois comme celle de la nef et non moins remarquable, fut construite en pierre, sur le modèle de la voûte de l'église de Saint-Sauve, au moyen d'une somme importante léguée en 1702 par un domestique du Val. Le nom de cet homme obscur et bienfaisant n'est pas connu, mais le fermier du Val, M. Prévost, qui était marguillier de la paroisse, a pris soin de faire inscrire le sien autour de la clef de voûte. La piscine est remarquable.

GROFFLIERS.

1301. — Grofflies, *Pouillé cité par M. Darsy.*
1311. — Grosflie, *Aveu de Maintenay.*
1495. — Grofflers, *Terrier de la commanderie de Loison,* f° 126, r°.
1510. — Groffliers-lez-Waben, *Aveu de Merlimont.*
1608. — Grofflers, *Quadum, loc. cit.*
1617. — Groffeliers, *Titres de Verton.*
1634. — Groflie, *Th. géographique.*
1638. — Grosflier, *Tassin, loc. cit.*
1650. — Grofflie, *Jansson, loc. cit.*
1730. — Groffliers, *Pouillé, du diocèse d'Amiens.*

Le village de Groffliers, qui est situé à l'embouchure de l'Authie, dépendait de la banlieue de Waben. Les habitants jouissaient des mêmes prérogatives que les bourgeois de Waben et notamment du pâturage dans les dunes et dans les marais. Ils payaient comme eux le droit d'avenage, que le comte de Ponthieu s'était réservé en 1199. (*Voir l'art. Waben.*)

Lorsque la commune de Waben abandonna ses priviléges à M. Joseph de Roussé (1733) elle vendit la seigneurie de Groffliers à M. Louis Dominique de Forceville, chevalier, baron et vicomte de Merlimont. Le 2 septembre 1788, M. Louis-Robert-César de Forceville, chevalier, vicomte de Groffliers, l'aliéna moyennant 4,000 livres, au profit de M. Jean-Marie-Hubert, comte de la Fontaine Solare.

L'abbé de Saint-Josse présentait à la cure de Grofiliers dont le revenu était de 500 livres en 1730.

Le magnifique groupe d'ormes qui abritent la ferme de M. le vicomte de Calonne, a été dessiné par M. Louis Lemaire, dont le tableau figurait au salon de 1874, sous le numéro 1166 du catalogue général.

LIEUX DITS. — *La Fernaye.* — *Le Pont de l'Arche.* — *La Rochelle.*

ARCHÉOLOGIE. — L'église, qui est sous le vocable de N.-D. de Septembre, se composait de trois nefs. Celle qui subsiste porte encore des traces de l'architecture romane.

Inscription de la cloche :

JAI ÉTÉ BÉNIE PAR M. ROBERT BOURDON DESSERVANT
LADITE PAROISSE ET NOMMÉE MARIE PAR M. DOMINIQUE
GASPARD JOSEPH DUPUIS ÉCUYER, SEIGNEUR DU MEGENT,
ET PAR DAME MARIE CATHERINE ANTOINETTE PECQUET
SON ÉPOUSE. Mre LOUIS DOMINIQUE DE
FORCEVILLE, CHEVALIER, SEIGNEUR DUDIT LIEU.
1733.

LÉPINE.

1311. — Lespine, *Aveu Maintenay*.

En 1239 le comté de Ponthieu ne dépassait pas le cours de l'Authie. L'Artois finissait à Lépine (*Spina alvernosa*), et était borné de ce côté par la châtellenie de Beaurain qui comprenait tout le ressort du bailliage de Waben.

On voit encore à Lépine des traces de la maladrerie qui avait été établie par l'abbaye de Longvilliers au commencement du XIIᵉ siècle, alors que les progrès de la lèpre obligèrent les seigneurs haut-justiciers ecclésiastiques ou laïques à ouvrir ces asiles pour leurs vassaux atteints du mal Saint-Ladre. L'église, le presbytère et toutes les maisons du village, à l'exception de celles qui ont été récemment construites sur la route d'Abbeville, se trouvaient dans l'enclos de la léproserie.

Un manuscrit du XIIIᵉ siècle qui sert de feuille de garde à la reliure du cueilloir de l'Hôtel-Dieu de Montreuil, nous fait connaître les cérémonies usitées pour la réception d'un lépreux.

Le malheureux, vêtu d'une robe très-simple, la tête couverte d'un linceul blanc et tenant en main une croix de bois, sortait de chez lui accompagné de sa famille et de ses amis. Le clergé allait à sa rencontre à la porte de la maladrerie, l'aspergeait d'eau bénite et le conduisait au cimetière en chantant le *Libera*. Puis, le prêtre commençait les vigiles et célébrait une messe de *Requiem*. Le lépreux se tenait agenouillé en face de l'autel, à l'endroit où l'on avait coutume de déposer les morts ; il allait à l'offrande revêtu du linceul. A l'issue de l'office, le prêtre récitait les prières de l'absoute et lui faisait choisir sa sépulture où le ladre s'agenouillait, on lui jetait de nouveau et par trois fois de l'eau bénite. Les magistrats lui faisaient prêter le serment de vivre désormais retranché du monde. Ses parents le quittaient alors et la porte de la léproserie se refermait pour toujours.

HAMEAUX ET ÉCARTS. — *Abihem*. — *Collem*. — Ancienne dépendance de l'abbaye de Longvilliers. *Ebruyères*. — *La ferme du grand pays*, bâtie pour l'exploitation des bois défrichés.

Le Puits-Béraut est appelé le *Bus-Beraut*, c'est-à-dire le *Bois-Beraut*, dans l'aveu de Maintenay de 1311. Ce nom était parfaitement justifié par sa situation au milieu des bois, mais il s'altéra à la longue. En 1531 il parut une comète qui effraya beaucoup les populations. Chaque soir, la foule se réunissait sur la place de Montreuil, afin de voir si le dragon qui portait l'ire (la colère) du Seigneur ne laissait rien tomber sur la ville et l'on n'osait plus parcourir la route d'Abbeville, parce que le peuple croyait que le dragon se reposait dans le bois du Puits-Béraut.

ARCHÉOLOGIE. — La nef de l'église est l'ancienne chapelle de la maladrerie.

Inscription de la cloche :

CETTE CLOCHE A ÉTÉ REFONDUE PAR LA LIBÉRALITÉ DE L'ABBAYE DE LONGVILLIERS SEIGNEUR DE LA PAROISSE DE LÉPINE, A CAUSE DE LA MISÈRE DU TEMPS EN 1772, ET NOMMÉE MARIE PAR CHARLES LEFEVRE DE LA HOUPLIÈRE ET MARIE REINE MINOUS.

LA MADELEINE.

1475. — La Magdalaine, *Cueilloir Hôtel-Dieu de Montreuil.*

La Madeleine, aujourd'hui annexe de Calloterie, était avant la révolution et de temps immémorial desservie par le curé de Saint-Firmin, qui allait dire la messe dans une chapelle située sur le bord de la route de Montreuil. Plus anciennement la Madeleine s'étendait sur les glacis jusqu'aux murs de la ville. Alors son église s'élevait à la pointe de la fortification avancée nommée le Bouillon.

La *Hayette* et la langue de terre qui s'étend de la Canche aux fossés de Montreuil, ont toujours dépendu de la paroisse Saint-Pierre, et relevaient par conséquent de l'abbaye de Saint-Sauve, tandis que le patronat de l'église de la Madeleine appartenait à l'abbaye de Longvilliers. (*Voir les paroisses de Montreuil, art. Saint-Pierre.)*

MERLIMONT.

1318. — Mellimont, *Titres de famille.*
1476. — Merlimont, *Arch. nationales*, J. 807.
1509. — Merlimont, *Titres de famille.*
1608. — Merlimond, *Quadum, loc. cit.*
1650. — Merlimont, *Jansson, loc. cit.*

Merlimont se trouvait situé jadis à la dune de Guigneux et formait, avec Berck, Épy et Verton, une enclave d'Artois dans le comté de Ponthieu, enclave qui jouissait des priviléges et des exemptions de cette province. En 1661, le *franc quartier* de Merlimont profitait encore de ces avantages parce qu'autrefois il dépendait du comté de Saint-Pol.

Au début du XVIe siècle, les sables, s'étant déplacés sous l'action d'une terrible tempête, envahirent le village et obligèrent les habitants à transporter leurs pénates non loin d'une petite chapelle desservie par les moines de Saint-Josse. Le domaine de Merlimont relevait du comté de Ponthieu et de la châtellenie de Beaurain. Les comtes de Saint-Pol le possédaient à la fin du XIIe siècle. Jeanne de Fiennes l'eut en douaire lors de son mariage avec Jean de Chatillon (1343). Leur fils Guy n'ayant pas eu d'enfants, sa sœur Mahaut porta Merlimont dans la puissante maison de Luxembourg.

Guy de Luxembourg, comte de Ligny et de Saint-Pol, qui mourut au mois d'août 1371, laissa pour héritier messire Walleran, l'un des plus fameux partisans du duc de Bourgogne dont la succession passa à sa sœur Jeanne. L'héritier de Jeanne fut son neveu Pierre de Luxembourg. Celui-ci épousa Marguerite de Beaux d'Andry, et en eut plusieurs enfants, entre autres Jacques, seigneur de Merlimont, qui mourut le 20 août 1487.

Nicolas de Werchin, sénéchal du Haynaut, servit aveu de la seigneurie de Merlimont au comte de Rœulx, châtelain de Beaurain, le 28 novembre 1509. Il la possédait du chef de sa femme Yolande de Luxembourg. Il déclare dans cet acte qu'il exerce la haute, la moyenne et la basse justice. Chacun des ménages lui doit annuellement un septier d'avoine à la saint Remy ; les veufs ou les veuves payent seulement un demi septier ou six boisseaux. Le septier valait alors 8 sols parisis.

Le *lagan* l'autorise à s'approprier toutes les épaves qui sont recueillies à la côte depuis Cucq jusqu'à Berck et Groffliers. Il a le droit de tenderie aux oiseaux et celui de *calvée*, en vertu duquel ses officiers prennent deux fois l'an les poissons qui sont amenés à la côte de Waben et à Groffliers. La plupart de ces droits sont affermés pour trois ans ainsi que le *travers*, qui se perçoit au nom du sire de Merlimont, entre Campagne et Beaurain. Il possède en outre les marais de Balençon et l'immense étendue de garennes qui s'étend entre Berck et Cucq.

D'après les comptes rendus par le receveur Jean de la Porte à Nicolas de Werchin, en 1497, 1498 et 1499, Merlimont rapportait 110 livres, 10 sols, 9 deniers. On retrouve dans ces comptes des noms de familles encore existantes à Merlimont : Jehan Norel, dit le Secq, Jehan Norel ou Noirel l'aîné, Jehan Guillebert dit le breton, Thomas Guillebert, Jehan Guillebert dit le muet, Gardin Pallette, Jehan de Fauquembergue, Jehan de la Wascongne, Colart Bouchard..... etc.

Il est curieux de constater dans le compte de 1529 que le prix des céréales avait doublé à Merlimont depuis trente ans. Ainsi le blé qui valait 16 sols le septier en 1497 vaut 32 sols en 1529 ; l'avoine vaut 16 sols au lieu de 8 sols, mais les chapons se vendent toujours 2 sols la pièce et une poule se paie 12 deniers.

Isabeau de Werchin épousa messire Jean de Trazegnies.

Charles de Trazegnies ayant vendu la baronnie de Merlimont à un nommé Claude Bernaut, sa cousine germaine Marguerite d'Argenteau en fit le retrait lignager moyennant la somme de 3820 livres le 9 avril 1593. Marguerite d'Argenteau, baronne de Merlimont, épousa le 22 janvier 1607 messire Robert de Forceville, chevalier, seigneur de Bezencourt et capitaine au régiment de Rambures. Peu d'années après ce même Robert de Forceville devint vicomte de Merlimont, voici dans quelles circonstances : Le roi de France exerçait de temps immémorial un droit de vicomté ou d'ancrage sur les bateaux de pêche qui abordaient à Cucq, à Berck et à Merlimont. Ce droit consistait à prendre deux poissons sur chaque bateau, les barbues exceptées. Henri III voulant récompenser les services militaires de Jérôme de Fertin, lieutenant du sire de Crillon au gouvernement de Rue, lui abandonna la vicomté de Merlimont par lettres du mois d'août 1578. Flour de Fertin la vendit à Robert de Forceville le 20 octobre 1625, et ses descendants prirent dès lors les titres de baron et de vicomte de Merlimont. La révolution les dépouilla de la plus grande partie de leur domaine, le reste fut aliéné en 1859. Le *moulin de Forceville* et le *crocq de monsieur*, où la tradition veut qu'ils aient eu leur château, sont les seuls souvenirs qui restent des anciens seigneurs de Merlimont (*Archives des vicomtes de Merlimont.*)

Un lazaret ayant été établi à Merlimont en 1843, une société fut fondée à cette époque sous le patronage de M. le sous-préfet dans le but de secourir tous les naufragés du littoral de l'arrondissement de Montreuil.

L'église de Merlimont, annexe de Cucq, était bâtie dans le marais entre Capelle et Merlimont, mais elle tomba en ruine pendant la révolution et les habitants durent aller aux offices de la paroisse. Une ordonnance du 25 septembre 1825 érigea en succursale la chapelle que la générosité de la population, secondée par Mgr le Dauphin et par Mme la duchesse de Berry, avait permis d'élever. C'était un bâtiment rectangulaire couvert en pannes, sans plancher, sans plafond et dont le moindre défaut était l'absence complète d'architecture. M. l'abbé Cauwet, nommé curé de Merlimont en 1856, entreprit de le remplacer, et le 6 juin 1869 M. Boulanger, curé-doyen de Saint-Jacques d'Amiens, posait la première pierre d'une charmante église, consacrée le 8 mai 1872 par Mgr Lequette. C'est une construction dans le style du XIII° siècle. L'ameublement intérieur est parfaitement en harmonie avec le monument. M. Robitaille décrit l'église de Merlimont dans l'*Annuaire du diocèse pour l'année* 1873.

HAMEAUX. *Épy*. — Le hameau d'Épy dépendait jadis de la commune d'Airon-Notre-Dame ; on le désigne encore sous le nom de *Bout-d'Airon,* mais il a dû en être séparé à l'époque des inondations causées par l'ensablement de la *Petite-Arche*. Le cueilloir de l'Hôtel-Dieu de Montreuil (1475) nous apprend que la seigneurie d'*Épy* appartenait alors à Josse de Vaudricourt, héritier de Guillaume du Quesnoy, qui était lui-même aux droits de Guillaume de Bainquetun. La petite fille de Josse de Vaudricourt épousa Louis de Monchy, seigneur d'Inxent. La terre d'Épy entra par cette alliance dans la famille des Monchy d'Hocquincourt qui possédaient encore la vicomté d'Épy au dix-huitième siècle. Le maréchal d'Hocquincourt fit construire une pyramide qui servit de borne à la garenne de Merlimont. Cette pyramide disparut sous les sables, et le crocq qui se forma se nomma le *crocq d'Hocquincourt* : il limitait les quatre territoires de Berck, Épy, Verton et Merlimont. On ne saurait dire ce que l'on a dépensé de temps et d'argent de 1820 à 1845 pour retrouver la pyramide ensevelie. En 1843 trois arpenteurs en fixèrent approximativement la place.

La Capelle. — Fief noble tenu d'abord de Merlimont, puis de l'abbaye de Saint-Josse. — *La Hollande*.

MONTREUIL-SUR-MER.

I

MONTREUIL AU MOYEN-AGE.

L'origine de la bourgade de *Brayum,* située sur la rive gauche de la Canche, se perd dans la nuit des temps. C'était une de ces B ayes occupées par les Gaulois dont le nom celtique rappelle l'existence d'un marais traversé par des eaux courantes. Tous les auteurs reconnaissent cette étymologie, sauf Adrien de Valois qui fait dériver *Bragum* ou *Bracum* du germain *Bracchen.* Or, *Bracchen* signifierait une espèce de chiens que l'on employait pour la chasse. Si nous reproduisons cette opinion, nous ne pouvons dissimuler que nous sommes étonnés de rencontrer de pareilles rêveries sous la plume d'un géographe justement célèbre. Les habitants de Brayum, perdus au milieu des bois, vécurent ignorés jusqu'au jour où saint Sauve consacra sa fortune à l'érection d'un petit monastère, dont la tradition fixe l'emplacement sur la colline où s'éleva plus tard la ville de Montreuil. Après que Sauve fut devenu le successeur de saint Honoré et le huitième évêque d'Amiens, dans les premières années du VIIe siècle, ses nombreux disciples continuèrent à occuper le *Monasteriolum* qu'il avait fondé.

L'étymologie du mot Montreuil n'est pas discutable : ce nom est indifféremment écrit *Monasteriolum, Monsteriolum, Mosterolium, Mousterolii castrum, Monstrolium, Monsteriolum, Monsterolum, Monstroel, Monstereuil, Monstreuil :* formes variées qui rappellent toujours le souvenir de l'établissement de saint Sauve.

Les autres explications que l'on a données, ou bien appartiennent à la légende, celle notamment qui place en ce lieu le repaire d'un monstre cyclopéen ; ou bien elles ne sont pas rationelles, comme le *Mons-rueil* (mont au bord de la rivière ?) proposé par M. Lefils; comme aussi le *Mons-regius* (mont royal) que mentionne André Duchesne.

Helgaud II, parent de Charlemagne, fils d'Othès suivant les uns, de Rodolphe et même de Nithard selon les autres, gouvernait le Boulonnais et la majeure partie du Ponthieu à l'époque où les Normands menaçaient d'occuper définitivement nos malheureuses contrées. Voyant la nécessité de protéger le cours de la Canche, il augmenta les fortifications du château qui existait déjà près du monastère de Saint-Sauve, le débarrassa des forêts qui en gênaient l'accès et traça une enceinte de remparts.

Les populations du voisinage vinrent aussitôt s'y réfugier. Helgaud les dota de sages institutions et leur accorda la jouissance du *franc marais* en 850. Montreuil devint l'une des plus fortes places du royaume ; c'est alors que furent déposées dans l'église de l'abbaye les précieuses reliques des saints Walloy, Maclou, Etbin, Kilien, Corentin, Conocain, Wulphy et d'autres encore que l'on voulait soustraire à la fureur des Normands.

Helgaud laissa trois fils : Herluin qui lui succéda, Evrard et Lambert. Le comte de Flandre, Arnould, jaloux de la puissance d'Herluin, recourut à la trahison pour s'emparer de ses domaines. Ayant gagné le gardien d'une des tours de la forteresse de Montreuil, il y pénétra sans obstacle à la faveur de la nuit. Herluin s'enfuit déguisé, laissant sa femme et ses enfants au pouvoir de l'ennemi, qui les envoya au roi d'Angleterre Aldestan.

Le comte de Flandre ordonna d'augmenter les fortifications et d'agrandir la ville de l'espace qui comprend actuellement la place du Grand-Marché et la place Saint-Jacques, les rues de Heuchin, du Pot-d'Étain, du Wicquet, de la Pie, du Raincheval, du Clape-en-Haut, des Galices (en partie), des Étuves, des brebiettes ou des Clochettes à Brebis, des Turlupins (les Turlupins étaient une secte de Vaudois) et de la Poterne. Toutefois la première enceinte construite par Helgaud subsista jusqu'au siége de 1537 : la forteresse de la Porte, qui occupait l'emplacement de l'hôtel de France, entre le grand Cocquempot et le Thorin, en défendait l'accès. La rue du Wicquet mettait l'ancien quartier en communication avec les nouveaux. (1).

Herluin implora vainement le secours de Hugues-le-Grand et du roi Louis d'Outre-Mer. Guillaume Longue-Épée, duc de Normandie, se laissa enfin toucher par les larmes de cet infortuné, plus triste de l'absence de sa famille retenue captive que de la perte de ses États; il lui envoya une armée qui s'empara de Montreuil en 929 et le rétablit dans ses domaines.

Arnould, furieux de n'avoir pas connu à temps la marche des troupes normandes, mais n'osant pas attaquer la place qu'il avait lui-même rendue si redoutable, ordonna à ses soldats de piller, brûler et saccager le pays de la façon la plus cruelle. Herluin les dispersa. Guerrier infatigable, il combattait toujours soit pour défendre ses droits, soit pour les revendiquer. Son ardeur l'entraîna même dans une expédition contre le fils de son bienfaiteur, le duc de Normandie, et il périt les armes à la main. Les successeurs d'Herluin ont souvent pris le titre de comtes de Montreuil, bien que l'existence d'un comté de Montreuil distinct de celui de Ponthieu soit controversée.

Roger ou Rotgaire triompha une première fois des attaques du comte de Flandre et du roi de France, ligués pour le renverser (945), mais abandonné par Hugues-le-Grand et réduit à se défendre seul, il perdit Montreuil et mourut sans y être rentré. La lutte continua sous Guillaume Ier (965), et Hilduin ou Gilduin la reprit à la mort de Guillaume. Ainsi, pendant plus d'un siècle, la principale ville du Ponthieu fut constamment ravagée par la guerre, tantôt enlevée par les Flamands, tantôt rendue à ses comtes qui pouvaient à peine jouir de leur victoire. Enfin, Hugues Ier, fils d'Hilduin, ayant soutenu les prétentions de Hugues Capet à la

---

(1) La plupart des documents qui concernent la topographie de la ville de Montreuil, les anciennes paroisses, les établissements de bienfaisance, les mœurs, les usages, les corporations, proviennent des précieuses collections de M. Charles Henneguier. Nous ne saurions assez remercier M. Quenson de la bienveillance avec laquelle il nous a communiqué les manuscrits de son beau-père.

couronne de France, obtint comme récompense la main de Giselle, sa troisième fille, et transporta à Abbeville, le siége du comté de Ponthieu.

C'est alors que Montreuil fut réuni au domaine royal, à l'exception du château, qui fut habité dans la suite par les sires de Montreuil-Maintenay. Ce château, vulgairement appelé la *Cour li cuens*, s'élevait contre l'église Saint-Firmin. Il était construit de grès et de silex taillés et couvert de larges tuiles à la façon gallo-romaine. Les murs, qui avaient huit pieds d'épaisseur, étaient percés de fenêtres hautes et étroites. Des sculptures et des peintures remarquables décoraient les appartements.

Hugues Capet fit bâtir la citadelle de Montreuil et y établit un atelier monétaire d'où sortirent des deniers attribués aux rois Philippe Ier, Philippe II, Louis VI. Ces deniers portent généralement un temple tétrastyle avec la légende *Monsterolum*.

Les successeurs de Hugues Ier s'intitulaient encore comtes de Montreuil. Guy Ier, le même qui retint Harold prisonnier dans la tour de Beaurain, gouvernait le Ponthieu, lorsque Philippe Ier répudia Berthe de Hollande, afin d'épouser Bertrade de Montfort. Ce monarque avait trouvé des généalogistes assez complaisants pour forger des titres de parenté et des prélats assez faibles pour déclarer nulle une union contractée depuis vingt années. La malheureuse princesssè fut reléguée au château de Montreuil, qui faisait partie de son douaire et qui lui servit de prison. Elle y mourut de chagrin et de misère en 1095. Tant d'infortune excitait naturellement la compassion des habitants de Montreuil et des environs et l'on voyait les enfants quêter pour procurer quelque soulagement à la reine captive. Aujourd'hui encore il existe un souvenir de cet acte de charité : dans la ville et dans les campagnes de l'arrondissement de Montreuil, les enfants pauvres tendent la main les dimanches de carême en chantant des couplets qui rappellent l'histoire de la reine Berthe. On montre encore à la citadelle la tour de la reine Berthe.

Les guerres féodales ensanglantèrent le XIe siècle et le XIIe. Ce n'étaient pas seulement les grands vassaux qui guerroyaient entre eux : on se battait de château à château, on brûlait les villages, et si l'histoire n'a pas enregistré le détail de ces luttes qui désolèrent trop souvent le Ponthieu, nous savons néanmoins que le pays de Montreuil eut aussi beaucoup à souffrir. Les seigneurs de Montcavrel, de Beaurain, de Bernieules, de Brimeu, de Courteville, de Dourier, de Maintenay, — nous citons les plus illustres, — ne déposaient jamais les armes, lorsque soudain se manifesta le mouvement universel et spontané qui entraîna la noblesse française sur les pas de Pierre l'Ermite.

Les annales monastiques nous apprennent que les chevaliers de notre contrée ne résistèrent pas à ce pieux élan des croisades, qui se continua pendant deux siècles et qui survécut à tous les désastres. Les mentionner tous est chose impossible. Nous ne saurions omettre cependant le nom à jamais légendaire de Raoul de Créqui.

Les excès de la féodalité hâtèrent sa ruine en provoquant l'émancipation des communes : plusieurs n'attendirent pas qu'on leur accordât les franchises municipales, mais s'en emparèrent violemment. D'autres, Montreuil par exemple, s'administraient sous l'autorité des châtelains avant même d'avoir obtenu la sanction du pouvoir. Ainsi lisons-nous au cartulaire de Valloires que le mayeur Enguerran et son argentier Eustache étaient en charge en 1144. Un titre de 1173 parle de la maison commune de Montreuil et cite également les noms du mayeur et des échevins.

En 1188 Philippe-Auguste consacra les priviléges et les coutumes de cette ville : la charte qu'il donna alors existe dans les archives municipales, mais nous ignorons quels sont les griefs que le monarque consentit alors à pardonner en ces termes : *vetera forisfacta condonamus;* peut-être est-ce le fait d'avoir devancé l'autorisation royale.

L'institution de la commune créa une juridiction rivale de la juridiction de l'abbaye de Saint-Sauve, qui régnait en maîtresse dans la ville et la banlieue. Les magistrats et les moines se trouvant dès lors en conflit permanent ; les uns et les autres, jaloux à l'excès de leurs droits, ne laissent échapper aucune occasion de les affirmer et choisissent des arbitres qui décident sans appel. Ces arbitres étaient le plus souvent d'anciens échevins ou des prêtres séculiers, également hostiles aux priviléges exagérés de l'abbaye. Le cartulaire de Montreuil offre beaucoup d'exemples de ces arbitrages dans le chapitre intitulé : *Titres que la ville a contre les religieux de Saint-Sauve.*

En 1209, le comte de Ponthieu Guillaume III règle l'exploitation, à frais communs avec la ville, des marais qui lui appartiennent près de Montreuil et détermine les bornes de la banlieue. La banlieue s'étendait depuis la croix plantée entre Calloterie et Monthuis et l'épine placée entre Sorrus et Bogneselve, jusqu'à la fosse de treize sols, entre les deux Campigneules ; et de là, à l'épine située entre Écuires et la Haye-Fournier. Une troisième épine servait de limite entre Beaumerie et Tanfol. (*Arch. municipales.*)

Le mayeur se servait ordinairement d'un sceau de forme ronde qui représentait un cavalier armé de toutes pièces avec la légende : *Sigillum majoris communie monsterolii.* Le contre-sceau portait une fleur de lys cantonnée de quatre plus petites et la légende : *Sigillum secreti mosterolii (Arch. nationales, J. 236, n° 83 et J. 385, n° 3. N°s 5780 et 5781 de la collection publiée par M. Douet d'Arcq.)*

Guillaume III eut une fille mariée au comte Simon de Dammartin, qui fut banni et dépouillé de ses domaines pour avoir combattu à Bouvines dans les rangs des ennemis. Louis IX daigna lui accorder sa grâce, mais à la condition que Guillaume de Maisnières, sire de Maintenay, lui céderait le château de Montreuil. La vente eut lieu à Paris, moyennant 200 livres parisis, au mois de juin 1244 (*Arch. nationales, J.* 231.)

La ville formait dès lors une enclave dans le comté de Ponthieu. Aussi Philippe-le-Bel s'opposa-t-il formellement, en 1286, à ce que le roi d'Angleterre Edouard II y exerçât la justice qui n'appartenait qu'à lui seul. Ce prince s'était concilié l'affection des bourgeois de Montreuil par l'octroi de nouveaux priviléges : ceux-ci s'empressèrent d'adhérer à l'appel interjeté contre le pape Boniface VIII en même temps que leurs délégués, Jean de la Vakerie et Robert Cointeriau, approuvaient la mise en accusation des Templiers qui fut décidée aux États-généraux tenus à Tours en 1308 (*Arch. nationales. J. 807.—J. 485 n° 295 et J. 415 n° 33.*)

. Dans l'excès de leur zèle, le mayeur et les échevins refusèrent de prêter serment à Edouard II, lorsqu'il fit sa première entrée dans la ville. Le roi, à qui le monarque anglais s'en plaignit, écrivit à son bailli de contraindre les Montreuillois à jurer fidélité au comte de Ponthieu. Ce prince, bien qu'étranger, pouvait exiger l'accomplissement d'une formalité qui avait été toujours observée à l'égard de ses prédécesseurs. Les lettres qui furent délivrées à cette occasion sont datées de Pontoise, le 15 juin 1313. (*Ibidem. J. 237, n° 100.*)

II

MONTREUIL SOUS LES VALOIS.

Le nom d'Edouard III réveille le souvenir d'une longue suite de guerres dont la Picardie a été le principal théâtre. L'orgueilleux anglais fier de ses prétendus droits à la couronne de France, refusa l'hommage qu'il devait à Philippe de Valois. Il prétexta que le fils d'un roi ne pouvait s'humilier devant le fils d'un comte; réponse insolente qui entraîna la saisie immédiate des revenus du Ponthieu, et qui en aurait amené la confiscation si le vassal rebelle ne se fût soumis, le 6 juin 1329, dans la cathédrale d'Amiens. Il s'y rendit avec un fastueux appareil, escorté des grands seigneurs français qui étaient venus à sa rencontre jusqu'à Montreuil; la pompe que Philippe déploya en cette cérémonie, mit mit la rage au cœur d'Édouard qui jura à partir de ce jour une haine implacable à son rival.

L'occasion de lui faire sentir tout le poids de sa vengeance ne tarda pas à se présenter. Le désastre de Crécy, la première étape de nos armes malheureuses, signala le début des hostilités et répandit une consternation générale. Plusieurs historiens disent que le roi Édouard ordonna d'inhumer une partie des victimes de ce grand combat au monastère de Montreuil; d'autres racontent que ce fut à l'abbaye de Maintenay. Le prieuré de Maintenay et l'abbaye de Valloires ont pu recevoir un certain nombre des morts de Crécy ; nous ne sommes pas en mesure de vérifier le fait en ce qui concerne Montreuil. On a trouvé, il est vrai, lors de la construction du presbytère actuel, un ossuaire considérable qui provenait certainement d'une fosse commune creusée et remplie après un désastre semblable à celui de Crécy, mais ces ossements ne proviendraient-ils pas du massacre qui accompagna la prise de Montreuil en 1537 ?

Le vainqueur de Crécy hésita à s'engager dans le cœur du pays. Voulant s'assurer d'abord la possession d'un port qui lui donnât libre accès dans le royaume, il se dirigea vers Calais, sans oser attaquer le comte de Savoie qui s'était enfermé dans Montreuil avec quelques fuyards, débris des milices picardes. Ses lieutenants incendièrent les faubourgs et les villages de Sorrus, de Saint-Josse et de Waben.

Le 3 septembre 1346, neuf jours après sa victoire, Édouard campait sous les murs de Calais, qui fut obligé de se rendre après onze mois de siége, malgré le courage à jamais célèbre de ses habitants.

Vainqueurs et vaincus, également épuisés, conclurent alors une trève pendant laquelle on se prépara de part et d'autre à la lutte formidable qui aboutit à la funeste journée de Poitiers et au traité de Brétigny. En vertu de ce traité, Jean Chandos, lieutenant général du roi d'Angleterre, vint prendre possession de Montreuil au nom du nouveau souverain et institua des magistrats chargés de faire respecter son autorité (21 janvier 1361).

Le sentiment national se manifesta aussitôt ; une révolte éclata contre la garnison anglaise qui fut obligée de quitter la citadelle. Ni le duc de Lancastre en 1369, ni Robert Knolle en 1372, ne purent rentrer dans cette place, que la perfidie du duc de Bourgogne devait bientôt rendre à l'ennemi.

Il semble que les maux de l'invasion aient atteint sous le roi Jean la dernière limite et qu'il n'y ait rien au delà de l'ignominie et de la misère infligées au royaume par la paix de Brétigny. Cependant les règnes de Charles V et de Charles VI ajouteront encore à ces calamités, et la rivalité des factions d'Orléans et de Bourgogne achèvera de ruiner la France. Rien ne peut égaler la misère qui affligea le Ponthieu à cette époque. Les terres étaient incultes, la famine et la peste décimaient le peuple, et tandis que la fleur de la chevalerie périssait à Azincourt, Jean-sans-Peur osait employer les plus noires intrigues pour renverser le trône. Trois de ses émissaires se rendirent en Picardie. Le manifeste dont ils étaient porteurs alléguait des illégalités commises par le roi de France, assurait le respect des lois et des libertés, promettait la diminution des impôts, etc. Montreuil donna le funeste exemple de la défection. Se déclarer favorable au duc de Bourgogne, c'était, hélas ! accepter la domination des Anglais, ses perfides alliés.

Henri V s'arrêta dans cette ville en 1421 ; à la vue de son armée de 30,000 hommes, on put craindre l'anéantissement de la monarchie française. Peu de mois après, il succombait à Vincennes et le cortége qui reconduisait sa dépouille mortelle en Angleterre faisait halte à Montreuil, où un service funèbre fut célébré dans l'église de Saint-Sauve. *(Monstrelet.)*

Les habitants de Montreuil et les Picards, devenus sujets bourguignons, rougissaient de se trouver par là soumis à la domination anglaise. Aussi, lorsque le patriotisme se réveilla à la voix de Jeanne d'Arc, surtout lorsque le supplice de l'héroïne fut connu, un cri unanime s'éleva-t-il dans toutes les terres du duc Philippe-le-Bon pour demander la paix avec la France. Le duc, mécontent de ses alliés, céda volontiers, et le traité d'Arras sauva la monarchie (21 septembre 1435). Le roi abandonnait au duc les villes situées sur les deux rives de la Somme, mais il s'en réservait la souveraineté et stipulait pour lui et pour ses successeurs la faculté de les racheter moyennant 400,000 écus d'or, environ 4,730,000 francs de notre monnaie.

La guerre de cent ans porta une grave atteinte au commerce de Montreuil. La fabrication des draps et des serges, la sellerie, la pelleterie, la parcheminerie ; le trafic des laines et du blé ; la vente du poisson de mer, des anguilles ou des truites de la Canche, étaient les principales branches de l'industrie montreuilloise au moyen-âge. Les marchands suivaient les foires les plus renommées de la Champagne, de la Normandie et de la Brie. La foire de

Saint-Maclou, qui se tenait sur la place Saint-Sauve et dans les halles de l'abbaye, attirait aussi à Montreuil une foule de marchands étrangers. Les halles de Saint-Sauve étaient de magnifiques caves voûtées dont quelques parties subsistent encore; elles s'étendaient sans interruption entre les rues des Juifs et des Procureurs et la place de Notre-Dame.

La franchise du port d'Étaples facilitait les transactions, mais le défaut d'argent les entravait, si bien que les mayeurs durent autoriser et encourager l'usure. Les Lombards, qui exercèrent longtemps cette industrie près de l'église Saint-Wulphy, furent remplacés par des Juifs ; ceux-ci la cédèrent ensuite à des chrétiens qui s'installèrent dans la rue du Change.

Sous Louis XI, les Montreuillois se trouvaient constamment harcelés par des bandes de malfaiteurs et de gens sans aveu qui parcouraient les campagnes, détroussaient les voyageurs et rançonnaient même les bourgeois. Le roi permit de repousser leurs attaques à main armée. Le prince s'émut aussi du déplorable état des finances, que l'échevinage dilapidait à plaisir. La ville était endettée, le commerce à demi ruiné ; on avait constitué des rentes bien supérieures aux ressources municipales, qui ne dépassaient pas 5,040 livres, produit de l'impôt sur les marchandises et les boissons. Il fallait des mesures énergiques ; le premier président du Parlement, ainsi que Jean de Reilhac, vinrent examiner les causes du déficit. Ils reconnurent que l'administration était au pouvoir de gens incapables et de bas étage. En conséquence ils proposèrent au roi la réduction des rentes et la création de quelques impôts ; afin de prévenir de nouveaux abus, on nomma d'office les mayeurs, les échevins et les conseillers pour trois années à partir de la saint Simon et saint Jude (1464). Les trois mayeurs furent MM. Gilbert Dausque, Jean Lebain et Porus de Hodicq. (*Arch. nat., J. reg. 199, n° 420.*)

Les classes élevées accueillirent favorablement ces mesures rigoureuses, mais le peuple s'en irrita et se jeta, à la première occasion, dans le parti de Charles le Téméraire. L'évêque d'Amiens, Ferry de Beauvoir, vint alors se réfugier à Montreuil pour se soustraire au mauvais vouloir de Louis XI : il consacra ses loisirs à la révision des statuts de l'Hôtel-Dieu et mourut dans cet établissement charitable le 28 février 1473.

La fin prématurée du duc de Bourgogne (1477) entraîna la soumission de la Picardie. Jean d'Estouteville reçut le serment de fidélité des habitants de Montreuil.

Le 16 juin 1493, Charles VIII s'arrêta à Montreuil. Il revenait de Boulogne, où il avait offert à la Sainte Vierge un superbe cœur d'or pour l'hommage du comté. Le gouverneur, le clergé régulier et le clergé séculier, la noblesse, l'échevinage et les cinquantaines des archers et des arbalétriers, allèrent à sa rencontre jusqu'à la limite du Boulonnais.

Le mayeur lui offrit les clefs de la ville déposées sur un coussin de velours rouge. Le roi prit place sous un dais magnifique et fut conduit à l'abbaye de Saint-Sauve au son des cloches du beffroi et de toutes les paroisses et communautés. On lui servit l'hypocras et il daigna accepter deux bœufs aux cornes dorées et la pièce de drap que la gueulde marchande offrait d'ordinaire aux souverains.

Charles VIII parcourut à cheval les rues de la ville, et visita avec beaucoup d'intérêt l'abbaye de Sainte-Austreberte, l'Hôtel-Dieu, le château et les remparts. Il renouvela pour plusieurs années l'exemption de la taille, dont le produit devait être employé à l'entretien des fortifications, et il se dirigea le lendemain vers Abbeville, escorté comme la veille, jusqu'à la rivière d'Authie.

Montreuil avait alors des gouverneurs qui prenaient le titre de capitaines de la ville. Ils étaient reçus à leur première entrée par les magistrats de la cité et le clergé, qui les accompagnaient d'abord à l'échevinage, puis à Saint-Sauve et à la citadelle. Les milices communales, divisées en huit gueuldes, gardaient la ville. Si les fortifications avaient besoin de réparations, elles étaient faites à corvée ; les ecclésiastiques eux-mêmes devaient y travailler.

Toutes les tours du rempart communiquaient par un souterrain, et portaient un nom de saint. En cas de guerre, les rues étaient interceptées par des chaînes. Vingt-cinq chaînes barraient également la rivière de Canche : huit depuis l'extrémité de la banlieue jusqu'au bac d'Attin, sept depuis ce bac jusqu'au pied de la forteresse, et dix depuis l'écluse Saint-Martin jusqu'au mont Tanfol à Brimeux.

Le règne de Louis XII rétablit dans le pays une prospérité inconnue depuis deux siècles. Malgré la guerre avec l'Angleterre et avec Maximilien, malgré la journée des Éperons et la prise de Thérouanne, les impôts étaient modérés, les vivres n'étaient pas chers, et l'on se réjouissait des bienfaits d'une administration toute paternelle. Mais voici venir François Ier, le monarque chevaleresque, auquel les expéditions lointaines font négliger la frontière du Nord. A dater de cette époque, Montreuil prend une grande importance : c'est le centre des approvisionnements destinés à ravitailler la place de Thérouanne. Le capitaine de Lorges y commandait lorsque les Impériaux l'attaquèrent une première fois, le 23 mars 1524. Leur entreprise ayant échoué, ils promirent de revenir bientôt avec des forces supérieures. Montreuil manquait de tout; l'argent faisait absolument défaut. L'échevinage s'adressa alors au roi. Sur la réponse que les caisses de l'État étaient vides, il s'adressa à la municipalité de Paris, qui crut se montrer très généreuse en prêtant douze arquebuses à crocs. Enfin, la détresse était telle que le président du parlement de Rouen, de passage en cette ville, dut avancer 500 livres pour payer quinze jours de solde à la garnison.

Fort heureusement, l'ennemi ne profita pas de cette déplorable situation. La position ne se trouvait guère meilleure quand le comte de Bures, Floris d'Egmont, lieutenant général de Charles-Quint, vint assiéger Montreuil en 1537. Son armée comptait 24,000 lansquenets, 6,000 Wallons et 800 chevaux. Philippe de Créqui, seigneur de Canaples, n'avait que mille hommes d'infanterie et 200 chevaux.

L'attaque commença de trois côtés à la fois. Une nombreuse artillerie placée sur les hauteurs de Sorrus, de Beaumerie et de Neuville, dirige un feu incessant contre les remparts et ne tarde pas à ouvrir une brèche. Les Impériaux tentent alors un assaut qui est victorieusement repoussé. Créqui-Canaples et les assiégés font des prodiges de valeur; ils parviennent même à opérer une sortie très-meurtrière, mais Norfolk étant venu renforcer le comte de Bures, la résistance est désormais impossible ; la ville épuisée, sollicite et obtient une capitulation honorable. La convention ne tarda pas à être indignement violée : à peine la place est-elle évacuée que le vainqueur l'abandonne au pillage et la fait ensuite incendier (24 juin 1537). Les monuments, les églises, y compris celle de Saint-Sauve, deviennent la proie des flammes et la population s'enfuit éperdue, cherchant un asile soit à Boulogne, soit à Abbeville, soit même à Amiens.

Après ce désastre, le découragement s'empara de la plupart des habitants. Quelques-uns s'installèrent dans les villes voisines, d'autres allèrent chercher fortune au Canada : ceux qui demeurèrent sur les ruines de leurs maisons se virent réduits à la plus triste nécessité. Un religieux de Saint-Sauve raconte qu'ils vivaient de pain d'avoine et de glands.

On attribue généralement la cruauté du comte de Bures à la vengeance que le comte de Rœux voulait exercer contre la ville de Montreuil, comme représailles pour des violences dont sa mère avait été victime dans le château de Beaurain. La trève de Bomy obligea les Impériaux à se retirer. Sur le champ François Ier fit relever les fortifications de Montreuil ; quatre mille ouvriers y travaillaient en 1542.

La ville se repeupla à la longue, et la prospérité commençait à renaître, quand la malheureuse cité se vit exposée aux horreurs d'un nouveau siége, le troisième en moins de vingt années.

Cette fois ce sont les Anglais du duc de Norfolk qui la tiennent bloquée pendant trois mois, afin d'empêcher le ravitaillement de Boulogne, qu'Henri VIII assiégeait en personne. Le maréchal du Biez, secondé par les capitaines de la Guiche et de Genlis et par les officiers napolitains, comtes Berangieri et Chiaramonti, opposa une résistance si prolongée que Norfolk, privé du concours des Impériaux, dut lever le siége à la suite de la paix de Crépy.

Dans cette grande lutte où les armées françaises eurent à combattre tour à tour les Anglais, maîtres de Boulogne, et les Impériaux, maîtres d'Hesdin (1544-1554), Montreuil était journellement en but aux incursions, aux déprédations et à toutes les inquiétudes que fait naître le voisinage de l'ennemi.

Les gouverneurs René de Mailly et Jean de Monchy s'efforçaient de maintenir la ville en bon état de défense. Henri II ordonna d'élever le bastion de *la grande fenêtre*; il fit raser le faubourg Saint-Justin et construire le mur de ronde et les ouvrages à corne de la ville basse.

Au mois d'août 1561, Marie Stuart, qui retournait en Écosse accompagnée des princes de Lorraine, s'arrêta à Montreuil. Elle paraissait profondément triste. Le mayeur et les échevins lui offrirent quatre paons : le seigneur de Clenleu en avait fourni deux et les deux autres provenaient de la Chartreuse. (*Comptes municipaux.*)

La ligue, qui prit naissance en Picardie, gagna rapidement les principaux centres de la province. Le gouverneur de Montreuil, Charles des Essarts de Maigneulx, n'y vit d'abord qu'un moyen de satisfaire son ambition. Jean de Poilly, épicier enrichi, exerçait les fonctions de mayeur. L'un et l'autre travaillaient de concert en faveur des Guise sans oser le faire ouvertement, quand l'assassinat de Blois fournit un prétexte à la révolte. (23 septembre 1588.)

L'évêque de Boulogne, Claude Dormy, résidait à Montreuil depuis quelque temps. Obligé de quitter sa ville épiscopale, où ne flotta jamais le drapeau de l'Union, il s'occupait activement de la ligue et assistait aux délibérations de l'échevinage : son influence, jointe à celle de l'évêque et du mayeur d'Amiens, contribua à exciter le peuple contre Henri III. Vainement ce prince essaya-t-il de justifier le crime de Blois. Presque toute la ville assista à un service célébré dans l'église de Saint-Sauve pour les deux victimes, et l'on entendit le Carme qui prononça l'oraison funèbre, appeler la vengeance divine sur la tête du roi, nouvel Achab et le « dévouer aux chiens qui déchirèrent jadis les membres palpitants de Jézabel. » (*Arch. de Saint Sauve.*)

Les royalistes se trouvaient réduits au silence depuis que l'on avait emprisonné leur chef, l'ex-mayeur de Hesghes. Leurs rivaux régnaient en despotes ; tout individu suspect expiait immédiatement sous les verroux le dévouement à son souverain.

Aucun fait militaire important ne se passa aux environs de Montreuil. Les gentilshommes du pays combattaient dans les armées du duc d'Aumale, la plupart sous les ordres des sires de Saveuse et de Forceville, quand la mort d'Henri III changea tout à coup la face des choses. Bientôt l'estime qu'inspirait le caractère loyal de Henri de Béarn aussi bien que la haine des Espagnols amenèrent de nombreuses défections au camp des ligueurs. Il se forma, comme par enchantement, un parti réactionnaire qui se crut assez fort pour exiger de Maigneulx la liberté des prisonniers royalistes : le gouverneur, prévoyant un revirement complet dans les esprits et craignant de perdre le reste de son crédit par une rigueur intempestive, n'osa pas la refuser. Maigneulx et de Poilly se rapprochèrent également du vainqueur et furent assez habiles, celui-ci pour conserver son poste, celui-là pour obtenir des lettres de noblesse.

De grandes réjouissances signalèrent l'arrivée de Henri IV à Montreuil, mais elles eurent un bien triste lendemain. La peste qui n'avait cessé de sévir pendant les troubles de la Ligue, reparut plus terrible que jamais au printemps de 1596 : pas un prêtre, pas un médecin n'échappa au fléau, qui moissonna les trois cinquièmes de la population évaluée à 16,000 âmes, et dépeupla le quartier marchand, aujourd'hui la garenne, habité alors par les fabricants de drap et par leurs ouvriers, au point qu'un seul individu, nommé Martin Becquelin, y fut épargné. On dut supprimer les paroisses Saint-Jacques et Saint-Wulphy, devenues désertes. Celle de Saint-Jean-en-Austreberte ne contenait plus que douze maisons. Le commerce de Montreuil ne se releva jamais de ce désastre et la population alla toujours en diminuant.

III

MONTREUIL MODERNE

Henri IV, maître de la Picardie, savait ce qu'il pouvait redouter d'un voisin jaloux qui, dans l'espoir de s'agrandir, avait protégé la ligue et fomenté la guerre civile. Pour prévenir les entreprises des Impériaux qui occupaient Hesdin, il ordonna de compléter les défenses de Montreuil. L'ingénieur Evrard fit élever un bastion qui fut nommé le *Bouillon*, à cause du duc de Bouillon, et il traça les fortifications qui furent achevées sous Louis XIII par le chevalier de Ville. Le rempart qui sépara pour toujours le terrain maudit de la *Garenne* où personne n'osait habiter depuis la peste, date de cette époque.

Henri IV honora Montreuil de sa présence ; c'est de Montreuil qu'il écrivait à sa mère : « Vous ne m'accuserés pas de paresse, mon cœur, car tous les jours je vous mande de mes nouvelles. De celles d'Ostende il ny a rien de nouveau. Je m'en vais disner à Boulogne et seray demain à mesme heure à Calais. Je commence bien à m'ennuyer destre sans vous ; croyés que je hasteray mon retour tant que je pourray. Bon jour m'amye, je te baise cent mille fois. Ce dernier daoust, de Montreuil. » (*Recueil des lettres, IV, p. 457.*)

Sous le règne de Louis XIII, des scènes scandaleuses et vraiment inexplicables amenèrent les rigueurs d'un interdit. Les habitants de Rue, qui désiraient depuis longtemps avoir une relique de saint Wulphy, leur glorieux patron, s'adressèrent à l'évêque d'Amiens et celui-ci promit de la leur accorder. Le prélat, c'était Mgr Lefebvre de Caumartin, arrivé à Montreuil le 7 juin 1634 pour donner la confirmation, consulta les moines de Saint-Sauve sur l'opportunité de cette requête, et les trouva pleinement disposés à favoriser la gloire de Dieu par l'extension du culte d'un de ses saints.

Il pénétra donc dans la chapelle des corps saints, accompagné de toute la communauté, de plusieurs chanoines d'Amiens, des doyens de Rue, d'Abbeville et d'un nombreux clergé, et retira de la châsse de saint Wulphy la mâchoire inférieure et deux parcelles des ossements de la jambe pour les remettre au mayeur de Rue. La cérémonie terminée, tandis que l'évêque administre le sacrement de confirmation à près de deux mille personnes, la nouvelle du pieux larcin qu'il vient d'accomplir soulève une véritable tempête parmi les Montreuillois, exaspérés de la mutilation de leurs chères reliques. L'attitude de la population, qui s'est assemblée sur la place, est si menaçante que le mayeur Enlart et le procureur courent en avertir Mgr de Caumartin. A peine sont-ils arrivés à la sacristie que la multitude envahit l'église de Saint-Sauve et profère d'horribles blasphèmes.

Essayer de la calmer, lui expliquer que l'évêque peut disposer à son gré des reliques dans les limites du diocèse, serait peine perdue. Déjà l'on se dispose à lui donner satisfaction en réintégrant les reliques, lorsque les chefs de l'émeute se précipitent dans le chœur, accablent le pontife d'outrages et le frappent violemment. Il parvient à grand'peine à se retirer dans le couvent, où cinquante forcenés le suivent, enfonçant les portes, brisant les vitres. Le tumulte est à son comble. Entraîné hors de l'abbaye encore revêtu des ornements sacerdotaux, l'infortuné prélat aurait infailliblement succombé sans le courage du commandant de la citadelle, M. de Saint-Maurice, et d'un sergent nommé Mitton, qui parvinrent au péril de leur vie à conduire l'évêque à la citadelle, en lui faisant un rempart de leur corps.

Les prêtres qui accompagnaient Mgr de Caumartin n'eurent pas un meilleur sort. Plusieurs furent grièvement blessés. Celui qui portait le vase du saint-chrême se le vit arracher des mains ; les nouveaux confirmés n'échappèrent pas davantage à la fureur de la populace en délire.

La nuit seule put mettre un terme à une scène qui dura de longues heures, pendant lesquelles le tocsin ne cessa de sonner. Comme elle menaçait de se renouveler le lendemain, le prélat s'esquiva par une poterne, à la faveur d'un déguisement.

Mgr de Caumartin comprit qu'à un scandale inouï dans l'histoire du diocèse il fallait infliger un châtiment exemplaire. De l'avis du chapitre il lança un interdit contre les habitants de Montreuil (25 juin), ordonnant de fermer toutes les églises et chapelles de la ville et de la banlieue, défendant, sous les peines les plus sévères, la célébration des offices, la sonnerie des cloches, l'inhumation en terre sainte, l'administration des sacrements, à l'exception du baptême pour les nouveaux-nés et de la pénitence pour les mourants.

M. de Saint-Maurice et Mitton, dont le dévouement avait été si remarquable, ne furent pas compris, non plus que leurs familles, dans l'interdit. Ils purent entendre la messe dans l'église de Saint-Sauve à condition qu'elle serait fermée et le cimetière de Saint-Pierre fut affecté à leur sépulture. Accueillies avec indifférence par les meneurs, les censures ecclésiastiques consternèrent la population, d'ordinaire si paisible et si chrétienne : mais l'orgueil de quelques bourgeois influents retarda la réparation publique que l'évêque exigeait. L'affaire eut un immense retentissement. Le pape Urbain VIII fut consulté et Louis XIII chargea M. de Miromesnil et le procureur du présidial d'Abbeville d'instruire le procès et de juger les principaux coupables. Enfin, Richelieu modifia l'ancienne loi municipale, supprima le premier et le deuxième mayeurs et réduisit le nombre des échevins.

Deux camps partageaient la ville : les repentants voulaient soumission et satisfaction immédiates les rebelles moins nombreux ; mais plus audacieux, demeuraient sourds à la voix de l'évêque. Cependant les échevins Hurtrel et Desprez d'abord, Antoine de Lumbres, seigneur d'Herbinghem et Jean Moullart ensuite, le supplièrent de suspendre pendant six mois à dater du 26 juillet les rigueurs de l'interdit. Non-seulement le prélat y consentit, mais, oubliant les injures sanglantes dont il avait été abreuvé, il daigna solliciter l'indulgence du Synode qui était réuni à Paris et implora auprès du roi le pardon des coupables.

Le 28 septembre 1635, Mgr Victor le Bouthillier, ancien évêque de Boulogne, coadjuteur de l'archevêque de Tours, et Mgr Gabriel de Beauvau, évêque de Nantes, délégués de l'assemblée générale du clergé, vinrent recevoir la soumission des Montreuillois. Le chapelain de Mgr de Caumartin enleva de la châsse de saint Wulphy les ossements destinés à l'église de Rue et à la cathédrale d'Amiens. On les porta processionnellement à Notre-Dame où il fut donné lecture de la sentence de grâce, après quoi Mgr le Bou‑ thillier prononça un discours remarquable qui impressionna vivement les assistants. Les notables, le clergé et le peuple donnèrent des marques du plus profond repentir. (Voir : *Acta Monstroliensis interdicti ad Urbanum VIII, max. pont. — Lutetiæ apud ant. Vitray.* et *l'Interdit, Chron. Montreuilloise, par M. Braquehaye.*)

Louis XIII séjourna à Montreuil pendant le siége d'Hesdin. Louis XIV s'y arrêta le 23 mai 1657 avec la reine mère et le duc d'Anjou. On organisa en son honneur des réjouissances publiques, que la population vit se renouveler l'année suivante, et chaque fois que le grand roi se rendit à Dunkerque pour surveiller les travaux qu'il y faisait exécuter.

La révolte de Fargues à Hesdin et la guerre des *Lustucrus* à Hucqueliers ne troublèrent pas la paix de notre ville. Lorsque les armées françaises, refoulées par le désastre de Malplaquet, se furent cantonnées entre la Canche et l'Authie, la misère de ce malheureux pays, que désola l'horrible famine de 1709, dépassa tout ce que l'on peut imaginer. Les villages sont déserts, les travaux des champs sont suspendus. A Montreuil, les maisons sont envahies ; habitants et soldats couchent sur la paille et les chevaux attachés autour de la grande place reposent sur des litières enlevées aux toits de chaume. Fort heureusement, le maréchal de Villars releva les courages abattus en organisant des lignes de défense, qui s'étendaient de Montreuil à la Meuse et qui contribuèrent à sauver la France délivrée par le traité d'Utrecht (Juin 1713.)

Les annales de Montreuil au XVIIIe siècle n'enregistrent aucun fait important ; à peine y retrouve-t-on quelques traces de la lutte que Mgr d'Orléans de la Motte, évêque d'Amiens, engagea contre le jansénisme.

Lorsque l'Assemblée constituante divisa les départements, Hesdin et Montreuil se disputèrent l'honneur d'être chef-lieu de district : Montreuil l'emporta et Hesdin ne conserva que le tribunal. Un chanoine de Saint-Firmin, Jacques Firmin Dubocquet répondit à un factum que la municipalité Hesdinoise crut devoir composer à cette occasion.

Le district de Montreuil avait cent-et-un électeurs, la constitution accordant un électeur pour cent citoyens actifs. Il comprenait 11 cantons : Montreuil, Hesdin, Fruges, Auxi-le-Château, Wail, Fressin, Campagne, Capelle, Waben et Saint-Josse.

Au lendemain de cette organisation, la commune de Montreuil tomba au pouvoir d'une municipalité qui se montra empressée d'exécuter les lois et les décrets de l'Assemblée. Elle ordonne le 24 septembre 1791 que toutes les églises soient fermées à l'exception de Saint-Sauve. Elle interdit les cimetières de Notre-Dame, de Saint-Firmin, de Saint-Walloy, de Saint-Jacques, de Saint-Pierre et de l'Hôtel-Dieu, et décide qu'il y aura désormais un seul et unique cimetière près de la fortification du *Bouillon*.

Le 24 octobre 1791, les municipaux proclament en grande pompe la constitution civile du clergé, qui séduisit bien peu de prêtres du diocèse ; plus tard ils font disparaître des maisons et des monuments ce qu'ils appellent les hochets de la féodalité, de l'inégalité et du despotisme. (*Délibération du 13 septembre 1792.*) Ces administrateurs zélés défendent de sonner à midi les douze coups du roi, parce que cet usage rappelle « l'adulation de nos pères pour le pouvoir » et ils décident « que la cloche sonnera dorénavant et à perpétuité dix coups de suite en mémoire de la journée du 10 août, qui a déjoué les conspirations des despotes et fait connaître à l'univers leur coalition pour remettre les peuples sous le joug de l'esclavage ! » (*Délib. du 20 novembre 1792.*)

Enfin, on alla jusqu'à changer le nom dix fois séculaire de la cité et Montreuil devint *Montagne-sur-Mer !* Pour justifier cette étrange substitution, on apporte ce considérant : « L'origine de Montreuil, en latin *Monasteriolum*, est une origine monacale et superstitieuse ; la dénomination nouvelle convient mieux à la ville qui se trouve placée sur une éminence ! » (*Délib. du 21 octobre 1793.*)

Les villes de Picardie, Montreuil surtout, suivaient de loin et n'imitaient qu'à regret le fanatisme révolutionnaire dont Paris donnait l'exemple. Afin d'élever ces villes à la hauteur de la capitale, on y envoya des commissaires qui poursuivirent et emprisonnèrent les citoyens suspects. André Dumont et Joseph Lebon vinrent tour à tour exercer à Montreuil leur redoutable mission.

L'ancienne abbaye de Sainte-Austreberte, convertie en maison de détention, reçut les prisonniers, que l'on menait ensuite à la citadelle de Doullens. L'église servit aux séances du club populaire : les sociétaires occupaient les stalles des religieuses et les orateurs montaient dans la chaire placée près d'une fenêtre. Un jour qu'il y pérorait, Lebon reçut des pierres lancées du dehors et sortit furieux, jurant de ne rentrer à Montreuil que suivi de la guillotine. Le 9 thermidor ne lui permit pas d'accomplir ce projet sanguinaire.

Le 30 septembre 1793, André Dumont remplaça plusieurs membres de la commune soupçonnés de modérantisme, et afin de ranimer leur patriotisme il organisa une fête pour renverser les statues du portail de Saint-Sauve : deux seulement résistèrent aux efforts des énergumènes chargés de cette exécution. Puis, il réunit sur la place d'armes toutes les reliques qui provenaient des églises et des chapelles, une prodigieuse quantité de statues, de tableaux, de livres, de parchemins, et une religieuse de l'Hôtel-Dieu, attachée au bras d'un prêtre constitutionnel, fut contrainte de mettre le feu à ce monceau d'objets précieux, témoignage de la dévotion de tant de siècles.

D'autres scènes du même genre, non moins grotesques que sacriléges, se reproduisirent à Montreuil durant cette triste période. Le conseil du district se préoccupait aussi de fournir des approvisionnements aux armées qui combattaient à la frontière. Le 25 pluviôse an II, il adressait aux municipalités des instructions pour la fabrication du salpêtre. On organisait en même temps des ateliers où le citoyen Bourdette faisait confectionner des cartouches et fondre des balles avec le plomb enlevé au toit de l'église Notre-Dame. Afin d'activer la construction des affûts et des caissons, le commissaire de l'artillerie ordonna de prendre une quantité considérable de chênes et de frênes dans les bois de Dommartin, de Saint-André-au-Bois et du marquis de Salperwick, à Étruval. Ajoutons que le conseil expédia à Lille, en germinal an II, une énorme caisse qui contenait 2292 marcs d'objets d'or ou d'argent et 707 marcs de galons d'or ou d'argent provenant des églises du district. (*Arch. du Pas-de-Calais*, *liasses du district de Montagne-sur-Mer.*)

La constitution de l'an III partagea l'arrondissement en douze cantons. Celle de l'an VIII établit la division actuelle.

Le rôle de l'historien est terminé. Les annales de Montreuil n'enregistrent dès lors aucun fait bien important. Napoléon Ier y séjourna à l'époque du camp de Boulogne et la duchesse de Berry s'y arrêta le 24 août 1825. Cette même année 1825 eut lieu l'inauguration du nouveau palais de justice dans les bâtiments du couvent des Carmes, et de la sous-préfecture dans l'hôtel de Longvilliers.

L'établissement de la ligne de Boulogne à Amiens nuisit beaucoup au commerce et à la prospérité de la ville de Montreuil, mais les municipalités qui se sont succédé depuis vingt ans n'ont rien négligé de ce qui devait augmenter le bien-être des habitants. Nous les avons vues multipliant leurs démarches afin de hâter l'exécution des travaux du chemin de fer d'Arras à Étaples, et, après que la place de Montreuil eut été déclassée par le décret du 26 juin 1867, luttant de tout leur pouvoir contre les prétentions injustes de l'administration des domaines pour obtenir la cession de la totalité des terrains militaires.

La démolition de l'enceinte est commencée : la porte de France a disparu ; la porte de Boulogne aura bientôt le même sort. Saluons donc une dernière fois les guerriers illustres qui ont fait édifier ces murailles imposantes : le comte Helgaud et le comte Arnould de Flandre, les rois Henri II et Louis XIII, sans oublier Henri IV, qui ordonna de graver sur un des bastions cette inscription à jamais glorieuse pour les habitants de Montreuil : *Fidelissima Picardorum natio.*

MONTREUIL-SUR-MER.

DEUXIÈM PARTIE.

ABBAYES ET COMMUNAUTÉS.

ABBAYE DE SAINT-SAUVE. — Saint Sauve, qui mourut évêque d'Amiens, avait bâti au septième siècle une cellule et une chapelle en l'honneur de la Sainte Vierge sur l'emplacement actuel de Montreuil. Comme la réputation de ses vertus s'étendait au loin, de nombreux disciples attirés par ses exemples ne tardèrent pas à former une communauté, à laquelle il donna les règles de saint Benoît. Telle fut l'origine de l'abbaye de Saint-Sauve : telle fut aussi l'origine de la ville.

Le comte Helgaud reconstruisit le monastère après qu'il eut été ruiné par les Normands. Son église s'enrichit alors des reliques de saint Sauve et de saint Ingaud. Alors aussi des moines et des laïques bretons, qui avaient apporté les reliques de saint Walloy et de plusieurs autres saints, se fixèrent dans cette abbaye, qui prit momentanément le nom de saint Walloy. Helgaud leur donna la terre de Cavron. Les comtes de Ponthieu et les comtes d'Hesdin, Raméric et Bernard surtout, se constituèrent les défenseurs de l'abbaye, que les papes et les rois se plurent à combler de faveurs. Elle dominait en maîtresse absolue à Montreuil, et toutes les paroisses, excepté Saint-Firmin, relevaient de son autorité.

L'institution de la commune créa un pouvoir rival et jaloux qui fit aux moines une guerre de plusieurs siècles. L'échevinage entrava l'action de leur justice, qui était souveraine jusque là, contesta leurs priviléges, mutila leurs franchises et finit par se débarrasser entièrement de leur influence.

Le livre de la *fourme,* qui fut rédigé en 1452, prouve que les religieux se trouvaient alors mêlés aux principaux événements.

Ainsi, après les élections de l'échevinage, ils recevaient à l'hôtel-de-ville le serment du nouveau mayeur. Ce jour-là les nouveaux échevins et les anciens assistaient aux vêpres de Saint-Sauve et, à l'issue de l'office, l'abbé leur recommandait « l'état de son église, qu'ils s'engageaient à aider et conforter ».

Après la suppression de l'abbaye de Saint-Josse sur Mer et du prieuré de Beussent, les biens de ces maisons furent attribués à celle de Saint-Sauve, qui jouissait de 46,947 livres de revenu en 1789.

M. l'abbé Parenty a publié en 1840, dans la *Gazette de Flandre et d'Artois,* une histoire abrégée de l'Abbaye de Saint-Sauve.

ABBAYE DE SAINTE-AUSTREBERTE. — Badefroid, comte d'Hesdin, et sainte Framechilde, père et mère de sainte Austreberte, fondèrent vers l'an 660 un monastère de bénédictines à Marconne. Les incursions des Normands obligèrent les religieuses à se retirer à Montreuil sous le règne de Henri Ier. La dotation primitive de l'abbaye de Sainte-Austreberte se composait des seigneuries de Marant, Marenla, Aix-en-Issart, Humbert, Boubers-les-Hesmon, Saint-Denœux et Sainte-Austreberte, auxquelles s'ajouta plus tard celle de Roussent. Les rois Philippe II, Charles V, Charles VI, Louis XI, François I, Henri II, Louis XIII et Louis XIV confirmèrent les possessions de la communauté et la déclarèrent de fondation royale.

L'église, dédiée à Notre-Dame de l'Assomption, fut ruinée en 1537, puis restaurée : détruite de nouveau par un violent incendie le 22 octobre 1733, elle fut rebâtie de 1756 à 1759. Elle était en forme de marteau. Le chœur des dames est actuellement la salle d'étude du collège ; la partie autrefois réservée au public sert de chapelle. Les séances de la société populaire en 1793 se tenaient en cette église. On affecta alors une partie des constructions au casernement des troupes. L'autre partie devint un magasin de vivres, puis une prison.

Les habitants de Montreuil et des campagnes environnantes professaient une grande vénération pour les reliques de sainte Austreberte, de sainte Framechilde et de sainte Julienne, abbesse de Pavilly, que l'on conservait dans la chapelle de l'abbaye. Quand la ville était frappée d'une calamité ou lorsque le mauvais temps menaçait de faire périr les fruits de la terre, on portait les trois châsses en procession : c'est ce qui arriva en 1764, en 1765 et en 1771. Pendant les pestes de 1596 et de 1750, toutes les paroisses vinrent successivement les vénérer.

Les abbesses de Sainte-Austreberte appartenaient généralement à la noblesse de la province. Nous citerons parmi les noms les plus connus :

>Marguerite de Créqui, élue en 1443.
>Jehanne de Hardenthun, 1473.
>Jacqueline de Pardieu, 1489.
>Marguerite de Wailly, 1497.
>Françoise de Boufflers, 1503.
>Marguerite de Gourlay. 1551.
>Claude de Monchy, 1558.
>Claire Blondel, 1583.
>Madeleine de Monchy, 1620.
>Ch. Cécile de Monchy, 1628.
>Madeleine-Angélique de Gouffier, 1648.
>Marguerite Boucher d'Orsay, 1702.
>Madeleine-Agathe-Alexandrine de la Motte, 1734.
>Anne-Renée-Marie de Jouanne d'Esgrigny, 1756.
>Anne Lamoureulx de la Javelière, 1760.

(Voir *Hist. de l'abbaye de Sainte-Austreberthe par l'abbé Parenty*. — *Gallia X^{na}*, t. X. — *Hagiographie du diocèse d'Amiens*, t. I, *vie de sainte Austreberte*.)

LES CAPUCINS. — La fondation du couvent des Capucins se rattache à un fait historique. Le 23 juin 1621, l'assemblée générale des Trois-États de la ville se réunit afin d'entendre la lecture d'une lettre par laquelle le roi Louis XIII, alors occupé au siége de Saint-Jean-d'Angely, demandait aux habitants des prières pour le succès de ses armes. L'assemblée, obéissant aux vœux du prince, venait d'ordonner des processions générales, lorsque le gouverneur se leva et proposa la fondation d'un couvent de Capucins comme étant le moyen le plus efficace d'attirer les bénédictions du ciel. L'idée fut immédiatement prise en considération et l'on chargea le père Polycarpe, capucin d'Abbeville qui avait prêché avec beaucoup de succès l'octave du Saint-Sacrement, de faire les démarches nécessaires. Le comte de Lannoy acheta le terrain vague appelé le Grand-Sermon et construisit à ses frais le monastère où les Capucins s'installèrent l'année suivante, 1622. Le Père Ignace, le savant historien de l'Artois, fut gardien des Capucins de Montreuil avant de résider au couvent d'Arras. En 1792, les bâtiments, convertis en caserne puis en magasin de salpêtre, furent incendiés à la suite d'expériences que l'on pratiquait pour la fabrication de la poudre. Le puits des Capucins existe encore sur le rempart.

LES CARMES. — Des lettres du prieur de l'ordre nous apprennent que les frères du Mont-Carmel s'établirent à Montreuil en 1294 dans un terrain situé rue du Pan. La communauté prospéra, grâce au concours bienveillant de l'échevinage et malgré les difficultés que suscitèrent les abbayes de Saint-Sauve et de Sainte-Austreberte. Les Carmes s'engagèrent, en témoignage de leur reconnaissance, à célébrer annuellement deux cents messes en l'honneur de la Sainte Vierge pour attirer les bénédictions du ciel sur les délibérations de la municipalité. (*C. de Montreuil, f° 49.*)

Le couvent des Carmes ayant été entièrement démoli pendant le siége de 1537, on accorda à ces religieux un asile provisoire dans l'hôpital Notre-Dame, mais comme ils ne se hâtaient pas de relever leurs cloîtres, le mayeur dut les y obliger en 1598. Ils s'installèrent alors contre l'église Saint-Wulphy sur l'emplacement de l'ancien hôtel des sires de Montcavrel.

Les Pères Carmes tenaient une école et enseignaient le latin. Ils avaient la franchise des droits sur les boissons qu'ils vendaient au détail. La maison du concierge du tribunal est l'ancienne cantine des Carmes. Les magistrats, les riches bourgeois, ceux à qui leur position ne permettait pas l'entrée des cafés, —

et on était à cette époque fort sévère sur l'étiquette, — allaient y boire la bouteille de vin. Les religieux prenaient place à côté du consommateur et la régularité souffrait beaucoup de ces habitudes funestes.

La Révolution transforma le couvent en caserne, et la chapelle devint un magasin d'artillerie. Le tribunal, la gendarmerie et les prisons y furent installés en 1824, et la rue Lambin traversa dès lors le jardin.

Les sœurs grises. — Les béguines de Montreuil existaient encore en 1440. Elles soignaient les malades, ensevelissaient les morts, pratiquaient la médecine et la chirurgie. Ces occupations charitables leur valurent le surnom de *bonnes femmes,* d'où est venu, paraît-il, le dicton *remède de bonne femme.* Une peste ayant exercé de grands ravages, peu de temps après la suppression des béguines, l'échevinage fit venir pour les remplacer au chevet des malades des sœurs du tiers-ordre de saint François.

L'avocat Jean de Boves leur donna une maison et elles obtinrent l'autorisation de quêter, à la condition qu'elles exerceraient toutes les œuvres de miséricorde. (*Délibération du 2 mai 1459.*)

Les sœurs-grises achetèrent le 11 octobre 1633 l'hôtel des Rats qui permit d'agrandir le couvent, mais le nombre des novices devint si considérable que Louis XIV défendit le 11 mai 1702 d'en admettre de nouvelles. Comme cette interdiction subsistait encore en 1784, il ne restait plus à cette époque que quatre sœurs, dont la moins âgée avait 76 ans. Le baron de Torcy, maire de Montreuil, proposa alors de donner leur maison aux Frères de la doctrine chrétienne. Le projet fut approuvé par le roi, mais il rencontra une vive opposition de la part de l'évêque d'Amiens, si bien que la Révolution arriva sans que l'on eût pourvu au remplacement des sœurs-grises. La dernière fut la sœur de Mailly. (*Archives municipales.*)

II

ÉTABLISSEMENTS ET INSTITUTIONS DE BIENFAISANCE.

L'HÔTEL-DIEU. — Gaultier, seigneur de Maintenay, fonda l'Hôtel-Dieu de Montreuil, au début du XIII° siècle, et le dota de revenus considérables. Les bâtiments s'élevaient sur l'emplacement du *Mallus publicus* ; on appelait ainsi l'endroit où les hommes libres se réunissaient, avant la formation de la commune, pour traiter les affaires de la ville sous la présidence du comte ou de son délégué.

Les principaux bienfaiteurs furent après Gaultier : Guillaume de Montreuil-Maintenay, son fils ; les sires de la Porte et de Heuchin; Jean de Sains, veuf de Marie de Fromessent; Jean de Lannoy, Aélis de Brimeu, Jean Maigret, Hues Aubaut, Laurent Hallot, Thomas Boucquedebois, Pierre Darras, Guillaume Delattre et d'autres habitants de Montreuil.

Le personnel chargé de la garde des malades se composait d'un maître ou gouverneur spirituel et temporel qui était prêtre, d'un clerc, de quatre religieuses et de cinq frères laïques. L'évêque d'Amiens Gérard de Conchy leur donna des statuts conformes à la règle de Saint-Augustin qui furent approuvés au mois de mai 1250 par le pape Innocent IV. Mgr Ferry de Beauvoir les compléta en 1472 et porta à six le nombre des religieuses.

Guillaume Poullain, étant devenu maître de l'hôpital vers 1470, augmenta beaucoup les bâtiments. Il établit un ordre parfait dans la comptabilité et fit rédiger par le Père Jacques Hénin, chartreux de Neuville, le magnifique cueilloir écrit sur vélin et orné de vignettes qui est conservé dans les archives. Ce cueilloir fut commencé en 1477 et non pas en 1475 comme nous l'avons indiqué par méprise dans le cours de ce volume. La ravissante chapelle qui vient d'être restaurée sous l'habile direction de M. Clovis Normand, date de cette époque.

La prospérité de l'hôpital était grande au XVI° siècle. Il ne mourait pas un riche bourgeois qui ne lui fît un legs considérable. Les papes, les rois de France, les ducs de Bourgogne confirmaient ses priviléges. Les revenus atteignaient le chiffre de vingt mille livres lorsque le siége de 1537 détruisit les bâtiments de fond en comble à l'exception de la chapelle.

La communauté dut se retirer à Abbeville. Jean Dumont, qui était alors gouverneur, s'empressa de relever les ruines ; mais les travaux de réparation furent encore entravés par le siége de 1544. Les sœurs durent quêter dans les environs de Montreuil et faire placer dans toutes les églises et chapelles de la ville des troncs destinés à recevoir les offrandes des fidèles. C'est alors qu'à la voûte en pierre qui existait dans la chapelle fut substituée la voûte en bois qui vient d'être remplacée. M. Auguste Braquehaye publie actuellement dans la revue *la Picardie* une étude historique et descriptive très intéressante sur la chapelle de l'Hôtel-Dieu. Cette étude révèle des détails curieux et encore inédits concernant ce monument qui est sans contredit l'un des plus jolis spécimens de l'architecture du XV° siècle que l'on puisse rencontrer dans le nord de la France.

A l'époque de la Révolution, les revenus ne dépassaient pas 18000 livres, y compris le produit, soit des biens de l'*Hôtel-Dieu de Clenleu* légués en 1576 par Madeleine d'Ostove, soit des biens de la maladrerie du Val et de l'hôpital Notre-Dame, qui avaient été réunis en vertu d'un arrêt du 13 juillet 1695. Les revenus s'élèvent maintenant (année 1874) à la somme de 60,532 francs. Le 6 décembre 1857 eut lieu l'inauguration du nouvel hospice, vaste construction en briques beaucoup trop importante pour les besoins de la ville.

Une plaque en marbre noir, scellée dans le mur de la galerie d'entrée, est destinée à perpétuer le souvenir de la cérémonie ; on y trouve mentionné le nom du fondateur de l'établissement. M. Occis, curé-doyen de Montreuil, fit la bénédiction ; la commission des administrateurs se composait alors de M. Delhomel, maire, président, et de MM. Cosyn, Maugenest, Moleux, Lecomte et Hibon de la Fresnoye.

Les religieuses gardes-malades appartiennent à la congrégation des augustines d'Arras. Pendant l'année 1874, 34 malades et 30 vieillards furent admis à l'hospice.

L'hospice possède aussi la maison de Saint-Augustin où sont logées gratuitement des femmes et des filles âgées qui peuvent encore travailler pour vivre.

Hôpital Notre-Dame. — Cet hôpital fut fondé par l'échevinage vers le milieu du XIV° siècle pour servir de refuge aux vieillards de la ville et aux pèlerins qui la traversaient. Il occupait l'emplacement de l'ancien Hôtel-de-Ville. C'est maintenant l'école des sœurs de la Providence. Le mayeur et les échevins, qui en avaient la direction, luttèrent pendant trente ans afin de retarder l'exécution d'un arrêt de Louis XIV, du 13 juillet 1695, qui en attribuait les revenus à l'Hôtel-Dieu. Des lettres patentes du 26 février 1721, qui furent enregistrées en 1724, rendirent irrévocable la suppression de l'hôpital Notre-Dame.

Hôpital des Orphelins. — Dès le XV° siècle les orphelins étaient entretenus aux frais de la ville par des femmes que l'on appelait les *mères aleresses*. En 1640, les échevins décidèrent la création d'une maison spéciale et affectèrent à sa dotation les fermes de la Basse-Flaque et de la Rèderie. Pour en faciliter l'établissement, le comte de Lannoy, gouverneur de Montreuil, donna la plus grande partie du terrain que l'hôpital occupe aujourd'hui, ainsi que le revenu du moulin de la Basse-Ville et des avenages de Groffliers, de Saint-Aubin et de Saint-Josse.

M. Benoît Loppin, doyen de Saint-Firmin qui mourut en 1776, avait fait reconstruire la chapelle et le bâtiment principal.

L'Orphelinat, qui était administré autrefois par un père syndic et six notables, est maintenant dirigé par des sœurs de l'Immaculée-Conception de Nogent-le-Rotrou. L'administration des hospices met gratuitement les bâtiments à leur disposition et leur donne une somme de 9,000 francs pour l'entretien et l'éducation de vingt-quatre jeunes filles. Les sœurs sont au nombre de vingt ; elles soignent les malades à domicile et deux d'entre elles sont chargées de la *Salle d'asile* que fréquentent environ 150 enfants.

Voici les ressources de la salle d'asile que surveillent trente dames patronesses : Subvention de la ville : 1,050 fr. ; subvention de l'administration des hospices : 500 fr. ; rentes fondées par MM. François Hacot, Dacquin, Mac-Egan : 400 fr.

Bureau de bienfaisance. — Revenu moyen : 10,000 francs, y compris environ 4,000 francs qui proviennent de dons et de quêtes. 170 familles sont secourues.

Caisse d'épargne. — La Caisse d'épargne a été créée par ordonnance du 22 février 1843. En 1874, le nombre des déposants a été de 754 et le nombre des remboursés de 315.

Montreuil compte aujourd'hui plusieurs sociétés de bienfaisance : nous citerons : l'Œuvre de Marie, la Société de Saint-Vincent-de-Paul, l'Œuvre des églises pauvres, le Patronage des jeunes ouvriers.

III.

ÉTABLISSEMENTS D'ÉDUCATION.

Les religieux de Saint-Sauve et les chanoines de Saint-Firmin eurent pendant longtemps le monopole de l'éducation à Montreuil. Ils choisissaient les professeurs, et les écoliers payaient un droit de siége fixé à 5 sols pour ceux qui apprenaient le latin, et à 4 sols pour ceux qui se bornaient à savoir lire. Plus tard, en 1721, l'échevinage racheta le droit de siége et prit la direction des grandes et des petites écoles à la condition que les novices de l'abbaye et les enfants de chœur du chapitre y seraient instruits gratuitement. (*C. de Montreuil, f° 135.*)

Les Carmes enseignaient le latin et la rhétorique. La fondation de l'école des sœurs de la Providence date du 12 août 1738 : Louis Boudou, procureur du roi, versa à la communauté de Rouen une somme de 3,500 francs pour l'entretien d'une sœur qui fut chargée d'instruire gratuitement les jeunes filles. Une seconde sœur lui fut adjointe quelques années après.

L'État ayant autorisé la ville en 1829 à ouvrir un collége dans les bâtiments de l'ancienne abbaye de Sainte-Austreberte,

M. l'abbé Delwaule en fut nommé le supérieur ; la prospérité de cet établissement ne s'est jamais démentie pendant près d'un demi-siècle qu'il en conserva la direction. M. l'abbé Macquet lui a succédé en 1873.

Mademoiselle Mailly dirige avec non moins de succès un pensionnat de jeunes filles.

L'école chrétienne des Frères fut ouverte le 18 novembre 1824, et celle des sœurs de la Providence, le 28 avril 1817. L'école communale date de l'année 1812.

IV.

LES PAROISSES ANCIENNES ET MODERNES.

A l'époque de la Révolution, il y avait encore cinq paroisses à Montreuil.

ÉGLISE NOTRE-DAME EN DARNETAL. — Une bulle du pape Innocent II, de 1143, mentionne cette paroisse parmi les possessions de l'abbaye de Saint-Sauve. Elle comptait, à l'époque de la Révolution, autant de communiants que toutes les autres ensemble, et avait deux curés, dont les droits étaient absolument égaux. La double cure provenait de ce que deux titres avaient été réunis par la suppression de l'église Saint-Michel, qu'une ruelle fort étroite séparait de l'église Notre-Dame. On ignore quand cette église avait été construite et quand elle fut démolie, mais on en a retrouvé les traces sur la place de la Poissonnerie.

Les confrères de Saint-Michel entreprenaient chaque année le pèlerinage du Mont-Saint-Michel. Ils partaient avec un laissez-passer du mayeur, chargés de coquilles, portant le bourdon et la panetière et vivaient d'aumônes pendant le voyage. Lorsqu'ils revenaient, les paroissiens de Notre-Dame, précédés du curé de Saint-Michel, allaient à leur rencontre hors des portes de la ville.

Le 24 septembre 1791, la municipalité fit fermer les églises et obligea les marguilliers à dresser l'inventaire des meubles, des vases sacrés et des ornements. Une pétition couverte de signatures protesta contre la suppression de l'église Notre-Dame, mais le directoire du département la rejeta pour satisfaire le caprice d'un homme influent qui voulait substituer une place publique au vénérable monument, sous le prétexte qu'il gênait la vue de sa demeure. Ce monument, le plus remarquable de la ville, qui avait été restauré au XV⁰ siècle, en 1540 et en 1702, offrait encore quelques vestiges de l'architecture romane.

La *table des pauvres*, que l'on établit au commencement du XVI⁰ siècle afin de soulager la misère de la population, consistait dans le produit des quêtes à domicile. Elle fut transformée en bureau de bienfaisance en 1768.

ÉGLISE COLLÉGIALE DE SAINT-FIRMIN. — Hugues Ier, comte de Ponthieu, avait donné à l'abbaye de Saint-Josse-sur-Mer l'église Saint-Firmin-le-Majeur, ancienne chapelle castrale de ses ancêtres. Quelques prêtres obtinrent l'autorisation d'y mener la vie canoniale et la chapelle devint leur propriété, moyennant la modique rente de six livres qu'ils s'engagèrent à payer aux moines. Douze prébendes étaient à la nomination de l'évêque d'Amiens, la treizième appartenait à l'abbé ; plus tard les chanoines furent réduits à sept, puis à six.

L'église collégiale de Saint-Firmin ne relevait pas de Saint-Sauve ; lorsque les chanoines consentirent à ce qu'elle devint paroissiale, en 1663, la fabrique prit à sa charge l'entretien et même la reconstruction, au cas échéant, de la nef et des bas-côtés, ainsi que la moitié des dépenses du chœur.

Revenu du chapitre en 1789 : 1,982 liv., 2 sols, 4 deniers, plus 64 septiers de blé et d'avoine.

ÉGLISE SAINT-JACQUES. — La paroisse Saint-Jacques, qui contenait à peine vingt maisons en 1791, s'étendait jadis sur la moitié du quartier de *la Garenne*. Les testaments du XV⁰ siècle et du XVI⁰ sont remplis de legs en faveur d'une confrérie de Saint-Jacques qui existait dans cette église. Les membres de l'association avaient fondé l'hôpital Saint-Jacques-du-Martroy, destiné à loger les étrangers qui se rendaient en Espagne, à Saint-Jacques de Compostelle. Ils le desservaient eux-mêmes et ils y entretinrent un aumônier jusqu'au jour où les revenus de cet établissement furent réunis à la fabrique.

Église Saint-Pierre. — M. le chanoine Poultier et M. Henneguier pensaient que la *Hayette*, hameau de la Madeleine, était l'antique métairie de Saint-Pierre citée au livre des miracles de Saint-Wandrille. La chapelle où avaient été d'abord déposées les reliques de ce saint fut transférée sur la colline par le comte Helgaud, et devint plus tard la paroisse de Saint-Pierre qui comprenait une partie de la Madeleine dans son ressort. C'était la paroisse de la citadelle : on y voyait le tombeau de plusieurs officiers de distinction, ainsi qu'une armure entière nommée la *boîte d'armes de Forceville* qui avait appartenu à quelque brave chevalier de cette famille.

La confrérie du Saint-Rosaire fut établie en 1652.

Église Saint-Walloy. — D'après le manuscrit de Saint-Firmin, l'église Saint-Walloy aurait été bâtie par le comte Helgaud et destinée à recevoir les reliques de ce saint abbé; mais il est plus probable que les moines l'érigèrent pour s'affranchir de l'obligation de recevoir les fidèles à leurs offices. La paroisse Saint-Walloy s'augmenta par suite du démembrement de Saint-Wulphy et de Saint-Martin. L'un des curés, M. Jean Bermon, fonda en 1687 un séminaire qui occupait une partie du jardin de l'hôtel Longvilliers. Bermon mourut avant que son œuvre fût terminée, mais le roi l'avait autorisée par lettres-patentes du mois de février 1702.

L'église fut presque détruite en 1475, détruite de nouveau en 1537 et deux fois restaurée. On peut voir dans le jardin de M. de Longvilliers des débris de sculpture qui proviennent de ce monument démoli à la Révolution.

Le curé de Saint-Walloy prêta serment à la constitution civile du clergé, le 30 janvier 1791, en présence du maire et des notables. Le procès-verbal de la cérémonie a été imprimé.

La confrérie de Saint-Roch, organisée en 1638 dans l'église

Saint-Walloy, était continuellement en lutte avec celle de la Charité, les deux sociétés avaient le même but, et elles avaient les mêmes ressources.

Plus anciennement Montreuil comptait encore quatre autres paroisses, savoir :

Église Saint-Jean-en-Sainte-Austreberte. — Elle fut réunie en 1663 à celle de Saint-Firmin. Elle s'appelait simplement Sainte-Austreberte avant le siége de 1537 ; les religieuses l'avaient fait construire pour que leur chapelle ne fût pas publique.

Église Saint-Justin. — Cette église, située hors les murs de la ville, vers le milieu du bastion Varennes, était desservie par le curé d'Écuires lorsque le roi la fit démolir en 1630 à cause des travaux des fortifications. Sa juridiction s'étendait sur l'extrémité sud du grand marché et sur le faubourg Saint-Justin.

Un compte d'argentier de 1547 nous apprend qu'à cette époque trois processions générales présidées par l'abbé de Saint-Sauve et auxquelles assistaient le mayeur et les échevins, sortaient de l'église Saint-Justin et faisaient le tour de la ville. La première avait lieu le 22 avril; la seconde, le mardi de la Pentecôte ; la troisième, dite la procession de la vieiserie, le 15 juillet.

Église Saint-Martin. — Saint-Martin d'Esquincourt, qui fait actuellement partie du territoire de Beaumerie, est une ancienne cure de la ville qui fut réunie à Saint-Walloy en 1703. L'église avait été démolie en 1662 à l'exception du chœur, et le service divin se célébrait dans la chapelle castrale.

Église Saint-Wulphy, — Avant d'être placées dans le trésor de l'abbaye de Saint-Sauve, les reliques de saint Wulphy, apportées de Rue, furent exposées à la vénération des fidèles dans une maison sur l'emplacement de laquelle s'éleva la chapelle Saint-Wulphy, chapelle qui devint paroissiale et qui subsista jusqu'à la fin du seizième siècle. La peste de 1596 la rendit inutile.

Les mézeaux ou lépreux habitaient un quartier de la Garenne

et avaient à Saint-Wulphy une porte et une place séparées. Le clerc leur donnait l'eau bénite au bout d'un bâton et ils ne participaient pas au pain bénit. Ils recevaient la paix avec la croix de bois. Mgr de Beauvoir, évêque d'Amiens, un jour qu'il officiait à Saint-Wulphy voulut entrer et sortir par la porte réservée aux mézeaux et afin d'affaiblir le sentiment de crainte qui empêchait d'y passer, il ordonna de graver ces paroles : *Absit gloriari nisi in Cruce Domini !*

Actuellement la ville de Montreuil n'a que deux paroisses : celle de Saint-Sauve et celle de Saint-Josse-au-Val pour la basse-ville.

Saint-Sauve ou Saint-Saulve. — Cette église, qui devint paroissiale le 24 septembre 1791 après la suppression de toutes les autres, fut bâtie par le comte Helgaud, restaurée à la fin du XVe siècle par l'abbé dom Lobain, et presque entièrement ruinée au moment du siége de 1537. Le chevet, la chapelle latérale, la claire-voie n'ont pas été rétablis et la voûte fut baissée alors de sept mètres. Une muraille élevée à l'extrémité du transsept ferma l'église du côté de l'ancien chœur. On distingue à leurs groupes d'animaux grotesques et de monstres entrelacés les chapiteaux romans échappés au désastre.

M. Henneguier a publié dans le premier volume de la statistique monumentale du Pas-de-Calais une description de l'église de Saint-Sauve accompagnée d'une vue du triforium dessinée et gravée par Gaucherel.

La chapelle de la Vierge fut enrichie par les arbalétriers qui assistaient le 15 août dans cette chapelle à un office solennel. On voit encore des arbalètes entremêlées aux sculptures avec la devise : *par amour*, qui était celle de la corporation. Les fenêtres ont été récemment décorées de riches vitraux. Le tableau de l'autel représente sainte Austreberte recevant le voile des mains de saint Omer et non pas, comme l'a écrit M. Lefils, la consécration de la Sainte Vierge. Ce tableau provient de l'abbaye de Sainte-Austreberte.

Un des tombeaux placés sous les orgues est celui d'un abbé de

Saint-Sauve. L'autre est orné de la statue d'un chevalier armé de toutes pièces qui tient un écu chargé de trois tours : ce chevalier, généralement désigné sous le nom du comte Ergaut, n'est pas Helgaud II, le fondateur de l'église, mais bien un membre de l'illustre famille de la Porte, famille très-connue à Montreuil au XIIIe siècle dont les armoiries étaient : *d'argent à trois tours de sable au chef de gueules.*

Lorsqu'on ouvrit en 1834 le passage qui conduit du chœur à la sacristie à travers la chapelle des corps saints, on trouva derrière les stalles le tombeau de l'abbé Guillaume de la Pasture. Une croix surmontée de la couronne d'épines en est le principal ornement : au pied de la croix gisent en désordre des livres et des ossements. A droite et à gauche sont sculptés des groupes de personnages parmi lesquels on reconnaît saint Walloy agitant la clochette qui attire les poissons hors de l'eau. Voici l'inscription :

QUI GUILLELMUS ERAT JACET HIC PASTURIUS ABBAS
INTUS TER SEPTEM PASTOR BENE REXERAT ANNIS.
CESSIT PRÆ MORBO QUÆ SUMPSIT APRILIS IN ANNO
DOMINI MILLESIMO QUINQUAGESIMO PUTA QUARTO.

Une plaque de cuivre, qui est maintenant déposée dans la sacristie, rappelle que les cendres de l'abbé de la Pasture furent transportées en cet endroit sous la prélature de dom François Benoise, en 1707.

Enfin, un quatrième tombeau existe derrière le maître-autel, sous le lambris : dans une niche à plein-cintre se trouve une statue de femme et d'après une tradition maintenant perdue, mais dont M. Braquehaye avait connaissance, ce serait la sépulture de la malheureuse reine Berthe.

Trois clefs confiées au gouverneur de la ville, au mayeur et à l'abbé de Saint-Sauve, fermaient la trésorerie ou la chapelle des corps saints. Un inventaire du 17 mai 1713 constata la présence des reliques dont voici l'énumération : les corps de saint Sauve, de saint Ingaud, de saint Walloy, de saint Maclou, de saint Justin, de saint Corentin, de saint Conoken, de saint Etbin, de saint Kilien, de saint Wulphy. Le chef de saint Sauve était dans un vase d'argent doré, celui de saint Maclou dans un buste d'évêque en argent, celui de saint Ingaud, dans un coffret de chêne. Il y avait aussi des reliques de saint Léger et de saint Leu, de sainte Apolline et de sainte Barbe ; on conservait la chape et la clochette de saint Walloy. La plupart de ces reliques furent brûlées sur la place Saint Sauve le 9 vendémiaire an II, en présence d'André Dumont. L'église de Saint-Sauve possède aujourd'hui des reliques insignes de saint Sauve, de saint Ingaud, de saint Maclou, de saint Sulpice, de saint Walloy et de sainte Austreberte.

Le tableau du maître autel, peint par Jouvenet, représente la vision de saint Dominique.

La grosse tour de l'église est la propriété de la ville. A ce propos nous rappellerons que le premier beffroi autorisé par Philippe-Auguste en 1214, était situé en face du portail de l'église Notre-Dame. Il s'écroula vers le milieu du XIV° siècle : l'abbé de Saint-Sauve permit alors à l'échevinage d'installer ses cloches et son horloge dans la tourelle qui sert maintenant d'escalier pour monter au beffroi (1377). Cet état de choses dura jusqu'au mois d'octobre 1642. La ville ayant acheté au grand-maître de l'artillerie les trois cloches de Saint-Liévin, les religieux lui cédèrent pour toujours la grosse tour de l'abbaye, à la condition qu'ils seraient désormais exempts des logements militaires, du guet et des gardes. La municipalité y plaça les cloches et l'horloge : elle y entretenait en permanence des guetteurs qui correspondaient par des signaux avec ceux qui veillaient dans les clochers de Saint-Josse et de Berck. Les moines firent alors construire au milieu de la nef un petit clocher pour leur usage.

SAINT-JOSSE-AU-VAL. — L'église de Saint-Josse-au-Val occupe l'emplacement d'un ermitage de saint Josse. C'était une construction gothique à trois nefs qui s'écroula au XV° siècle à cause de la nature marécageuse du sol. On la releva et elle fut de nouveau détruite le 13 avril 1771.

De 1808 à 1852, il n'y eut pas de curé à la ville-basse. Les habitants obtinrent alors l'érection en succursale de l'église qui avait été rendue par M. Havet et restaurée aux frais de M. le chanoine Mailly ; elle fut bénite le 15 janvier 1852 et M. Braquehaye, doyen d'Hesdin, l'enrichit d'une relique de saint Josse.

Saint-Gengoult (Gendulphe ou Gandouffe) était jadis honoré dans une chapelle située près du bureau actuel de l'octroi. Le chapitre de saint Gengoult, de Toul, avait donné en 1672 un os de la nuque de son patron ; cette relique ayant disparu à la Révolution il consentit à en accorder une autre à la demande de M. l'abbé Drollez, qui la déposa le 10 mai 1856 dans l'église paroissiale de Saint-Josse, où elle est l'objet d'une grande vénération de la part des fidèles, principalement à l'époque de la neuvaine de saint Gengoult.

IV

LES PERSONNAGES CÉLÈBRES

ACARY (Henri-Dominique d'), maréchal des camps et armées du roi, né à Montreuil le 27 janvier 1745, mort au château d'Écuires le 22 janvier 1829.

BAILLON (Louis-Antoine-François-Emmanuel), naturaliste, né le 23 janvier 1778. Buffon estimait beaucoup ses travaux et le cite souvent dans ses ouvrages. On a de lui : *Observations sur les sables mouvants qui couvrent les côtes du Pas-de-Calais et le moyen de s'opposer à leur invasion*, 1791, in-4. *Quelles sont les causes du dépérissement des bois? Quels sont les moyens d'y remédier?* 1791, in-4.

BAR (Alexandre), paysagiste, né à Montreuil le 14 juillet 1821. Il a peint une vue des bords de l'Isère et une vue des côtes de Sardaigne. Son meilleur ouvrage est la série d'estampes dans lesquelles il a interprété le Lac de Lamartine.

BOURS (Nicolas de), lieutenant général du bailliage d'Amiens. Il a composé un commentaire sur la coutume de Montreuil imprimé à Hesdin par Bauldrain Dacquin en 1512.

BRAQUEHAYE (Michel), né le 28 octobre 1786, mort le 2 janvier

1862. Son goût pour l'étude le mit en relation avec M. Hédouin, l'auteur des *Souvenirs historiques* du Pas-de-Calais. La plupart de ses écrits ont paru dans les journaux de Montreuil et de Boulogne et dans le *Courrier du Pas-de-Calais*. L'*Interdit* lui valut les félicitations de Balzac.

Caux de Blaquetot (Jean-Baptiste de), général du génie, né le 24 mai 1723, mort en 1793. Il combattit à Fontenoy et se distingua aux siéges de Tournay, de Munster, de Diefembourg et de Cassel. Il devint inspecteur des fortifications.

Coquerel (Nicolas de), est le fondateur du collége de Coquerel qui existait au XV° siècle dans la cour basse de l'hôtel de Bourgogne.

Fougeroux de Campigneulles, Conseiller à la Cour de Douai, né à Montreuil le 3 ventôse an IV, mort à Douai le 14 mai 1836. M. Quenson lui a consacré un article fort élogieux dans les Mémoires de la Société d'agriculture de cette ville. *(1835-1836, pp. 293 à 403.)* Il a écrit l'*Histoire des duels anciens et modernes*, 2 vol, in-8.

Gourdin (Michel), religieux bénédictin et prédicateur célèbre, fils d'un chirurgien de Montreuil, naquit en 1641 et mourut dans l'abbaye de Saint-Remy de Reims le 27 septembre 1708. On a de lui : *Illustrissimi principis Guillelmi Egonis Landgravii Furstembergii serenissimi archiepiscopi, electoris coloniensis legati, violenta abductio et injusta detentio*, Antverpiæ, 1674, in-12. — *Oraison funèbre de Marguerite de Beaujeu, abbesse de l'abbaye royale de Fervacques, de Saint-Quentin, prononcée le 28 juillet 1701*, in-4.

Henneguier (Charles), bibliophile, né à Montreuil le 28 octobre 1811, mort à Hazebrouck le 22 octobre 1872 et inhumé dans cette ville. Il se consacra de bonne heure à l'étude de l'histoire. Homme d'esprit, de savoir et de goût, M. Henneguier eut, dès sa plus tendre jeunesse, la passion des livres et parvint à former la plus riche bibliothèque du Nord de la France. L'histoire de la province avait pour lui un attrait spécial et il put réunir une collection que nous croyons sans rivale concernant l'Artois, la Picardie et principalement la ville de Montreuil. M. Henneguier était aussi modeste que savant ; il est regrettable qu'il n'ait pas mis à profit la richesse de son style et les trésors de son érudition et de sa bibliothèque. Ces trésors, il se bornait à les communiquer avec une bienveillance qui en doublait le prix. Les publications de M. Henneguier sont donc fort rares ; nous citerons une notice sur l'Hôtel-Dieu de Montreuil, une description de l'église Saint-Sauve et le charmant opuscule imprimé dans les Annales Boulonnaises et intitulé : *Les Jeux de l'enfance, origines et traditions.*

HURTREL D'ARBOVAL (Louis-Henri-Joseph), écrivain vétérinaire, né à Montreuil le 7 juillet 1777, mort dans cette ville le 20 juillet 1839. Ses principales publications sont : *Notice sur les maladies qui peuvent se développer parmi les bestiaux, soit durant les sécheresses et les chaleurs de l'été, soit dans le cours des automnes pluvieux et froids.* 1819, in-4. — *Instruction sommaire sur l'épizootie contagieuse qui vient de se déclarer dans le département du Pas-de-Calais.* 1827, in-8, 2° édition.— *Dictionnaire de médecine et de chirurgie vétérinaires. Paris, 1826 et années suivantes*, 4 vol. in-4, avec atlas par Leblanc et Trousseau, in-f° de 30 planches. — *Traité de la clavelée, de la vaccination et clavelisation dans les bêtes à laine. Paris*, 1823, in-8.

LAMBIN (Denis), philologue, né vers 1516 à Montreuil, mort en 1572. Il enseigna au collége d'Amiens, visita l'Italie et fut professeur de grec au Collége de France en 1561. Parce qu'il travaillait lentement, son nom devint synonyne de lenteur. Il a laissé des traductions de Démosthène et d'Eschine, de la *politique* et de la *morale* d'Aristote ; des éditions de *Lucrèce*, de *Cicéron*, d'*Horace*, de *Démosthène*, de *Plaute* et de *Cornelius Nepos.*

MERLE (Pierre-Hugues-Victor), lieutenant-général, né à Montreuil le 22 août 1766, mort à Marseille le 5 décembre 1830. Il fit avec honneur toutes les campagnes de l'empire ; M. Thiers le cite souvent.

MONTREUIL (Claude de), habile imprimeur. Il a édité les œuvres de Jean de Boissières, de Montferrand, et *le style et protocole de la chancellerie*, conjointement avec Jean Richer.

MONTREUIL (Gilbert de), auteur du roman de la Violette et du roman de la Panthère, manuscrits du XIII° siècle conservés à Saint-Pétersbourg.

MONTREUIL (Jean de), secrétaire de Charles VI, écrivit vers l'an 1410, et peut-être par ordre du roi, une longue lettre aux princes du sang et à la noblesse de France pour ranimer leur courage par le souvenir de l'antique valeur. Cette lettre se trouve insérée, ainsi que d'autres travaux de Jean de Montreuil, dans les chroniques de Saint-Denis.

MOULLART (Pierre), géographe célèbre, né à Montreuil, y mourut le 30 juin 1730. Il était fils de Pierre Moullart, écuyer, seigneur de Vilmarest et de Françoise Sanson, fille du géographe de ce nom. Il publia un recueil intitulé : *Catalogue des livres et traités de géographie des sieurs Nicolas Sanson, géographe du roi, Nicolas, Guillaume et Adrien Sanson, ses fils. Paris*, 1702, in-12. Il avait hérité des manuscrits de son aïeul et il les transmit à son neveu, Robert de Vaugondy.

POULTIER (François-Martin), homme de lettres et publiciste, naquit à Montreuil le 31 décembre 1753, mourut à Tournai le 26 février 1826.

SALÉ (Claude), religieux prémontré, né à Montreuil le 2 juin 1599. Il s'occupa de l'histoire de l'abbaye de Saint-André-au-Bois et publia le *Recueil chronologique des choses les plus remarquables de l'abbaye de Saint-André-au-Bois, ordre de Prémontré, contenant l'ordre et la suite des abbés dudit lieu, Puis le nombre alphabétique des religieux sur la fin du livre, Ensemble la descente de nostre fondateur Hugue de Beaurain. Saint-Omer*, 1651, in-8.

THOREL DE CAMPIGNEULLES (Charles-Claude-Florent), trésorier de la généralité de Lyon, membre des académies de Lyon, Villefranche, Angers, Caen, des Arcades de Rome, etc... Il naquit à Montreuil le 5 octobre 1737, et composa plusieurs morceaux de littérature qui sont cités dans les notes biographiques de Dufaitelle.

NEMPONT-SAINT-FIRMIN.

1144. — Nempont, *C. de Valloires*, f° 126.
1167. — Nempunt, *Arch.du Pas-de-Calais, Fonds Saint-André*.
1256. — Nempont versùs Monsterolium, *G. C. de Dommartin*, f° 332.
1285. — Nempont devers Monstrueul, *ibidem*, f° 351.
1311. — Nempont, *Aveu Maintenay*
1475. — Nempont, *Cueil. Hôtel-Dieu de Montreuil*, f° 110.
1541. — Nempont-Saint-Fremin, *Titres de Famille*.
1650. — Nempont, *Jansson, loc. cit.*
1793. — Nempont-la-Fraternité.

L'Authie sépare les communes de Nempont-Saint-Martin et de Nempont-Saint-Firmin ; l'une appartient au Pas-de-Calais, l'autre au département de la Somme, et toutes les deux sont traversées par la route de Paris à Calais.

Hugues de Nempont, chevalier, bienfaiteur de l'abbaye de Dommartin, qui vivait en 1141, habitait un château situé sur le bord de la rivière. Son fils Jean et Gaultier, son petit-fils, imitèrent sa générosité envers les moines et facilitèrent l'exploitation du moulin qu'ils possédaient à Nempont. (*G. C. de Dommartin.*)

Les seigneuries de Nempont-Saint-Firmin et de Nempont-Saint-Martin étaient alors parfaitement distinctes ; celle-ci appartenait, au XIII° siècle, à un certain Robert de Nempont qui périt à la huitième croisade. Elles furent ensuite réunies : Lancelot de Bernastre les tenait en 1477 ; Emery de Boulainvillers en 1569 ; Georges de Monchy les donna en dot à sa fille Marie-Madeleine lorsqu'elle épousa Antoine de Pas, marquis de Feuquières. Le marquis de Feuquières les vendit le 26 juillet 1712 à Philippe Becquin, seigneur de Beauvillers. (*Titres de famille.*)

François Ier séjourna au château de Nempont en 1517. On raconte qu'il y reçut les délégués du Parlement de Paris et qu'il leur reprocha de ne pas se hâter d'accepter le concordat comme loi du royaume.

La cure de Nempont était à la nomination de l'abbé de Saint-Josse-sur-Mer. L'évêque d'Amiens Enguerran avait publiquement reconnu en 1123 les droits de l'abbaye sur l'autel de cette paroisse.

L'église de Nempont a été reconstruite en 1861 d'après les plans de M. Leclercq et bénite le 2 juin 1862 par M. Occis, grand-doyen de Montreuil.

Hameau. — *La Jumelle.*

NEUVILLE.

1245. — Nova villa, *G. C. de Dommartin*, f⁰ 386.
1260. — Nova villa, *Ibidem*, f⁰ 393.
1297. — Neufville, *C. de Montreuil*, f⁰ 20.
1311. — Neuvile, *Aveu Maintenay.*
1366. — Nœfville, *C. de Montreuil*, f⁰ 53.
1475. — Nœufville-les-Monstreul, *Cueilloir Hôtel-Dieu.*

Le village de Neuville, situé sur la rive droite de la Canche, faisait partie du Boulonnais avant la loi du 18 pluviôse an VIII; aussi ne doit-on pas s'étonner des conflits qui surgirent fréquemment entre la sénéchaussée de Boulogne et la municipalité montreuilloise relativement aux marais et à la chaussée qui les traversait, relativement surtout à la juridiction.

Lors du siége de Montreuil en 1537, le troisième corps de l'armée assiégeante était placé entre la Chartreuse et Neuville.

CHARTREUSE DE NOTRE-DAME-DES-PRÉS.

Le comte de Boulogne Robert III, se trouvant à Montreuil certain jour de l'année 1322, manifesta le désir de voir une image de la Sainte-Face qui était en grande vénération dans cette ville, mais quel ne fut pas son effroi lorsqu'il s'aperçut que les yeux du Sauveur se détournaient visiblement de lui! Un moine chartreux, auquel il raconta sa mésaventure, lui rappela qu'il avait autrefois promis de fonder une maison de son ordre et l'engagea à renouveler et surtout à tenir cette promesse. Robert suivit le conseil du religieux, mais la mort ne lui permit pas d'achever son entreprise. Le comte Guillaume ne lui survécut guère, et ce fut la comtesse Marguerite d'Évreux qui remplit les pieuses intentions de son beau-père.

Le Père Pierre de Brèges, de la chartreuse de Sainte-Aldegonde de Saint-Omer, présida à l'installation du monastère qui s'éleva non loin de Montreuil, à la limite du comté de Boulogne. Ce monastère prit le nom de Chartreuse de Notre-Dame-des-Prés et fut achevé en 1338 ; l'évêque de Thérouanne consacra l'église sous la double invocation de la Sainte Vierge et de saint Jean-Baptiste.

La nouvelle Chartreuse faisait partie de la province de Flandre. Elle en fut détachée en 1411 et réunie à la province de Picardie, ainsi que celles d'Abbeville, de Saint-Omer et de Gournay. Elle compta parmi ses principaux bienfaiteurs, outre les comtes de Boulogne, les sires de Cayeu-Longvilliers, de Hodicq, de Fosseux, de Créqui, de Rollencourt, de Monchy-Montcavrel, d'Ailly. Grâce à la générosité de ces grands personnages et de tant d'autres qu'il serait trop long d'énumérer, les Chartreux jouissaient de revenus considérables, revenus qu'ils consacraient surtout à soulager les misères des habitants de la contrée.

Nous n'avons pu rétablir la succession des supérieurs de ce monastère. L'un d'eux, dom Bernard Bruyant, nommé en 1666, renouvela la plus grande partie des bâtiments et enrichit la chapelle d'ornements somptueux. Bernard Bruyant est l'auteur de l'ouvrage intitulé : *L'abrégé des merveilles de Dieu dans le Très-Saint Sacrement de l'autel, Paris. 1683,* in-8. Ce volume ne porte pas de nom d'auteur, mais dom Bernard Bruyant, prieur de la Chartreuse de Notre-Dame-des-Prés-lès-Montreuil-sur-Mer, est cité dans le privilége du roi et dans l'approbation que les docteurs de la Sorbonne donnèrent le 4 septembre 1682.

De nos jours, les Chartreux sont rentrés en possession du monastère qui fut le témoin des austérités et des vertus de leurs devanciers.

Un architecte déjà célèbre, M. Clovis Normand, a tracé les plans du couvent, dont les constructions à la fois simples et grandioses rappellent les dispositions de la maison-mère. L'église et la chapelle de famille, les cellules et les cloîtres, le quartier de l'abbé et celui des étrangers sont maintenant achevés, et bientôt une colonie détachée de la Grande-Chartreuse viendra édifier nos contrées et y faire revivre les traditions charitables qui sont l'honneur des disciples de saint Bruno.

HAMEAUX. — *La Beausse.* — En 1311, le bois de la *Biausse* contenait 80 journaux. Il existait au quinzième siècle une famille de la Beausse dont le nom se trouve fréquemment cité dans l'histoire du Boulonnais. Jacques de la Beausse, écuyer, archer des gardes du roi, était lieutenant du bailli de Desvres au siècle suivant. Le fief de la Beausse, qui a appartenu en 1575 à Nicolas Pelet, puis à ses descendants, devint plus tard la propriété des Heuzé de Hurtevent.

La Réderie. — *Le Vert-Bois.*

ARCHÉOLOGIE. — L'église, qui dépendait autrefois du diocèse de Boulogne, se compose d'une nef peu élevée et couronnée d'un campanille. Le chœur est gothique et l'on y a ajouté deux chapelles latérales qui forment la croix.

RANG-DU-FLIERS.

1512. — Le Rencq-du-Fliez, *Titres de famille*.

Un décret du 17 juillet 1870 érigea en commune le hameau du Rang-du-Fliers qui dépendait de Verton ; l'église, qui avait été livrée au culte en 1864, fut érigée en paroisse au mois d'août 1871.

Au commencement de ce siècle, le Rang-du-Fliers était habité par un certain nombre de familles pauvres qui cultivaient la pomme de terre dans des terrains vagues que la commune leur abandonnait moyennant une rétribution fort modique. L'établissement d'une station sur la ligne d'Amiens à Boulogne et plus tard l'installation de la fabrique de sucre contribuèrent au développement de cette localité, qui compte aujourd'hui plus de 800 habitants.

Hameau. — *La Folie*.

SAINT-AUBIN.

1100. — Albinium, *Harbaville*.
1123. — Sanctus Albinus, *C. de Saint-Josse-sur-Mer*, f° 97.
1203. — Sanctus-Albinus, *Ibidem*, f° 141.
1311. — Saint-Aubin, *Aveu Maintenay*.
1475. — Saint-Obin, *Cueilloir Hôtel-Dieu*, f° 131.
1793. — Aubin-Fontaine.

Saint-Aubin, aujourd'hui annexe de Saint-Josse, dépendait autrefois d'Airon-Saint-Vaast. Les religieux de l'abbaye prélevaient la dîme au territoire de Saint-Aubin en vertu d'une donation faite par Gaultier d'Arry, au mois de juillet 1240.

Après la prise de Calais par les Anglais en 1347, la garnison de cette ville poussait des reconnaissances jusque sur les limites de la Picardie. Il arriva même que des détachements importants traversèrent la rivière de la Canche. Les milices de Montreuil surprirent un jour les ennemis dans les pâtures du village de Saint-Aubin et tous furent massacrés à l'exception d'un officier qui paya une forte rançon.

Jehan de Quillen possédait à Saint-Aubin en 1311 un fief tenu de la seigneurie de Campigneulles. Est-ce le même fief qui appartenait au XVI° siècle à la famille du Hourdel ?

Hameau. — *Le Mont-Pourri*. — L'enclos dans lequel s'élève la *Croix-Coupée* où se fait la procession du dimanche de la Trinité en l'honneur de saint Josse, est situé sur le territoire du *Mont-Pourri*. (*Voir l'art. Saint-Josse*.)

SAINT-JOSSE.

847. — Sancti-Judoci cella, *Baluze*.
XIIe et XIIIe siècles. — Sanctus-Judocus, *C. de Saint-Josse-sur-Mer*.
1301. — Saint-Gyosse seur le mer, *Pouillé cité par M. Darcy*.
1311. — Saint-Gyosse, *Aveu Maintenay*.
1650. — Saint-Gosse, *Jansson, loc. cit.*

Saint Josse, fils de Judicaël, roi de Bretagne, naquit en 593. Il quitta, jeune encore, le palais de son père afin de se vouer à la solitude et à la prière. Il arriva sur les bords de l'Authie, où le duc Haymon, qui gouvernait alors la contrée, lui offrit une bienveillante hospitalité à laquelle il renonça, pour se retirer au milieu des bois. La réputation des vertus du pieux anachorète attirant de nombreux visiteurs, il ne pouvait satisfaire son amour du recueillement et il crut devoir s'éloigner encore.

Haymon le conduisit dans une vaste forêt située non loin de la mer. Tandis que Josse cherchait un endroit convenable pour établir son ermitage, le duc se livrait au plaisir de la chasse et il ne tarda pas à être dévoré d'une soif ardente ; alors le saint, nouveau Moïse, planta son bâton en terre et l'on vit jaillir une source d'eau vive. Afin que les chiens ne troublassent pas la limpidité de cette eau, Josse fit jaillir une seconde fontaine (la Fontaine aux Chiens) à peu de distance de la première qui s'appela la Fontaine aux Chrétiens. M. Poultier, le propriétaire actuel du château de Saint-Josse, a fait construire une fort jolie chapelle près de cette fontaine.

Quelque temps après, Josse entreprit le voyage de Rome. A son retour, il guérit miraculeusement la jeune aveugle Juliula. Haymon avait profité de son absence pour faire construire une église qu'il fut heureux de lui offrir. Un jour que le saint y célébrait la messe en présence du duc, on vit apparaître au moment de la consécration une main lumineuse qui bénissait l'oblation et on entendit une voix céleste qui lui promettait une félicité éternelle dans le Ciel, en échange des richesses et des honneurs auxquels il avait si généreusement renoncé sur la terre.

Saint Josse mourut le 13 décembre de l'an 669. « Le lieu où il estoit, dit un de ses historiens, fut rempli d'une lumière extraordinaire et parfumé d'une odeur toute céleste qui remplit l'assistance d'admiration et lui donna sujet de penser que l'une et l'autre avoient été causées par l'arrivée de quelques esprits célestes qui estoient venus en ce lieu pour recevoir l'âme bienheureuse de ce saint au sortir de son corps et l'accompagner, comme en triomphe, dans le séjour de la gloire. »

La précieuse dépouille de saint Josse fut déposée dans l'oratoire de son ermitage, où elle se conserva parfaitement intacte durant l'espace de quarante ans. Deux de ses neveux, Winoc et Arnac, vinrent se fixer dans cet ermitage. Quelques chrétiens fervents l'habitèrent après eux, jusqu'au jour où Charlemagne fonda un hospice destiné aux nombreux pèlerins qui venaient vénérer les reliques du prince breton, hospice qu'il dota de biens considérables et dont il confia l'administration au savant Alcuin.

ABBAYE DE SAINT-JOSSE-SUR-MER, ORDRE DE SAINT-BENOIT.

Louis le Débonnaire affilia la *celle maritime* de Saint-Josse à celle de Ferrières. Charles-le-Chauve l'ayant à son tour donnée au comte de Ponthieu Olulphe, Loup, qui était abbé de Ferrières, protesta énergiquement et rentra en possession de son bénéfice, après avoir adressé au roi une série de lettres très-remarquables qui ont été publiées par Baluze. Les successeurs de Loup renoncèrent à leurs droits, peut-être à l'époque de l'invasion des Normands qui détruisirent le monastère de fond en comble.

Sigebrand le gouvernait en 977. Après lui viennent les abbés Herbold, Josué, Guy, Florent qui vivait en 1015, Héribert, Warin et enfin Gaultier de Lalaing, qui reçut du comte de Ponthieu la seigneurie de tout le pays situé entre le rivage de la mer et Monthuis, depuis le milieu de la Canche jusqu'au delà de Saint-Aubin. Ce sont les limites du comté de Saint-Josse. Les moines étaient tenus d'armer à leurs frais les vassaux de cette contrée et de les mettre à la disposition du comte de Ponthieu.

Les papes, les rois de France et d'Angleterre honorèrent

l'abbaye de Saint-Josse de leur protection et lui accordèrent des priviléges considérables. Les plus grands seigneurs du pays se plaisaient à l'enrichir, ainsi nous lisons au cartulaire les noms des comtes de Boulogne et de Ponthieu, des Montreuil-Maintenay, des Montcavrel, des Cayeu-Longvilliers, des Beaurain, etc.

L'abbaye n'échappa naturellement point aux désastres des guerres qui ont ensanglanté le XIII° siècle et le XIV°.

Plus tard, les Espagnols se liguèrent aussi contre ce saint asile de la prière, qui aurait infailliblement disparu sans l'énergie et l'habileté des prélats qui le gouvernèrent. Nous citerons parmi les plus illustres : Guarin de Croy, Adrien du Biez et Mathieu de la Varenne qui fut le dernier abbé régulier et mourut en 1529.

La commende se généralisa en France sous le règne de François Ier. Ce prince donna l'abbaye de Saint-Josse à un de ses favoris, nommé Gilbert de la Fayette, fils du seigneur de Pontgibaut. Eudes d'Averhoult lui succéda et laissa les biens de la communauté à la merci de receveurs incapables ou fripons, qui les dilapidèrent indignement et ne rougirent pas de supprimer les titres qui gênaient leur administration coupable.

Guillaume Martel, conseiller et aumônier de Charles IX, abbé commendataire en 1569, ajouta encore à la misère des religieux. Privés de direction spirituelle, à peine pourvus du nécessaire, ils gémissaient de la situation qui leur était faite, lorsque François des Essarts obtint le bénéfice de Martel, que celui-ci avait abandonné à un certain Gratien Chenu dont les mœurs dissolues scandalisaient tout le voisinage.

Chenu s'était installé à Saint-Josse et n'en voulut point sortir, Le frère de François des Essarts, qui était alors gouverneur de Montreuil, vint le déloger à main armée. Cet acte de violence fut le signal d'une véritable guerre. On vit Martel diriger à son tour contre l'abbaye une expédition militaire. On le vit assiéger ce pieux asile transformé en citadelle, et occupé par la garnison de Montreuil ; chasser son compétiteur, enfin rétablir dans l'abbatiale son neveu, Henri Martel, qui l'habita avec femme et enfants (1600-1610).

Le roi Louis XIII prit en pitié les moines de Saint-Josse, obligea Martel à se retirer et nomma Étienne Moreau. Étienne Moreau, le 5º abbé commendataire et le 54ᵉ depuis la fondation, voulut rendre à l'église et aux cloîtres une splendeur qu'ils ne connaissaient plus ; il transcrivit tous les titres de sa main et fit recouvrer une partie des biens perdus par l'incurie de ses prédécesseurs. Cinquante années d'une habile administration contribuèrent à relever l'antique *celle de Saint-Josse*, qui ne tarda pas à rentrer dans l'obscurité sous messires Jean de Watteville, Jean comte de Blankenheim, archevêque de Prague, et Michel de Carrière-Castelnau de Saint-Côme, qui furent les derniers abbés commendataires.

L'abbaye de Saint-Josse ayant été supprimée quelque temps avant la Révolution, les revenus, qui s'élevaient à la somme de 20,230 livres, furent réunis à l'abbaye de Saint-Sauve, et la châsse qui contenait le corps du saint ermite fut transportée dans l'église paroissiale du village de Saint-Josse.

Quelques pieux fidèles sauvèrent les reliques de saint Josse en 1793, et les rendirent en 1805 ; Mgr l'évêque d'Arras en reconnut alors l'authenticité. Le nombre des pèlerins qui viennent vénérer ces précieuses reliques augmente chaque année. Les matelots de Boulogne, d'Étaples, de Berck et de Saint-Valery sollicitent la protection du saint contre la fureur des flots et les habitants de tout l'arrondissement de Montreuil attribuent aux eaux de la fontaine une vertu miraculeuse dont la puissance est infaillible.

On célèbre quatre fêtes principales en l'honneur de saint Josse. Le mercredi de la Pentecôte a lieu la procession de *Bavemont* ; celle de la *Croix-Coupée* se fait le dimanche de la Trinité au milieu d'un immense concours de pèlerins. Le 11 juin, on célèbre l'apparition de la main miraculeuse qui bénit un jour le saint pendant qu'il célébrait la messe ; cette fête est appelée la *Saint-Barnabé* à cause de la coïncidence avec la fête du saint apôtre. Le 13 décembre est l'anniversaire de la mort du bienheureux.

Près de l'abbaye s'élevait au moyen-âge une forteresse habitée par la famille de chevalerie dont l'auteur est Guermon de Saint-Josse qui vivait en 1144. Le fils de Guermon, Hugues de Saint-Josse, était vassal du sire de Maintenay. Après lui vient Gaultier, puis Éloi, bienfaiteur de l'abbaye, qui eut trois enfants : Robert, Éloi et Ide, femme de Guillaume de Roussent. Tous les trois souscrivirent une charte au mois d'avril 1254 et la descendance de Guermon s'éteignit avec eux. (*C. de Saint-Josse*, f° 69 et *C. de Valloires*, f° 56, 57, 122, 126.)

L'influence de l'abbé de Saint-Josse portait ombrage au comte de Ponthieu qui, tout en se déclarant le protecteur des moines, n'était pas fâché de créer un pouvoir rival du leur. L'institution de la commune de Saint-Josse en 1203 n'eut pas d'autre but. La charte que Guillaume octroya en cette occasion est une sorte de traité de paix entre lui et l'abbé Florent.

L'abbé, y est-il dit, juge les crimes qui sont commis dans les limites de son fief. Il possède les dunes situées entre Saint-Josse et la mer et il peut s'attribuer les truites et les esturgeons pêchés sur la côte de Cucq. Les amendes ainsi que les impôts perçus dans le fief se partagent, à l'exception toutefois des cent livres qui sont dues au comte lorsqu'il marie sa fille, lorsqu'il arme son fils chevalier ou lorsqu'il doit payer sa rançon. Le comte se réserve le droit de chasse, il punit sévèrement le braconnage, et en cas de guerre avec le comte de Boulogne, il a le droit de retenir pendant quarante jours à sa solde les vassaux de l'abbaye.

Deux années à peine après cette convention surgirent de nouvelles difficultés. L'abbé voulut bien ratifier la charte de commune qui avait été accordée malgré lui, mais ces difficultés menaçant de se reproduire à tous moments, les parties intéressées confièrent le soin de régler leurs querelles au doyen de Saint-Firmin de Montreuil et à Guillaume de Maisnières, chevalier, seigneur de Maintenay. Ceux-ci ne purent s'entendre et on réclama l'intervention d'un troisième arbitre qui fut Robert, avoué de Béthune. La sentence qu'ils rendirent se rattache principalement à des questions de droit féodal; on y trouve cependant quelques dispositions relatives à la commune. Elle stipule, écrit M. Louandre auquel nous empruntons textuellement ces détails, qu'on n'admettra pas plus de dix vassaux de l'abbaye dans la commune ; que l'abbé ne pourra faire aucun affranchissement ni recevoir aucun individu dans la bourgeoisie de Saint-Josse sans le consentement du comte et du maïeur ; que les difficultés qui s'élèveront entre la commune et l'échevinage seront portées devant les magistrats municipaux d'Abbeville ; que les jugements rendus par ces magistrats seront exécutés, pourvu qu'ils ne soient pas contraires aux droits de l'abbaye. (*C. de Saint-Josse*, f° 18 v°.)

Cette fois encore la paix ne devait pas être définitive et de nouveaux débats se produisirent à la fin du XIIIᵉ siècle et dans les premières années du XIVᵉ. Une enquête du bailli de Senlis, qui fut ordonnée par le roi en 1344 pour régler les droits respectifs des religieux de Saint-Josse-sur-Mer et du comte de Ponthieu, constate qu'à cette époque l'échevinage de Saint-Josse n'existait plus que de nom, car la commune « avait cessé une pièce de temps. »

L'enquête reconnaît en même temps les droits et les priviléges que les habitants ne tardèrent pas à réclamer. Huit ans plus tard, en 1352, la commune fut rétablie par l'abbé Nicaise et le comte de Ponthieu Jacques de Bourbon, qui octroyèrent aux habitants de Saint-Josse et de la banlieue, la charte dont M. Louandre résume les principales dispositions :

Les habitants des lieux compris dans le territoire de Saint-Josse seront taillables et justiciables du maire et des échevins, ainsi que les héritages tenus en censive. Les terres fieffées et les hommes du comte et de l'abbé resteront indépendants de la commune, à moins qu'ils ne tiennent *en cotterie* ou *en chancel*. Il y aura un maire et onze échevins élus par les bourgeois le jour de quasimodo. Ces magistrats pourront faire construire une maison pour leur échevinage, mais seulement sur l'emplacement où l'ancienne était située ; ils y tiendront leurs plaids ; ils auront une *prison de bloc*, c'est-à-dire construite en pierre ; des carcans et des chaînes, des sceaux, une huche pour mettre leurs archives ; ils pourront passer obligations et contrats et en dresser acte.

Ils auront le jugement de leurs bourgeois et des étrangers ; les amendes de 10 sols et au-dessous seront à leur profit et celles au-dessus au profit de l'abbaye. Les individus accusés de vol ou d'autres méfaits *appartenant à Viconte*, c'est-à-dire de méfaits du ressort de la justice vicomtière, seront jugés par le maire et les échevins, lorsqu'ils n'auront pas été arrêtés en flagrant délit, l'exécution des jugements appartiendra à l'abbé ainsi que les confiscations. Le comte et l'abbé exerceront la haute justice dans leurs terres, de même que la justice vicomtière quand le flagrant délit sera constaté. Le bourgeois qui injuriera ou qui frappera un autre bourgeois sera puni de 10 sols pour les injures et de 20 sols pour les voies de fait. Celui qui injuriera le mayeur à l'occasion de ses fonctions sera passible de 60 sols d'amende ; s'il le frappe, il sera condamné à perdre le membre qui aura frappé, mais il pourra se racheter de la mutilation, moyennant 30 livres dont 10 livres au profit de la commune, 100 sols au maire et 15 livres au seigneur. Les bourgeois qui injurient les échevins ou portent la main sur eux sont également soumis au jugement de l'échevinage. Les coseigneurs, leurs officiers, leurs sergents ou leurs domestiques ne sont pas sujets à la juridiction de la commune.

Les magistrats municipaux pourront lever des tailles sur les bourgeois ; chaque année ils rendront leurs comptes, et s'il s'élève des contestations relativement à ces comptes, le jugement en appartiendra aux coseigneurs.

Les magistrats municipaux promulgueront telles ordonnances qu'ils jugeront convenable sur les marchandises, les vivres et les métiers ; ils pourront créer deux sergents pour le service de la commune et deux autres pour la police rurale. Les appels de leurs jugements seront portés devant la haute justice du comte et des religieux, et en dernier ressort devant le bailli d'Amiens ». (*Recueil des mon. inéd. du Tiers-État*, t. IV, p. 633.)

L'ancienne ville de Quentowic détruite par les Normands était-elle située sur la rive gauche de la Canche ? M. l'abbé Laurent et M. l'abbé Robert qui ont approfondi ce problème historique répondent affirmativement. Ils reconnaissent au pied de la colline de Saint-Josse nommée le *Mont de Berck*, les vestiges incontestables du port de Quentowic que MM. Traullé et Boucher de Perthes n'hésitent pas à placer à cet endroit.

Ils invoquent l'autorité de Lequien, de Luto, du chroniqueur Fontenelle, de de Vallois, de Piganiol de la Force, de l'abbé Fleury, de Wiart, de Louandre, etc., etc.

La légende des monnaies qui furent frappées à Quentowic ; plusieurs passages des lettres d'Alcuin et de Loup de Ferrières, leur fournissent de précieux arguments ainsi que les dénominations données à certaines parties des territoires de Saint-Josse et de Calotterie, où l'on a souvent trouvé des débris antiques et des monnaies.

Nous avons résumé, en écrivant l'histoire d'Étaples les raisons que leurs adversaires font valoir en faveur de cette ville.

Les dispositions du partage entre les enfants de Louis le Débonnaire sont favorables à Étaples : il suffit de jeter les yeux sur la carte pour comprendre la pensée qui inspira cette division. Le Ponthieu, donné à Pépin, occupait jusqu'à la mer toute la rive gauche de la Canche. De ce côté se trouvent Saint-Josse et Calotterie. Le Boulonnais, au contraire, attribué au prince Louis de Bavière, s'étendait sur la rive droite ; Quentowic en faisait partie, et il est inadmissible que ce port ait été isolé dans le Ponthieu, formant ainsi une enclave dans le domaine de Pépin. A ce langage des partisans de l'opinion qui place Quentowic à Étaples, ne peut-on pas répondre avec M. Henneguier, que l'existence de cette enclave est précisément une preuve en faveur de Saint-Josse, car la châtellenie de Beaurain, qui comprenait tout le territoire situé entre Beaurain et la mer, n'a pas eu autre origine. Cette châtellenie, qui dépendait du comté de Saint-Pol, ancien pays de Thérouanne, et par conséquent ancien royaume de Louis de Bavière, forma plus tard le bailliage de Waben. (*Voir l'art. Étaples.*)

La constitution de l'an III avait désigné Saint-Josse pour être le chef-lieu de l'un des douze cantons du district de Montreuil.

HAMEAUX. — *Capelle*. — *Longpré*. — *Moulinel*. — *Le Mont-Pourri*, en partie avec Saint-Aubin. — *L'Oblat*. — *Le Tertre*. — *Valencendre*, en partie avec Calotterie. — *Villiers*. — Ces différents hameaux relevaient de l'abbaye de Saint-Josse.

ARCHÉOLOGIE. — Le chœur de l'église de Saint-Josse est du quinzième siècle. Il date de la prélature de l'abbé Jean de Croy. Les riches offrandes que font les pèlerins ont permis à M. l'abbé Boisjelot, actuellement curé de Saint-Josse, de déployer beaucoup de luxe dans la décoration de l'église. Parmi les nombreuses statues qui s'y trouvent, celles de saint Pierre et de saint Josse sont surtout remarquables.

SORRUS.

1123. — Sorru, *C. de Saint-Josse-sur-Mer*, f° 97.
1144. — Soyerru, *P. C. de Dommartin*, f° 14.
1301. — Soirru, *Darsy*, t. II, f° 200.
1311. — Soyrrieu, *Aveu de Maintenay*.
— Soyru, *Ibidem*.
— Soyeriu, *Ibidem*.
— Soirrue, *Ibidem*.
— Soierriu, *Ibidem*.
1475. — Sorrus, *Cueilloir Hôtel-Dieu*, f° 64.
1650. — Sorue, *Jansson, loc. cit.*

Le chroniqueur Hariulfe raconte que saint Riquier, revenant d'Angleterre avec une troupe de captifs qu'il avait rachetés, demanda l'hospitalité à Sigetrude ou Sorrusse, épouse du comte de Boulogne qui habitait non loin de Quentowic. Celle-ci ne voulut point recevoir les voyageurs, qui durent passer la nuit dans un fossé. C'était en hiver, mais la neige qui tombait abondamment respecta le campement improvisé. Sorrusse, avertie du prodige, se repentit amèrement de sa cruauté et elle s'empressa de donner à l'homme de Dieu le domaine qui conserva son nom. Comme l'eau y faisait défaut, le saint planta son bâton en terre, et sur le champ jaillit la fontaine qui existe encore près de l'église.

Saint Riquier séjourna plusieurs fois à Sorrus. On raconte que le chêne sous lequel il aimait à se reposer fut conservé pendant des siècles ; lorsqu'un seigneur cupide eut ordonné de l'abattre, l'image du célèbre abbé de Centule s'y trouva incrustée.

M. l'abbé Hénocque reproduit ces légendes dans son histoire de l'abbaye de saint Riquier. Il est certain que Sorrus appartenait à ce monastère à l'époque du dénombrement ordonné par Louis le Débonnaire en 815. Saint Riquier est le patron de la paroisse ; mais il est probable que l'abbaye fut dépouillée du domaine de Sorrus par le roi Hugues Capet.

Au XII° siècle, les moines de Saint-Josse exerçaient les droits curiaux à Sorrus, et ils partageaient la dîme avec ceux de Saint-Sauve et de Longvilliers. (*C. de Saint-Josse-sur-Mer, p. 97 et Darsy, loc. cit., t. II, p. 200.*)

Sorrus, étant banlieue de Montreuil, n'avait pas de seigneurs particuliers ; le mayeur et les échevins de la ville jouissaient des prérogatives féodales et notamment du droit de chasse ; aussi voyons-nous au XVII° siècle l'échevinage soutenir un long procès contre le nommé Guérard qui prétendait être seigneur de Sorrus. Dans la suite les droits de l'échevinage tombèrent en désuétude et passèrent aux Framery, puis aux le Noir.

L'Hôtel-Dieu de Montreuil possédait un petit fief à Sorrus ; le *cantuaire*, qui lui appartenait également, avait été donné par le sire de Humbercourt, afin que le revenu fût employé à la célébration de deux messes par semaine dans la chapelle de l'hôpital. (*Cueilloir Hôtel-Dieu, f° 64.*)

L'abbaye de Saint-Josse avait fondé une maladrerie à l'extrémité de son domaine, vers Montreuil. Les titres du XIII° siècle la mentionnent en ces termes : *Domus leprosorum* de *Bingueseule* en 1240 ; *Domus leprosorum* de *Bugniselva* en 1248. Aujourd'hui le souvenir de la maladrerie de *Bugneseule* a complétement disparu et on a peine à le retrouver dans le *Brin-de-chêne* indiqué sur la carte de l'arrondissement publiée en 1854 ou dans le *Bain-de-selve*, endroit situé près du bois de l'Atre. La désignation de ce bois indique que c'était le cimetière de la maladrerie, en effet *atrium* signifie cimetière ; les sépultures que l'on y a trouvées récemment confirment cette opinion.

Le château des Bruyères habité par M Delhomel, maire de Montreuil et membre du Conseil général, a été restauré en 1854.

La principale industrie du pays est la fabrication des pannes et des poteries. Les garennes ou wattines de Sorrus fournissent une terre glaise qui est très-propice à cet usage.

LIEUX DITS en 1311 : *Le Bois de l'Atre. — Béraut fontaine. — La maladrerie de Bugneseule. — Le Camp-le-Comte. — Le Camp de la Pierre. — Le camp Gannet. — Collemont. — Le Halloy. — La Flaque le Mayeur. — Les Fossettes. — Lannoy. — La voie Kaïeuse. — La voie de Fausseval.* (*Aveu Maintenay.*)

ARCHÉOLOGIE. — On remarque dans l'église un bas-relief fort ancien, qui a été décrit dans le premier volume du bulletin de la Commission des Antiquités du Pas-de-Calais.

TIGNY-NOYELLE.

1311. — Tigni, *Aveu Maintenay*.
1650. — Tingny, *Jansson, loc cit*.

Foulques, chevalier, sire de Nempont et Enguerran, chevalier, sire de Beaurain, possédaient chacun un moulin à Tigny : Foulques donna le sien aux religieux de Saint-Josse-au-Bois en 1142, et le fils d'Enguerran de Beaurain suivit cet exemple en 1158. Le comte de Ponthieu, les seigneurs de Nempont et de Collines, messires Enguerran de Lianne, Gaultier de Waben et Gilbert de

Aurenc augmentèrent, dans le cours du XIIIe siècle, le domaine que l'abbaye de Saint-Josse-au-Bois ou Dommartin avait à Tigny. Les marais d'Aurenc, qui lui appartenaient, longeaient la chaussée menant de Noyelles au moulin de Tigny.

Au mois de mars 1205, le comte de Ponthieu vint à Dommartin pour régler la bannée du moulin de Tigny : il fut convenu que les habitants de Waben, de Verton, de Tigny, de Saint-Vaast et de Saint-Quentin en Marquenterre y feraient moudre leurs grains sous peine d'amende. Les droits de mouture se partageront également entre le comte et les moines ; ceux-ci choisiront le meunier. Les constructions indispensables seront à frais communs, mais les dépenses occasionnées par le séjour du comte ou de l'abbé à Tigny demeureront personnelles. Aucun moulin ne pourra être établi contre le gré des moines depuis Maintenay jusqu'à la mer, et depuis Tigny jusqu'à Saint-Josse-sur-Mer et Waben. La comtesse de Ponthieu et sa fille Marie, les chevaliers Hugues de Fontaine, Hugues Boteris, Gaultier de Hallencourt, Dreux de Ponches et Simon de Donqueur, les abbés de Valloires et de Saint-Jean d'Amiens, assistèrent à cette convention. (*G. C. de Dommartin, f° 465.*)

Les moulins de Tigny étaient grevés de certaines redevances envers les seigneurs de Nempont, de Collines et de Beaurain, et on payait au roi deux-cents anguilles pour la retenue de la rivière. Le domaine des moines comprenait en 1252 environ 375 journaux de terres labourables, 90 journaux de bois et 10 journaux de prairies.

Un religieux de Dommartin résidait à Tigny et y exerçait les fonctions de curé. La chronique de l'abbaye nous apprend que le prédécesseur du père Milon d'Andreult, nommé en 1682, s'était vu forcé de demeurer pendant quelque temps caché dans la tour de l'église pour se soustraire aux persécutions de ses paroissiens.

Le père Maigret, nommé curé de Tigny en 1758, trouva l'église complétement délabrée : il y pleuvait de toutes parts et la commune mise en demeure de réparer la nef s'étant refusée à le faire, l'évêque d'Amiens dut l'interdire. Cette mesure de rigueur décida les habitants à exécuter les travaux nécessaires.

Hameau. — *Noyelles*.

Le moulin de Noyelles appartenait à Guillaume de Montreuil-Maintenay, qui le donna aux moines de Dommartin en 1158. Ses vassaux devaient y faire moudre leurs grains et lui-même s'engagea à fournir le bois nécessaire pour l'entretien des bâtiments. Guillaume de Nempont avait un four banal à Noyelles en 1311. (*Aveu Maintenay*.)

Archéologie. — Le chœur de l'église, bâti au XVIe siècle aux frais de l'abbaye de Dommartin, est remarquable. La voute est tombée, mais on peut juger de son architecture par la richesse des sculptures qui ornent les culs-de-lampe. La tour située à l'entrée de la nef était autrefois beaucoup plus élevée. Le maître-autel porte la date de 1703.

VERTON.

856. — Vertunum, *Hariulfe, Chron. Centulense.*
1123. — Verton, *Ch. d'Enguerran, évêque d'Amiens.*
1218. — Verton, *C. de Valloires*, f° 171.
1311. — Verton, *Aveu Maintenay.*
1608. — Verton, *Quadum, loc. cit.*
1632. — Verton, *Th. géographique.*

M. Quicherat, en examinant les diverses attributions données par M. Anatole de Barthélemy pour les noms de lieux gravés sur les monnaies mérovingiennes, conteste l'assimilation de *Bertuno* à *Virdunum* qui n'a, dit-il, aucune vraisemblance. Il faut, suivant l'éminent professeur de l'école des Chartes, traduire Bertuno par *Virtunum in comitatu Pontivo*, Verton dans le comté de Ponthieu. Nous nous permettrons, à notre tour de repousser cette explication qui ne repose sur aucun titre et pas même sur la tradition.

Hugues Tyrel, de la noble maison de Selincourt, qui possédait au XIIe siècle des droits considérables à Verton, les abandonna au profit des abbayes de Saint-Josse-sur-Mer, de Valloires et de Selincourt. Gaultier Tyrel voulut revendiquer dans la suite quelques-uns des priviléges octroyés par son aïeul, mais l'évêque d'Amiens lui rappela qu'on ne touchait pas impunément aux biens de l'Église et le menaça de l'excommunication majeure s'il osait troubler à l'avenir la paisible jouissance des moines. Janvier 1218 (*C. de Saint-Josse-sur-Mer*, f° 97, *et C. de Valloires*, f° 128.)

Vers le même temps, Thomas Kiéret renonça en faveur des religieux de Saint-Josse au droit de travers qu'il percevait à Verton sur les voyageurs et les marchandises.

Les comtes de Ponthieu autorisèrent la commune de Verton. Les habitants de cette commune étaient obligés de faire moudre leurs grains au moulin que l'abbaye de Dommartin possédait à Tigny, à l'exception toutefois des vassaux du seigneur de Maintenay qui avait un moulin particulier à Verton. On lit dans l'aveu de 1311 que l'héritier de Maillart de Senlis tient en fief « le molin de cocane et le molin à yaue de Verton ». Celui-ci appartenait par tiers à la dame châtelaine de Verton, à Pierre du Moulin et à Tassars de Beaumont.

La châtelaine dont il est ici question était de la maison de Créqui. Au mois de juin 1353, Philippe de Créqui, seigneur d'Allonville, de Bouvaincourt et de Verton, transige avec l'abbé de Saint-Sauve relativement aux droits de travers, de forage et de tonlieu qui se payaient à Verton. Le travers servait à l'entretien des chemins ; le forage se prélevait sur la vente du vin en gros ou en détail ; le tonlieu était le droit de place dans les marchés.

Philippe de Créqui eut une fille qui porta la terre de Verton, tenue de la châtellenie de Beaurain-sur-Canche, dans la maison de Soyecourt, par son mariage avec Gilles de Soyecourt, grand-échanson de France. Dix générations de cette famille, l'une des plus illustres de la province, habitèrent successivement le château de Verton depuis la fin du XIVe siècle jusqu'à Charlotte de Soyecourt, fille de François III et de Charlotte de Mailly.

Charlotte de Soyecourt épousa vers 1604 messire François de la Fontaine-Solare, chevalier, seigneur d'Oignon et de Hallencourt.

Les revenus de Verton étaient alors presque nuls à cause des guerres civiles et des maladies contagieuses qui désolaient la contrée depuis vingt années. Un acte de saisie du 11 mai 1604 nous apprend que la moitié des maisons se trouvaient désertes et que la plupart des habitants avaient péri sur les champs de bataille ou en exil. (*Arch. du château de Verton.*)

L'un des descendants de Jean de la Fontaine-Solare, François de la Fontaine, comte d'Oignon, fut maître des cérémonies sous Louis XIV, et on dit encore, en parlant de choses disposées en bon ordre, qu'elles sont rangées en *rang d'Oignon :* c'est un souvenir de la symétrie que le comte d'Oignon apportait dans les cérémonies du grand roi.

Le réglement du 26 août 1721 ayant prescrit l'organisation de quatre capitaineries garde-côtes à Calais, à Verton, au Crotoy et à Cayeux. Celle de Verton, qui comprit toutes les paroisses situées entre la Canche et l'Authie, forma deux compagnies. M. le comte de la Fontaine-Solare en commandait une en 1788 ; M. Baillon de l'Espinet commandait l'autre. Le comte de Solare se procura des armes pour l'instruction de ses soldats et acheta quatre canons à la vente des débris du corsaire américain *la Princesse Noire* qui avait échoué dans la baie d'Authie. Il n'en fallut pas davantage pour le faire dénoncer aux jours mauvais de la Terreur comme un conspirateur des plus dangereux contre la nation.

Marat invita les patriotes de Boulogne et de Montreuil à se débarrasser de cet arsenal formidable qui troublait la sécurité du pays, et un jour du mois de juin 1791 le président du tribunal d'Hesdin, accompagné de tout un état major de fonctionnaires et escorté d'un détachement de la garde nationale avec une brigade de gendarmerie, vint opérer une perquisition minutieuse au château de Verton. On parcourut tous les appartements, on visita les caves, et messieurs les commissaires purent se convaincre que les alarmes du journal l'*Ami du peuple* n'étaient guère fondées, et que les habitants du district n'avaient rien à redouter de cette prétendue armée de gentilshommes et de prêtres cachés dans le château de Verton, non plus que de l'approvisionnement considérable de canons, de poudres et de fusils que l'on croyait y découvrir. (*Biblioth. de M. Henneguier. Procès-verbal imprimé de la visite.*)

Plusieurs curés de Verton furent revêtus de la dignité de doyen-rural de Montreuil et entre autres MM. Hurtrel et Enlart. Philippe-François Enlart (1722-1742) voulut exercer le droit de visite des églises avec la même solennité que l'évêque, mais les curés de la ville de Montreuil, humiliés sous le joug de ce nouveau supérieur et obligés de paraître devant lui sans l'étole, signe du pouvoir pastoral, refusèrent positivement de lui obéir. L'officialité d'Amiens avait eu la faiblesse d'autoriser cette infraction aux règles du droit commun et à la discipline de l'Église, mais le Parlement annula sa décision et déclara que l'évêque ne pouvait en aucune manière accorder le droit de visite aux doyens-ruraux de son diocèse. (*Biblioth. de la ville d'Amiens*, n° 3594-41.)

M. Rollin, ex-jésuite, nommé curé de Verton en 1787, fut député du clergé à l'Assemblée nationale. Lorsqu'on le mit en demeure de prêter le serment constitutionnel, ce courageux ecclésiastique adressa à Mgr de Machault la remarquable protestation que voici :

« Le moment est enfin arrivé, écrivait-il le 5 janvier 1791, où je viens de déterminer mon sort ; ce jour était le dernier terme donné pour se décider ou se refuser à la prestation du serment. Inviolablement attaché aux principes constitutifs du gouvernement de l'Église, j'ai juré de les révérer, les uns comme institutions divines, les autres comme institutions apostoliques, tous comme pratiques constantes et comme enseignement uniforme, légitimés par les conciles.

« Le seul titre de constitution pour le clergé me paraît absurde ; le clergé est constitué par Celui même qui a constitué la religion, et aucune puissance sur la terre n'a le droit de retoucher cette constitution.

« Il n'est pas moins absurde qu'une puissance civile se mêle de régler la discipline de l'église, ne fût-ce même qu'en quelques points, sans la participation et le concours de l'Église même. Mais ce qui m'alarme le plus, Mgr, ce sont les articles qui établissent le conseil de l'évêque et le synode diocésain ; c'est là surtout que l'on tend aux curés et aux membres de ce conseil un piége perfide, sous l'appât de l'égalité entre le chef et les membres d'un corps ecclésiastique ; c'est là que l'on fait disparaître la hiérarchie d'ordre, de puissance et de juridiction ; que l'on établit un niveau parfait entre le sacerdoce et l'apostolat, entre l'ordre sacerdotal et l'ordre épiscopal, et que l'on confond les pouvoirs naturels et la juridiction radicale d'un évêque avec les pouvoirs subordonnés et la juridiction partielle déléguée aux prêtres.

« Je n'y vois que des prêtres qui délibèrent comme des égaux de l'évêque et qui deviennent ses supérieurs par la réunion de leurs suffrages. En vérité, j'ai peine à reconnaître ici la succession et les successeurs des apôtres. Une puissance qui ne peut communiquer certains pouvoirs ne peut non plus en régler l'exercice, sans s'exposer à dénaturer infailliblement ces pouvoirs.

« Loin de jurer de maintenir une pareille constitution, c'est entre vos mains, Mgr, que je jure de professer constamment et scrupuleusement les principes que vous avez publiés sur cette matière dans votre diocèse. C'est du corps des premiers pasteurs que je dois recevoir l'instruction ; je vivrai et je mourrai inviolablement attaché au corps des évêques ayant pour chef le chef même de l'Église universelle.

Au reste, Mgr, quels que soient les motifs de ceux qui prêteront le serment exigé, ils ne pourront du moins vous persuader que ce soit l'effet de la conviction. L'assemblée l'a flétri d'avance en facilitant les promotions, et en accordant une prime à certaine classe. Elle nous assure bien qu'ils n'auront pour mobile que l'attrait de l'ambition ou de l'intérêt personnel. Une politique aussi gauche et aussi grossière ne fait qu'entacher le dévouement de ses partisans de la turpitude d'une bassesse.

« Dans peu, sans doute, on va procéder à l'élection d'un soi-disant curé de Verton. Je veux supposer qu'il se trouvera un sujet qui consultera ses intérêts et qui s'aveuglera sur les intérêts de la religion ; il se félicitera de son sort et il acceptera. C'est dans cette circonstance, Mgr, que j'ai besoin de vos conseils : mon titre est indélébile en vertu des pouvoirs que je tiens de votre Grandeur, je ne cesse pas d'être le pasteur légitime de la paroisse; par les mêmes principes ne suis-je pas obligé d'y fixer ma résidence et d'y remplir, comme pasteur, tous les devoirs auxquels une force supérieure ne s'opposera pas ? J'attends de votre Grandeur qu'elle voudra bien m'honorer d'un mot de réponse. Quant à la vie animale, il est une providence qui me dit et qui me démontre que les lis ne filent point et que les oiseaux ne font point de provision.

« J'ai l'honneur d'être très-respectueusement, Mgr, votre très-humble et très-obéissant serviteur,

N. ROLLIN, curé de Verton.

(*Bibl. de la ville d'Amiens, n° 3597, n° 68.*)

L'établissement d'une station sur la ligne d'Amiens à Boulogne donna beaucoup d'extension au village de Verton. Le nouveau presbytère, charmante construction en briques et en cailloux, fut inauguré le 15 août 1865.

HAMEAUX ET LIEUX-DITS. — Le fief du *Boisle* ou du *Bahaut*; celui de *Créquy*, qui était tenu de Lianne-en-Beaurain; celui de *Fosseux*, qui relevait de la baronnie de Merlimont; celui de la *Grande* et de la *Petite Neuville*, qui relevait de Beaurain et celui de *Saint-Éloi*, qui relevait de l'abbaye de Saint-Éloi-de-Noyon, furent successivement réunis au domaine de Verton.

ARCHÉOLOGIE. — L'église est dédiée à saint Michel. Elle a deux nefs qui datent du XV° siècle, ainsi que la tour carrée qui s'élève au-dessus du portail. La chapelle de Saint-Maur, où s'est fait de temps immémorial le pèlerinage rétabli en 1838, est de construction plus récente. Le blason de Soyecourt (*d'argent fretté de gueules*) orne la clef de voûte. On lisait il y a peu d'années sur le mur extérieur du chevet de l'église une inscription qui rappelait le passage des troupes royales marchant au secours d'Étaples sous la conduite du duc d'Épernon, le 11 janvier 1591.

WABEN.

1199. — Waben, *C. de Valloires, f° 116.*
1203. — Vuaben, *Arch. nationales, Teulet, t. II, p. 196.*
1205. — Waban, *C. de Valloires, f° 168.*
1238. — Waban, *Ibidem, f° 172.*
1249. — Wuaben, *Ibidem, f° 189.*
1311. — Walben, *Aveu Maintenay.*
1608. — Wamben, *Quadum, loc. cit.*
1650. — Vuabain, *Jansson, loc. cit.*

On ne se douterait pas, en traversant le petit village de Waben, que ce fut jadis un port de pêche et de commerce important. Les attérissements de la Manche l'ont isolé de la mer, mais c'était au moyen-âge la principale ville du Ponthieu après Abbeville et Montreuil. Une enceinte de murailles et de fossés l'environnait. Les comtes de Ponthieu résidaient souvent au château, dont la fondation remontait aux premiers temps de la domination franque, à en juger par le résultat des fouilles qui furent pratiquées, il y a quelques années, sur l'emplacement de cette forteresse.

Le comte Guillaume délivra à l'abbé de Valloires, en 1199, des lettres qui sont datées de son château de Waben. (*C. de Valloires, f° 116.*) La même année, les bourgeois de Waben, ayant eu à se plaindre des vexations de leur seigneur, implorèrent la protection du comte Guillaume et obtinrent une charte de commune à peu près semblable à celle d'Abbeville. Cette charte, qui comprend trente articles, fixe à cent livres chacune des trois aides légales et impose à tous les habitants, à l'exception de ceux qui demeurent avec leur père, l'obligation de payer un septier d'avoine chaque année. L'avoine sera recueillie à domicile par le mayeur ou par le sergent du comte. Le pâturage des bestiaux est libre. Les douze échevins de Waben, qui se renouvelaient le jour de *Quasimodo*, scellaient les actes d'un sceau rond qui représentait le comte de Ponthieu à cheval, portant un écu bandé d'or et d'azur avec la légende : *SEL DE LA VILLE ET COMMVNAVTÉ DE WABENT SVR LA MER.* Ils tenaient leurs udiences tous les vendredis et les plaideurs, quand ils ne répondaient pas à l'appel de la cloche qui les avertissait de se rendre à leur banc, étaient passibles de 3 sols d'amende.

Il existait des rapports suivis entre les communes de Montreuil et de Waben : ainsi, le jour où l'on exposait les reliques de saint Maclou sur le grand-marché, le mayeur et les échevins de Waben veillaient à ce qu'elles fussent fidèlement réintégrées dans la trésorerie de Saint-Sauve et ils avaient coutume d'accepter en cette circonstance quatre cruches de vin que leurs collègues de Montreuil leur offraient.

Le comte Simon de Dammartin ratifia les priviléges de la commune de Waben en 1235; Philippe de Valois les renouvela en 1345, et Charles VIII en 1488.

Outre l'*avenage* et le *moutonnage*, les comtes de Ponthieu possédaient des prérogatives considérables à Waben : le *droit de siége* leur attribuait 8 deniers parisis sur chaque bateau flamand qui y abordait; les bateaux anglais payaient 8 esterlins et les bateaux normands, 8 petits tournois. Les rois d'Angleterre, ayant succédé aux comtes de Ponthieu, prescrivirent d'armer soigneusement les châteaux de la province ; celui de Waben, qui avait été incendié à l'époque de la bataille de Crécy, reçut au mois de novembre 1366 un connétable aux gages de 12 deniers, six archers à 5 deniers et six archers à 6 deniers. (*Nouv. édit. de Rymer.*)

Après la réunion du comté de Ponthieu à la couronne de France, les rois aliénèrent une partie de leurs droits et notamment l'*avenage* de Waben; ce droit appartenait, au début du XVIIe siècle, à Charles de Lannoy, gouverneur de la ville de Montreuil, qui le donna à l'hôpital des orphelins, dont il avait encouragé la fondation.

Les revenus de la maladrerie de Waben, qui était située au lieudit la *Maillarderie*, entre Groffliers et Waben, furent attribués à l'hospice de Montreuil en 1680 ; ils consistaient en rentes sur les terroirs de Campigneulles, d'Airon et du Temple. Les salines de Waben avaient une grande réputation : par suite des donations des comtes de Ponthieu, presque toutes les abbayes de la contrée en tiraient le sel nécessaire à leur consommation.

Nous avons dit que les exactions du seigneur de Waben avaient provoqué l'établissement de la commune. Ce seigneur appartenait à une famille d'origine chévaleresque connue depuis Gaulthier de Waben, bienfaiteur de l'abbaye de Dommartin en 1153, dont le fils Eustache servit de témoin dans une charte de Guillaume de Montreuil-Maintenay en 1197.

La fille d'Eustache de Waben, nommée Adeline, épousa messire Enguerran de Framezelle ; ils confirmèrent aux moines de Dommartin la propriété de la moitié du bois de Forestel, du bois du Val-de-la-Louve et de la haie de la Servelle. (*C. de Dommartin et de Valloires.*)

Enguerran et Adeline eurent un fils Guillaume de Framezelle ou de Waben qui se servait ordinairement d'un sceau sur lequel on le voyait représenté armé de toutes pièces avec un écu d'azur à trois lions d'or. Il vivait en 1272 et laissa deux fils, Jean et Mathieu, qui figurent dans le rôle des *nobles et fieffés* du bailliage d'Amiens convoqués pour la guerre le 25 août 1337. (*Dom Grenier.*)

Au siècle suivant, la seigneurie de Waben était en possession de Marie de Framezelle, mariée à Baudouin de Renty, écuyer, sire de la Verdure ; elle relevait de Guillaume de Maintenay et se composait de 340 journaux de bois *en le Servelle*, de 32 journaux *au riez des Cardonnois*, de 34 journaux de terre *à le Tourelle de Biaumont*, de 10 journaux de terre au *Grémont*, etc. (*Aveu Maintenay.*)

Après la dame de Renty, la succession des seigneurs de Waben se trouve interrompue jusqu'à l'époque du mariage d'Étienne de Roussé, chevalier, avec Françoise d'Ailly, fille de Philippe d'Ailly, chevalier, baron et vicomte de Waben, 4 octobre 1624. Leurs descendants possédaient aussi les fiefs de Bar et de Bellebronne. En 1733, les habitants de Waben, se voyant dans l'impossibilité de remplir convenablement les charges municipales et d'acquitter les redevances qui étaient imposées à l'échevinage, supplièrent Jean de Roussé de vouloir bien accepter pour lui et pour ses successeurs les fonctions de maire de Waben, à la condition de payer les redevances qui dépassaient la somme de 100 livres.

L'abbé de Saint-Josse-sur-Mer présentait à la cure de Waben. Ses droits provenaient en partie de la donation d'un archidiacre d'Amiens nommé Guarin, et en partie de l'abandon que le chevalier Manassès de Selles lui avait fait en 1128 avec l'agrément de l'évêque d'Amiens, du comte de Boulogne, de Hugues Tyrel et de Clérembault de Thiembronne. Ces droits, un moment contestés à la fin du douzième siècle, furent solennellement reconnus par l'évêque de Thérouanne et par le comte de Flandre.

La dîme se partageait entre les abbayes de Saint-Josse et de Selincourt. (*C. de Saint-Josse-sur-Mer.*)

Waben était le siége d'une justice royale qui ressortissait de la sénéchaussée de Ponthieu. Le bailliage se composait du président, du lieutenant criminel, du lieutenant particulier, d'un assesseur criminel, d'un procureur du roi et de son substitut, de deux conseillers et du greffier. A la longue, le nombre des officiers diminua et se trouvait réduit au bailli et à son procureur, lorsque le bailliage fut transféré à Montreuil en 1673.

ARCHÉOLOGIE. — L'église de Waben s'élève à la place d'un édifice beaucoup plus important, dont on retrouve les fondations dans le cimetière. Les trois chapelles qui y existaient en 1772 se trouvaient dédiées à saint Firmin, à saint Martin et à saint Omer.

Des fouilles pratiquées en 1860 dans la propriété de M. Bodescot, sous la direction de M. l'abbé Haigneré, amenèrent la découverte d'un cimetière mérovingien. Les cadavres étaient couchés de l'est à l'ouest dans cinq tranchées parallèles. On recueillit une grande quantité d'objets précieux : des vases en terre rouge et en terre noire de formes diverses; un vase en cuivre et plusieurs ampoules bien conservées ; des boucles en bronze, des anneaux, des plaques de ceinturon, des attaches de baudriers, des fibules en bronze et en argent, des colliers en verroterie ou en ambre, des framées, des lances, des haches, des scramasax et beaucoup d'autres objets curieux qui figurent dans les vitrines du musée de la ville de Boulogne.

WAILLY.

1239. — Walliacum, *C. de Saint-Josse-sur-Mer.*
1240. — Walli, *Ibidem.*
1311. — Wailli, *Aveu Maintenay.*
1475. — Wailly, *Cueilloir Hôtel-Dieu de Montreuil.*
1495. — Vuailly, *Terrier de la commanderie de Loison.*
1656. — Ouailly, *Sanson, loc. cit.*

Le village de Wailly, l'un des plus beaux du canton de Montreuil, est traversé par la route de Paris à Calais. Les habitants eurent beaucoup à souffrir pendant les guerres du quinzième siècle et du seizième ; leurs maisons furent incendiées, les terres demeurèrent incultes et les chroniqueurs nous apprennent que la désolation était si grande dans cette contrée en 1475, que des dix-huit à vingt charrues dont on se servait ordinairement, à peine en restait-il deux.

Les moines de Saint-Sauve, de Saint-Josse-sur-Mer et de Dommartin se partageaient la dîme sur le territoire de Wailly ; ils la devaient à la générosité des premiers sires de Wailly, parmi lesquels nous citerons le chevalier Eustache, dont les fils Robert et Gaultier vivaient au début du XIII° siècle. Au mois d'octobre 1238, le comte de Ponthieu et la comtesse de Dreux se soumirent à l'arbitrage de Guillaume de Wailly. (*C. de Montreuil*, f° 163 et *G. C, de Dommartin*, f° 121.) Un autre Guillaume de Wailly servit aveu de sa terre en 1311. Elle était tenue de Maintenay par 60 sols parisis de relief et comprenait 375 journaux de terres labourables, plus 644 journaux de bois en deux pièces assavoir le bois de Vierreul, 355 journaux et le Kaisnoy, 390. (*Aveu Maintenay.*)

M. de Belleval établit la généalogie de la famille de Wailly, depuis Wermon qui fut le témoin d'une charte en 1144. Le dernier de sa race fut Jacques de Wailly, qui existait en 1377. Leurs successeurs ne sont pas connus. La suzeraineté de Wailly se trouvait plus tard réunie au domaine de Maintenay ; le principal fief appartenait en 1531 à Nicolas du Bus, écuyer, mari de Péronne de Boufflers. Ceux-ci le transmirent à leur postérité jusqu'à Marie-Ghislaine du Bus, dame de Wailly, qui épousa Antoine-François-Marie de Bernes, dont le fils mourut sans enfants. C'est alors que Wailly retourna à Adrien du Bus, qui le vendit à M. Charles-Louis-Henri de Cossette (8 mai 1783). (*Titres de famille.*)

Saint Adrien, martyr, dont les reliques étaient conservées en Haynaut dans la ville de Grammont, fut l'objet d'un culte spécial à Wailly. Les Bollandistes racontent le fait suivant : « Le 3 octobre 1516, Jeanne le Fèvre, femme de Jacques du Bois, qui demeurait à Wailly près Montreuil, cueillait des légumes dans son jardin lorsque sa mère, morte depuis trois ans, lui apparut : « Jeanne, ma fille, dit-elle, rassure-toi, je suis ta mère, souviens-toi que pendant une de tes maladies nous promîmes ensemble d'aller en pèlerinage à Grammont ; parce que tu n'as pas rempli cet engagement, je souffre cruellement dans le purgatoire ! »

La vision disparut et Jeanne n'en parla à personne. Huit jours après, elle préparait le feu de la cuisine, quand soudain apparaît encore sa mère qui la renverse sans connaissance : « Apprends qu'il n'y aura plus de repos pour toi jusqu'à ce que tu sois allée vénérer les reliques de saint Adrien à Grammont ! » La malheureuse jeune femme, privée de l'usage de la raison, raconta à son mari dans un moment lucide ce qui s'était passé et Jacques du Bois n'hésita point à partir avec elle ; un grand nombre d'habitants de la commune les accompagnèrent. Aussitôt qu'elle eut baisé les reliques du glorieux martyr, Jeanne ouvrit les yeux et s'écria : « Loués et bénis soient Dieu et saint Adrien, je suis guérie ! » Le 18 octobre suivant, fête de saint Leu, elle raconta cet événement dans l'église paroissiale de Wailly, en présence de trente témoins. (*Acta sanctorum, 8 sept.*)

HAMEAU. — *Le Moufflet.* — Le fief noble du *Mont-Ruflel* (1311) ou du *Mont-Riflet* (1337) appartenait aux Framezelle au XVᵉ siècle. Il fut plus tard réuni à la seigneurie de Wailly dont il relevait. Madame la vicomtesse de Cossette a érigé il y a peu d'années une chapelle dédiée à Notre-Dame de la Salette. Cette chapelle, construite dans le style byzantin, est située à l'entrée du bois vers le village. Il s'y fait chaque année au mois de septembre une neuvaine terminée par un pèlerinage qui est déjà très-fréquenté par les populations voisines. (*Voir l'Annuaire du diocèse, année 1872, page 192.*)

ARCHÉOLOGIE. — L'église de Wailly est dédiée à saint Pierre. Elle se compose de deux nefs du XV° siècle et d'une tour carrée qui sert de clocher. On y voit la pierre tombale de Jean-François-Marie de Bernes de Longvilliers, chevalier, vicomte de Wailly, officier au régiment de Noailles-cavalerie, qui mourut âgé de 20 ans.

Baron A. DE CALONNE.

TABLE

DES NOTICES CONTENUES DANS CE VOLUME.

Canton de Campagne-les-Hesdin, par M. le baron de Calonne . . . . 1 à 73

    Notices sur Aix-en-Issart, Beaurainville, Boisjean, Boubers-les-Hesmond, Brimeux, Buires-le-Sec, Campagne-les-Hesdin, Dourier, Ecquemicourt, Gouy-Saint-André, Hesmon, Lepinoy, Loison, Maintenay, Marant, Marenla, Maresquel, Marles, Offin, Roussent, Saint-Denœux, Saint-Remy-au-Bois, Saulchoy, Sempy.

Canton d'Étaples, par M. le baron de Calonne . . 74 à 128

    Notices sur Attin, Bernieulles, Beutin, Brexent, Camiers, Cormont, Estrée, Estréelles, Étaples, Frencq, Hubersent, Inxent, Lefaux, Longvilliers, Maresville, Montcavrel, Recques, Tubersent, Widehem.

Canton de Fruges, par M. le chanoine Robitaille . . 129 à 189

    Notices sur Ambricourt, Avondances, Canlers, Coupelle-Neuve, Coupelle-Vieille, Crépy, Créquy, Embry, Fressin, Fruges, Hésecques, Le Biez, Lugy, Matringhem, Mencas, Planques, Radinghem, Rimboval, Royon, Ruisseauville, Sains-les-Fressin, Senlis, Torcy, Verchin, Vincly.

Canton d'Hesdin, par M. le baron de Calonne . . 190 à 265

    Notices sur Aubin-Saint-Vaast, Bouin, Brévillers, Capelle, Caumont, Cavron-Saint-Martin, Chériennes, Contes, Guigny, Guisy, Hesdin, Huby-Saint-Leu, Labroye, La Loge, Marconne, Marconnelle, Mouriez, Plumoison, Raye, Regnauville, Sainte-Austreberthe, Tortefontaine, Wambercourt.

Canton d'Hucqueliers, par M. le baron de Calonne . 266 à 307

    Notices sur Aix-en-Ergny, Alette, Avesnes, Bécourt, Beussent, Bézinghem, Bimont, Bourthes, Campagne-les-Boulonnais, Clenleu, Enquin, Ergny, Herly, Hucqueliers, Humbert, Maninghem, Parenty, Preures, Quilen, Rumilly, Saint-Michel, Verchocq, Wicquinghem, Zoteux.

Canton de Montreuil-sur-Mer, par M. le baron de Calonne . . . . 308 à 416

    Notices sur Airon-Notre-Dame, Airon-Saint-Vaast, Beaumerie-Saint-Martin, Berck-sur-Mer, Calloterie, Campigneulles-les-Grandes, Campigneulles-les-Petites, Colline-Beaumont, Conchil-le-Temple, Cucq, Ecuires, Groffliers, Lépine, La Madeleine, Merlimont, Montreuil-sur-Mer, Nempont-Saint-Firmin, Neuville-sous-Montreuil, Saint-Aubin, Saint-Josse, Sorrus, Tigny-Noyelles, Verton, Waben, Wailly.

ARRAS. — TYPOGRAPHIE H. SCHOUTHEER, RUE DES TROIS-VISAGES, 53.

www.ingramcontent.com/pod-product-compliance
Lightning Source LLC
Chambersburg PA
CBHW070928230426
43666CB00011B/2354